U0746770

中國古代史學叢書

漢書補注

拾壹

[漢] 班固 撰　[清] 王先謙 補注
上海師範大學古籍整理研究所 整理

上海古籍出版社

何武王嘉師丹傳第五十六

何武字君公，蜀郡郫縣人也。〔一〕宣帝時，天下和平，四夷賓服，神爵、五鳳之間婁蒙瑞應。〔二〕而益州刺史王襄使辯士王褒頌漢德，〔三〕作中和、樂職、宣布詩三篇。〔四〕武年十四五，與成都楊覆衆等共習歌之。是時，宣帝循武帝故事，〔五〕求通達茂異士，召見武等於宣室。〔六〕上曰：「此盛德之事，吾何足以當之哉！」以褒爲待詔，武等賜帛罷。

〔一〕師古曰：郫音疲。【補注】先謙曰：今成都府郫縣治。

〔二〕師古曰：婁，古屢字也。【補注】宋祁曰：注文「也」字當删。

〔三〕【補注】周壽昌曰：辯士，才辯之士也。易「明辯晳也」，注「辯明析也」，作才慧解，不專主能言說。

〔四〕師古曰：中和者，言政教隆平，得中和之道也。樂職，謂百官萬姓樂得其常道也。宣布，德化周洽，遍於四海也。

【補注】先謙曰：顔説未諦，解詳王褒傳。

〔五〕【補注】宋祁曰：「循」字疑是「脩」。浙本作「脩」。

〔六〕師古曰：殿名也，解在賈誼傳。

武詣博士受業，治易。以射策甲科爲郎，與翟方進交志相友。光禄勳舉四行，〔一〕遷爲鄠令，坐法免歸。

〔一〕師古曰：元帝永光元年詔舉質樸、敦厚、遜讓、有行義各一人。時詔書又令光禄歲以此科第郎從官，故武以此四行得舉之也。

武兄弟五人，皆爲郡吏，〔一〕郡縣敬憚之。武弟顯家有市籍，租常不入，縣數負其課。〔二〕市嗇夫求商捕辱顯家，〔三〕顯怒，欲以吏事中商。〔四〕武曰：「以吾家租賦繇役不爲衆先，奉公吏不亦宜乎！」武卒白太守，召商爲卒吏，〔五〕州里聞之皆服焉。

〔一〕【補注】沈欽韓曰：常璩先漢士女志「武兄中郎將何霸字翁君，武弟潁川太守何顯」。

〔二〕師古曰：以顯家不入租，故每令縣負課殿。

〔三〕師古曰：求，姓；商，名也。【補注】錢大昭曰：廣韻「求，姓」。三輔決録「漢有求仲」。沈欽韓曰：唐六典注「漢代諸郡國皆有市長，隋氏始有市令」。案，此乃縣市，但置嗇夫。

〔四〕師古曰：中傷之也，又音竹仲反。

〔五〕【補注】劉攽曰：「吏」改作「史」。周壽昌曰：太守有卒史，無卒吏。劉説是。

久之，太僕王音舉武賢良方正，徵對策，拜爲諫大夫，遷揚州刺史。所舉奏二千石長吏必先露章，服罪者爲虧除，免之而已；〔一〕不服，極法奏之，抵罪或至死。九江太守戴聖，禮經號小戴者也，行治多不法，前刺史以其大儒，優容之。及武爲刺史，行部録囚徒，有所舉以屬郡。〔二〕聖曰：「後進生何知，乃欲亂人治！」〔三〕皆無所決。武使從事廉得其罪，〔四〕聖懼，自免。後爲博士，毀武於朝廷。武聞之，終不揚其惡。而聖子賓客爲羣盜，得，〔五〕繫廬江，聖自以子必死。武平心決之，卒得不死。自是後，聖慚服。武每奏事至京師，〔六〕聖未嘗不造門謝恩。〔七〕

〔一〕師古曰：虧，減也。減係其狀，直令免去也。【補注】先謙曰：官本注「係」作「除」，是。
〔二〕師古曰：屬，委也，音之欲反。
〔三〕師古曰：言武仕學未久，故謂之後進生也。
〔四〕師古曰：廉，察也。
〔五〕師古曰：聚爲羣盜而吏捕得也。
〔六〕師古曰：刺史每歲盡，則入奏事於京師也。
〔七〕師古曰：造，至也，音千到反。

武爲刺史，二千石有罪，應時舉奏，其餘賢與不肖敬之如一，是以郡國各重其守相，州中清平。〔一〕行部必先即學官見諸生，〔二〕試其誦論，問以得失，〔三〕然後入傳舍，出記問墾田頃畝，五穀美惡，〔四〕已乃見二千石，以爲常。〔五〕

〔一〕【補注】何焯曰：此敬待二千石之效。王嘉傳中詳之。
〔二〕師古曰：即，就也。學官，學舍也。【補注】王念孫曰：一本正文注文作「學宮」。景祐本、毛本皆作「學官」，是也。賈誼傳「學者所學之官也」，注「官謂官舍」。韓延壽傳「脩治學官」，注「學官，謂庠序之舍也」。文翁傳「脩起學官」，注「學官，學之官舍也」。此傳注亦云「學舍」，則正文本作「學官」明矣。舊本北堂書鈔設官部二十四、陳禹謨本改「官」爲「宫」。藝文類聚職官部六、御覽職官部五十四引此傳並作「學官」。先謙曰：官本作「學宫」。

〔三〕【補注】周壽昌曰：陶宗儀輟耕録云，凡學官朔望講説，所屬上司官省憲官至，自教授學官暨學賓齋諭等，皆講説一書。其制實昉於武。今各省學政莅學官，弟子每講説一書，謂之下學講書，即此。

〔四〕師古曰：記謂教命之書。

〔五〕師古曰：常依次第也。【補注】宋祁曰：注文「次第」字上疑有「此」字。

初，武爲郡吏時，事太守何壽。壽知武有宰相器，以其同姓故厚之。後壽爲大司農，〔一〕其兄子爲廬江長史。〔二〕時武奏事在邸，壽兄子適在長安，壽爲具召武弟顯及故人楊覆衆等，〔三〕酒酣，見其兄子，〔四〕曰：「此子揚州長史，〔五〕材能駑下，未嘗省見。」〔六〕顯等甚慙，退以謂武，武曰：「刺史古之方伯，上所委任，一州表率也，職在進善退惡。吏治行有茂異，民有隱逸，乃當召見，不可有所私問。」顯、覆衆强之，不得已召見，賜卮酒。〔七〕歲中，廬江太守舉之。〔八〕其守法見憚如此。

〔一〕【補注】先謙曰：公卿表，河平二年由廷尉遷。

〔二〕【補注】劉攽曰：廬江長史，案百官表邊郡有長史，秩六百石，廬江無緣有長史。就令有之，已六百石，不待刺史一見爲重而郡舉之也。明此多「長」字。不然，是「卒」字爾。沈欽韓曰：爲曹史之長，非與府丞對秩之長史也。其後歲中得舉，則是右曹掾史而舉孝廉也。

〔三〕師古曰：具謂酒食之具也。

〔四〕師古曰：令出見顯等。

〔五〕師古曰：言揚州部内長史也。

〔六〕師古曰：省，視也。言不爲武所識拔也。

〔七〕師古曰：對賜一巵之酒也。

〔八〕師古曰：終得武之力助也。

爲刺史五歲，入爲丞相司直，丞相薛宣敬重之。出爲清河太守，數歲，坐郡中被災害什四以上免。久之，大司馬曲陽侯王根薦武，徵爲諫大夫。遷兗州刺史，入爲司隸校尉，徙京兆尹。二歲，坐舉方正所舉者召見槃辟雅拜，〔一〕有司以爲詭衆虚僞。〔二〕武坐左遷楚内史，遷沛郡太守，〔三〕復入爲廷尉。綏和二年，〔四〕御史大夫孔光左遷廷尉，武爲御史大夫。成帝欲修辟雍，通三公官，〔五〕即改御史大夫爲大司空。〔六〕武更爲大司空，封氾鄉侯，食邑千户。氾鄉在琅邪不其，〔七〕哀帝初即位，褒賞大臣，更以南陽犨之博望鄉爲氾鄉侯國，〔八〕增邑千户。

〔一〕服虔曰：行禮容拜也。師古曰：槃辟，猶言槃旋也。辟音闢。【補注】沈欽韓曰：春官太祝「奇拜」，杜子春云「奇讀爲奇偶之奇」，謂先屈一膝，今雅拜是也。

〔二〕師古曰：詭，違也。

〔三〕【補注】沈欽韓曰：御覽六百三十九引風俗通曰：「沛郡有富家公，資二千餘萬。小婦子年裁數歲，頃失其母，又無親近。其大婦女甚不賢。公病困，思念惡壻爭其財，兒判不全，因呼族人爲遺令云：『悉以財屬女，但以一劍與兒，年十五以還付之。』其後兒大，姊不肯與劍，男乃詣郡自言求劍。時太守大司空何武也，得其辭，因録女及壻，省其手書，顧謂掾史曰：『女性强梁，壻復貪鄙。其父畏賊害其兒，又計小兒正得此財不能自全護，故且俾與女，內實寄之耳，不當以劍與之乎？夫劍者，亦所以決斷也。限年十五者，智力足以自活。度此女壻必不復還其劍，當聞縣官，縣官或能證察，得以見伸展也。凡庸何能思慮强遠如是哉！』悉奪取財以與子，曰：『弊女惡壻，溫飽十五歲，亦以幸矣！』于是論者乃服，謂武原情度事得其理。周壽昌曰：此亦見宋桂萬榮棠陰比事引風俗通。今風俗通無之，知宋時風俗通所傳尚多也。

〔四〕【補注】朱一新曰：案公卿表武爲御史大夫乃綏和元年事。綏和止二年，此作「三年」誤。別本均作「元年」。先謙曰：官本作「元年」。

〔五〕師古曰：通，開也，謂更開置之。

〔六〕師古曰：就其所任之人而并官俱改，不別拜授也。

〔七〕師古曰：爲後改食博望鄉，故此指言在琅邪不其也。汜音凡。其音基。

〔八〕師古曰：犨音昌牛反。

武爲人仁厚，好進士，獎稱人之善。〔一〕爲楚內史厚兩龔，在沛郡厚兩唐，〔二〕及爲公卿，薦之朝廷。此人顯於世者，何侯力也，〔三〕世以此多焉。〔四〕然疾朋黨，問文吏必於儒者，問儒者必於文吏，以相參檢。欲除吏，先爲科例以防請託。其所居亦無赫赫名，去後常見思。

〔一〕師古曰：獎，勸也，進而勸之。

〔二〕師古曰：兩龔，龔勝、龔舍也。兩唐，唐林、唐遵也。

〔三〕【補注】王念孫曰：案「此人」當作「此四人」，謂兩龔、兩唐也。今本脫「四」字則文義不明。

〔四〕師古曰：多，重也，重武進賢也。

及爲御史大夫司空，〔一〕與丞相方進共奏言：「往者諸侯王斷獄治政，内史典獄事，相總綱紀輔王，中尉備盜賊。今王不斷獄與政，〔二〕中尉官罷，職并内史，郡國守相委任，所以壹統信，安百姓也。〔三〕今内史位卑而權重，威職相踰，不統尊者，難以爲治。臣請相如太守，内史如都尉，以順尊卑之序，平輕重之權。」制曰：「可。」以内史爲中尉。初武爲九卿時，奏言宜置三公官，又與方進共奏罷刺史，更置州牧，後皆復復故，〔四〕語在朱博傳。唯内史事施行。

〔一〕【補注】周壽昌曰：武爲御史大夫，旋詔改大司空，傳已敘明，此不容以御史大夫、司空兼説。且漢制無司空官，明衍「御史夫」三字，而「大」字宜加於「司空」上也。

〔二〕師古曰：與讀曰豫。

〔三〕師古曰：令百姓信之而安附也。

〔四〕師古曰：又依其舊也。下「復」音扶目反。【補注】宋祁曰：監本有二「復」字。案注宜有二「復」字，越本無一「復」字。

多所舉奏，號爲煩碎，不稱賢公。〔一〕功名略比薛宣，其材不及也，而經術正直過之。武後母在郡，遣吏歸迎。會成帝崩，吏恐道路有盜賊，後母留止，左右或譏武事親不篤。〔二〕哀帝亦欲改易大臣，遂策免武曰：「君舉錯煩苛，不合衆心，〔三〕孝聲不聞，惡名流行，無以率示四方。其上大司空印綬，罷歸就國。」後五歲，諫大夫鮑宣數稱冤之，天子感丞相王嘉之對，而高安侯董賢亦薦武，武由是復徵爲御史大夫。月餘，徙爲前將軍。

〔一〕【補注】先謙曰：公謂三公官。

〔二〕師古曰：左右，謂天子側近之臣。

〔三〕師古曰：錯，置也，音千故反。

先是，新都侯王莽就國，數年，上以太皇太后故徵莽還京師。莽從弟成都侯王邑爲侍中，矯稱太皇太后指白哀帝，爲莽求特進給事中。哀帝復請之，事發覺。〔一〕太后爲謝，上以太后故不忍誅之，〔二〕左遷邑爲西河屬國都尉，削千户。後有詔舉大常，莽私從武求舉，武不敢舉。後數月，哀帝崩，太后即日引莽入，收大司馬董賢印綬，詔有司舉可大司馬者。莽故大司馬，辭位辟丁、傅，〔三〕衆庶稱以爲賢，又太后近親，自大司徒孔光以下舉朝皆舉莽。武爲前將軍，素與左將軍公孫禄相善，二人獨謀，以爲往時孝惠、孝昭少主之世，外戚吕、霍、上官持權，幾危社稷，〔四〕今孝成、孝哀比世無嗣，〔五〕方當選立親近輔幼主，不宜令異姓大臣持權，〔六〕親疏相錯，爲國計便。〔七〕於是武舉公孫禄可大司馬，而禄亦舉武。太后竟自用莽爲大司馬。莽風有司劾奏武、公孫禄互相稱舉，〔八〕皆免。

〔一〕師古曰：哀帝反更以此事請於太后，太后本無此言，故矯事發覺也。復音扶目反。【補注】宋祁曰：越本無「莽」字。監本有。

〔二〕【補注】宋祁曰：浙本去「之」字。

〔三〕師古曰：辟讀曰避。

〔四〕師古曰：幾音鉅依反。

〔五〕師古曰：比，頻也。

〔六〕師古曰：異姓，謂非宗室及外戚。【補注】宋祁曰：南本徐鍇去「不」字。予據顔注，删之爲允。劉敞曰：周禮「時揖異姓」，異姓，婚姻也。異姓正謂外戚爾，恐不當去「不」字。王念孫曰：宋説是，劉説非也。下文云「親疏相錯，爲國計便」，「便」字正承「宜」字而言。若作「不宜」則與下文義不相屬，「不」字乃後人妄加之耳。漢紀作「今不宜置異姓大臣持權親疏相錯爲國計不便」，兩「不」字皆後人妄加。外戚親而異姓疏，故曰「宜令異姓大臣持權，親疏相錯，爲國計便」。然則，異姓非謂外戚也，故顔注云「異姓謂非宗室及外戚」。下文云「於是武舉公孫禄，而禄亦舉武」，武與禄皆異姓而非外戚，是其明證矣。翼奉傳云「今左右亡同姓，獨以舅后之家爲親，異姓之臣又疏，二后之黨滿朝」，此異姓亦非指外戚。劉引周官「時揖異姓」非此所謂異姓也。此所謂異姓，乃周官所謂庶姓耳。御覽治道部十一引此正作「宜令異姓大臣持權」。

〔七〕師古曰：錯謂間雜也。

〔八〕師古曰：風讀曰諷。【補注】先謙曰：官本注在「皆免」下。

武就國後，莽寖盛，爲宰衡，〔一〕陰誅不附己者。元始三年，呂寬等事起。時大司空甄豐承莽風指，〔二〕遣使者乘傳案治黨與，〔三〕連引諸所欲誅，上黨鮑宣、南陽彭偉、杜公子，〔四〕郡國豪桀坐死者數百人。武在見誣中，大理正檻車徵武，〔五〕武自殺。衆人多冤武者，莽欲厭衆意，令武子況嗣爲侯，〔六〕謚武曰刺侯。〔七〕莽篡位，免況爲庶人。

〔一〕師古曰：寖，漸也。

〔二〕師古曰：風謂風采也。指，意也。

〔三〕師古曰：傳音張戀反。

〔四〕師古曰：彭偉及杜公子二人皆南陽人。【補注】先謙曰：後書彭寵傳「父宏爲漁陽太守，與何武鮑宣並遇害」，即偉也，而名互異。

〔五〕【補注】先謙曰：百官表有廷尉正，哀帝元壽二年，復廷尉爲大理。

〔六〕師古曰：厭，滿也，音一贍反。【補注】先謙曰：官本注在「意」下。

〔七〕師古曰：刺音來曷反。

王嘉字公仲，平陵人也。以明經射策甲科爲郎，坐户殿門失闌免。〔一〕光禄勳于永除爲掾，察廉爲南陵丞，〔二〕復察廉爲長陵尉。鴻嘉中，舉敦朴能直言，召見宣室，對政事得失，超遷太中大夫。出爲九江、河南太守，治甚有聲。徵入爲大鴻臚，徙京兆尹，遷御史大夫。建平三年代平當爲丞相，封新甫侯，加食邑千一百户。〔三〕

〔一〕師古曰：户，止也。嘉掌守殿門，止不當入者而失闌入之，故坐免也。春秋左氏傳曰「屈蕩户之」。【補注】王鳴盛曰：宣十二年傳作「屈蕩尸之」，注訓尸爲主。吴下錢氏所藏淳熙九經作「户」，疏亦作「户」。宣六年公羊傳：「入其門，無人門焉者。」「户之」、「門焉」一也。

〔二〕師古曰：南陵，縣名，屬宣州。【補注】先謙曰：官本注「州」作「城」，引劉攽曰，南陵，薄太后陵耳。漢無南陵縣。宋祁曰，案地理志，宣城，丹陽郡縣名，未爲郡。齊召南云，此注誤。劉謂漢無南陵縣亦非也。南陵屬京兆尹，因薄太后陵得名，地理志甚明。至宣城非漢郡則宋祁已言之矣。王鳴盛云，屬宣州者，係唐縣，乃漢丹陽郡春穀縣地也。南監板無此注。殆校者因其舛謬，删去之。先謙案，南陵縣在西安府咸寧縣東南。

〔三〕【補注】劉攽曰：「加食邑」，多「加」字。何焯曰：朱博傳云「故事封丞相不滿千户」，此千一百户，故云加。

嘉爲人剛直嚴毅有威重，上甚敬之。哀帝初立，欲匡成帝之政，多所變動，〔一〕嘉上疏曰：

〔一〕師古曰：匡，正也，正其乖失者。

臣聞聖王之功在於得人。孔子曰：「材難，不其然與！」〔一〕「故繼世立諸侯，象賢也。」〔二〕雖不能盡賢，天子爲擇臣，立命卿以輔之。〔三〕居是國也，累世尊重，然後士民之衆附焉，是以教化行而治功立。今之郡守重於古諸侯，〔四〕往者致選賢材，〔五〕賢材難得，拔擢可用者，或起於囚徒。昔魏尚坐事繫，文帝感馮唐之言，遣使持節赦其辠，拜爲雲中太守，匈奴忌之。武帝擢韓安國於徒中，〔六〕拜爲梁内史，骨肉以安。〔七〕張敞爲京兆尹，有罪當免，黠吏知而犯敞，〔八〕敞收殺之，其家自冤，〔九〕使者覆獄，劾敞賊殺人，〔一〇〕上逮捕不下，〔一一〕會免，亡命數十日，宣帝徵敞拜爲冀州刺史，卒獲其用。前世非私此三人，貪其材器有益於公家也。

〔一〕師古曰：論語載孔子之言也。材難，謂有賢材者難得也。與讀曰歟。

〔二〕師古曰：象其先父祖之賢耳，非必其人皆有德也。【補注】先謙曰：通鑑胡注，禮記郊特牲之文。

〔三〕師古曰：命卿，命於天子者也。【補注】先謙曰：胡注，禮王制：「大國三卿，皆命於天子；次國三卿，二卿命於天子，一卿命於其君；小國二卿，皆命於其君。」齊高國、魯三桓皆世卿也。漢之王國傅相、中尉命於天子，猶古之命卿。

〔四〕【補注】先謙曰：胡注：「周初班爵五等，公侯地方百里、伯七十里、子男五十里。漢郡守方制千里，連城十數，是重於古諸侯。」

〔五〕【補注】先謙曰：胡注，致，極也。

〔六〕【補注】先謙曰：胡注，韓安國傳：「坐法抵罪，會梁内史缺，漢使使拜安國爲梁内史，起徒中，爲二千石。」此景帝時事也。「武帝」當作「景帝」。

〔七〕師古曰：言梁孝王得免罪也。

〔八〕【補注】先謙曰：京兆賊捕掾絮舜也，詳敞傳。

〔九〕【補注】先謙曰：自言其冤。

〔一〇〕師古曰：覆音芳目反。

〔一一〕師古曰：言使者上奏請逮捕敞，而天子不下其事也。下音胡稼反。

孝文時，吏居官者或長子孫，以官爲氏，倉氏、庫氏則倉庫吏之後也。其二千石長吏亦安官樂職，然後上下相望，莫有苟且之意。其後稍稍變易，公卿以下傳相促急，又數改更政事，〔一〕司隸、部刺史察過悉劾，發揚陰私，〔二〕吏或居官數月而退，送故迎新，交錯道路。中材苟容求全，〔三〕下材懷危内顧，〔四〕壹切營私者多。二千石益輕賤，吏民慢易之。〔五〕或持其微過，增加成辠，言於刺史、司隸，或至上書章下；〔六〕衆庶知其易危，〔七〕小失意則有離畔之心。前山陽亡徒蘇令等從横，〔八〕吏士臨難，莫肯伏節死義，以守相威權素奪也。〔九〕孝成皇帝悔之，下詔書，二千石不爲縱，〔一〇〕遣使者賜金，尉厚其意，誠以爲國家有急，取辦於二千石，二千石尊重難危，乃能使下。

〔一〕師古曰：更亦變也。

〔二〕師古曰：悉，盡也。言事無大小盡皆舉劾，過於所察之條也。【補注】先謙曰：司隸部三輔、三河、弘農，其餘部刺史分部諸郡國。

〔三〕師古曰：不敢操持羣下也。

〔四〕師古曰：常恐獲罪，每爲私計也。

〔五〕師古曰：易亦輕也，音弋豉反。

〔六〕師古曰：依其所上之章而下令治之。

〔七〕師古曰：言易可輕危也。【補注】先謙曰：官本「輕」作「傾」，是。胡注引同。

〔八〕師古曰：從音子用反。横音胡孟反。

〔九〕師古曰：守，郡守也。相，諸侯相也。素奪，謂先不假之威權也。

〔一〇〕孟康曰：二千石不以故縱爲罪，所以優也。

孝宣皇帝愛其良民吏，〔一〕有章劾，事留中，會赦壹解。〔二〕故事，尚書希下章，爲煩擾百姓，證驗繫治，或死獄中，章文必有「敢告之」字乃下。〔三〕唯陛下留神於擇賢，記善忘過，容忍臣子，勿責以備。〔四〕二千石、部刺史、三輔縣令有材任職者，人情不能不有過差，宜可闊略，〔五〕令盡力者有所勸。此方今急務，國家之利也。前蘇令發，〔六〕欲遣大夫使逐問狀，〔七〕時見大夫無可使者，〔八〕召盩厔令尹逢拜爲諫大夫遣之。令諸大夫有材能者甚少，〔九〕宜豫畜養可成就者，則士赴難不愛其死；臨事倉卒乃求，非所以明朝廷也。〔一〇〕

〔一〕師古曰：良，善也。良人吏，善治百姓者。【補注】先謙曰：官本注「人」作「民」，引宋祁曰，「愛其良民吏」，「其」字當删。先謙案：通鑑改作「愛其善治民之吏」。

〔二〕師古曰：不即下治其事，恐爲擾動，故每留中。或經赦令，一切皆解散也。【補注】沈欽韓曰：如上所稱張敞事是也。續禮儀志「立春之日，下寬大書，罪非殊死，且勿按驗」，則漢世雖不逢赦，入春，令亦得寬。

〔三〕師古曰：所以丁寧告者之辭，絶其相誣也。【補注】先謙曰：胡注，此乃妨其誣告。

〔四〕師古曰：不求備於一人也。【補注】先謙曰：胡注，責備者，求全也。

〔五〕師古曰：當寬恕其小罪也。

〔六〕師古曰：謂蘇令等初發起爲盜賊也。

〔七〕【補注】先謙曰：胡注，使之逐盜而問其狀也。

〔八〕師古曰：謂見在大夫皆不堪爲使也。

〔九〕【補注】先謙曰：官本「諸」上「令」作「今」，是。通鑑同。

〔一〇〕【補注】先謙曰：胡注：「人才當聚於朝廷。事會之來，無可用者，倉卒求之，適所以明朝廷之無人耳。」先謙案，明猶言光顯也。

嘉因薦儒者公孫光、滿昌及能吏蕭咸、薛修等，皆故二千石有名稱。天子納而用之。會息夫躬、孫寵等因中常侍宋弘上書告東平王雲祝詛，又與后舅伍宏謀弒上爲逆，〔一〕

雲等伏誅，躬、寵擢爲吏二千石。是時，侍中董賢愛幸於上，上欲侯之而未有所緣，傅嘉勸上因東平事以封賢。上於是定躬、寵告東平本章，〔二〕掇去宋弘，更言因董賢以聞，〔三〕欲以其功侯之，皆先賜爵關内侯。頃之，欲封賢等，上心憚嘉，乃先使皇后父孔鄉侯傅晏持詔書視丞相御史。〔四〕於是嘉與御史大夫賈延上封事言：「竊見董賢等三人始賜爵，衆庶匈匈，咸曰賢貴，其餘并蒙恩，〔五〕至今流言未解。陛下仁恩於賢等不已，宜暴賢等本奏語言，〔六〕延問公卿大夫博士議郎，考合古今，明正其義，然後乃加爵土；不然，恐大失衆心，海内引領而議。暴平其事，〔七〕必有言當封者，〔八〕在陛下所從；天下雖不説，咎有所分，〔九〕不獨在陛下。前定陵侯淳于長初封，其事亦議。大司農谷永以長當封，衆人歸咎於永，先帝不獨蒙其譏。〔一〇〕臣嘉、臣延材駑不稱，死有餘責。〔一一〕知順指不迕，可得容身須臾，〔一二〕所以不敢者，思報厚恩也。」上感其言，止，數月，遂下詔封賢等，〔一三〕因以切責公卿曰：「朕居位以來，寢疾未瘳，〔一四〕反逆之謀，相連不絶，賊亂之臣，近侍帷幄。前東平王雲與后謁祝詛朕，使侍醫伍宏等内侍案脈，〔一五〕幾危社稷，殆莫甚焉！〔一六〕昔楚有子玉得臣，晉文爲之側席而坐；〔一七〕近事，汲黯折淮南之謀。今雲等至有圖弒天子逆亂之謀者，是公卿股肱莫能悉心務聰明以銷厭未萌之故。〔一八〕賴宗廟之靈，〔一九〕侍中駙馬都尉賢等發覺以聞，咸伏厥辜。書不云乎？『用德章厥善。』〔二〇〕其封賢爲高安侯、南陽太守寵爲方陽侯、左曹光禄大夫躬爲宜陵侯。」

〔一〕【補注】宋祁曰：「弒」當作「殺」字。雖作殺，讀亦作弒。

〔二〕師古曰：定謂改治也。

〔三〕師古曰：掇讀曰剟。剟，削也，削去其名也。剟音竹劣反。

〔四〕師古曰：視讀曰示。

〔五〕師古曰：言董賢以貴寵故妄得封，而躬、寵等遂蒙恩。

〔六〕師古曰：暴謂章露也。

〔七〕【補注】朱一新曰：「平」監本作「下」。先謙曰：官本「平」作「下」，是。

〔八〕【補注】宋祁曰：「言」字上當有「對」字。

〔九〕師古曰：説讀曰悦。

〔一〇〕師古曰：蒙，被也。

〔一一〕師古曰：稱，副也。

〔一二〕師古曰：迕，逆也。

〔一三〕【補注】先謙曰：遂猶竟也。

〔一四〕師古曰：瘳，差也，音丑留反。

〔一五〕師古曰：案謂切診也。

〔一六〕師古曰：幾音鉅依反。殆亦危也。

〔一七〕師古曰：已解於上。

〔一八〕師古曰：悉，盡也。務聰明者，廣視聽也。厭音一涉反。

〔一九〕【補注】宋祁曰：「靈」字上當有「神」字。先謙曰：通鑑亦無。

〔二〇〕師古曰：商書盤庚之辭也。

後數月，日食，舉直言，嘉復奏封事曰：

臣聞咎繇戒帝舜曰：「亡敖佚欲有國，兢兢業業，一日二日萬機。」〔一〕箕子戒武王曰：「臣無有作威作福，亡有玉食；臣之有作威作福玉食，害于而家，凶于而國，人用側頗辟，民用僭慝。」〔二〕言如此則逆尊卑之序，亂陰陽之統，而害及王者，其國極危。〔三〕國人傾仄不正，民用僭差不壹，此君不由法度，上下失序之敗也。武王躬履此道，隆至成康。〔四〕自是以後，縱心恣欲，法度陵遲，〔五〕至於臣弑君，子弑父。父子至親，失禮患生，何況異姓之臣？孔子曰：「道千乘之國，敬事而信，節用而愛人，使民以時。」〔六〕孝文皇帝備行此道，海内蒙恩，爲漢大宗。孝宣皇帝賞罰信明，施與有節，記人之功，忽於小過，〔七〕以致治平。孝元皇帝奉承大業，温恭少欲，都内錢四十萬萬，〔八〕水衡錢二十五萬萬，少府錢十八萬萬。〔九〕嘗幸上林，後宫馮貴人從臨獸圈，猛獸驚出，貴人前當之，元帝嘉美其義，賜錢五萬。〔一〇〕掖庭見親，有加賞賜，屬其人勿衆謝。〔一一〕示平惡偏，〔一二〕重失人心，賞賜節約。是時外戚貲千萬者少耳，故少府水衡見錢多也。〔一三〕雖遭初元、永光凶年飢饉，加有西羌之變，〔一四〕外奉師旅，内振貧民，終無傾危之憂，以府臧内充實也。孝成皇帝時，諫臣多言燕出之害，〔一五〕及女寵專愛，躭於酒色，損德傷年，其言甚切，然終不怨怒也。寵臣淳于長、張放、史育，育數貶退，家貲不滿千萬，放斥逐就國，長榜死於獄。〔一六〕不以私愛害公義，故雖多内譏，朝廷安平，〔一七〕傳業陛下。

〔一〕師古曰：虞書咎繇謨之辭也。言有國之人不可傲慢逸欲，但當戒慎危懼，以理萬事之機也。敖讀曰傲。【補注】宋祁曰：資暇集云：「孔安國云『幾，微也。當戒萬事之微也』。晉文帝謂丞相，於事動必經年，怪其遲，桓温曰：『萬機那得速耶？』此對真得書義。近改爲即離之具，當由漢王嘉封事誤從木傍也。顔氏不知引孔注以證，後人不根其本，且曰漢書尚爾，曾不知班、顔自誤後人也。」先謙曰：官本考證案，尚書作「毋教佚欲有邦」，此所引伏生今文也。「邦」字當以避高帝諱作「國」。齊召南云，案晉文帝指簡文帝也，刊本脱「簡」字耳。

〔二〕師古曰：周書洪範載箕子對武王之辭也。玉食，精好如玉也。而，汝也。頗，偏也。僭，不信也。慝，惡也。

〔三〕【補注】宋祁曰：「極」字當作「凶」字。

〔四〕師古曰：言武王能履法度，故至成康之時，德化隆盛也。

〔五〕師古曰：陵遲即陵夷也，言漸頹替也。

〔六〕師古曰：論語載孔子之言也。道，治也。千乘，謂兵車千乘。説在刑法志。

〔七〕師古曰：忽，忘也。

〔八〕【補注】沈欽韓曰：御覽六百二十七引桓譚新論：「漢百姓賦斂一歲爲四十餘萬萬。吏俸用其半，餘二十萬萬，藏於都内爲禁錢。少府所領園地作務八十三萬萬，以給宫室供養諸賞賜。」先謙曰：百官表，大司農有都内令丞。

〔九〕師古曰：言不費用，故蓄積也。

〔一〇〕師古曰：此言雖嘉其義，而賞亦不多。

〔一一〕師古曰：掖庭宫人，有親戚來見而帝賜之者，屬其家勿使於衆人中謝也。屬音之欲反。【補注】先謙曰：胡注：「有見親幸者，加之賞賜，則屬其人勿於衆中謝也。」先謙案：據下文「賢家有賓婚及見親」，則「見親」非見親幸之謂。顔注是也。二字亦見淮陽憲王傳，蓋漢世恒言。

〔一二〕【補注】周壽昌曰：言示以均平，惡其偏黨也。惡音烏路切。

〔一三〕師古曰：見在之錢也。【補注】先謙曰：少府掌禁錢。水衡都尉有鍾官、辯銅令丞，掌鑄錢。

〔一四〕【補注】先謙曰：永光二年，隴西羌反。

〔一五〕師古曰：燕出，謂微行也。

〔一六〕師古曰：榜，笞擊也，音彭。

〔一七〕師古曰：雖有好內之譏，而不害政也。

陛下在國之時，好詩書，上儉節，徵來所過道上稱誦德美，此天下所以回心也。〔一〕初即位，易帷帳，去錦繡，乘輿席緣綈繒而已。〔二〕共皇寢廟比比當作，〔三〕憂閔元元，惟用度不足，〔四〕以義割恩，輒且止息，今始作治。而駙馬都尉董賢亦起官寺上林中，又爲賢治大第，開門鄉北闕，〔五〕引王渠灌園池，〔六〕使者護作，〔七〕賞賜吏卒，甚於治宗廟。賢母病，長安廚給祠具，〔八〕道中過者皆飲食。〔九〕爲賢治器，器成，奏御乃行，或物好，特賜其工，自貢獻宗廟三宮，猶不至此。〔一〇〕賢家有賓婚及見親，諸官並共，〔一一〕賜及倉頭奴婢，人十萬錢。使者護視，發取市物，百賈震動，〔一二〕道路讙譁，羣臣惶惑。詔書罷苑，而以賜賢二千餘頃，均田之制從此墮壞。〔一三〕奢僭放縱，變亂陰陽，災異衆多，百姓訛言，持籌相驚，〔一四〕被髮徒跣而走，乘馬者馳，天惑其意，不能自止。或以爲籌者策失之戒也。陛下素仁智慎事，今而有此大譏。

〔一〕師古曰：望爲治也。【補注】先謙曰：胡注，謂回其戴成帝之心而戴哀帝。

〔二〕師古曰：綈，厚繒也，音徒奚反。

〔三〕師古曰：共皇，哀帝之父，即定陶恭王也。比比，猶頻頻也。共讀曰恭。

〔四〕師古曰：惟，思也。

〔五〕師古曰：鄉讀曰嚮。

〔六〕蘇林曰：王渠，官渠也，由今御溝也。晉灼曰：渠名也，在城東覆盎門外。師古曰：晉説是。【補注】沈欽韓曰：水經注：「昆明故渠又東而北屈，逕青門外，出未央宫桂宫之間，謂之明渠。明渠又東逕長樂宫北。故渠又東出城，分爲二渠，即漢書所謂王渠也。一水逕楊橋下，即青門橋也，北注渭，今無水。其一水右入昆明故渠。」一統志「王渠在西安府城北」。先謙曰：官本注「由」作「猶」，字同。

〔七〕師古曰：護，監視也。

〔八〕師古曰：長安有廚官，主爲官食。

〔九〕如淳曰：禱於道中，故行人皆得飲食。【補注】先謙曰：胡注：「據文理則飲音於禁反，食讀曰飤。」

〔一〇〕師古曰：三宫，天子、太后、皇后也。【補注】劉敞曰：予謂是時太皇太后稱長信宫，傅太后稱永信宫，而丁姬中安宫，故以三宫爲言。先謙曰：胡注：「此時丁姬死矣。三宫蓋謂長信、永信及趙太后宫也。」

〔一一〕師古曰：見親，親戚相見也。並供，言百官各以所掌事及財物就供之。共讀曰供。【補注】蘇輿曰：「賓婚」亦漢世恒言。史記留侯世家：「項伯見沛公。沛公與飲爲壽，結賓婚。」新結爲婚，禮加賓敬，故云然。

〔一二〕師古曰：賈謂販賣之人也。言百賈者，非一之稱也。賈音古。

〔一三〕孟康曰：自公卿以下至於吏民名曰均田，皆有頃數，於品制中令均等。今賜賢二千餘頃，則壞其等制也。師古曰：菀，古苑字。隓音火規反。【補注】先謙曰：均田在綏和二年。

〔一四〕師古曰：言行西王母籌也。

孔子曰：「危而不持，顛而不扶，則將安用彼相矣！」〔一〕臣嘉幸得備位，竊内悲傷不能通愚忠之信，身死有益於國，不敢自惜。唯陛下慎己之所獨鄉，察衆人之所共疑。〔二〕往者寵臣鄧通、韓嫣，〔三〕驕貴失度，逸豫無厭，小人不勝情欲，卒陷罪辜。〔四〕亂國亡軀，不終其禄，所謂愛之適足以害之者也。宜深覽前世，以節賢寵，全安其命。

〔一〕師古曰：論語稱季氏將伐顓臾，冉有、季路見於孔子，孔子以此言責之，以其不匡諫也。

〔二〕師古曰：鄉讀曰嚮。

〔三〕師古曰：嫣音偃。

〔四〕師古曰：卒，終也。

於是上寖不説，〔一〕而愈愛賢，不能自勝。

〔一〕師古曰：寖，漸也。説讀曰悦。

會祖母傅太后薨，〔一〕上因託傅太后遺詔，令成帝母王太后下丞相御史，益封賢二千户，及賜孔鄉侯、汝昌侯、陽新侯國。〔二〕嘉封還詔書，〔三〕因奏封事諫上及太后曰：「臣聞爵禄土地，天之有也。書云：『天命有德，五服五章哉！』〔四〕王者代天爵人，尤宜慎之。裂地而封，不得其宜，則衆庶不服，感動陰陽，其害疾自深。〔五〕今聖體久不平，此臣嘉所内懼也。高安侯賢，佞幸之臣，陛下傾爵位以貴之，單貨財以富之，〔六〕損至尊以寵之，〔七〕主威已黜，府藏已竭，唯恐不足。財皆民力所爲，孝文皇帝欲起露臺，重百金之費，〔八〕克己不作。今賢散公賦以施私惠，一家至受千金，往古以來貴臣未嘗有此，流聞四方，皆同怨之。〔九〕里諺曰：『千人所指，無病而死。』臣常爲之寒心。今太皇太后以永信太后遺詔，詔丞相御史益賢户，賜三侯國，臣嘉竊惑。山崩地動，日食於三朝，〔一〇〕皆陰侵陽之戒也。前賢已再封，〔一一〕晏、商再易邑，〔一二〕業緣私横求，恩已過厚，〔一三〕求索自恣，不知厭足，甚傷尊卑之義。〔一四〕不可以示天下，爲害痛矣！〔一五〕臣驕侵罔，陰陽失節，〔一六〕氣感相動，害及身體。陛下寢疾久不平，繼嗣未立，宜思正萬事，順天人之心，以求福祐，柰何輕身肆意，〔一七〕不念高祖之勤苦垂立制度欲傳之於無窮哉！孝經曰：『天子有争臣七人，雖無道，不失其天下。』〔一八〕臣謹封上詔書，〔一九〕不敢露見，非愛死而不自法，〔二〇〕恐天下聞之，故不敢自劾。〔二一〕愚贛數犯忌諱，〔二二〕唯陛下省察。」

〔一〕【補注】劉奉世曰：「薨」當作「崩」。

〔二〕師古曰：傅晏、傅商、鄭業也。【補注】錢大昭曰：案，新、信古字通。侯表亦作「陽新」，本紀及杜鄴傳并作「陽信」。先謙曰：三人先雖封侯，未有國邑，今賜之國邑也。

〔三〕師古曰：還謂卻上之於天子也。【補注】先謙曰：胡注，後世給舍封駁本此。

〔四〕師古曰：虞書咎繇謨之辭也。言皇天命於有德者以居列位，天子諸侯卿大夫士尊卑之服采章各異也。

〔五〕師古曰：言此氣損害，故令天子身自有疾也。

〔六〕師古曰：單，盡也。

〔七〕師古曰：言上意傾惑，爲下所窺也。【補注】先謙曰：胡注：「謂帝爲賢治第，擬於宫闕，乘輿器物充牣其家也。」

〔八〕【補注】先謙曰：官本「重」作「惜」，引宋祁曰，「惜」越本作「重」。錢大昭云：閩本作「惜」。

〔九〕【補注】先謙曰：官本無「此」字，引宋祁曰，「流」字上或有「此」字。

〔一〇〕師古曰：歲、月、日之朝也。已解於上。

〔一一〕【補注】先謙曰：謂先封關内侯，復封高安侯。

〔一二〕【補注】先謙曰：胡注：「商先嗣爵崇祖侯，後改封汝昌侯。晏先以皇后父封三千户，又益二千户，食邑於夏丘。」

〔一三〕師古曰：横音胡孟反。【補注】宋祁曰：「求」當作「受」。

〔一四〕【補注】錢大昭曰：「尊卑」南監本、閩本并作「尊尊」。先謙曰：官本作「尊尊」。通鑑同。胡注：「封三侯所以尊傳太后。今求濫恩，則傷尊尊之義矣。」

〔一五〕【補注】先謙曰：胡注「痛，甚也」。予謂，痛，切也。

〔一六〕師古曰：罔謂誣蔽也。【補注】宋祁曰：「驕」字下當有「主」字。

〔一七〕師古曰：肆，放也。

〔一八〕師古曰：言上能納諫，則免於過惡也。

〔一九〕【補注】沈欽韓曰：漢舊儀：「詔書下，朱鉤施行。詔書有違法令，施行之不便，曹史白封還，尚書對不便狀。」

〔二〇〕【補注】先謙曰：胡注：「謂不以違拒詔旨之法自劾。」

〔二一〕【補注】沈欽韓曰：漢有廢格詔書之罪，本當自劾也。朱一新曰：「劾」監本作「效」。先謙曰：官本作「效」。通鑑作「劾」。胡注，言自劾則天下知其事也。

〔二二〕【補注】先謙曰：官本作「愚戇」，此誤脱「贛」下「心」。

初，廷尉梁相與丞相長史、御史中丞及五二千石雜治東平王雲獄，時冬月未盡二旬，而相心疑雲冤，獄有飾辭，〔一〕奏欲傳之長安，〔二〕更下公卿覆治。尚書令鞫譚、僕射宗伯鳳以爲可許。〔三〕天子以相等皆見上體不平，外内顧望，操持兩心，〔四〕幸雲踰冬，〔五〕無討賊疾惡主讎之意，制詔免相等皆爲庶人。〔六〕後數月，大赦，嘉奏封事薦相等明習治獄，「相計謀深沈，譚頗知雅文，鳳經明行修，聖王有計功除過，〔七〕臣竊爲朝廷惜此三人。」〔八〕書奏，上不能平。〔九〕後二十餘日，嘉封還益董賢户事，上乃發怒，召嘉詣尚書，責問以「相等前坐在位不盡忠誠，外附諸侯，操持兩心，背人臣之義，今所稱相等材美，足以相計除罪。君以道德，位在三公，以總方略一統萬類，〔一〇〕分明善惡爲職，知相等罪惡陳列，著聞天下，時輒以自劾，今又稱譽相等，云爲朝廷惜之。大臣舉錯，恣心自在，〔一一〕迷國罔上，近由君始，將謂遠者何！〔一二〕對狀」。〔一三〕嘉免冠謝罪。

〔一〕師古曰：假飾之辭，非其實也。

〔二〕師古曰：傳謂移其獄事也。

〔三〕師古曰：鞫及宗伯皆姓也。鞫音居六反。

〔四〕師古曰：操音千高反。

〔五〕【補注】先謙曰：胡注，謂僥幸雲獄踰冬可減死。

〔六〕【補注】朱一新曰：百官表，相貶爲東海都尉。

〔七〕師古曰：收采其功，以明罪過也。【補注】先謙曰：官本「明」作「免」，是。

〔八〕【補注】先謙曰：胡注：「公卿表，建平元年相爲廷尉，二年貶，三年方賞爲廷尉，四年徙。本紀，雲自殺在建平四年，大赦天下在元壽元年正月，當治東平時，廷尉乃賞，非相。又，表言相貶，不言免爲庶人。大赦亦不在後數月也。」先謙案，此表傳寫年月之誤。惟相免與貶，則未知孰誤耳。

〔九〕師古曰：心怒也。

〔一〇〕【補注】宋祁曰：或無「萬」字。劉奉世曰：多「萬」字。

〔一一〕師古曰：錯，置也。【補注】蘇輿曰：「在」疑「任」形近而譌。

〔一二〕師古曰：近臣尚然，則遠者固宜爾也。

〔一三〕師古曰：敕令具對也。

事下將軍中朝者。〔一〕光禄大夫孔光、左將軍公孫禄、右將軍王安、光禄勳馬宫、光禄大夫龔勝〔二〕劾嘉迷國罔上不道，請與廷尉雜治。〔三〕勝獨以爲嘉備宰相，諸事並廢，咎由嘉生；〔四〕嘉坐薦相等，微薄，以應迷國罔上不道，恐不可以示天下。遂可光等奏。

〔一〕【補注】先謙曰：事下將軍中朝者，猶師丹傳之「上問將軍中朝臣」也。中朝者，謂中朝臣。通鑑無「中」字。胡注：「朝者，當時見入朝之臣也。」通鑑所見本蓋與顔異。

〔二〕【補注】錢大昕曰：孔光、龔勝俱爲光禄大夫，而光以故丞相拜秩中二千石，位次丞相，故得列於左右將軍之上。其它大夫，雖給事内朝，要皆屬於光禄勳，不當駕而上之，故仍在光禄勳之下也。龔勝傳敘此事以孔光列於司隸鮑宣之後，失其次。

〔三〕【補注】錢大昕曰：「劾」上當有「皆」字，方與下「獨」字相應。

〔四〕師古曰：孔光以下衆共劾嘉，而勝獨爲異議也。【補注】王念孫曰：案，「劾嘉」之上不當有「光禄大夫龔勝」六字。下文「勝獨以爲」上當有「光禄大夫龔」五字。此謂諸臣皆劾嘉迷國罔上，而光禄大夫龔勝獨以爲不然，故師古曰

「孔光以下衆共劾嘉，而勝獨爲異議也」。若「劾嘉」上有「光禄大夫龔勝」六字，則與「勝獨以爲」之語相反。校書者不知此六字之爲衍文，反删去下文之「光禄大夫龔」五字，斯爲顛倒矣。漢紀孝哀紀云：「事下將軍中朝者，皆劾嘉迷國罔上不道。光禄大夫龔勝獨以爲嘉坐薦相等，罪微薄，應以迷國罔上不道，不可以示天下。」足證今本之誤。又龔勝傳云：「左將軍公孫禄、司隸鮑宣、光禄大夫孔光等十四人皆以爲嘉應迷國不道法。勝獨曰：『嘉舉相等，過微薄。』」尤足與此傳互相證明。

光等請謁者召嘉詣廷尉詔獄，制曰：「票騎將軍、御史大夫、中二千石、二千石、諸大夫、博士、議郎議。」衛尉雲等五十人〔一〕以爲「如光等言可許」。議郎龔等以爲「嘉言事前後相違，無所執守，不任宰相之職，宜奪爵土，免爲庶人」。永信少府猛等十人〔二〕以爲「聖王斷獄，必先原心定罪，探意立情，故死者不抱恨而入地，生者不銜怨而受罪。明主躬聖德，重大臣刑辟，廣延有司議，欲使海内咸服。嘉罪名雖應法，聖王之於大臣，在輿爲下，御坐則起，〔三〕疾病視之無數，死則臨弔之，廢宗廟之祭，進之以禮，退之以義，誄之以行。〔四〕案嘉本以相等爲罪，罪惡雖著，大臣括髮關械、裸躬就笞，〔五〕非所以重國褒宗廟也。今春月寒氣錯繆，霜露數降，宜示天下以寬和。臣等不知大義，唯陛下察焉」。有詔假謁者節，召丞相詣廷尉詔獄。

〔一〕【補注】錢大昭曰：雲，孫雲也，河内人。

〔二〕【補注】先謙曰：永信少府因傅太后居永信宮暫置，故不入表。

〔三〕師古曰：解在翟方進傳。

〔四〕師古曰：言大臣之死，積累其行而爲誄也。誄者，累德行之文。

〔五〕師古曰：括，結也。關，貫也。裸，露也。【補注】周壽昌曰：漢笞辱大臣若此，可補刑法志所不及。

使者既到府，掾史涕泣，共和藥進嘉，嘉不肯服。主簿曰：「將相不對理陳冤，相踵以爲故事，〔一〕君侯宜引決。」〔二〕使者危坐府門上。〔三〕主簿復前進藥，嘉引藥杯以擊地，謂官屬曰：「丞相幸得備位三公，奉職負國，當伏刑都市以示萬衆。丞相豈兒女子邪，何謂咀藥而死！」〔四〕嘉遂裝出，〔五〕見使者再拜受詔，乘吏小車，去蓋〔六〕不冠，隨使者詣廷尉。廷尉收嘉丞相新甫侯印綬，縛嘉載致都船詔獄。〔七〕

〔一〕師古曰：踵由躡也。【補注】先謙曰：自周勃繫獄，賈誼以爲言，文帝自此待大臣有節，將相有罪皆自殺，不受刑。然景帝時周亞夫、武帝時公孫賀、劉屈氂猶下獄死。相踵爲故事，言其槩也。理，獄也。言大臣縱有冤，不對獄而自陳。

〔二〕師古曰：令自殺也。

〔三〕師古曰：以逼促嘉也。

〔四〕師古曰：咀，嚼也，音才汝反。【補注】先謙曰：謂與爲同。

〔五〕【補注】先謙曰：胡注：「裝出者，朝服而出。」

〔六〕【補注】沈欽韓曰：隋書刑法志，陳制，階品死罪將決，乘露車，蓋沿漢法。

〔七〕【補注】錢大昭曰：百官表，執金吾屬官有都船令丞。如淳曰漢儀注有都船獄令。

上聞嘉生自詣吏，大怒，使將軍以下與五二千石雜治。吏詰問嘉，嘉對曰：「案事者思得實。竊見相等前治東平王獄，不以雲爲不當死，欲關公卿示重慎；〔一〕置驛馬傳囚，埶不得踰冬月，誠不見其外内顧望阿附爲雲驗。〔二〕復幸得蒙大赦，相等皆良善吏，臣竊爲國惜賢，不私此三人。」獄吏曰：「苟如此，則君何以爲罪猶當？」〔三〕有以負國，不空入獄矣。」吏稍侵辱嘉，嘉喟然卬天歎曰：〔四〕「幸得充備宰相，不能進賢退不肖，以是負國，死有餘責。」吏問賢不肖主名，嘉曰：「賢，故丞相孔光、故大司空何武，不能進；惡，高安侯董賢父子，佞邪亂朝，而不能退。罪當死，死無所恨。」嘉繫獄二十餘日，不食歐血而死。〔五〕帝舅大司馬票騎將軍丁明素重嘉而憐之，上遂免明，以董賢代之。語在賢傳。

〔一〕【補注】先謙曰：關，通白也。

〔二〕【補注】先謙曰：驗，徵驗也。

〔三〕【補注】先謙曰：前相坐罪時，嘉以爲當，且以自劾，今言如此，故吏詰之，謂此即負國矣。

〔四〕師古曰：卬讀曰仰。

〔五〕【補注】宋祁曰：「而」字删。

嘉爲相三年誅，國除。死後上覽其對而思嘉言，復以孔光代嘉爲丞相，徵用何武爲御史大夫。元始四年，詔書追録忠臣，封嘉子崇爲新甫侯，追謚嘉爲忠侯。

師丹字仲公，琅邪東武人也。治詩，事匡衡，舉孝廉爲郎。元帝末，爲博士，免。建始中，州舉茂材，復補博士，出爲東平王太傅。丞相方進、御史大夫孔光舉丹論議深博，〔一〕廉正守道，徵入爲光禄大夫、丞相司直。數月，復以光禄大夫給事中，由是爲少府、光禄勳、侍中，甚見尊重。成帝末年，立定陶王爲皇太子，以丹爲太子太傅。哀帝即位，爲左將軍，賜爵關内侯，食邑，領尚書事，遂代王莽爲大司馬，封高樂侯。月餘，徙爲大司空。〔二〕

〔一〕【補注】先謙曰：官本作「議論」，引宋祁曰，越本作「論議」。

〔二〕【補注】宋祁曰：以外戚恩澤侯表考之，丹爲大司馬封高樂侯在綏和二年七月，以傅喜傳考之，徙爲大司徒在明年正月，恐不當云月餘。

上少在國，見成帝委政外家，王氏僭盛，常内邑邑。即位，多欲有所匡正。封拜丁、傅，奪王氏權。丹自以師傅居三公位，得信於上，上書言：「古者諒闇不言，聽於冢宰，〔一〕三年無改於父之道。〔二〕前大行尸柩在堂，而官爵臣等以及親屬，赫然皆貴寵。封舅爲陽安侯，皇后尊號未定，豫封父爲孔鄉侯。〔三〕出侍中王邑、射聲校尉王邯等。詔書比下，變動政事，〔四〕卒暴無漸。〔五〕臣縱不能明陳大義，復曾不能牢讓爵位，〔六〕相隨空受封侯，增益陛下之過。間者郡國多地動，水出流殺人民，日月不明，五星失行，此皆舉錯失中，號令不定，法度失理，陰陽溷濁之（患）〔應〕也。〔七〕臣伏惟人情無子，年雖六七十，猶博取而廣求。〔八〕孝成皇帝深見天命，燭知至德，〔九〕以壯年克己，立陛下爲嗣。先帝暴棄天下而陛下繼體，四海安寧，百姓不懼，此先帝聖德當合天人之功也。〔一〇〕臣聞天威不違顏咫尺，〔一一〕願陛下深思先帝所以建立陛下之意，且克己躬行以觀羣下之從化。天下者，陛下之家也，胏附何患不富貴，〔一二〕不宜倉卒。先帝不量臣愚，以爲太傅，陛下以臣託師傅，故亡功德而備鼎足，封大國，加賜黄金，位爲三公，職在左右，〔一三〕不能盡忠補過，而令庶人竊議，災異數見，此臣之大罪也。臣不敢言乞骸骨歸於海濱，恐嫌於僞。誠慚負重責，義不得不盡死。」書數十上，多切直之言。

〔一〕師古曰：論語云子張曰：「書云高宗諒闇，三年不言。」孔子曰：「何必高宗，古之人皆然。君薨，百官總己以聽於冢宰三年。」諒，信也。闇，默然也。【補注】宋祁曰：注文「默然」，「然」字當删。

〔二〕師古曰：論語稱孔子曰：「父在觀其志，父没觀其行，三年無改於父之道，可謂孝矣。」

〔三〕【補注】齊召南曰：案哀帝紀，帝以四月即位，五月丙戌立皇后傅氏，封后父傅晏爲孔鄉侯，則封后父時后已正位中宫矣。以外戚恩澤侯表核之，陽安侯丁明及晏俱以四月壬寅封，在丙戌立后之前四十四日，與此傳正合。蓋帝紀係史文類敘，不如表爲確實也。

〔四〕師古曰：比，頻也。

〔五〕師古曰：卒讀曰猝。

〔六〕師古曰：牢，堅也。

〔七〕師古曰：溷音胡頓反。

〔八〕師古曰：取讀曰娶。

〔九〕師古曰：燭，照也。至德，指謂哀帝。

〔一〇〕【補注】先謙曰：當音丁浪反。

〔一一〕師古曰：言常若在前，宜自肅懼也。【補注】蘇輿曰：語見左僖九年傳。

〔一二〕【補注】先謙曰：肺附即柿附也。説詳劉向傳。

〔一三〕師古曰：左右，助也。左讀曰佐。右讀曰佑。

初，哀帝即位，成帝母稱太皇太后，成帝趙皇后稱皇太后，〔一〕而上祖母傅太后與母丁后皆在國邸，自以定陶共王爲稱。高昌侯董宏上書言：「秦莊襄王母本夏氏，而爲華陽夫人所子，〔二〕及即位後，俱稱太后。宜立定陶共王后爲皇太后。」事下有司，時丹以左將軍與大司馬王莽共劾奏宏「知皇太后至尊之號，天下一統，而稱引亡秦以爲比喻，詿誤聖朝，非所宜言，大不道」。上新立，謙讓，納用莽、丹言，免宏爲庶人。傅太后大怒，要上欲必稱尊號，上於是追尊定陶共王爲共皇，〔三〕尊傅太后爲共皇太后，丁后爲共皇后。郎中令泠褒、黄門郎段猶等復奏言：〔四〕「定陶共皇太后、共皇后皆不宜復引定陶蕃國之名以冠大號，車馬衣服宜皆稱皇之意，〔五〕置吏二千石以下各供厥職，〔六〕又宜爲共皇立廟京師。」上復下其議，有司皆以爲宜如褒、猶言。丹議獨曰：「聖王制禮取法於天地，〔七〕故尊卑之禮明則人倫之序正，人倫之序正則乾坤得其位而陰陽順其節，人主與萬民俱蒙祐福。尊卑者，所以正天地之位，不可亂也。今定陶共皇太后、共皇后以定陶共爲號者，〔八〕母從子妻從夫之義也。欲立官置吏，車服與太皇太后並，非所以明尊卑亡二上之義也。〔九〕定陶共皇號謚已前定，義不得復改。禮：『父爲士，子爲天子，祭以天子，其尸服以士服。』子亡爵父之義，尊父母也。爲人後者爲之子，故爲所後服斬衰三年，而降其父母朞，明尊本祖而重正統也。孝成皇帝聖恩深遠，故爲共王立後，奉承祭祀，令共皇長爲一國太祖，萬世不毀，恩義已備。陛下既繼體先帝，持重大宗，承宗廟天地社稷之祀，義不得復奉定陶共皇祭入其廟。今欲立廟於京師，而使臣下祭之，是無主也。又親盡當毀，空去一國太祖不墮之祀，〔一〇〕而就無主當毀不正之禮，非所以尊厚共皇也。」丹由是浸不合上意。〔一一〕

〔一〕【補注】宋祁曰：一本云成帝趙皇太后。

〔二〕師古曰：莊襄王，始皇之父也。華陽夫人，孝文王之夫人也。子謂養以爲子也。

〔三〕【補注】錢大昕曰：一本有「帝」字，衍。下文稱共皇者不一，辭皆不云帝也。詳見定陶王康傳。先謙曰：官本有「帝」字。

〔四〕師古曰：泠音零。【補注】劉敞曰：案，是時無郎中令。王先慎曰：漢紀無「泠」字。案「令」即「泠」之誤衍。荀紀作「令」，當爲「泠」之缺譌也。

〔五〕師古曰：皇者，至尊之號，其服御宜皆副稱之也。稱音尺孕反。

〔六〕師古曰：謂詹事、太僕、少府等衆官也。

〔七〕【補注】先謙曰：官本無「地」字。

〔八〕【補注】宋祁曰：「共」字下當有「皇」字。

〔九〕【補注】王念孫曰：「卑」字涉上文兩「尊卑」而衍。此言傅昭儀、丁姬不得與元后並尊，故曰尊無二上。語出曾子問坊記。「尊」下不當有「卑」字。通典禮三十二、通鑑漢紀二十五皆無「卑」字。

〔一〇〕師古曰：墮亦毀也，音火規反。【補注】先謙曰：官本「太」作「泰」，引宋祁曰，「泰」當作「太」。

〔一一〕師古曰：浸，漸也。

會有上書言古者以龜貝爲貨，今以錢易之，民以故貧，宜可改幣。上以問丹，丹對言可改。章下有司議，皆以爲行錢以來久，難卒變易。〔一〕丹老人，忘其前語，後從公卿議。〔二〕又丹使吏書奏，吏私寫其草，丁、傅子弟聞之，使人上書告丹上封事行道人遍持其書。上以問將軍中朝臣，皆對曰：「忠臣不顯諫，大臣奏事不宜漏泄，令吏民傳寫流聞四方。『臣不密則失身』，〔三〕宜下廷尉治。」事下廷尉，廷尉劾丹大不敬。事未決，給事中博士申咸、炔欽上書，〔四〕言：「丹經行無比，〔五〕自近世大臣能若丹者少。發憤懣，奏封事，不及深思遠慮，使主簿書，漏泄之過不在丹。以此貶黜，恐不厭衆心。」〔六〕尚書劾咸、欽：「幸得以儒官選擢備腹心，上所折中定疑，〔七〕知丹社稷重臣，議罪處罰，國之所慎，咸、欽初傳經義以爲當治，〔八〕事以暴列，〔九〕乃復上書妄稱譽丹，前後相違，不敬。」上貶咸、欽秩各二等，遂策免丹曰：「夫三公者，朕之腹心也，輔善相過，匡率百僚，和合天下者也。朕既不明，委政於公，間者陰陽不調，寒暑失常，變異婁臻，〔一〇〕山崩地震，河決泉涌，流殺人民，百姓流連，無所歸心，司空之職尤廢焉。君在位出入三年，未聞忠言嘉謀，而反有朋黨相進不公之名。乃者以挺力田議改幣章示君，〔一一〕君內爲朕建可改不疑；〔一二〕以君之言博考朝臣，〔一三〕君乃希衆雷同，外以爲不便，令觀聽者歸非於朕。朕隱忍不宣，爲君受愆。朕疾夫比周之徒，〔一四〕虛僞壞化，浸以成俗，故屢以書飭君，〔一五〕幾君省過求己，〔一六〕而反不受，退有後言。及君奏封事，傳於道路，布聞朝市，言事者以爲大臣不忠，辜陷重辟，獲虛采名，謗譏匈匈，流於四方。腹心如此，謂疏者何？〔一七〕殆謬於二人同心之利焉，〔一八〕將何以率示羣下，附親遠方？朕惟君位尊任重，慮不周密，懷諼迷國，〔一九〕進退違命，反覆異言，甚爲君恥之，非所以共承天地，永保國家之意。〔二〇〕以君嘗託傅位，未忍考於理，已詔有司赦君勿治。其上大司空高樂侯印綬，罷歸。」

〔一〕師古曰：卒讀曰猝。

〔二〕【補注】陳景雲曰：「後」當作「復」。

〔三〕師古曰：易上繫之辭。

〔四〕蘇林曰：炔音桂。【補注】周壽昌曰：欽字幼卿，齊人，從許商受尚書。先謙曰：咸亦見薛宣傳。

〔五〕師古曰：比音必寐反。

〔六〕師古曰：厭音一贍反。

〔七〕師古曰：折，斷也。取其言以斷事之中而定所疑。

〔八〕師古曰：傅讀曰附。

〔九〕【補注】先謙曰：以、已同。

〔一〇〕師古曰：婁，古屢字。

〔一一〕師古曰：挺，引拔也。謂特拔異力田之人優寵之也。挺音徒鼎反。而説者以挺爲縣名，失之遠矣。【補注】錢大昭曰：挺，寬也。言優寵力田之人，寬其租賦繇役。

〔一二〕師古曰：共立此議也。

〔一三〕【補注】宋祁曰：「言」或作「議」。

〔一四〕師古曰：比音頻寐反。

〔一五〕師古曰：飭與敕同。

〔一六〕師古曰：省，視也。自求諸己，不尤人也。幾音冀。

〔一七〕【補注】先謙曰：言無以爲疏者法。

〔一八〕師古曰：易上繫辭曰：「二人同心，其利斷金」，故詔書引之。

〔一九〕師古曰：諼，詐也，音虛袁反。

〔二〇〕師古曰：共讀曰恭。

尚書令唐林上疏曰：「竊見免大司空丹策書，泰深痛切，君子作文，爲賢者諱。丹經爲世儒宗，德爲國黃耇，〔一〕親傅聖躬，位在三公，所坐者微，海內未見其大過，事既已往，免爵大重，京師識者咸以爲宜復丹邑爵，使奉朝請，〔二〕四方所瞻卬也。〔三〕惟陛下財覽衆心，有以尉復師傅之臣。」〔四〕上從林言，下詔賜丹爵關內侯，食邑三百户。

〔一〕師古曰：黃耇，老人之稱也。黃謂白髮落更生黃者也。耇，老人面色不淨如垢也。【補注】宋祁曰：注末「也」字一本作「然」。

〔二〕師古曰：識者，謂有識之人也。請音材性反。【補注】先謙曰：官本「之人」上有「見」字。

〔三〕師古曰：卬讀曰仰。

〔四〕師古曰：財與裁同。復，報也，音扶目反。【補注】先謙曰：王念孫云，財猶少也，言惟陛下少覽衆心。

丹既免數月，上用朱博議，尊傅太后爲皇太太后，〔一〕丁后爲帝太后，與太皇太后及皇太后同尊，又爲共皇立廟京師，儀如孝元皇帝。博遷爲丞相，復與御史大夫趙玄奏言：「前高昌侯宏首建尊號之議，而爲丹所劾奏，免爲庶人。時天下衰麤，委政於丹。〔一〕丹不深惟褒廣尊親之義，而妄稱説，抑貶尊號，虧損孝道，不忠莫大焉。陛下聖仁，昭然定尊號，宏以忠孝復封高昌侯。丹惡逆暴著，雖蒙赦令，不宜有爵邑，請免爲庶人。」奏可。丹於是廢歸鄉里者數年。

〔一〕【補注】宋祁曰：一本作「太皇太后」。先謙曰：一本非。

〔二〕師古曰：言新有成帝之喪，斬衰麤服，故天子不親政事也。【補注】宋祁曰：「天下」據姚本作「天子」。

平帝即位，新都侯王莽白太皇太后發掘傅太后、丁太后冢，奪其璽綬，更以民葬之，定陶隳廢共皇廟。〔一〕諸造議泠褒、段猶等皆徙合浦，復免高昌侯宏爲庶人。〔二〕徵丹詣公車，賜爵關内侯，食故邑。數月，太皇太后詔大司徒、大司空曰：「夫褒有德，賞元功，先聖之制，百王不易之道也。故定陶太后造稱僭號，甚悖義理。〔三〕關内侯師丹端誠於國，不顧患難，執忠節，據聖法，分明尊卑之制，確然有柱石之固，臨大節而不可奪，可謂社稷之臣矣。有司條奏邪臣建定稱號者已放退，而丹功賞未加，殆繆乎先賞後罰之義，非所以章有德報厥功也。〔四〕其以厚丘之中鄉户二千一百〔五〕封丹爲義陽侯。」月餘薨，謚曰節侯。子業嗣，王莽敗乃絶。

〔一〕師古曰：隳音火規反。

〔二〕【補注】宋祁曰：通鑑考異云，案功臣表建平四年董宏已死，元壽二年子武坐父爲佞邪免，不得至今。此傳誤也。

〔三〕師古曰：悖，乖也，音布内反。

〔四〕【補注】先謙曰：官本無「所」字。

〔五〕【補注】沈欽韓曰：厚丘縣屬東海郡。

贊曰：何武之舉，王嘉之爭，師丹之議，〔一〕考其禍福，乃效於後。〔二〕當王莽之作，外内咸服，董賢之愛，疑於親戚，〔三〕武、嘉區區，以一蕢障江河，用没其身。〔四〕丹與董宏更受賞罰，〔五〕哀哉！故曰「依世則廢道，違俗則免殆」，〔六〕此古人所以難受爵位者也。

〔一〕師古曰：何武舉公孫禄爲大司馬，王嘉爭益董賢封邑，師丹議丁、傅不宜稱尊號。

〔二〕師古曰：終以王莽簒位，董賢遇禍，丁、傅喪敗。

〔三〕師古曰：疑讀曰擬。擬，比也。

〔四〕師古曰：蕢，織草爲器，所以盛土也。一蕢之土，固不能障塞江河，是以其身沈没也。蕢音匱。

〔五〕師古曰：更，互也。宏初建議尊號，爲丹所劾而免爵土。及丹廢黜，宏復獲封。至王莽執政，宏爲庶人，丹受國邑。故云互受賞罰也。更音工衡反。【補注】先謙曰：官本考證引黄震云：「班氏説未然也。武、嘉以剛正之資居大臣之位，苟得中主而事之，去董賢如殺狐兔耳，何江河一蕢之足云？師丹引經義開陳婉切，彼董宏何人而以較勝負也？賞罰何足計哉！君子惟論是非耳。」

〔六〕師古曰：言隨時曲直則廢於正道，違迕流俗則其身不安也。【補注】沈欽韓曰：説苑敬慎篇，孔子論詩至於正月之六章懼然曰：「不逢時之君子豈不殆哉？從上依世則廢道，違上離俗則危身。」先謙曰：免，免官。殆，危身。

揚雄傳第五十七上〔一〕

〔一〕師古曰：自長楊賦以後分爲下卷。

揚雄字子雲，蜀郡成都人也。其先出自有周伯僑者，以支庶初食采於晉之楊，〔一〕因氏焉，不知伯僑周何別也。〔二〕楊在河、汾之間，〔三〕周衰而楊氏或稱侯，號曰楊侯。會晉六卿爭權，韓、魏、趙興而范、中行、知伯弊。當是時，偪楊侯，〔四〕楊侯逃於楚巫山，因家焉。〔五〕楚漢之興也，楊氏遡江上，處巴江州。〔六〕而楊季官至廬江太守，漢元鼎間避仇復遡江上，處岷山之陽曰郫，〔七〕有田一壥，有宅一區，〔八〕世世以農桑爲業。自季至雄，五世而傳一子，故雄亡它楊於蜀。〔九〕

〔一〕師古曰：采，官也。以官受地，謂之采地。

〔二〕師古曰：別謂分系緒也。【補注】先謙曰：顧炎武云，謂不知何王之別子。

〔三〕應劭曰：左傳霍、楊、韓、魏皆姬姓也。楊，今河東楊縣。【補注】先謙曰：楊在西漢亦河東縣，在今平陽府洪洞縣東南十五里。

〔四〕晉灼曰：漢名臣奏載張衡説，云晉大夫食采於楊，爲楊氏，食我有罪而楊氏滅。無楊侯。有楊侯則非六卿所偪也。

師古曰：晉説是也。雄之自序譜諜蓋爲疏謬，范、中行不與知伯同時滅，何得言當是時偪楊侯乎？偪，古逼也。

【補注】宋祁曰：注文「食」字上疑有「揚」字。錢大昕曰：張、晉、顔諸人皆譏子雲自序譜諜爲疏謬。以予考之，揚氏之先出自有周伯僑。初非出於羊舌，且羊舌食采之楊從「木」，此文從「手」。其云揚侯者，非五等之侯，如邢侯、張侯之類耳。六卿爭權之時，安知不別有揚侯畏偪而奔楚者乎？王念孫曰：段玉裁云：「此傳爲録雄自序，不增改一字，贊曰『雄之自序云』，乃總上一篇之辭。唐初自序已無單行本，故師古注特就贊首一語明之。劉貢父漢書注云『揚氏兩族，赤泉氏從「木」，子雲自敘其受氏從「扌」，而楊修書稱修家子雲，又似震族』。貢父所見雄自序必是唐以後僞作。雄果自序其受氏從『扌』不從『木』，漢書音義及師古注必載其説，何唐以前並無是説，至宋而乃有之？且班氏用序爲傳，但曰其先食采於楊，因氏焉。楊在河、汾之間。考左傳，霍、楊、韓、魏皆滅於晉。羊舌肸食采於楊，故亦稱楊肸；其子食我亦稱楊石。漢志河東郡楊縣即楊侯國。説左傳、漢書家未有謂其字從『扌』者，則雄何得變其受氏之始而從『扌』也？修與雄姓果不同字，斷不曰修家子雲，以啓臨淄侯之蚩笑也。作僞自序者但因班氏『無他楊於蜀』一語，不知師古注但云『蜀諸姓楊者皆非雄族』，不云諸姓楊者皆從『木』，與雄從『扌』異也。廣韻『揚』字註不言姓，『楊』字注則云『姓，出弘農、天水二望。本自周宣王子尚父。幽王邑諸楊號曰楊侯，後并於晉，因爲氏』。然則，姓有楊而無揚甚明。」案，段説致確。景祐本、汪本、毛本楊、揚二字雜出於一篇之中，而明監本則皆改爲揚。其分見於各志各傳者，五行、地理、藝文三志，趙充國、谷永、游俠、匈奴、元后五傳及敘傳，又劉向、馮唐、司馬相如、司馬遷、東方朔五傳贊，趙尹韓張兩王傳贊，王貢兩龔鮑傳序。景祐本、汪本、毛本從「木」者尚多，而監本則否。余考漢郎中鄭固碑云「君之孟子有楊烏之才」，烏即雄之子也，而其字從「木」，則雄姓之不從「手」益明矣。先謙曰：官本注末「也」作「字」，是。偪，正字；逼，俗字。揚、楊字同，王説是也。漢書從「手」從「木」之字類多通作，不能枚舉。而各本又復互異。楊、揚通作，如揚州景祐本、汪本多作「楊」，明監本全書皆作「楊」。左傳之揚干汲古本人表作楊干。本書之楊惲見於宣紀者作楊惲，與各傳同，閩本作揚惲。高紀之楊熊，汲古本樊噲、夏侯嬰、伍被傳作揚熊。

李尋傳之揚光輝，汲古本作楊光輝。足證此書二字通寫，元無一定。今汲古本雄傳作「揚」，諸志傳多作「楊」，證以雄自序世系，其本從「木」不從「手」，又何疑乎？

〔五〕師古曰：巫山今在荆州西南也。

〔六〕李奇曰：江州，縣名也，巴郡所治也。師古曰：遡謂逆流而上也，音素。【補注】先謙曰：江州，今重慶府巴縣西。

〔七〕師古曰：㟭山，江水所出也。山南曰陽。郫，縣名也。㟭音旻。郫音疲。【補注】先謙曰：今成都府郫縣治。

〔八〕晉灼曰：周禮，上地夫一壥，一百畝也。【補注】宋祁曰：「壥」當作「廛」。

〔九〕師古曰：蜀諸姓楊者皆非雄族，故言雄無它楊。

雄少而好學，不爲章句，訓詁通而已，〔一〕博覽無所不見。爲人簡易佚蕩，〔二〕口吃不能劇談，〔三〕默而好深湛之思，〔四〕清靜亡爲，少耆欲，〔五〕不汲汲於富貴，不戚戚於貧賤，〔六〕不修廉隅以徼名當世。〔七〕家産不過十金，乏無儋石之儲，晏如也。〔八〕自有大度，〔九〕非聖哲之書不好也；非其意，雖富貴不事也。顧嘗好辭賦。〔一〇〕

〔一〕師古曰：詁謂指義也。【補注】蘇輿曰：言不治章句，但通訓詁而已。後書班固傳云「不爲章句，舉大義而已」，語意相類。

〔二〕張晏曰：佚音鐵。蕩音讜。晉灼曰：佚蕩，緩也。【補注】先謙曰：官本引宋祁校本云，蕭該「蕩」亦作「儩」，韋「佚」爲「替」，「儩」爲「黨」，晉音鐵儻。

〔三〕鄭氏曰：劇，甚也。晉灼曰：或作「遽」。遽，疾也。口吃不能疾言。師古曰：劇亦疾也，無煩作遽也。【補注】先謙曰：官本引宋祁校本云，浙本無「吃」字。

〔四〕師古曰：湛讀曰沈。

〔五〕師古曰：耆讀曰嗜。

〔六〕師古曰：汲汲，欲速之義，如井汲之爲也。【補注】宋祁曰：注文「也」字當作「耳」。

〔七〕師古曰：徼，要也，音工堯反。「徼」字或作「激」。激，發也，音工歷反。

〔八〕師古曰：儋石，解在蒯通傳。【補注】宋祁曰：「乏」字上疑有「至」字。先謙曰：官本多「韋昭曰儋音若擔戴也說文曰丁甘反」十五字。

〔九〕【補注】蘇輿曰：此語屬上爲義，與高紀「常有大度，不事家人生產作業」意同。

〔一〇〕師古曰：顧，反也。【補注】周壽昌曰：禮祭統注「顧，但也」。顔訓非。

先是時，〔一〕蜀有司馬相如，作賦甚弘麗溫雅，雄心壯之，每作賦，常擬之以爲式。〔二〕又怪屈原文過相如，至不容，〔三〕作離騷，自投江而死，悲其文，讀之未嘗不流涕也。以爲君子得時則大行，不得時則龍蛇，〔四〕遇不遇命也，何必湛身哉！〔五〕乃作書，往往摭離騷文而反之，〔六〕自崏山投諸江流以弔屈原，名曰反離騷；〔七〕又旁離騷作重一篇，名曰廣騷；〔八〕又旁惜誦以下至懷沙一卷，名曰畔牢愁。〔九〕畔牢愁、廣騷文多不載，獨載反離騷，〔一〇〕其辭曰：

〔一〕【補注】先謙曰：官本引宋祁校本云，南本無「時」字。

〔二〕師古曰：擬謂比象也。

〔三〕【補注】先謙曰：不爲世所容。

〔四〕應劭曰：易曰「龍蛇之蟄，以存身也」。師古曰：大行，安步徐行。【補注】沈欽韓曰：莊子山木篇「一龍一蛇，與時俱化」。先謙曰：孟子云「君子所性，雖大行不加焉」，行謂行道。顔訓非。

〔五〕師古曰：湛讀曰沈。謂投水而死。

〔六〕師古曰：摭，拾取也，音之亦反。

〔七〕【補注】王念孫曰：「離」字涉上下文而衍。下文「獨載反離騷」同。曰反騷，曰廣騷，其篇名皆省一「離」字。後書梁竦傳「感悼子胥、屈原以非辜沈身，乃作悼騷賦」，應奉傳「追愍屈原，因以自傷，著感騷三十篇」，篇名皆省一「離」字，義與此同也。文選頭陀寺碑文注引作「反離騷」，「離」字亦後人依誤本漢書加之。其魏都賦注、贈秀才入軍詩注、陳情表注、與稽茂齊書注、運命論注、辯命論注皆引作「反騷」。又江水注、後漢書馮衍傳注、舊本北堂書鈔藝文部八、陳禹謨本加「離」字。藝文類聚雜文部二、白帖六十五、八十六、御覽文部十二、百卉部三亦皆引作「反騷」。吴氏刊誤補遺引此文作「反騷」，則吴所見本尚無「離」字。

〔八〕師古曰：旁，依也，音步浪反。其下類此。重音直用反。

〔九〕李奇曰：畔，離也。牢，聊也。與君相離，愁而無聊也。師古曰：惜誦、懷沙皆屈原所作九章中之名也。【補注】宋祁曰：蕭該案，「牢」字旁著「水」，晉直作「牢」，韋昭曰，浶，騷也。鄭氏愁音曹。王念孫曰：如李説則「畔牢愁」三字義不相屬。訓牢爲聊，而又言無聊，義尤不可通。余謂牢讀爲懰。廣韻「懰，力求切，烈也」，廣雅「烈烈，憂也」，是懰爲憂也。集韻「懰慄，憂也」。外戚傳「懰慄不言」，師古曰：「懰慄，哀愴之意也。」義并相近。牢字古讀若劉，説見古韻標準。故與懰通。牢、愁疊韵字也。畔者，反也。或言反騷，或言畔牢愁，其義一而已矣。

〔一〇〕【補注】宋祁曰：「獨」字疑可删。

有周氏之蟬嫣兮，或鼻祖於汾隅，〔一〕靈宗初諜伯僑兮，流于末之楊侯。〔二〕淑周楚之豐烈兮，超既離虖皇波，〔三〕因江潭而淮記兮，欽弔楚之湘纍。〔四〕

〔一〕應劭曰：蟬嫣，連也，言與周氏親連也。劉德曰：鼻，始也。師古曰：雄自言系出周氏而食采於楊，故云始祖於汾隅也。嫣音於連反。【補注】宋祁曰：注文姚本作「鼻有始也」。沈欽韓曰：能改齋漫録云，方言：「獸之初生謂之鼻。人之初生謂之首。梁、益謂鼻爲初。」注云「鼻，始也」非。

〔二〕應劭曰：諜，譜也。言從伯僑以來可得而敘也。【補注】周壽昌曰：隋經籍志有揚雄家牒。牒即諜也。先謙曰：以出自有周，爲神靈後裔，故曰靈宗。

〔三〕應劭曰：淑，善也。言去汾隅從巫山得周楚之美烈也。超，速也。晉灼曰：離，歷也。皇，大也。師古曰：言其先祖所居經河及江也。河江，四瀆之水，故云大波也。虖，古乎字。其下並同。【補注】先謙曰：淑，美；豐，大；超，遠；離，去也。周楚大烈，謂衰周稱侯，至楚爲家。超離皇波，謂遡江上處㟭山之陽也。

〔四〕蘇林曰：潭，水邊也。鄧展曰：湛，往也。李奇曰：諸不以罪死曰纍，荀息、仇牧皆是也。屈原赴湘死，故曰湘纍也。師古曰：記，書記也，謂弔文也。言因江水之邊而投書記以往弔也。欽，敬也。潭音尋。湛音于放反。纍音力追反。【補注】宋祁曰：蕭該「湛」作「㴒」，㴒音誑。韋音同。潭音淫。該案，晉灼「纍」作「累」，此言累世承楚之族。案字林：「纍，文索也。」注文「皆是也」，「也」字姚本删。

惟天軌之不辟兮，何純絜而離紛！〔一〕紛纍以其淟涊兮，暗纍以其繽紛。〔二〕

〔一〕師古曰：天軌，猶言天路。辟，開也。離，遭也。紛，難也。言天路不開，故使純善貞絜之人遭此難也。易曰：「天地閉，賢人隱。」辟讀曰闢。【補注】宋祁曰：注文「天路」下疑有「也」字。王念孫曰：天軌，猶天道也。周語及淮南本經篇注并曰，軌，道也。辟，明也。見王制、祭統及洪範五行傳注。言天道不明，故使純絜之人遭此難也。若云天路不開，則去遭難之意尚遠。先謙曰：紛，亂也。下同。

〔二〕應劭曰：淟涊，穢濁也。師古曰：繽紛，交雜也。淟音吐典反。涊音乃典反。繽音匹人反。【補注】宋祁曰：淟涊，晉灼云今俗謂水漿不寒而温爲浀涊。字林曰「浀涊，垢濁也」。浀，蕭該音他本反。先謙曰：繽紛，謂讒慝交加。暗者，身晦而不光也。

漢十世之陽朔兮，招搖紀于周正，〔一〕正皇天之清則兮，度后土之方貞。〔二〕圖纍承彼洪族兮，又覽纍之昌辭，〔三〕帶鉤矩而佩衡兮，履欃槍以爲綦。〔四〕素初貯厥麗服兮，何文肆而質䰄！〔五〕資娵娃之珍髢兮，鬻九戎而索賴。〔六〕

〔一〕晉灼曰：十世數高祖、呂后至成帝也。成帝八年乃稱陽朔。應劭曰：招搖，斗杓星也，主天時。周正，十一月也。蘇林曰：言己以此時弔屈原也。

〔二〕應劭曰：平正司法者莫過於天，養物均調者莫過於地也。父伯庸名我爲平以法天，字我爲原以法地也。晉灼曰：此雄取離騷辭反之，應說是也。師古曰：應、晉二說皆非也。自漢十世以下，四句不道屈原也，此乃雄自論己心所履行取法天地耳。自圖纍以下方論屈原云也。【補注】何焯曰：師古注非也。蓋謂遭漢之隆，天清地寧，非若原時天軌不辟也。先謙曰：官本注末有「如淳曰清正則法也十一月爲歲首天之正地稱方貞貞正也十一月坤體成故方貞音真爲是」三十七字。

〔三〕師古曰：圖，按其本系之圖書也。洪，大也。覽，省視也。昌，美也。【補注】宋祁曰：「彼」考作「破」。先謙曰：圖，思也。顔訓非。

〔四〕應劭曰：鉤，規也。矩，方也。衡，平也。鄧展曰：欃槍，妖星也。晉灼曰：綦，履跡也。此反屈原雖佩帶方平之行，而蹈惡人跡，以致放退也。師古曰：綦，履下飾也。欃音初咸反。槍音初行反。綦音其。【補注】宋祁曰：「履」考作「治」。沈欽韓曰：墨子辭過篇「鑄金以爲鉤，珠玉以爲佩」，繁露服制篇「鉤之在前，朱鳥之象也」。案，鉤以繫革帶，謂鉤法矩之方也。應說非。先謙曰：官本注「咸」作「減」，末有「晉灼曰綦路也」六字。

〔五〕應劭曰：貯，積也。肆，放也。䶛，狹也。如淳曰：文肆者，楚辭遠游乘龍之言也。質䶛者，恨世不用己而自沈也。師古曰：麗服，謂「扈江離與辟芷，紉秋蘭以爲佩」之類是也。䶛音械。【補注】沈欽韓曰：廣韻「儠，狹也」，在械字紐，與應劭音義同，不作「䶛」。

〔六〕孟康曰：娵，閭娵也。娃，吳娃也。髦，髮也。賴，得也。九戎被髮，髦雖珍好，無所用也。師古曰：娵、娃皆美女也。賴，利也。言屈原以高行仕楚，亦猶資美女之髦賣於九戎而求其利，必不得也。娵音子踰反。娃音烏佳反。髦音徒計反。【補注】先謙曰：官本注末有「韋昭曰娵當作頌梁王魏嬰之美人曰閭頌」十七字。

鳳皇翔於蓬陼兮，豈駕鵝之能捷！〔一〕騁驊騮以曲囏兮，驢騾連蹇而齊足。〔二〕枳棘之榛榛兮，蝯狖擬而不敢下，〔三〕靈修既信椒、蘭之唼佞兮，吾累忽焉而不蚤睹？〔四〕

〔一〕應劭曰：蓬陼，蓬萊之陼也，在海中。晉灼曰：捷，及也。師古曰：駕鵝，鳥名也，解在司馬相如傳。駕音加。【補注】何焯曰：蓬陼，蓬藋雜生之洲渚。言不能捷於（駕）〔駕〕鵝也。捷，速也。當以上下語脈例之。先謙曰：官本引蕭該音義曰，案「駕」字亦作「駉」，音加。宋祁曰，字林云，駉，鵝鳥似鴈，駉音柯。

〔二〕師古曰：驊騮，駿馬名也，其色如華而赤也。言使駿馬馳騖於屈曲艱阻之中，則與驢騾齊足也。驊音華。連音力展反。囏，古艱字。【補注】宋祁曰：「以」字疑作「於」。周壽昌曰：驢騾字見文中，始此。先謙曰：官本「騮」作「駵」，引蕭該音義曰，駵音留，俗作「騮」。

〔三〕師古曰：榛榛，梗穢貌也。蝯，善攀援。狖似猴，卬鼻而長尾。擬，疑也。榛音臻，又士臻反。狖音弋授反。

〔四〕服虔曰：靈修，楚王也。蘇林曰：椒、蘭，令尹子椒、子蘭也。師古曰：蚤，古早字也。唼佞，譖言也。唼音妾。【補注】宋祁曰：韋昭曰唼音祖獵反，鄭音接，蘇音詩，唼唼幡幡之唼。蕭該音義案，詩作「捷」。先謙曰：蘇音是。接、捷字同，故接、唼通用也。忽，輕忽也。

衿芰茄之緑衣兮，被夫容之朱裳，〔一〕芳酷烈而莫聞兮，固不如襞而幽之離房。〔二〕閨中容競淖約兮，相態以麗佳，〔三〕知衆嫭之嫉妒兮，何必颺纍之䖸睂？〔四〕

〔一〕應劭曰：衿音衿系之衿。衿，帶也。芰，陵也。師古曰：衿音其禁反。茄亦荷字也，見張揖古今字譜。被音披，又音皮義反。【補注】宋祁曰：注文「字譜」一作「字詁」。沈欽韓曰：釋草「荷，其莖茄」，茄非荷字明矣。師古知字詁而忘爾雅。

〔二〕師古曰：襞，疊衣也。離房，別房也。襞音壁。【補注】先謙曰：官本無「固」字。

〔三〕應劭曰：衆士競善，猶女競容也。師古曰：淖約，善容止也。相態以麗佳，言競爲佳麗之態以相傾也。淖音綽。【補注】宋祁曰：監本并上二句「兮」字下皆有「固」字。錢大昭曰：莊子「綽約若處子」，廣雅作「婥約」，説文作「繛約」，子虛賦云「便嬛繛約」。

〔四〕晉灼曰：離騷云「衆女嫉余之䖸睂」。師古曰：嫭，美貌也。颺，古揚字也。蛾睂，形若蠶䖸睂也。此亦譏屈原自舉䖸睂令衆嫉之。嫭音胡故反。睂，古眉字。【補注】先謙曰：官本「嫉」下無「之」字，引宋祁曰：「韋昭曰嫭音呼，言其目如茱萸之拆也。刊誤，嫭『出故反』當作『胡故反』。蕭該音義，下故反。淳化本，火故反。『睂』一本作『眉』。顔注『䖸眉』字下當有『謂眉』字。『衆嫉』字下當有『之』字。」

懿神龍之淵潛，竢慶雲而將舉，亡春風之被離兮，孰焉知龍之所處？〔一〕愍吾纍之衆芬兮，颺爗爗之芳苓，遭季夏之凝霜兮，慶夭顇而喪榮。〔二〕

〔一〕晉灼曰：龍竢風雲而後升，士須明君而後進。國無道則愚，誰知其所邪？師古曰：懿，美也。竢，待也。龍以潛居待雲爲美，以譏屈原不能隱德，自取禍也。被讀曰披。【補注】宋祁曰：韋昭曰，被讀如光被之被。蕭該音義曰，慶音羌。今漢書亦有作「羌」字者。「淵潛」字下當有「兮」字。王念孫曰：龍潛於淵，得雲而舉，不必竢慶雲也。「竢慶雲而將舉」本作「慶竢雲而將舉」，此後人不知慶之讀爲羌而妄改之耳。王逸注離騷曰「羌，楚人語辭也」。羌與慶古字通。後甘泉賦曰「厥高慶而不可虖疆度」，敘傳幽通賦曰「慶未得其云已」，師古注云「慶，發語辭，讀與羌同」。晉灼曰「龍竢風雲而後升」，師古曰「龍潛居待雲」，皆但言雲而不言慶雲，則慶爲語辭明矣。又下文「慶夭顇而喪榮」，張晏曰「慶，辭也」。師古曰「慶亦與羌同」。明汪文盛本如此，監本改「亦」爲「讀」，非是。亦者，承上之辭。然則，此注內本有「慶與羌同」之文，而後人妄删之也。宋祁說此句云「蕭該音義曰『慶音羌』。今漢書亦有作『羌』字者」。此尤其明證矣。先謙曰：雲得風而飛揚，龍竢雲而騰舉。既無春風之披離，則龍當伏處而不令人知。

〔二〕晉灼曰：雄愍屈原光香，奄先秋遇凋，生亦不辰也。張晏曰：慶，辭也。師古曰：熚熚，光盛。苓，香草名，音零。慶讀與羌同。顇，古悴字。【補注】先謙曰：官本「凝」作「疑」。注「讀」當爲「亦」，說見上。

橫江、湘以南㴁兮，云走乎彼蒼吾，馳江潭之汎溢兮，將折衷虖重華。〔一〕舒中情之煩或兮，恐重華之不纍與，〔二〕陵陽侯之素波兮，豈吾纍之獨見許？〔三〕

〔一〕應劭曰：舜葬蒼梧，在江湘之南，屈原欲敀質聖人，陳己情要也。師古曰：㴁，往也。走，趣也。重華，舜名也。㴁音于放反。走音奏。潭音尋。衷音竹仲反。【補注】先謙曰：官本亦作「吾」，引宋祁曰，蕭本作「蒼梧」。今作「蒼吾」，恐非。華叶音敷。

〔二〕張晏曰：舜聖，卒避父害以全身，資於事父以事君，恐不與屈原爲黨與。【補注】蘇輿曰：與猶許也。張訓非。

〔三〕應劭曰：陽侯，古之諸侯也，有罪自投江，其神爲大波。陵，乘也。言屈原襲陽侯之罪，而欲折中求舜，未必獨見然許之也。【補注】宋祁曰：注文「陽侯之罪」，「罪」當作「非」。

精瓊爢與秋菊兮，將以延夫天年；臨汨羅而自隕兮，恐日薄於西山。〔一〕解扶桑之總轡兮，縱令之遂奔馳，〔二〕鸞皇騰而不屬兮，豈獨飛廉與雲師。〔三〕

〔一〕應劭曰：精，細；爢，屑也。瓊，玉之華也。晉灼曰：離騷云「精瓊爢以爲粻兮」，「予夕餐秋菊之落英」。又曰「老冉冉其將至」，「日忽忽其將暮」。師古曰：此又譏屈原，云瓊爢秋菊，將以延年，崦嵫忽迫，喜於未暮，何乃自投汨羅，言行相反！【補注】先謙曰：官本有「韋昭曰，汨音冪，爢作靡」。引蕭該音義曰，如淳音「河水浼浼」之浼。案，詩，浼音莫罪反。楚詞曰「精瓊靡以爲糧」，讀楚辭者依字不借音也。宋祁曰：「兮」字下疑有「何」字。

〔二〕應劭曰：總，結也。扶桑，日所拂木也。晉灼曰：離騷云「總余轡於扶桑，聊消搖以相羊」。屈原言結我車轡於扶桑，以留日之入，人年得不老。日以喻君，而反離朝自沈，解轡縱君，使遂奔馳也。

〔三〕應劭曰：楚辭云「鸞皇爲余先戒兮」，「後飛廉使奔屬」，「雲師告余以未具」。飛廉，風伯也。雲師，豐隆也。鸞皇，俊鳥也。晉灼曰：已縱其轡使之奔馳，鸞皇迅飛亦無所及，非獨飛廉、雲師，言莊嚴未具，使君不適道也。【補注】先謙曰：官本注無「已」字。

卷薜芷與若蕙兮，臨湘淵而投之；棍申椒與菌桂兮，赴江湖而漚之。〔一〕費椒稰以要神兮，又勤索彼瓊茅，〔二〕違靈氛而不從兮，反湛身於江皋！〔三〕

〔一〕師古曰：離騷云「貫薜荔之落蘂」，「雜杜衡與芳芷」，「又樹蕙之百畮」，「雜申椒與菌桂」，皆以自喻德行芬芳也。今何爲自投江湘而喪此芳乎？棍，大束也。漚，漬也，今漚麻也。棍音下本反。漚音一搆反，又音一侯反。【補注】宋祁曰：「棍」疑作「混」。錢大昭曰：「棍」疑當作「掍」。方言「掍，同也，宋衞之間語」。先謙曰：官本「蕙」作「惠」，注末有「韋昭曰薜芷若惠四者皆是草也」十三字。

〔一〕孟康曰：椒稰，以椒香米饊也。離騷曰「懷椒稰而要之」。晉灼曰：離騷云「索瓊茅以筳篿」。師古曰：索，求也。瓊茅，靈草也。筳篿，析竹所用卜也。稰音所，又音思呂反。筳音廷。篿音專。【補注】錢大昭曰：稰與糈同。古者卜筮，先用精鑿之米以享神，謂之糈。東山經曰「糈用稌米」，淮南説山訓云「巫用糈藉」，郭璞、高誘並云祀神之米。楚詞云「巫咸將夕降兮，懷椒糈而要之」，王逸曰「言巫咸將下，願懷椒糈要之，使筮者占茲吉凶之事」。史記日者列傳云「卜而有不審不見奪糈」。先謙曰：官本引蕭該音義曰，糈從「米」。案，王逸曰，精米也。官本注「饊」作「饌」。「析」作「折」。

〔三〕晉灼曰：靈氛，古之善占者。離騷曰「欲從靈氛之吉占兮，心猶豫而狐疑」。師古曰：既不從靈氛之占，何爲費椒稰而勤瓊茅也？湛讀曰沈。江皋，江水邊之游地也。【補注】宋祁曰，浙本「從」作「定」。

纍既𠬻夫傅説兮，奚不信而遂行？〔一〕徒恐鷤䳏之將鳴兮，顧先百草爲不芳！〔二〕初纍棄彼虙妃兮，更思瑤臺之逸女，〔三〕抨雄鴆以作媒兮，何百離而曾不壹耦！〔四〕乘雲蜺之旖柅兮，望昆侖以樛流，覽四荒而顧懷兮，奚必云女彼高丘！〔五〕

〔一〕晉灼曰：𠬻，慕也。離騷曰「説操築於傅巖兮，武丁用之而不疑」。師古曰：𠬻，古攀字。既攀援傅説，何不信其所行，自見用而遂去？【補注】先謙曰：官本「𠬻」作「𠂢」，引宋祁曰，姚本「𠂢」作「𠬻」。官本注「用」作「困」。

〔二〕師古曰：離騷云「鷤䳏之先鳴兮，使夫百草爲不芳」。雄言終以自沈，何惜芳草而憂鷤䳏也？䳏，鴂字也。鷤鴂鳥一名買鵤，一名子規，一名杜鵑，常以立夏鳴，鳴則衆芳皆歇。鷤音大系反。䳏音桂。「鷤」字或作「鶗」，亦音題。鴂又音決。鵤音詭。【補注】何焯曰：師古注非。言何爲畏其將鳴，先自隕吾芳耶？錢大昭曰：廣雅：「鷤䳏、鷶鵤，子鴂也。」曹憲音釋云：「鷤音弟，又音啼。䳏，古惠反，又古二反。鴂音規。」爾雅「嶲周」，郭璞曰：「子嶲出蜀中。」史記律書云「百艸奮興，秭鴂先鳴」，徐廣以爲子規也。玉篇以鷤鵤爲子嶲。宋景文公筆記引蕭該音義云「該案，蘇林鷤鴂音殄絹」。子京據之以譏小顏之失。予謂殄絹、杜鵑、鶗鴂一聲之轉，其實是一物也。王引之曰：杜鵑，一名鷤鴂，一名買鵤，一名子鴂。鷤鴂一作鵜鴂，一作鶗鴂。楚辭離騷「恐鵜鴂之先鳴兮，使夫百草爲之不芳」，王注曰：「鵜鴂，一名買鵤，常以春分鳴。」反騷「徒恐鷤鴂之將鳴兮」，服虔曰：「鷤鴂，一名鶪，伯勞也，順陰氣而生，賊害之鳥也。」王逸以爲春鳥，謬也。見文選思玄賦注。案，服意蓋謂春分之時，衆芳始盛，不得言百草不芳，因以爲五月始鳴之鶪。五月陰氣生，故百草爲之不芳也。今案，離騷言此者，以爲小人得志，則君子沈淪；野鳥羣鳴，則芳草衰謝。此乃假設爲文，不必實有其事。亦如九章云「鳥獸鳴以號羣兮，草苴比而不芳」，豈謂鳥獸羣號之時實有不芳之草哉！若然，則子鴂爭鳴而衆芳歇絶，可無以春鳥爲疑矣。況鷤鴂、杜鵑一聲之轉，方俗所傳，尤爲可據，玉篇「鷤鴂又名杜鵑」。思玄賦注引臨海異物志曰「鶗鴂一名杜鵑，至三月鳴，晝夜不止」。宋祁筆記引蕭該漢書音義曰「蘇林鷤鴂音殄絹」。是鴂、鵑同聲也。「子鴂」御覽引蜀王本紀作「子鴂」，華陽國志作「子鵑」。子鴂之爲子鵑，猶鷤鴂之爲杜鵑矣。故廣雅亦以鷤鴂爲子鴂也。而師古注漢書乃牽就其説，云「鷤鴂常以立夏鳴，鳴則衆芳將歇」。張衡思玄賦舊注則云「鶗鴂以秋分鳴」。廣雅又云「鶗鴂春分鳴則衆芳生，秋分鳴則衆芳歇也」。皆於王、服兩家之説不能決定，故爲游移兩可之詞。而不知鷤鴂春月即鳴，不得遲至立夏；物候皆記其始，又不得兼言秋分也。先謙曰：官本注末有「韋昭曰鵜鴂趣農鳥也」九字。

〔三〕師古曰：離騷云「吾命豐隆乘雲兮，求虙妃之所在」，又曰「望瑶臺之偃蹇兮，見有娀之佚女」。此又譏其執心不定也。虙妃，古神女。有娀女，即簡狄也。虙讀曰伏。

〔四〕師古曰：離騷云「吾令鴆爲媒兮，鴆告余以不好，雄鳩之鳴逝兮，余猶惡其佻巧」，故云百離不一耦也。抨，使也。耦，合也。抨音普耕反。【補注】宋祁曰：「鴆」，江南本作「鳩」，監本作「鴆」，今從監本作「鴆」。王念孫曰：案，宋校非也。離騷本作「雄鳩」，此文及注亦本作「雄鳩」。離騷先言鴆而後言雄鳩。此文但言雄鳩。又云「百離而曾不壹耦」，則不言鴆而鴆在其中，故注必兼引鴆與雄鳩，而其義乃全。而監本作「雄鴆」即因注內「鴆」字而誤。雄鳩善鳴，故曰「雄鳩之鳴逝兮」。淮南天文篇亦云「雄鳩長鳴」。若作「雄鴆」，則非其指矣。徧考諸書亦無「雄鴆」之文。子京不察，且并改注文之「雄鳩」爲「雄鴆」，則豈有上言鴆而下又言雄鴆者乎？弗思甚矣！沈欽韓曰：「抨」當爲「伻」。抨，擊也。伻，使也。郭忠恕佩觿「抨，彈也」，非此文義。

〔五〕蘇林曰：離騷云「登閬風而緤馬，忽反顧以流涕，哀高丘之無女」。女以喻士，高丘謂楚也。師古曰：離騷又云「揚雲蜺之晻藹」。閬風在昆侖山上，故云望昆侖也。旖柅，雲貌也。樛流，猶周流也。女，仕也，何必要仕於楚也。旖音於綺反。柅音女綺反。樛音居虯反。女音尼據反。【補注】宋祁曰：景祐本作「旖旎」。越本「旎」作「柅」。先謙曰：官本「柅」作「旎」，引蕭該音義曰，樛，應作手旁翏，今作心旁翏者，亦是古字通用。先謙案，據蕭説，所見本「樛」作「憀」。

既亡鸞車之幽藹兮，焉駕八龍之委蛇？〔一〕臨江瀕而掩涕兮，何有九招與九歌？〔二〕夫聖哲之不遭兮，固時命之所有；雖增欷以於邑兮，吾恐靈修之不纍改。〔三〕昔仲尼之去魯兮，斐斐遲遲而周邁，〔四〕終回復於舊都兮，何必湘淵與濤瀨！〔五〕溷漁父之餔歠兮，絜沐浴之振衣，〔六〕棄由、聃之所珍兮，蹠彭咸之所遺！〔七〕

〔一〕晉灼曰：離騷云「駕八龍之蜿蜿兮，載雲旗之委蛇」。師古曰：言既無鸞車，則不得云駕八龍也。幽藹，猶晻藹也。蛇音移。【補注】先謙曰：官本無「焉」字，引宋祁曰，古本「駕」字上有「焉」字。淳化本無。刊誤據史館本添。

〔二〕晉灼曰：離騷云「擥茹蕙以掩涕」，又曰「奏九歌以舞韶」。師古曰：此又譏其哀樂不相副也。招讀曰韶。

〔三〕師古曰：離騷云「曾歔欷余鬱邑兮，哀朕時之不當」。增，重也。雄言自古聖哲，皆有不遇，屈原雖自歎於邑，而楚王終不改寤也。於邑，短氣也。於音烏。邑音烏合反。於邑亦讀如本字。【補注】先謙曰：官本「不遭」無「不」字，注「曾」作「增」。引宋祁曰，晉灼曰「於」下當著「心」，作「⿱於心」。浙本作「⿱於心」。浙本作「聖哲之不遭兮」。

〔四〕師古曰：斐斐，往來貌也，音芳非反。

〔五〕師古曰：言孔子去其本邦，遲遲系戀，意在舊都，裴回反覆。屈原何獨不懷鄢郢而赴江湘也？濤，大波也。瀨，急流也。濤音大高反。【補注】劉奉世曰：言何不若仲尼不用於魯，歷聘外國，周邁天下，而歸舊都，反眷眷於楚而自投於湘也。注非。何焯曰：言進退去就，自有中道。孔子不用於季桓子，則去；及康子召之，則歸。屈子亦可去可歸，不當必期自沈也。與前折衷重華之語相應。

〔六〕師古曰：漁父云「何不餔其糟而歠其醨」，屈原以爲溷濁，不肯從之，乃云「新沐者必彈冠，新浴者必振衣也」。餔音必胡反。歠音昌悦反。【補注】先謙曰：官本注無二「音」字。

〔七〕師古曰：由，許由也。聃，老聃也。二人守道，不爲時俗所汙，然保己全身，無殘辱之醜。彭咸，殷之介士也，不得其志，投江而死。此又非屈原不慕由、聃高蹤，而遵彭咸遺蹟。蹠，蹈也，亦之亦反。【補注】先謙曰：官本引蕭該音義曰，該案，雄往往摭離騷文而反之。「蹠」應作手旁庶，説文「摭，拾也」。先謙案，官本注「之」上「亦」作「音」，是。一切經音義五引蒼頡篇云「蹠，躡也」。顔是蕭非。

孝成帝時，客有薦雄文似相如者，上方郊祠甘泉泰畤、汾陰后土，以求繼嗣，召雄待詔承明之庭。〔一〕正月，從上甘泉，還奏甘泉賦以風。〔二〕其辭曰：

〔一〕師古曰：承明殿在未央宫。【補注】宋祁曰：劉良曰客則楊莊也，雄文則線竹頌也。李善曰，雄荅劉歆書曰：「雄作成都城四隅銘，蜀人有楊莊者爲郎，誦之於成帝，以爲似相如，雄遂以此得見。」錢大昭曰：雄荅劉歆書云「雄作縣邸銘、王佴頌、階闥銘及成都城四隅銘」。楊莊，華陽國志作尚書郎楊壯。李周翰注文選亦作莊。作壯者，避漢明諱改。先謙曰：官本考證云，線竹頌當作綿竹頌。文選李善注，諸以材術見知，直於承明待詔即見，故曰待詔焉。

〔三〕師古曰：風讀曰諷。【補注】沈欽韓曰：御覽五百八十七引桓子新論曰：「予少時見楊子雲麗文高論，不量年少，猥欲逮及。業作小賦，用思大劇而立感動發病。子雲亦言，成帝至甘泉詔使作賦，爲之卒暴，倦臥，夢其五臟出地，以手收之。覺，大少氣，病一歲餘。」李善注甘泉賦引新論云：「雄作甘泉賦始成，夢腸出，收而内之，明日遂卒。」此文有脱誤。御覽他卷所引亦與文選注同。吴曾能改齋漫録疑之。又引七略曰：「甘泉賦永始三年正月待詔臣雄上。」漢書三年無幸甘泉之文，疑七略誤也。愚案，成帝紀永始四年正月、元延二年正月、四年正月俱有行幸甘泉事。據此傳下云其三月將祭后土，其十二月羽獵，不別年頭，則爲一年以内之事，奏甘泉賦當在元延二年，與紀文方合。先謙曰：「卒」蓋「病」之誤字。

惟漢十世，將郊上玄，定泰畤，〔一〕雍神休，尊明號，〔二〕同符三皇，録功五帝，卹胤錫羨，拓迹開統。〔三〕於是乃命羣僚，歷吉日，協靈辰，〔四〕星陳而天行。〔五〕詔招搖與泰陰兮，伏鉤陳使當兵，〔六〕屬堪輿以壁壘兮，梢夔魖而抶獝狂。〔七〕八神奔而警蹕兮，振殷轔而軍裝；〔八〕蚩尤之倫帶干將而秉玉戚兮，飛蒙茸而走陸梁。〔九〕齊總總撙撙，其相膠葛兮，猋駭雲訊，奮以方攘；〔一〇〕駢羅列布，鱗以雜沓兮，柴虒參差，魚頡而鳥䀮；〔一一〕翕赫曶霍，霧集蒙合兮，半散照爛，粲以成章。〔一二〕

〔一〕【補注】先謙曰：善注「上玄，天也」。

〔二〕晉灼曰：雍，祐也。休，美也。言見祐護以休美之祥也。師古曰：雍，聚也。明號，謂總三皇五帝之號而稱皇帝也。雍讀曰擁。【補注】先謙曰：五臣文選本「雍」作「擁」，訓聚，是。明號者，明神之號，尊而祀之。顔謂皇帝之號，非也，下乃言三皇五帝耳。

〔三〕應劭曰：卹，憂也。胤，續也。錫，與也。羨，饒也。拓，廣也。時成帝憂無繼嗣，故修祠泰畤、后土，言神明饒與福祥，廣迹而開統也。師古曰：羨音弋戰反。拓音託。【補注】先謙曰：後漢和帝紀「録謂總領之也」，言五帝之功，並總而有之，因憂卹胤嗣而錫予饒衍於庶民，拓廣基迹，而開啟統緒也。

〔四〕師古曰：歷選吉日而合善時也。【補注】先謙曰：善注：「楚詞曰歷吉日吾將行。郭璞上林賦注『歷，選也』。」先謙案，靈，善也。

〔五〕師古曰：如星之陳，象天之行也。【補注】先謙曰：此句總領，故下文以星爲喻。

〔六〕張晏曰：禮記云「招摇在上，急繕其怒」。太陰，歲後三辰也。服虔曰：鉤陳，紫宫外營陳星。【補注】錢大昭曰：「泰陰」，蕭該音義本作「泰壹」。先謙曰：善注引服説「鉤陳」下有「神明也」三字。禮記鄭注「當，主也。主謂典領也」。先謙案，天文志「杓端有兩星，内爲矛，招摇」，孟康注：「近北斗者，招摇，招摇爲天矛。」志又云「房爲天駟，其陰右驂」。宋史天文志云「房南二星爲太陽道，北二星爲太陰道」，又云「北二星爲右驂，次下爲右服」。詔招摇與泰陰，猶云詔天矛與天駟耳。泰一星乃天帝之別名，不得言詔，蕭本誤也。鉤陳之星，在紫微垣，步天歌所云「句陳尾指北極顛，天皇猶在句陳裏」也，故云使主兵。

〔七〕張晏曰：堪輿，天地總名也。孟康曰：堪輿，神名，造圖宅書者。木石之怪曰夔，夔神如龍，有角，人面。魖，耗鬼也。獝狂亦惡鬼也。今皆梢而去之。師古曰：堪輿，張説是也。屬，委也，以壁壘委之。梢，擊也。抶，笞也。梢音山交反。魖音虚。屬音之欲反。抶音丑乙反。獝音揆聿反。【補注】宋祁曰：韋昭曰「魖音昌慮反，一作熙慮反」。蕭該音義曰「獝狂，無頭鬼也，見字林」。李善曰「許慎云，堪，天道也；輿，地道也」。錢大昭曰：説文「夔，神魖也，如龍，一足。從夊，象有角手人面之形」。是夔、魖一物也。先謙曰：善注引孟説無「夔神」二字，此當衍。言天地清肅，鬼怪伏藏。

〔八〕師古曰：自招摇至獝狂，凡八神也。殷轔，盛貌也。軍裝，爲軍戎之飾裝也。轔音來忍反。【補注】宋祁曰：殷音隱。劉攽曰：此八神，齊之八神也。劉奉世曰：擊而出之，固非八神也。蓋自有八神耳。王念孫曰：善注「漢書武紀『用事八神』，文穎曰『八方之神也』。」案李説是也。萬石君傳「巡方州，禮嵩嶽，通八神以合宣房」，亦謂八方之神也，孟康曰，八神，郊祀志八神也。師古曰，此説非也。自言致禮中岳，通敬八神耳。楚辭九歎「合五嶽與八靈」，王注亦云「八靈，八方之神」。先謙曰：賦言八神奔走警蹕，未言擊去也。堪輿既爲天地，不當同列八神。上言天地，此言八方之神，王説爲正。

〔九〕張晏曰：玉戚，以玉爲戚柲也。晉灼曰：飛者蒙茸而亂，走者陸梁而跳也。師古曰：茸音人蒙反。柲，柄也，音祕。【補注】先謙曰：蚩尤之倫，謂武衛之士。

〔一〇〕晉灼曰：方攘，半散也。師古曰：總總，撙撙，聚貌也。膠葛，猶言膠加也。訊亦奮訊也。撙音子本反。訊音信。攘音人羊反。【補注】錢大昭曰：廣雅云：「總總傳傳，聚也。」撙、傳古字通。先謙曰：官本無「訊音」下八字，引宋祁曰：「韋昭曰，方攘，周禮方相氏。蕭該音義依韋昭音相。別本顔注子本反，下更有『訊音信攘音人羊反』八字。」先謙案：文選「總總」下多「以」字。「訊」作「迅」，此借字。注「半散」與「泮散」同，泮亦散也。言衛士先總聚而後奔離，解爲方相，失之遠矣。膠加，猶交加。

〔一一〕師古曰：柴虒參差，不齊貌也。頡盻，上下也。柴音初蟻反。虒音豸。參音初林反。頡音胡結反。盻音胡剛反。【補注】王念孫曰：盻者，肹之譌。肹字古讀胡剛反，史記龜策傳「壯士斬其肹」，與「狂」爲韻。故借爲頡頏之頏。不知何時肉旁譌作目旁，而集韻十一唐遂收入「盻」字矣。説文、玉篇、廣韻皆無「盻」字。先謙曰：官本引蕭該音義曰：「柴」一本作「傑」。諸詮賦傑音初綺反。「虒」姚本初擬反。先謙案，善注：「駢猶併也。」頡盻猶頡頏。鱗言其相次也。」又案，上林賦「柴池茈虒」音義並同差池。此賦「柴虒」，約文易字，其義同也。

〔一二〕師古曰：翕赫曶霍，開合之貌也。霧，地氣發也。蒙，天氣下也。如霧之集，如蒙之合也。半散照爛，言其分布而光明也。曶讀與忽同。【補注】先謙曰：半與泮同。子虛賦「照爛龍鱗」。文選「霧集」下有「而」字，「照」誤「昭」。善注，翕赫，盛貌。曶霍，疾貌。朱珔云，爾雅「天氣下，地不應，曰雺」，「地氣發，天不應，曰霿」。蒙與雺同。霧與霿同。先謙案：以上並言兵衞之衆盛嚴整。

於是乘輿乃登夫鳳皇兮翳華芝，〔一〕駟蒼螭兮六素虯，〔二〕蠖略蕤綏，灕虖幓纚。〔三〕帥爾陰閉，霅然陽開，〔四〕騰清霄而軼浮景兮，夫何旟旐郅偈之旖柅也！〔五〕流星旄以電燭兮，咸翠蓋而鸞旗。〔六〕敦萬騎於中營兮，方玉車之千乘。〔七〕聲駍隱以陸離兮，輕先疾雷而馺遺風。〔八〕陵高衍之嵱嵷兮，超紆譎之清澄。〔九〕登椽欒而羾天門兮，馳閶闔而入凌兢。〔一〇〕

〔一〕師古曰：鳳皇者，車以鳳皇爲飾也。翳，蔽也。以華芝爲蔽也。【補注】宋祁曰：「兮」字下疑有「而」字。先謙曰：文選有「而」字。善注引服虔曰，華芝，華蓋也。

〔二〕師古曰：四、六，駕數也，言或四或六也。螭似龍，一名地螻。虯即龍之無角者。【補注】宋祁曰：韋昭曰螭似虎而鱗。鄭氏曰，螭，虎類也，龍形。李奇曰，螭，雌龍也。字林曰，螭若龍而黃，北方之地螻。淳化本作「一名螻」。刊誤據今説文添「虯」字。監本作「地螻」。(金)〔余〕靖刊誤據今説文作「一名地螻」。當有「地」字。先謙曰：善注，高唐賦曰「乘玉輿兮駟蒼螭」，上林賦「乘鏤象，六玉虯」。

〔三〕師古曰：蠖略蕤綏，虯螭貌也。灕虖幓纚，車飾貌也。蠖音於鑊反。灕音離。幓音森，其字從巾。纚音所宜反。【補注】宋祁云：「於鑊反」一作「於郭反」。綏，先佳反。先謙曰：李善本文選「幓」作「襂」。六臣本與此同。皆圖寫聲貌，假借用之，無定字也。善注「蠖略蕤綏，龍行之貌。灕乎襂纚，龍翰下垂之貌也」。先謙案，大人賦「駕應龍象輿之蠖略委麗兮」，又云「滂濞泱軋，麗以林離」，張揖注，林離，摻攦也。「瀡虖幓纚」與「麗以林離」音義俱合，皆衆盛意也。幓纚、摻攦、林離、淋離、文選羽獵賦。滲灕河東賦。並字異而訓同。蕤綏，猶萎蕤。

〔四〕晉灼曰：帥，聚也。霅，散也。師古曰：霅音所甲反，又音先合反。【補注】先謙曰：帥與率同。帥爾即率爾，猶言倏爾也。善注：「文子曰『與陰俱閉，與陽俱開』。霅然，猶颯然。」

〔五〕師古曰：騰，升也。霄，日旁氣也。軼，過也。畫鳥隼曰旟，龜蛇曰旐。郅偈，竿杠之狀也。旖柅，旒縿之形也。郅音吉，又音質。偈音居桀反。旖音猗。柅音女支反。【補注】先謙曰：官本注末有「韋昭曰偈音桀」六字。「柅」作「旎」，「女支反」作「女倚反」。引宋祁曰「旎」，越本作「柅」，女支反。景本「旎」作「𥘌」。先謙案，郅偈、旖柅，並形容之詞，中加「之」字，則文不成義。「之」字當在「旟旐」下，各本誤倒也。文選「柅」作「旎」。善注引服虔曰「旖旎，從風柔弱貌」。浮景，流景也。

〔六〕師古曰：如星之流，如電之照也。咸，皆也。

〔七〕師古曰：敦讀曰屯。屯，聚也。方，並也。【補注】先謙曰：六臣本「敦」作「屯」。

〔八〕師古曰：馺然，疾意也。駍音普萌反。馺音先合反。【補注】先謙曰：官本「而」作「以」，引宋祁云，姚本「以」作「而」。先謙案，官本注末有「韋昭馺蘇及反」六字。善注「廣雅，陸離，參差也」。駍隱，車聲大而盛也。說文「馺，馬相及也」。遺風，說見王褒傳。

〔九〕孟康曰：衍，無厓岸也。紆譎，曲折也。李奇曰：嵱音踊。嵷音竦。如淳曰：嵱嵷，上下衆多貌。師古曰：衍即所謂墳衍者也。【補注】先謙曰：官本無「岸」字、「者」字。引宋祁云，姚本「愆」作「衍」，晉灼作「羨」，監本注文「厓」字下有「岸」字。先謙案，據宋說，所見本「衍」作「愆」。高衍，猶高平，亦猶墳衍。顏以衍爲墳衍，非也。

〔一〇〕服虔曰：椽欒，甘泉南山也。李奇曰：玒音貢。蘇林曰：玒，至也。師古曰：入陵兢者，亦寒涼戰栗之處也。兢音鉅陵反。【補注】先謙曰：善注「王逸曰，閶闔，天門也」。官本注「亦」作「言」，是。

是時未轃夫甘泉也，乃望通天之繹繹。〔一〕下陰潛以慘廪兮，上洪紛而相錯；〔二〕直嶢嶢以造天兮，厥高慶而不可虖疆度。〔三〕平原唐其壇曼兮，列新雉於林薄；〔四〕攢并閭與茇苦兮，紛被麗其亡鄂。〔五〕崇丘陵之駊騀兮，深溝嶔巖而爲谷；〔六〕迣迣離宮般以相燭兮，封巒石關施靡虖延屬。〔七〕

〔一〕師古曰：轃與臻同，轃，至也。通天，臺名也。言雖未至甘泉，則遥望見通天臺也。繹繹，相連貌。【補注】宋祁曰：晉灼曰，繹音夕。諸詮賦音亦。李善曰：薛君韓詩章句云「繹繹，盛貌」。

〔二〕師古曰：慘廪，亦寒涼之意也。洪，大也。紛，亂雜也。錯，互也。廪讀如本字，又音來感反。

〔三〕師古曰：嶢嶢，高貌。造，至也。慶，發語辭也。疆，境也。度，量也。言此臺至天其高，不可究竟而量度也。嶢音堯。造音千到反。慶讀曰羌。度音大各反。【補注】先謙曰：選「疆」作「彊」。「慶」下「而」字當衍。

〔四〕鄧展曰：唐，道也。服虔曰：新雉，香草也。雉、夷聲相近。師古曰：言平原之道壇曼然廣大，又列樹辛夷於林薄之間也。草藂生曰薄。新雉即辛夷耳，爲樹甚大，非香草也。其木枝葉皆芳，一名新矧。壇音徒旦反。曼音莫旦反。【補注】宋祁曰：「雉」當作「夷」。學林云，周禮「薙氏掌殺草」，鄭氏注云「薙」或作「夷」，引春秋傳曰「如農夫之務去草，芟夷蘊崇之」。又音鬀。然則，雄賦本用薙爲夷，而又省薙之草，止用雉字耳。王念孫曰：案，訓唐爲道，雖本爾雅，然「平原道其壇曼」殊爲不詞。今案，唐者，廣大之貌。唐其者，形容之詞。既言唐而又言壇曼者，言重詞複以形容之，若上文言「灑乎慘纚」矣。說文「唐，大言也」，白虎通「唐，蕩蕩也。蕩蕩者，道德至大之貌也」。是唐爲廣大之名。沈欽韓曰：本草綱目「辛夷」本經名「新雉」，拾遺名「木筆」。先謙曰：子虛賦「案衍唐曼」。

〔五〕如淳曰：并閭，其葉隨時政，政平則平，政不平則傾也。師古曰：如氏所說自是平慮耳。此并閭謂椶樹也。茇苦，草名也。鄂，垠也。茇音步末反。苦音括。被，皮義反。麗讀如本字。被麗又音披離。【補注】沈欽韓曰：集韻

「茇葀，瑞草也」。據字林。唐本草作「菝蔄」，寇宗奭本草作「薄荷」。先謙曰：官本注「時」下「政」作「改」，是。「皮」上有「音」字。善注：「被麗，分散貌也。鄂，垠鄂也。」先謙案，被麗即披離之同音變字，顏又音是也，故風賦云「被麗披離」。亡鄂，猶無垠。言其多不可涯際也。

〔六〕蘇林曰：駊騀，音叵我。師古曰：駊騀，高大狀也。嶔巖，深險貌也。嶔音口銜反。【補注】宋祁曰：別本「叵」作「巳」。

〔七〕應劭曰：言秦離宮三百，武帝復往往修治之。師古曰：迬，古往字。往往，言所往之處則有之。般，連貌也。燭，照也。封巒、石闕皆宮名也。施靡，相及貌。屬，連也。般音盤。施音弋爾反。屬音之欲反。【補注】先謙曰：善注：「往往，言非一也。般，布也，與班同。」黃圖，甘泉有石闕觀、封巒觀。先謙案，漢鐃歌遠如期曲「遊石闕，望諸國」謂此。

於是大夏雲譎波詭，摧嶉而成觀，〔一〕仰撟首以高視兮，目冥眴而亡見。〔二〕正瀏濫以弘惝兮，指東西之漫漫，〔三〕徒回回以徨徨兮，魂固眇眇而昏亂。〔四〕據軨軒而周流兮，忽軮軋而亡垠。〔五〕翠玉樹之青葱兮，壁馬犀之瞵㻞。〔六〕金人仡仡其承鍾虡兮，嵌巖巖其龍鱗，〔七〕揚光曜之燎燭兮，乘景炎之炘炘，〔八〕配帝居之縣圃兮，象泰壹之威神。〔九〕洪臺掘其獨出兮，㩻北極之嶟嶟，〔一〇〕列宿乃施於上榮兮，日月纔經於柍桭，〔一一〕雷鬱律而巖突兮，電倏忽於牆藩。〔一二〕鬼魅不能自還兮，半長途而下顛。〔一三〕歷倒景而絶飛梁兮，浮蔑蠓而撇天。〔一四〕

〔一〕孟康曰：言夏屋變巧，乃爲雲氣水波相譎詭也。摧嶉，材木之崇積貌也。晉灼曰：摧音䅭水反。師古曰：嶉音子水反。觀謂形也，音工喚反。䞓音丑成反。【補注】先謙曰：善注「言大廈之高而成觀闕也」。顏訓觀爲形，非。「材」官本及選注作「林」，誤。摧嶉即崔崣之同音變字，若今言崔巍矣。

〔二〕師古曰：撟，舉也。冥眴，視不諦也。撟與矯同，其字從手。冥音莫見反。眴音州縣之縣。【補注】先謙曰：五臣本「撟」作「矯」。

〔三〕服虔曰：惝音敞。師古曰：瀏濫，猶汎濫。弘惝，高大也。漫漫，長也。瀏音劉。【補注】先謙曰：官本注有「韋昭瀏劉又反濫音灠」九字。案，以上下文推之，瀏濫即瀏攬，同攬。今作「瀏覽」。弘惝即弘敞。濫、惝並借字。善注「漫漫，無厓際之貌」。

〔四〕師古曰：言駭其深博。【補注】先謙曰：選無「固」字。

〔五〕師古曰：軨軒，謂前軒之軨也。軨者，軒間小木也，字與櫺同。周流，周視也。軮軋，遠相映也。軨音零。軮音烏朗反。軋音於黠反。【補注】先謙曰：文選「軮軋」作「坱圠」。善注「廣大貌也」。說見賈誼傳。顏訓非。

〔六〕應劭曰：璘音鄰。晉灼曰：㻞音豳。師古曰：玉樹者，武帝所作，集衆寶爲之，用供神也，非謂自然生之。而左思不曉其意，以爲非本土所出，蓋失之矣。馬犀者，馬腦及犀角也。以此二種飾殿之壁。璘㻞，文貌。【補注】先謙曰：官本引蕭該音義曰：「該案，字書，璘㻞，采色也，當從玉旁粦。」宋祁曰：學林云：此傳作「壁」，師古訓爲殿壁；文選作「璧」，五臣訓爲璧玉。其義迥不同。「賦曰『抑矯首以高視兮，目冥眴而亡見。正瀏濫以弘敞兮，指東西之漫漫，徒回回以皇皇兮，魂眇眇而昏亂。據軨軒而周流兮，忽軮軋而亡垠。翠玉樹之青蔥兮，璧馬犀之璘㻞。金人仡仡其承鍾虡兮，嵌巖巖其龍鱗』。凡此皆以下句釋上句。其曰『據軨軒而周流兮，忽軮軋而亡垠』，然後言玉樹、金人者，蓋謂依欄檻而四顧，見其廣大而無際畔，但見庭中玉樹之青蔥，金人之巖巖耳。玉樹植於殿庭，金人捧露盤亦在殿庭，皆言望見殿庭中物，不應反言殿壁也。案，甘泉賦，漢書、文選字不同者甚多。它皆可以假意而讀，惟壁、璧二字不可假意通思，而注釋者又皆不同，不可不辨也。」又，劉禹錫嘉話云：「雲陽縣界多漢離宮，故地有槐而葉細，士人謂之玉樹。揚子雲甘泉賦『玉樹青葱』，左思以爲假稱珍怪，蓋不詳也。」先謙案，宋說是。五臣本「瞵」作「璘」。璘瑞，若今言斕斑。

〔七〕師古曰：仡仡，勇健狀。嵌，開張貌。言其鱗甲開張，若真龍之形也。仡音魚乙反，又音其乞反。嵌音火敢反。【補注】宋祁曰：蕭該音義改嵌從山。諸詮賦音苦銜反。先謙曰：據宋說所見本「嵌」作「嵌」。

〔八〕師古曰：炘炘，光盛貌也。炎音弋贍反。炘音欣。【補注】宋祁曰：越本「炘」作「忻」。先謙曰：官本「楊」作「揚」。

〔九〕服虔曰：曾城、縣圃、閬風，昆侖之山三重也。天帝神在其上。【補注】先謙曰：以上六句皆賦金人。

〔一〇〕應劭曰：掘，特貌也。掓，至也。晉灼曰：嶟嶟，概掓也。師古曰：言高臺特出乃至北極，其狀竦峭，嶟嶟然也。掘音其勿反。掓音竹指反。嶟音千旬反，又音遵。【補注】宋祁曰：掓，字書竹几反，韋昭知巳反。嶟嶟，字林曰山貌。「概掓」姚本作「概緻」。先謙曰：選「掘」作「崛」，是。此借字。

〔一一〕服虔曰：柍，中央也。振，屋梠也。師古曰：施，延也。榮，屋翼也。凡此者，言屋宇高大之甚。施音弋豉反。柍音央。振音辰。一曰施，直謂安施音之耳，讀如本字。【補注】宋祁曰：姚本删「音」字。纔，韋昭仕兼反。蕭該音義「柍，於兩反，又於郎反。振，之人反」。王念孫曰：師古曰柍音鞅。今本「鞅」譌作「央」。考玉篇、廣韻、集韻、類篇柍字俱無央音。宋祁引蕭該音義，柍，於兩反。李善文選注同。今據以訂正。案，「柍」當作「央」，今作「柍」者，因振字而誤加木旁耳。凡字有上下相同而誤者，如璿機之爲璿璣，鳳皇之爲鳳凰，窀夕之爲窀穸，展轉之爲輾轉，蓑笠之爲簑笠，畎畝之爲畎畝，皆柍振之類也。振與宸同，說文「宸，屋宇也」，即服注所謂屋梠。鄭注士喪禮曰「宇，梠也」。即今人所謂屋檐。央振，謂半檐也。日月纔經於半檐，極言臺之高也。央振與上榮相對爲文，則「央」字不當作「柍」。服虔訓爲中央，則所見本亦必作「央」也。蕭該音義曰，柍，於兩反，則所見本已譌作「柍」矣。西京賦「消雰埃於中宸，集重陽之清澂」。彼言中宸，猶此言央振，則「央」之不當作「柍」益明矣。魏都賦「旅楹閑列，暉鑒柍振」，張載曰：「柍，中央也」，則其字亦必作「央」，今本作「柍」亦是傳寫之誤。說文：「柍，柍梅也。於京切。」玉篇於兩切。此即爾雅所謂時英梅者也，與央桭之義無涉。集韻「柍，屋中央也」，則爲誤本漢書所惑矣。

〔一二〕師古曰：鬱律，雷聲也。倏忽，電光也。藩，藩籬也。倏音式六反。藩音甫元反。【補注】宋祁曰：「而」字當作「於」。先謙曰：文選作「於」，是。「倏」作「儵」。善注：「上林賦，巖突洞房。釋名，突，幽也。倏忽，疾貌。」案，「突」是誤字。

〔一三〕師古曰：言屋之高深，雖鬼魅亦不能至其極而反，故於長途之半而顛墜也。還讀曰旋，或作「逮」。逮，及也。【補注】先謙曰：文選「還」作「逮」。

〔一四〕晉灼曰：飛梁，浮道之橋也。蔑蠓，疾也。師古曰：撇猶拂也。蠓音莫孔反。撇音匹列反，又音普結反。【補注】先謙曰：官本注「疾」作「蚊」。案，選作「蠛蠓」，皆借字。呂向注「蠛蠓，浮氣也」。後書張衡傳「浮蔑蒙而上征」，注引此賦作「蔑蒙」。

左欃槍右玄冥兮，前熛闕後應門；〔一〕陰西海與幽都兮，涌醴汩以生川。〔二〕蛟龍連蜷於東厓兮，白虎敦圉虖昆侖。〔三〕覽樛流於高光兮，溶方皇於西清。〔四〕前殿崔巍兮，和氏瓏玲，〔五〕炕浮柱之飛榱兮，神莫莫而扶傾，〔六〕閌閬閬其〔廖〕〔寥〕廓兮，似紫宮之崢嶸。〔七〕駢交錯而曼衍兮，㟥嵔隗虖其相嬰。〔八〕乘雲閣而上下兮，紛蒙籠以掍成。〔九〕曳紅采之流離兮，颺翠氣之冤延。〔一〇〕襲琁室與傾宮兮，若登高妙遠，肅虖臨淵。〔一一〕

〔一〕晉灼曰：大人賦「攙欃槍以爲旌」。又曰「左玄冥而右黔雷」。雄擬相如故云爾。熛闕，赤色之闕，南方之帝曰赤熛怒。應門正在熛闕之內也。師古曰：熛音匹遥反。【補注】宋祁曰：浙本「右」字「後」字上皆有「而」字。注文「旌」考作「旗」。姚本「熛，必遥反」。先謙曰：文選有兩「而」字。

〔二〕如淳曰：言闕之高乃陰西海也。師古曰：蔭映西海也，以及幽都。幽都，北方絶遠之地也。涌醴，醴泉涌出汩汩然也。汩音于筆反。【補注】先謙曰：文選「陰」作「蔭」。

〔三〕師古曰：連蜷，卷曲貌。敦圉，盛怒也。言甘泉宮中皆有此象也。蜷音拳，敦音屯。【補注】先謙曰：善注引春秋漢含孳曰「天一之帝居，左青龍，右白虎」。

〔四〕服虔曰：高光，宮名也。師古曰：樛流，屈折也。溶然，閑暇貌也。方皇，彷彿也。西清，西廂清閑之處也。溶音容。【補注】宋祁曰：樛，諸詮賦音株。溶，字林，弋冢反。先謙曰：官本注「廂」作「箱」。樛流與周流同意。方皇，猶旁皇也。善注以方皇爲觀名，則文義不通。六臣本作「彷徨」，上林賦「象輿偃蹇於西清」。

〔五〕孟康曰：以和氏璧爲梁壁帶也，其聲玲瓏也。晉灼曰：以黄金爲壁帶，含藍田璧。瓏玲，明見貌也。師古曰：崔巍，高貌。瓏玲，晉説是也。崔音才回反。巍音五回反。瓏音聾。玲音零。【補注】宋祁曰：瓏玲，字林曰，瓏，禱旱玉爲瓏。又音龍。呂氏春秋曰，大旱用瓏玲。先謙曰：官本注「玲瓏」作「瓏玲」。「含」作「合」。梁章鉅云，法言五百篇云「瓏靈其聲者，其質玉乎」，靈與玲同。太玄唐次三范望注「瓏玲，金玉之聲也」。據此，善説爲長。

〔六〕師古曰：炕與抗同。抗，舉也。榱，屋椽也。言舉立浮柱而駕飛榱，其形危竦，有神於闇莫之中扶持，故不傾也。【補注】宋祁曰：李善曰：「毛詩『君婦莫莫』，毛萇云『莫莫，清淨也』。」先謙曰：官本注「闇」作「冥」。六臣本「炕」作「抗」。

〔七〕師古曰：閌，高門貌。閬閬，空虛也。寥廓，宏遠也。紫宮，天帝之室也。崢嶸，深邃也。閌音抗。閬音浪。寥音僚。崢音仕耕反。嶒音宏。【補注】先謙曰：官本「嶸」作「嶒」，文選作「嶸」，通用字。注「室」作「宮」。

〔八〕師古曰：言宮室臺觀相連不絶也。崣，安施之貌。嶵隗，猶崔巍也。衍音赤戰反。崣音它賄反。嶵音臯。隗音五賄反。【補注】先謙曰：官本注「赤」作「亦」，引蕭該音義曰「崣，按字書勑果反。嶵音臯」。善注引埤蒼「崣，山長貌。嫛，繞也」。五臣本「嶵隗」作「崋隗」。崋隗，猶崔嵬也。

〔九〕師古曰：乘，登也。雲閣，亦言其高入於雲也。蒙籠，深通貌。掍成，言其有若自然也。掍音胡本反。【補注】先謙曰：官本「掍」並作「棍」。善注引服虔曰「蒙籠，膠葛貌」。老子曰「有物混成」，棍與混同。今字作「渾成」。

〔一〇〕師古曰：言宮室曠大，自然有紅翠之氣。【補注】錢大昭曰：冤延與蜿蜒同。先謙曰：官本引蕭該音義曰，冤，於元反。

〔一一〕服虔曰：襲，繼也。桀作琁室，紂作傾宮，以此微諫也。應劭曰：登高遠望，當以亡國爲戒，若臨深淵也。【補注】宋祁曰：「妙」一作「眇」。「遠」字下當有「亡國」字。先謙曰：文選「妙」作「眇」，下有「亡國」二字。琁室、傾宮見晏子春秋。案，言琁室、傾宮，則臨淵之意自見，不當直言亡國。無二字是也。眇遠，猶言望遠。妙，借字。

回猋肆其碭駭兮，翍桂椒，鬱栘楊。〔一〕香芬茀以窮隆兮，擊薄櫨而將榮。〔二〕薌呹肸以掍根兮，聲駍隱而歷鍾，〔三〕排玉戶而颺金鋪兮，發蘭惠與穹窮。〔四〕惟弸環其拂汨兮，稍暗暗而靚深。〔五〕陰陽清濁穆羽相和兮，若夔、牙之調琴。〔六〕般、倕棄其剞劂兮，王爾投其鉤繩。〔七〕雖方征僑與偓佺兮，猶仿佛其若夢。〔八〕

〔一〕師古曰：回猋，回風也。肆，放也。碭，過也。駭，動也。翍，古披字。鬱，聚也。栘，唐棣也。楊，楊樹也。言回風放起，過動衆樹，則桂椒披散而栘楊鬱聚也。碭音徒浪反。栘音移。【補注】宋祁曰：浙本「椒」字下有「而」字。先謙曰：文選有「而」字。六臣本「碭」作「盪」是也。碭，借字。顔訓碭爲過，則過駭二字義不相屬矣。

〔二〕師古曰：言桂椒香氣乃擊薄櫨及屋翼也。薄，枅也。櫨音盧。【補注】先謙曰：官本引蕭該音義曰：「薄櫨，字林曰柱栭也。學林云，欂，弼戟切，通用薄字。一作平戟反。」先謙案，茀即馥字。文選「窮」作「穹」。穹隆，謂高也。善注以擊爲拂擊，是也。將，送也。說文「欂，壁柱」，「櫨，柱上柎也」。言香風之高飄，上送屋翼。

〔三〕師古曰：又言風之動樹，聲響振起衆根合，駍隱而盛，歷入殿上之鍾也。根猶株也。薌讀與響同。呹音丑乙反。

肸音許乙反。掍音下本反。騁音普耕反。【補注】先謙曰：官本引蕭該音義曰，呹，別本丑乙反，文選余日反。肸，別本作「盻」，靈乞反。案，今漢書本「盻」或作「肸」者，傳寫之誤。宋祁曰：注文「合」字下當有「同」字。先謙案，文選「根」作「批」，批亦擊也，較「掍根」爲合。振根拔木似不宜施於此文。善注：「薌亦香字。呹，疾貌；肸，蠁布也。」案，顔以上言香，此不當複言薌，故讀薌爲響，當從之。據説文，「蠁」當爲「響」。徐鍇引此賦「肸響豐融」亦作「響」。香風騁般，歷十二鐘而成聲，言諧合律吕也。

〔四〕李奇曰：鋪，門首也。師古曰：言風之所至，又排門揚鋪，擊動鍰鈕，回旋入宫，發奮衆芳。【補注】王先慎曰：文選、類聚三十九引「穹窮」作「芎藭」，字通用。先謙曰：官本「惠」作「蕙」。發蘭蕙句，言衆芳隨風雜不可辨。

〔五〕蘇林曰：弸音石墮井弸爾之弸。彋音宏。孟康曰：弸彋，風吹帷帳鼓貌。師古曰：拂汩亦風動貌。暗暗，幽隱。靚即靜字耳。弸音普萌反。拂音普密反。汩音于密反。暗音烏感反。【補注】先謙曰：官本引蕭該音義曰：「弸，文萌反。彋音宏。拂，芳勿反。」先謙案，以上六句言香風之深入。據孟注，「惟」當爲「帷」，文選不誤。注「鼓」下當有「動」字。善注：「弸彋，風吹帷帳之聲。拂汩，鼓動之貌。」

〔六〕張晏曰：聲細不過羽，穆然相和也。師古曰：夔，舜典樂也。牙，伯牙也。【補注】王引之曰：羽聲穆然相和，不得謂之穆羽。且於五音之中獨言羽，則相和之義不著。張説非也。今案，和讀唱和之和。穆，變音也；羽，正音也。淮南天文篇説律曰：「徵生宫，宫生商，商生羽，羽生角。角主姑洗，今本「主」譌作「生」。辯見淮南。姑洗生應鍾，不比於正音，今本脱「不」字。辯見淮南。故爲和。此和字讀和睦之和。下凡言和穆者并同。應鍾生蕤賓，不比於正音，故爲繆。」繆與穆同。和穆，謂變宫、變徵也。穆在變音之末，言穆而和可知矣。羽在正音之末，言羽而宫商角徵可知矣。變聲與正聲相應，故曰穆羽相和。唱和之和。以律管言之，則變宫爲和，變徵爲穆。以琴弦言之，則當以少宫爲和，少商爲穆。琴有和、穆二音，而風聲似之，故曰「穆羽相和，若夔、牙之調琴」也。

〔七〕應劭曰：剞，曲刃也。劂，曲鑿也。師古曰：般，公輸般也。倕，共工也。王爾亦巧人也，見淮南子。言土木之功窮極巧麗，故令般、倕之徒棄其常法也。般讀與班同。倕音垂。剞音居爾反。劂音居衛反。【補注】宋祁曰：「剞劂」當作「掎劂」。注文「倕」字下當有「舜」字。

〔八〕晉灼曰：方，常也。征，行也。言宫觀之高峻，雖使仙人常行其上，恐遽不識其形觀，猶仿佛若夢也。師古曰：方謂並行也。征僑，姓征名伯僑，仙人也。偓佺亦仙人名。偓音屋。佺音詮。仿佛即髣髴字也。「征」，郊祀志作「正」字，其音同。【補注】宋祁曰：字林曰：「仿，相似也。佛，見不審也。」先謙曰：官本注「屋」作「渥」。征僑、偓佺並見相如傳。

於是事變物化，目駭耳回，〔一〕蓋天子穆然珍臺閒館琁題玉英蜵蜎蠖濩之中，〔二〕惟夫所以澄心清魂，儲精垂思，〔三〕感動天地，逆釐三神者。〔四〕乃搜逑索耦皋、伊之徒，冠倫魁〔五〕能，函甘棠之惠，挾東征之意，〔六〕相與齊虖陽靈之宫。〔七〕靡薜荔而爲席兮，折瓊枝以爲芳，〔八〕噏清雲之流瑕兮，飲若木之露英，〔九〕集虖禮神之囿，登乎頌祇之堂。〔一〇〕建光燿之長旓兮，昭華覆之威威，〔一一〕攀琁璣而下視兮，行遊目虖三危，陳衆車所東阬兮，肆玉釱而下馳，漂龍淵而還九垠兮，窺地底而上回。〔一二〕風從從而扶轄兮，鸞鳳紛其御蕤，〔一三〕梁弱水之濎濴兮，躡不周之逶蛇，〔一四〕想西王母欣然而上壽兮，屏玉女而卻虙妃。〔一五〕玉女無所眺其清盧兮，虙妃曾不得施其蛾眉。〔一六〕方擥道德之精剛兮，眸神明與之爲資。〔一七〕

〔一〕師古曰：言驚視聽也。

〔二〕應劭曰：題，頭也。榱椽之頭，皆以玉飾，言其英華相燭也。張晏曰：蜵蜎蠖濩，刻鏤之形。師古曰：穆然，天子之容也。蜵蜎蠖濩，言屋中之深廣也。閒讀曰閑。蜵音一兖反。蜎音下兖反。蠖音烏郭反。濩音胡郭反。【補注】先謙曰：官本引蕭該音義曰：「琁題，案，左思蜀都賦曰『金鋪相映，玉題交輝』是也。蜵蜎，予案，字書，蜵蜎，好印也，上一旬反，下一軟反。」先謙案，善注「范子曰，玉英出藍田。孝經援神契曰，玉英，玉有英華之色」。

〔三〕師古曰：言絜精以待，冀神降福。【補注】先謙曰：善注文選本「思」作「恩」，云「冀神垂恩也」。然不如思順。

〔四〕師古曰：釐讀曰禧。禧，福也。【補注】宋祁曰：三神，天、地、神也。王先慎曰：宋注下「神」字當作「人」。先謙曰：善注引韋昭曰「逆，迎也。迎受福釐也」。

〔五〕應劭曰：冠其羣倫魁桀也。師古曰：言選擇賢臣可匹耦於古賢皋繇、伊尹之類，冠等倫而魁桀。【補注】宋祁曰：「搜逑」淳化本作「披求」。刊誤謂「求」當從「逑」。蕭本同。校本作「逑」。又注末當有「者」字。

〔六〕師古曰：甘棠之惠，邵公奭也。東征之意，周公旦也。【補注】宋祁曰：「函」當作「含」。劉攽曰：「能」屬上句。劉敞曰：「能」屬「魁」字。齊召南曰：案文選以「冠倫魁能」爲句，則劉攽説是也。師古誤以「魁」字斷句，而以「能」字下連「函甘棠之惠」，甚屬牽强。先謙曰：此應劭誤讀而師古從之。

〔七〕師古曰：齊，同也。同集於此也。祭天之處，故曰陽靈之宮也。【補注】宋祁曰：諸詮云「齊，沮諧反」。李善云：「韓康伯周易注曰，洗心曰齊。側皆反。」先謙曰：漢舊儀「皇帝祭天，居雲陽宮，齋百日」。善注是。

〔八〕師古曰：靡，纖密也，謂纖織之也。一曰，靡謂偃而靡之藉地也。【補注】先謙曰：善注從後説，又引楚詞曰「折瓊枝以繼佩」。

〔九〕師古曰：言其齋戒自新，居處飲食皆芳絜也。瑕謂日旁赤氣也。露英，言其英華之露。【補注】先謙曰：官本「清」作「青」。瑕，霞借字，大人賦「呼吸沆瀣餐朝霞」。文選「潝」作「吸」。善注：「山海經曰，灰野之山有赤樹，青葉，名曰若木。露英，英之含露者。」較顔訓爲優。

〔一〇〕師古曰：頌，歌也。登以祭也。地神曰祇。

〔一一〕服虔曰：昭，明也。華覆，華蓋也。師古曰：威威，猶威蕤也。旓，旗之旒也。一曰燕尾。旓音所交反。

〔一二〕張晏曰：三危，山名也。晉灼曰：釱，車轄也。九垠，九垓也。師古曰：假設言周流曠遠，升降天地，爲神通一也。肆，放也。阬，大阜也，讀與岡同。釱音大，又音弟。還讀曰旋。【補注】宋祁曰：張銑曰「琁璣，北斗也」。晉灼曰「阬，古坑字也」。字書曰「阬，閬也，口盎反」。注文「爲神通一也」，「爲」當作「與」，「一」字當删。先謙曰：官本「所」作「於」，是也。善注引如淳曰「東阬，東海也」。楚詞曰「齊玉軑而並馳」。説文「漂，浮也」。海非陳車之所，又自高而下馳，明所云東阬非東海也，故顔讀阬爲岡。詳文意，從北望南，自東徂西，乃至禮神之所。

〔一三〕師古曰：從從，前進之意也。御猶乘也。蕤，車之垂飾纓蕤也。從音竦。今書「御」字或作「銜」者，俗妄改也。【補注】宋祁曰：注文「纓蕤」字上當有「若」字。從，鄭氏音摠。先謙曰：文選「從從」作「縱縱」，「御」作「銜」。善注：「縱縱，疾貌。晉灼曰，蕤，綏也。」

〔一四〕服虔曰：昆侖之東有弱水，度之若濎濙耳。師古曰：濎濙，小水之貌。不周，山名。逶蛇亦言不艱難也。濎音吐定反。濙音熒，又音胡鎣反。蛇音移。【補注】先謙曰：善注：「山海經曰，西海之外，有山不合，名曰不周。」

〔一五〕師古曰：西王母在西方，周穆王所見者也。玉女、虙妃皆神女也。虙讀曰伏。

〔一六〕服虔曰：盧，目童子也。【補注】宋祁曰：監本作「玉女欣眺」。浙本「無」作「亡」。先謙曰：文選「盧」作「矑」。

〔一七〕晉灼曰：等天地之忖量也。師古曰：擥，總也，音覽，其字從手。【補注】先謙曰：官本注「忖」作「瓚」，「眸」作「侔」。引宋祁曰，「瓚量」當作「忖量」。擥，力敢反。先謙案，文選「眸」作「侔」，此借字。「擥」作「攬」。善注：「説文，攬，撮（捋）〔持〕也。」

於是欽柴宗祈。燎熏皇天，〔一〕招繇泰壹。舉洪頤，樹靈旗。〔二〕樵蒸焜上，配藜四施，〔三〕東燭倉海，西耀流沙，北爌幽都，南煬丹厓。〔四〕玄瓚觩䚻，秬鬯泔淡，〔五〕肸蠁豐融，〔六〕懿懿芬芬。〔七〕炎感黄龍兮，熛訛碩鱗，〔八〕選巫咸兮叫帝閽，開天庭兮延羣神。〔九〕儐暗藹兮降清壇，瑞穰穰兮委如山。〔一〇〕

〔一〕師古曰：欽，敬也。祡，積祡也。宗，尊也。祈，求福也。【補注】先謙曰：案，注「積祡」之「祡」當作「柴」。

〔二〕張晏曰：招搖、泰壹，皆神名也。服虔曰：洪頤，旗名也。李奇曰：欲伐南越，告祈太一，畫旗樹太一壇上，名靈旗，以指所伐之國也。見郊祀志。【補注】宋祁曰：「招繇」一本作「皋陶」。晉灼音義作「皋搖」。蕭該音義曰，如淳作「皋搖」，云「皋，楔槔。積柴於招搖頭，致牲玉於其上，舉而燒之，欲其近天也，故曰皋搖」。先謙曰：文選作「皋搖」。「於是欽柴宗祈」單句領起，「燎熏皇天」與「招搖泰壹」對舉，如説是也。泰壹之祠詳在郊祀志。招搖雖亦神名，施於此處則不類。善注引服説「旗」作「旌」。

〔三〕張晏曰：配藜，披離也。師古曰：樵，木薪也。蒸，麻幹也。焜，同也。言以樵及蒸燎火，炎上於天，又披離四出。【補注】先謙曰：官本注「燎」作「燒」。引蕭該音義曰，焜音昆，火貌也。配藜，如淳曰「黎爲火正，能使火氣施四裔也」。先謙案，依如説「配」字無著。張、顔依聲釋之爲長。王先慎云，藝文類聚卅九引「藜」作「黎」，是也。玩如注，所見本亦作「黎」，後人加草作「藜」耳。

〔四〕服虔曰：丹厓，丹水之厓也。師古曰：爌，古晃字。煬，熱也。言柴燎之光遠及四表也。煬音弋向反。【補注】宋祁曰：浙本「爌」作「熿」。先謙曰：文選作「熿」。

〔五〕服虔曰：以玄玉飾之，故曰玄瓚。張晏曰：瓚受五升，口徑八寸，以圭爲柄，用灌鬯。觩𩣢，其貌也。應劭曰：泔淡，滿也。師古曰：觩音虯。𩣢音力幽反。泔音胡感反。淡音大敢反。【補注】宋祁曰：泔淡，美味也。注文「以圭」字下別本有「文」字，一作「大」字。

〔六〕【補注】先謙曰：肸蠁，詳司馬相如傳。

〔七〕師古曰：言秬鬯之芬烈也。

〔八〕師古曰：言光炎熛盛，感神物也。訛，化也。碩，大也。熛音必遥反。【補注】宋祁曰：蕭該音義本「炎」字作「煙」。王念孫曰：文選李善本「炎」作「焱」，注曰：「言焱熛熾盛，感動神物也。字林，焱，火光也。爾雅釋草釋文引字林弋劒反。說文，熛，火飛也。毛萇詩傳，訛，動也。」案，李說是也。

〔九〕服虔曰：令巫祝叫呼天門也。師古曰：巫咸，古神巫之名。

〔一〇〕張晏曰：儐，贊也。師古曰：暗藹，神之形影也。穰穰，多也。委，積也。暗音烏感反。【補注】先謙曰：官本引蕭該音義曰，儐，甫刃反。

於是事畢功弘，回車而歸，度三巒兮偈棠梨。〔一〕天閫決兮地垠開，八荒協兮萬國諧。〔二〕登長平兮雷鼓磕，天聲起兮勇士厲，〔三〕雲飛揚兮雨滂沛，于胥德兮麗萬世。〔四〕

〔一〕師古曰：三巒即封巒觀名也。棠梨，宮名。偈讀曰憩。

〔二〕師古曰：天閫，天門之閫也。決亦開也。言德澤普洽無極限也。

〔三〕師古曰：長平，涇水上坂名也。磕，擊鼓聲也。天聲，聲至天也。「聲」字或作「嚴」，言擊嚴鼓也。厲，奮也。【補注】先謙曰：官本引蕭該音義曰「磕，口蓋反，又口艾反」。李善曰：「字指，大聲也。」先謙案，長平見宣紀。文選「磕」作「礚」。

〔四〕師古曰：于，曰也。胥，皆也。麗，美也。沛音普大反。

亂曰：〔一〕崇崇圜丘，隆隱天兮，〔二〕登降峛崺，單埢垣兮。〔三〕增宮嵾差，駢嵯峨兮，〔四〕岭嶒嶙峋，洞亡厓兮。〔五〕上天之縡，杳旭卉兮，〔六〕聖皇穆穆，信厥對兮。〔七〕倈祇郊禋，神所依兮，〔八〕徘徊招搖，靈遲迡兮。〔九〕煇光眩燿，隆厥福兮，〔一〇〕子子孫孫，長亡極兮。

〔一〕師古曰：亂者，理也，總理一賦之終也。

〔二〕師古曰：言其高。

〔三〕師古曰：峛崺，上下之道也。單，周也。埢垣，圜貌也。峛音力爾反。崺音弋爾反。單音蟬。埢音拳。【補注】先謙曰：官本引蕭該音義曰「字林，峛崺，沙丘也」。

〔四〕師古曰：增，重也。嵾差，不齊也。駢，並也。嵾音初林反。駢音步千反。嵯音材何反。峨音娥。

〔五〕師古曰：岭嶒，深邃貌。嶙峋，節級貌。岭音零。嶒音營。嶙音鄰。峋音荀。【補注】宋祁曰：李善云：「埤蒼曰，岭嶒嶙峋，深無厓之貌。」刊誤云，據史館本改「嶙峋」。

〔六〕師古曰：綷，事也。杳，高遠也。旭卉，疾速也。綷讀與載同。【補注】宋祁曰：綷，財代反。先謙曰：善注「旭卉，幽昧之貌」，六臣本「旭卉，難知也」。「卉」疑「晦」之借字，與顏說異。

〔七〕李奇曰：對，配也。能與天地相配也。詩云「帝作邦作對」。師古曰：穆穆，美也。信，實也。

〔八〕師古曰：言以祇敬而來郊祭禋饗，則神祇依附。【補注】宋祁曰：「祇」一本作「秖」。蕭該音義曰「字林曰禋，潔祀也，音一人反」。

〔九〕師古曰：言神久留安處，不即去也。招音上遥反。遲音栖。迡音又夷反。【補注】先謙曰：官本「遲」作「屖」，引宋祁曰：「吕向云，招搖，神名。李善云，招搖猶彷徨也。『屖』淳化本作『遲』，刊誤據説文改作『屖』。張揖字詁云，迡，今遲，徐也。」先謙案，文選作「靈迡迡兮」，善注「迡迡即棲遲」。

〔一〇〕師古曰：眩音州縣之縣。【補注】先謙曰：文選「隆」作「降」。

甘泉本因秦離宮，既奢泰，〔一一〕而武帝復增通天、高光、迎風。宮外近則洪厓、旁皇、儲胥、弩阹，遠則石關、封巒、枝鵲、露寒、棠梨、師得，遊觀屈奇瑰瑋，〔二〕非木摩而不彫，牆塗而不畫，周宣所考，般庚所遷，夏卑宮室，唐虞棌椽三等之制也。〔三〕且其爲已久矣，非成帝所造，欲諫則非時，欲默則不能已，故遂推而隆之，乃上比於帝室紫宮，〔四〕若曰此非人力之所能，黨鬼神可也。〔五〕又是時趙昭儀方大幸，每上甘泉，常法從，〔六〕在屬車間豹尾中。〔七〕故雄聊盛言車騎之衆，參麗之駕，非所以感動天地，逆釐三神。〔八〕又言「屏玉女，卻虙妃」，以微戒齊肅之事。賦成奏之，天子異焉。

〔一〕師古曰：本秦之林光宮也。

〔二〕師古曰：棠梨宮在甘泉苑垣外，師得宮在櫟陽界，其餘皆甘泉苑垣内之宫觀也。阹音袪。【補注】先謙曰：官本引蕭該音義曰：「三蒼因山谷爲牛馬圈謂之阹，音袪。瑰偉，字林曰，玫瑰，火齊珠。該案，詩云『何以贈之，瓊瑰玉佩』。埤蒼云『瑰瑋，珠琦也』。」又考證云：「案『枝鵲』應作『鳷鵲』，司馬相如傳可證。」先謙案，屈與崛同。言遊觀之所皆崛奇瑰偉也。蕭説謬。

〔三〕師古曰：小雅斯干之詩序曰：「宣王考室也。」考謂成也。般庚，殷王名也。遷謂遷都亳也。唐虞謂堯舜也。棌，柞木也。三等，土階三等，言不過也。棌音采，又音菜，其字從木。【補注】先謙曰：棌椽，詳司馬遷傳。

〔四〕師古曰：帝謂天也。

〔五〕師古曰：黨音它莽反。【補注】先謙曰：官本「能」作「爲」。

〔六〕師古曰：法從者，以言法當從耳，非失禮也。一曰從法駕也。【補注】先謙曰：一説是。

〔七〕服虔曰：大駕屬車八十一乘，作三行，尚書御史乘之。最後一乘縣豹尾，豹尾以前皆爲省中。

〔八〕師古曰：參，三神也。麗，偶也。【補注】劉敞曰：麗，兹也。言所以參乘兹駕者非其人也。宋祁曰：注文「神」字可删。劉敞，「茲」字當作「並」字。沈欽韓曰：晉輿服志：「大駕有從官中道左右道並驅者，此參駕也；有但分左右道者，此麗駕也。」先謙曰：沈説是。

其三月，將祭后土，上乃帥羣臣横大河，湊汾陰。〔一〕既祭，行遊介山，回安邑，〔二〕顧龍門，覽鹽池，〔三〕登歷觀，〔四〕陟西岳以望八荒，迹殷周之虚，眇然以思唐虞之風。〔五〕雄以爲臨川羨魚不如歸而結罔，〔六〕還上河東賦以勸，其辭曰：

〔一〕師古曰：横，横度之也。湊，趣也。

〔二〕師古曰：介山在汾陰東北。回謂繞過。【補注】宋祁曰：注末當有「之」字。先謙曰：介山説見下。

〔三〕師古曰：龍門山在今蒲州龍門縣北。鹽池在今虞州安邑縣南。

〔四〕師古曰：歷山上有觀也。晉灼曰：在河東蒲阪縣。【補注】沈欽韓曰：一統志：「歷山在蒲州府永濟縣東南三十里。其東爲神嶺。」先謙曰：官本注「山」下有「之」字。

〔五〕師古曰：陟，升也。西岳華山之上高峻，故言以望八荒。殷都河内，周在岐豐，堯都平陽，舜都蒲坂，皆可相見，故云迹殷周之墟，思唐虞之風也。虚讀曰墟。【補注】宋祁曰：注文「之上」當作「其上」。先謙曰：官本注「相」作「想」，是。

〔六〕師古曰：言成帝追觀先代遺迹，思欲齊其德號，故雄勸令自興至治，以儗帝皇之風。【補注】先謙曰：臨川二語見董仲舒傳。

伊年暮春，將瘞后土，〔一〕禮靈祇，謁汾陰于東郊，〔二〕因茲以勒崇垂鴻，發祥隤祉，欽若神明者，盛哉鑠乎，越不可載已！〔三〕於是命羣臣，齊法服，整靈輿，乃撫翠鳳之駕，六先景之乘，〔四〕掉犇星之流旃，彏天狼之威弧。〔五〕張燿日之玄旄，揚左纛，被雲梢。〔六〕奮電鞭，驂雷輜，〔七〕鳴洪鍾，建五旗。〔八〕（羲）〔義〕和司日，顔倫奉輿，〔九〕風發飆拂，神騰鬼趡；〔一〇〕千乘霆亂，萬騎屈橋，〔一一〕嘻嘻旭旭，天地稠嶅。〔一二〕簸丘跳巒，涌渭躍涇。〔一三〕秦神下讋，跖魂負沴；〔一四〕河靈矍踢，爪華蹈衰。〔一五〕遂臻陰宮，穆穆肅肅，蹲蹲如也。〔一六〕

〔一〕師古曰：伊，是也，謂是祠甘泉之年也。祭地曰瘞薶，故云瘞后土。瘞音乙例反。

〔二〕師古曰：京師之東，故曰東郊也。

〔三〕師古曰：勤崇垂鴻，勤崇名而垂鴻業也。隤，降也。祉，福也。欽，敬也。若，順也。鑠，美也。越，曰也。已，辭也。言發祥降福，敬順神明，其事盛美不可盡載。

〔四〕師古曰：翠鳳之駕，天子所乘車爲鳳形而飾以翠羽也。先景，爲馬行速疾，常在景前也。【補注】先謙曰：官本注無「所」字，引宋祁曰，注文「乘車」字上當有「所」字。先謙案，注下「爲」字與「謂」同。六謂駕六馬也。

〔五〕晉灼曰：有狼、弧之星也。師古曰：彏，急張也，音钁。

〔六〕張晏曰：雲梢，梢雲也。師古曰：梢與旓同。旓者，旌旗之流，以雲爲旓也。被音皮義反。【補注】先謙曰：官本注「流」作「旈」，同。

〔七〕師古曰：輜，衣車也。淮南子云「電以爲鞭策，雷以爲車輪」，故雄用此言也。

〔八〕師古曰：洪，大也。尚書大傳云：「天子左右五鍾。天子將出則撞黃鍾之鍾，左五鍾皆應；入則撞蕤賓之鍾，右五鍾皆應。」漢舊儀云皇帝車駕建五旗。蓋謂五色之旗也，以木牛承其下，取其負重致遠。【補注】先謙曰：官本注「漢」下有「書」字。引宋祁曰，注文「漢書舊儀」當刪「書」字。沈欽韓曰：漢舊儀「清道建五旗」。晉輿服志：「以五牛建旗，車設五牛，青赤在左，黃在中，白黑在右。」又云：「豎旗於牛背，行則使人輿之。牛之爲義，蓋取其負重致遠而安穩也。」宋書禮志則云「木牛」。宋史儀衛志：「熙寧七年，太常寺言五牛旗，蓋古之五時副車也，以木牛載旗，用人輿之失，其本制，宜省去。」

〔九〕師古曰：倫，古善御者也。羲和，日御名。【補注】沈欽韓曰：韓詩外傳二，孔子曰：「美哉！顏無父之御也。至於顏淪而少衰，至於顏夷而衰矣。」顏倫即顏淪。

〔一〇〕師古曰：颮，回風也。趡，走也。颮音必遥反。趡音子笑反，又音才笑反。【補注】宋祁曰：「趡」一本作「踕」。蕭該音義曰：「今漢書『鬼趡』或作『踕』字。韋昭慈昭反，云『趡，超也』。字林音才召反。」錢大昭曰：廣雅「騰、趡，犇也」。

〔一一〕師古曰：霆亂，言如雷霆之盛而亂動也。屈橋，言壯捷貌。屈音其勿反。橋音其召反。【補注】先謙曰：官本注無下「言」字，是。引蕭該音義曰，橋音嶺嶠之嶠。先謙案，橋，矯借字，言馬驤首之狀。

〔一二〕師古曰：稠敽，動摇貌。師古曰：嘻嘻旭旭，自得之貌。嘻音許其反。稠音徒弔反。敽音五到反。

〔一三〕師古曰：山小而鋭曰巒。言車騎之威，訇隱之盛，至於涌躍涇、渭，跳篋丘山者也。

〔一四〕蘇林曰：秦文公時庭中有怪化爲牛，走到南山梓樹中，伐梓樹，後化入豐水，文公惡之，故作其象以厭焉。今之茸頭是也，故曰秦神。服虔曰：沴，河岸之坻也。晉灼曰：沴，渚也。師古曰：跖，蹈也。言此神怖讋，下入水中自蹈其魂而負沴渚，蓋戚懼之甚也。跖音之亦反。坻音直尸反。【補注】宋祁曰：注文「茸」字上當有「旄」字。先謙曰：秦神即怒特祠。如蘇林説，「茸頭」當爲「旄頭」。顏訓跖魂爲自蹈其魂，語殊牽强。跖與蹠同字，説文「楚人謂跳躍曰蹠」，言秦神讋懼其靈魂，跳躍遠避而負倚坻岸也。

〔一五〕蘇林曰：河靈，巨靈也。華，華山也。衰，衰山也。掌據之，足蹈之也。踼音試郎反。服虔曰：踼音石臭反。師古曰：矍踼，驚動之貌。矍音钁。踼音惕，二音並通。爪，古掌字。凡言此者，以車騎之衆，羽旄之盛，故秦神、河靈莫不恐懼而自放也。【補注】宋祁曰：江鄰幾云，趙師民指中條山曰此所謂褢山，揚雄賦「爪華蹈褢」。檢余靖初校漢書監本作「褱」。馳介問之，云據郊祀志。「褱」字誤矣。郊祀志云「自華以西，名山七。華山、薄山。薄山者，襄山也」。史記封禪書卻作「褱山」，徐廣云「蒲坂縣有褱山」。則知二字紛錯久矣。又「褱」一本作「巕」。蕭該音義曰「該案，說文、字林並無『巕』字，未詳其音，請俟來哲」。李善注西京賦引河東賦云「河靈矍踼，掌華蹈褱」。先謙曰：官本「踼」並作「踢」。「爪」作「爪」。「衺」作「褱」。注「郎」作「即」。無「音惕」二字。末「之」作「也」。王念孫云：「案衺與沴爲韻，則作『衺』者是也。今當先審定沴字之音，則衺、襄二字之孰是孰非，不辯而自明。秦風蒹葭篇『宛在水中坻』，毛傳『坻，小渚也』。坻與沴同字，故晉灼訓沴爲渚。李善注南都賦引郭璞上林注曰：『坻，岸也。』坻與沴同字，故服虔訓沴爲河岸之坻。張衡思玄賦『伏靈龜以負坻』，此賦曰『跖魂負沴』，負沴即負坻，此尤其明證也。沴字從㐱得聲，古音在諄部。沴又爲災沴之沴。漢書孔光傳「六沴之作」，宋祁曰：韋昭云，沴謂皇極五行之氣相沴戾不和，音持軫反。服虔曰，沴音戾。案韋昭音持軫反則在諄部。服虔音戾則又在脂部。坻字從氐得聲，古音在脂部。脂部之音多與諄部相通，故從氏之字亦與從㐱之字相通。曲禮『畛於鬼神』，鄭注『畛』或爲『祇』。小雅無將大車篇『無思百憂，祇自疷兮』，思玄賦『思百憂以自疹』，自疹即自疷，是其證也。然則負沴之沴，古讀若坻，故與衺爲韻，若改衺爲襄，則與沴字不協。余靖初校本作『衺』是也。蕭該所見一本作『巕』者，雖非正體，然加山作巕，則其字之本作『衺』明矣。郊祀志作『襄』者，傳寫誤耳，未可引以爲據。宋祁所引封禪書及西京賦注并作『衺』而今本皆作『襄』，則又後人據郊祀志改之也。」封禪書正義尚作衺，音色詹反，則襄字爲後人所改無疑。義門讀書記云，從汲古後，人得小字宋本史記，「襄」字正作「衺」。水經河水注引封禪書、河東賦并作「襄」，恐亦後人所改。先謙案：踢當作足旁易。從易、從昜之字多相亂，踢之誤踼，猶碭之誤碭矣。河水注云：「華岳本一山，當河。河水過而曲行。河神巨靈手盪腳踢，開而爲兩。今掌足之跡，仍存華嶽。開山圖曰『有巨靈胡者，偏得坤元之道，能造山川，出江河，所謂巨靈贔屭首冠靈山者也』。」說文「爪亦丮也，從反爪」，賦想反。不以爲掌字。一統志：「雷首山在蒲州府永濟縣南四十五里，一名襄山。」

〔一六〕師古曰：陰宮，汾陰之宮也。穆穆，靜也。肅肅，敬也。蹲蹲，行有節也。蹲音千旬反。

靈祇既鄉，五位時敘，〔一〕絪緼玄黃，將紹厥後。〔二〕於是靈輿安步，周流容與，〔三〕以覽虖介山。嗟文公而愍推兮，勤大禹於龍門，〔四〕灑沈菑於豁瀆兮，播九河於東瀕。〔五〕登歷觀而遥望兮，聊浮游以經營。樂往昔之遺風兮，喜虞氏之所耕。〔六〕瞰帝唐之嵩高兮，脈隆周之大寧。〔七〕汨低回而不能去兮，行睨陔下與彭城。〔八〕濊南巢之坎坷兮，易豳岐之夷平。〔九〕乘翠龍而超河兮，陟西岳之嶢崝。〔一〇〕雲霏霏而來迎兮，澤滲灕而下降，〔一一〕鬱蕭條其幽藹兮，滃汎沛以豐隆。〔一二〕叱風伯於南北兮，呵雨師於西東，〔一三〕參天地而獨立兮，廓盪盪其亡雙。〔一四〕

〔一〕師古曰：鄉讀曰嚮。服虔曰：五位，五方之神。【補注】先謙曰：官本注末有「也」字。

〔二〕師古曰：絪緼，天地合氣也。玄黃，天地色也。易下繫辭曰：「天地絪緼，萬物化淳。」坤文言曰：「玄黃者，天地之雜色也。天玄而地黃。」將，大也。言天地之氣大興發於祭祀之後。絪音因。緼音於云反。【補注】先謙曰：官本注「緼」下無「音」字。「合」作「含」。引宋祁曰，注文「含氣」當作「合氣」。

〔三〕師古曰：靈輿，天子之輿也。容暇而安豫也。與讀曰豫。

〔四〕師古曰：龍門山，禹鑿之以通河水，故勤勞之。【補注】先謙曰：地理志汾陰縣有介山。汾水注「介山即汾山也。其山特立，周七十里，高十餘里。晉太康地記及地道記等並言介子推隱於是山，即實非也」。又云「汾水南與石桐水合，即綿水也。水出界休之綿山，北流逕石桐寺西，即介子推之祠也。昔子推逃晉文公之賞，而隱於綿上之山，文公求之不得，乃封綿爲介子推田，曰：『以志吾過，且旌善人。』因名斯山爲介山。故袁山松郡國志曰：『界休縣有介山，綿上聚子推廟。』」先謙案：界休，太原縣，今汾州府介休縣東南十五里。汾陰，河東縣，今蒲州府榮河縣北。斯蓋地説流傳，文人寄託，非紀實之詞矣。官本注末「之」作「也」。

〔五〕師古曰：灑，分也。葘，古災字也。沈災，洪水也。豁，開也。瀆謂江、河、淮、濟也。播，布也。九河名在地理志。東瀕，東海之瀕也。禹分治洪水之災，通之四瀆，布散九河於東海之瀕也。灑音所宜反。瀕音頻，又音賓。【補注】宋祁曰：蕭該音義曰：「『灑沈菑而呀豁瀆兮』，該案，『呀』或以爲『呵』。呵叱問四瀆也。孔武仲筆記亦録此。灑，韋昭音義作西旁麗，云，音疏隹反。」又注文「江河淮濟」字上當有「四瀆」字。「禹」字上當有「言」字。「分治」別本作「分河」。「洪」當改作「泄」。錢大昭曰：「葘」當作「菑」。先謙曰：官本「葘」作「菑」，注同。河水篇「河水南出龍門口，汾水從東來注之」，注云「魏土地記曰梁山北有龍門山，大禹所鑿，通孟津。河口廣八十步，巖際鐫跡，遺功尚存」。先謙案，播九河，並舉其委。

〔六〕師古曰：舜耕歷山，故云然。【補注】宋祁曰：「喜」古本作「娭」，韋昭音熙。先謙曰：據宋説「喜」當爲「嬉」借字。河水注：「蒲阪縣南有歷山謂之歷觀，舜所耕處也。有舜井，嬀汭二水出焉。」

〔七〕師古曰：瞰、眽皆視也。帝唐，堯也。嵩亦高也。嵩高者，謂孔子云「巍巍乎唯天爲大，唯堯則之」也。一曰：堯曾遊於陽城，故於嵩高山瞰其遺蹟也。大寧者，詩大雅云「濟濟多士，文王以寧」。瞰音苦濫反。眽即覓字。【補注】宋祁曰：「眽」別本作「眽」，爾雅曰「相視也」。沈欽韓曰：周語「順時覛土」，韋昭云「覛，視」。釋詁「覛，相也」。郭謂相，視也。先謙曰：嵩即崇字。謂觀唐帝之崇高，與大寧爲對。後人不知嵩爲崇之借字，故一説云然，而顔亦誤引之，詳在武紀注。

〔八〕應劭曰：晲，不正視也。彭城，項羽所都也。晉灼曰：陔下，項羽敗處也。師古曰：汩，往意也。低佪，猶言俳佪也。行，且也，意且欲往睹也。汩音于筆反。晲音五系反。

〔九〕李奇曰：南巢，桀敗處也。易，樂也。師古曰：濊與穢同。坎坷，不平貌。坎音口紺反。坷音口賀反。易音弋豉反。【補注】宋祁曰：南巢，湯放桀之處，非桀敗處也。

〔一〇〕師古曰：翠龍，穆天子所乘馬也。西岳，即華山也。嶢崝謂嶕嶢而崝嶸也。嶢音堯。崝音士耕反。【補注】先謙曰：崝與崢同字。崝嶸，即崢嶸。

〔一一〕師古曰：霏，古霏字。霏霏，雲起貌。澤，雨露也。滲灕，流貌也。降，下也。滲音淋。灕音離。降音湖江反。【補注】宋祁曰：滲，韋昭史禁反。灕，蘇林曰灕音薄酒之灕。先謙曰：官本注「湖」作「湘」。「薄酒之灕」，灕與漓同字。

〔一二〕師古曰：皆雲雨之貌。滃音烏孔反。汎音敷劍反。沛音普蓋反。

〔一三〕師古曰：言皆從命也。【補注】宋祁曰：淳化舊本作「東西」。刊誤謂當作「西東」叶韻。

〔一四〕師古曰：天地曰二儀，王者大位，與之合德，故曰參天地。參之言三也。盪盪，大貌。【補注】何焯曰：此狀登華之峻，非如師古注所云合德。

遵逝虖歸來，〔一〕以函夏之大漢兮，彼曾何足與比功？〔二〕建乾坤之貞兆兮，將悉總之以羣龍。〔三〕麗鉤芒與驂蓐收兮，服玄冥及祝融。〔四〕敦衆神使式道兮，奮六經以攄頌。〔五〕喻於穆之緝熙兮，過清廟之雝雝；〔六〕軼五帝之遐迹兮，躡三皇之高蹤。〔七〕既發軔於平盈兮，誰謂路遠而不能從？〔八〕

〔一〕師古曰：遵路而旋京師也。

〔二〕服虔曰：函夏，函諸夏也。師古曰：函，包容也。彼謂堯、舜、殷、周也。函讀與含同。

〔三〕張晏曰：乾六爻悉稱龍也。

〔四〕師古曰：鉤芒，東方神。蓐收，西方神。玄冥，北方神。祝融，南方神。麗，並駕也。驂，三馬也。言皆役服也。

【補注】宋祁曰：「驂」字可删。「服」字當作「驂」。蕭該音義曰「『麗』案韋昭作『儷』。儷，偶也」。王念孫曰：宋説是也。麗鉤芒與蓐收，所謂兩服上襄也。驂玄冥及祝融，所謂兩驂雁行也。顏注「麗，并駕也」，是釋上句。「驂，三馬也」，是釋下句。言「皆役服」是總釋二句之義，而正文内本無「服」字也。今本「驂」誤作「服」，而上句又衍一「驂」字，則上句文不成義，且與下句不對矣。

〔五〕師古曰：敦，勉也。式，表也。六經，謂易、詩、書、春秋、禮、樂也。攄，散也。頌，謂詩頌所以美盛德之形容也，言發其志而爲歌頌也。攄音丑於反。頌讀曰容。【補注】先謙曰：百官表有式道候，此式道二字所本。

〔六〕師古曰：周頌清廟之詩云「於穆清廟，肅雍顯相」，昊天有成命之詩曰「於緝熙」，言漢德之盛，皆過之也。隃讀與踰同。於讀曰烏。

〔七〕師古曰：軼亦過也，音逸。

〔八〕服虔曰：軔，止車之木，將行，故發去。平盈之地無高下也。師古曰：軔音刃。【補注】先謙曰：官本引蕭該音義曰，軔，如戰反。錢大昭云，楚詞云「朝發軔於蒼梧」，王逸注「軔，止輪木也」。説文「軔，礙車也」。

其十二月羽獵，〔一〕雄從。以爲昔在二帝三王〔二〕宫館臺榭沼池苑囿林麓藪澤財足以奉郊廟，御賓客，充庖廚而已，〔三〕不奪百姓膏腴穀土桑柘之地。女有餘布，男有餘粟，國家殷富，上下交足，〔四〕故甘露零其庭，醴泉流其唐，〔五〕鳳皇巢其樹，黄龍游其沼，麒麟臻其囿，神爵棲其林。昔者禹任益虞而上下和，屮木茂；〔六〕成湯好田而天下用足；〔七〕文王囿百里，民以爲尚小；齊宣王囿四十里，民以爲大：〔八〕裕民之與奪民也。〔九〕武帝廣開上林，南至宜春、鼎胡、御宿、昆吾，〔一〇〕旁南山而西，至長楊、五柞，〔一一〕北繞黄山，瀕渭而東，〔一二〕周袤數百里。〔一三〕穿昆明池象滇河，〔一四〕營建章、鳳闕、神明、馺娑，〔一五〕漸臺、泰液〔一六〕象海水周流方丈、瀛洲、蓬萊。〔一七〕游觀侈靡，窮妙極麗。雖頗割其三垂以贍齊民，〔一八〕然至羽獵田車戎馬器械儲偫禁禦所營，〔一九〕尚泰奢麗誇詡，〔二〇〕非堯、舜、成湯、文王三驅之意也。〔二一〕又恐後世復修前好，不折中以泉臺，〔二二〕故聊因校獵賦以風，〔二三〕其辭曰：

〔一〕服虔曰：士負羽。【補注】朱一新曰：文選注引「士」下有「卒」字。

〔二〕應劭曰：二帝，堯、舜。三王，夏、殷、周。

〔三〕師古曰：財讀與纔同。御，侍也。充，當也。【補注】先謙曰：官本引蕭該音義曰：「林麓，字林，守山澤吏。御，五舉反。」先謙案：善注，毛詩傳「御，進也」。禮記：「天子無事，歲三田，一爲乾豆，二爲賓客，三爲充君之庖。」

〔四〕【補注】先謙曰：六臣本「交」作「充」。

〔五〕應劭曰：爾雅「廟中路謂之唐」。

〔六〕師古曰：益，臣名也，任以爲虞。虞，主山澤之官也。上，山也。下，平地也。屮，古草字。【補注】宋祁曰：「益」韋昭作「茲」，古益字。

〔七〕【補注】先謙曰：善注引呂氏春秋曰，湯見網置四面，湯拔其三面也。

〔八〕【補注】王先慎曰：孟子作「文王之囿方七十里，齊宣王之囿方四十里」。案，袁宏後漢紀「欒松云，宣王之囿五十里，民以爲大；文王百里，民以爲小」。范氏後漢書楊震傳同。范書「五十里」作「五里」，奪「十」字。大雅靈臺篇「王在靈囿」，毛傳云「囿所以域養禽獸也，天子百里，諸侯四十里」，即據此而言。是文王之囿古固有百里之說。唐陸贄奏罷瓊林庫狀云「周文王之囿百里，時患其尚小；齊宣王之囿四十里，時病其太大」，猶本百里之文，明相傳有百里、七十里之異。至宣王囿，袁范書言五十里，疑「五」爲「四」之誤。周禮天官閽人疏引白虎通云「天子百里，大國四十里，次國三十里，小國二十里」。若漢有五十里之文，則班氏不應言大國四十里也。樂松説當依此訂正。先謙曰：官本引宋祁曰「大」字上當有「泰」字。案，各本及文選本俱無「泰」字。

〔九〕師古曰：裕，饒也。

〔一〇〕晉灼曰：鼎胡，宮也，黄圖以爲在藍田。昆吾，地名也，有亭。師古曰：宜春近下杜，御宿在樊川西也。【補注】先謙曰：官本注「川」作「圃」。引宋祁曰，御，蕭該音義曰「案，説文曰籞，禁苑也，牛吕反」。注文「樊圃西」姚本「圃」作「川」。先謙案，文選「胡」作「湖」。

〔一一〕師古曰：旁音步浪反。

〔一二〕師古曰：循渭水涯而東也。瀕音頻，又音賓。【補注】先謙曰：此數語與東方朔傳互證。

〔一三〕師古曰：袤，長也，音茂。

〔一四〕師古曰：滇音丁賢反。【補注】宋祁曰：「賢」一作「玄」。先謙曰：善注引瓚曰：「西南夷有昆明國，又有滇池，故作昆明池以象之，以習水戰。」

〔一五〕師古曰：殿名也。師古曰：馺音先合反。娑音先河反。【補注】先謙曰：官本無下「師古曰」三字。善注引孟康曰「馺娑，殿名」。善曰：「神明，臺名。」先謙案：皆在建章宮内。

〔一六〕師古曰：漸臺在泰液池中。漸，浸也，言爲池水所浸也。

〔一七〕服虔曰：海中三山名。法效象之。

〔一八〕師古曰：贍，給也。齊人，解在食貨志。【補注】先謙曰：官本注「人」作「民」。垂，邊也。

〔一九〕師古曰：營謂園守也。【補注】宋祁曰：「禦」當作「籞」。先謙曰：文選「田」作「甲」，是。注「園」誤，官本作「圉」。説文：「儲，偫也。偫，待也。」

〔二〇〕師古曰：詡，大也，音許羽反。【補注】先謙曰：尚，猶也。泰猶言過也。

〔二一〕師古曰：三驅，古射獵之等也。一爲籩豆，二爲賓客，三爲充君之庖也。【補注】宋祁曰：一說三驅者，三面驅之，闕其一面，使有可去之道，而不忍盡物，蓋先王之仁心也，禮所謂「天子不合圍」者也。

〔二二〕服虔曰：魯莊公築泉臺，非禮也，至文公毀之，公羊譏云：「先祖爲之而毀之，勿居而已。」今揚雄以宮觀之盛，非成帝所造，勿修而已，當以泉臺折中也。【補注】宋祁曰：注文「勿居」字上當有「不如」字。

〔二三〕師古曰：校獵謂圍守禽獸而大獵也。風讀曰諷。【補注】沈欽韓曰：文選注，七略曰「羽獵賦永始三年十二月上」。案，帝紀當在元延二年。

或稱戲農，豈或帝王之彌文哉？〔一〕論者云否，各亦並時而得宜，奚必同條而共貫？〔二〕則泰山之封，烏得七十而有二儀？〔三〕是以創業垂統者俱不見其爽，遐邇五三孰知其是非？〔四〕遂作頌曰：麗哉神聖，處於玄宮，富既與地虖侔訾，貴正與天虖比崇。〔五〕齊桓曾不足使扶轂，楚嚴未足以爲驂乘；陿三王之阸薜，嶠高舉而大興；〔六〕歷五帝之寥廓，涉三皇之登閎；〔七〕建道德以爲師，友仁義與爲朋。

〔一〕師古曰：設或人云，言儉質者皆舉伏戲、神農爲之首，是則豈謂後代帝王彌加文飾乎？故論者荅之於下也。論者，雄自謂也。彌猶稍稍也。諸家之釋，皆不當意，徒爲煩雜，故無所取。【補注】王念孫曰：師古以「豈謂」二字代「豈或」，非也。或者，有也。或與有聲相近，其義相同而字亦相通，說見釋詞。言伏羲、神農豈有後世帝王之彌文哉！

〔二〕師古曰：所尚不必同也。

〔三〕孟康曰：言封禪各異也。師古曰：若不如是，於何得七十二儀也？【補注】先謙曰：善注：「管子曰，古之封泰山，禪梁父者，七十二家。」案，則與即同字。

〔四〕師古曰：爽，差也。創業垂統，皆無差忒。五帝三王，誰是誰非，言文質政教各不同也。【補注】先謙曰：言後世剏業垂統者，俱不見儀文之差爽，遐而五帝、邇而三王，孰能定其尚質尚文之是非也？

〔五〕師古曰：頌漢德也。玄宮，言清淨也。訾與呰同。【補注】先謙曰：官本引蕭該音義曰「侔，字林亡又反」。先謙案，善注：「莊子曰，夫道，顓頊得之，以處玄宮。」

〔六〕師古曰：薛亦僻字也。嶠，舉步貌也，音去昭反。【補注】先謙曰：官本引蕭該音義曰：「陿音洽。陒，諸詮音烏隔反，一音於賣反。薛音辟。韋昭曰，薛，平狄反。嶠音矯。」先謙案，薛，僻借字。選作「狹三王之陒僻」。善注本作「嶠」，五臣作「矯」。

〔七〕師古曰：寥廓，空曠也。登閎，高遠也。寥音聊。【補注】先謙曰：官本引蕭該音義曰：「登閎，韋昭曰高大也。諸詮：登，張萌反。」先謙案，五臣本「涉」作「陟」。

於是玄冬季月，天地隆烈，〔一〕萬物權輿於内，徂落於外，〔二〕帝將惟田于靈之囿，〔三〕開北垠，受不周之制，〔四〕以終始顓頊、玄冥之統。〔五〕乃詔虞人典澤，東延昆鄰，西馳閶闔。〔六〕儲積共偫，戍卒夾道，〔七〕斬叢棘，夷野草，〔八〕禦自汧、渭，經營酆、鎬，〔九〕章皇周流，出入日月，天與地沓。〔一〇〕爾乃虎路三嵕以爲司馬，圍經百里而爲殿門。〔一一〕外則正南極海，邪界虞淵，〔一二〕鴻濛沆茫，碣以崇山。〔一三〕營合圍會，然后先置虖白楊之南，昆明靈沼之東。〔一四〕賁育之倫，蒙盾負羽，杖鏌邪而羅者以萬計，〔一五〕其餘荷垂天之畢，張竟壄之罘，靡日月之朱竿，曳彗星之飛旗。〔一六〕青雲爲紛，紅蜺爲繯，屬之虖昆侖之虚，〔一七〕涣若天星之羅，浩如濤水之波，〔一八〕淫淫與與，前後要遮。〔一九〕欃槍爲闉，明月爲候，〔二〇〕熒惑司命，天弧發射，〔二一〕鮮扁陸離，騈衍佖路。〔二二〕徽車輕武，鴻絅緁獵，〔二三〕殷殷軫軫，被陵緣阪，窮冥極遠者，相與迾虖高原之上；〔二四〕羽騎營營，昈分殊事，〔二五〕繽紛往來，轠轤不絕，若光若滅者，布虖青林之下。〔二六〕

〔一〕師古曰：北方色黑，故曰玄冬。隆烈者，陰氣盛。

〔二〕師古曰：權輿，始也。徂落，死也。言草木萌芽始生於內，而枝葉凋毀死傷於外也。【補注】先謙曰：善注：「大戴禮曰，『孟春，百草權輿。』」六臣本「徂」作「殂」。

〔三〕師古曰：靈囿，有靈德之苑囿也。詩大雅靈臺之篇曰「王在靈囿」。

〔四〕孟康曰：西北爲不周風，謂冬時也。師古曰：垠，厓也，音銀。

〔五〕應劭曰：顓頊、玄冥，皆北方之神，主殺戮也。【補注】宋祁曰：姚本注文無「之」字。先謙曰：文選「以」下有「奉」字。六臣本無，蓋衍。

〔六〕張晏曰：東至昆明之邊也。師古曰：昆明池邊也。闛闔，門名也。闛讀與閶同也，又音吐郎反。【補注】先謙曰：「闛」文選作「閶」。朱珔云，說文「闛闛，盛皃」，此假闛爲閶。大司馬注「鼓聲不過閶」，又假閶爲闛。

〔七〕師古曰：共讀曰供。偫音丈紀反。

〔八〕師古曰：夷，平也。

〔九〕應劭曰：禦，禁也。師古曰：將獵其中，故止禁不得人行及獸出也。汧、渭以東，酆、鎬以西，皆爲獵圍也。

〔一〇〕師古曰：章皇周流，言帀遍也，謂苑囿之大，遙望日月皆從中出入，而天地之際杳然縣遠也。說者反以杳爲沓，解云重沓，非唯乖理，蓋以失韻。【補注】宋祁曰：「杳然」，舊作「者」。刊誤改「者」作「杳」。景本無「然」字。先謙曰：選「杳」作「沓」。善注：「章皇，猶彷徨也。出入日月，言其廣大，日月似在其中出入也。應劭曰，沓，合也。」

先謙案，據應説則所見本作「沓」。孫志祖云「楚詞天問『天何所沓』，王逸注：『沓，合也。言天與地會合何所。』子雲蓋祖屈原之語」。

〔一一〕晉灼曰：路音落。服虔曰：以竹虎落此山也。應劭曰：外門爲司馬門，殿門在内也。師古曰：落，纍也，以繩周繞之也。三嵏，三峰聚之山也。嵏音子公反。【補注】先謙曰：官本引蕭該音義曰：「該案，晁錯傳『中周虎落』，韋昭曰：『於城中爲藩落，如落虎矣，謂之虎落。』」先謙案，經讀與徑同。

〔一二〕應劭曰：虞淵，日所入。【補注】錢大昭曰：邪，古與左通。禮記王制云「執左道以亂政」，盧植曰：「左道，謂邪道。」子虛賦云「邪與肅慎爲鄰」，師古曰：「邪讀爲左。」案，長楊賦「回戈邪指」亦謂左指。

〔一三〕師古曰：鴻濛沆茫，廣大貌。碣，山特立貌。鴻音胡孔反。濛音莫孔反。沆音胡浪反。茫音莽。碣音竭。

〔一四〕張晏曰：先置供具於前。服虔曰：白楊，觀名。【補注】宋祁曰：「置」景本作「置」，諸詮音罝。靈沼，李善云：「三秦記曰，昆明池中有靈沼神池。」

〔一五〕師古曰：賁，孟賁也。育，夏育也。皆古之勇士也。鏌邪，大戟也。羅，列遮禽獸。鏌音莫。邪音弋奢反。【補注】宋祁曰：注文「列」字當删。「獸」下當有「也」字。

〔一六〕如淳曰：垂天，言長大如天之垂也。師古曰：畢，田罔也。罕，幡車罔也。【補注】先謙曰：官本引蕭該音義曰，李善云：「言畢之大垂天邊也。朱竿，太常之竿也。日月爲太常。河圖曰『彗星者，天地之旗也』。楚詞曰『攬彗星以爲旗』。」

〔一七〕師古曰：紛，旄也。繯，系也。屬，綴也。昆侖，西極之山也。繯音下犬反。屬音之欲反。虛讀曰墟。【補注】先謙曰：官本引蕭該音義曰：「紛，張晏曰『紛，燕尾也』，韋昭曰『紛，旗旒也』，音邠。繯，該案，説文、字林、三蒼並于善反，云『繯，絡也』。陳武音環。通俗文曰『所以懸繩，楚曰繯』。繯，胡犬反。」先謙案：姜皋云：「方言『胡以縣㡓，宋魏陳楚江淮之間謂之繯，或謂之環』，故玉篇云『繯，環也』，説文『繯，落也』，均作維系解。惟韋昭以爲旗上繫。」

〔一八〕師古曰：天星之羅，言布列也。濤水之波，言廣大。【補注】先謙曰：官本注末有「也」字。

〔一九〕師古曰：淫淫與與，往來貌。

〔二〇〕孟康曰：闉，闘戰自障蔽，如城門外女垣也。【補注】先謙曰：善注「候，望敵者」。

〔二一〕張晏曰：熒惑，法使，司不祥。天弧，虛、危上二星也。【補注】先謙曰：官本考證云，案，注誤，弧星在參星南。顧廣圻云，「法」上當有「執」字。熒惑或謂之執法，見廣雅。

〔二二〕師古曰：鮮扁，輕疾貌。騈衍，言其並廣大也。佖，次比也，一曰滿也。扁音篇。騈音步千反。佖音頻一反，又音步結反。【補注】先謙曰：官本引蕭該音義曰：「鮮扁，服虔曰『扁音篇，戰鬭車陳貌也』。該案，服云以春秋傳曰『高渠彌奉公爲魚麗之陳，先偏後伍，伍承彌縫』，杜預曰『司馬法車二十五乘爲偏，以車居前，以伍次之，承偏之隙而彌縫闕漏，五人爲伍』。此蓋魚麗法也。」先謙案：扁與猵同。鮮扁，言鮮明而猵爛，與陸離對文。蕭說未當。

〔二三〕師古曰：徽車，有徽熾之車也。鴻絧，直馳貌。緁獵，相差次也。鴻音胡孔反。絧音徒孔反。緁音捷。【補注】宋祁曰：景本注文無「之車」至「次也」十四字。先謙曰：官本「熾」作「幟」，是。蕭該音義曰：「鴻，諸詮胡棟反。絧音慟。」先謙案，善注：「廣雅，武，健也。鴻絧，相連貌。」詳文義，善注是。

〔二四〕師古曰：殷軫，盛也。冥，幽深也。殷讀曰隱。【補注】先謙曰：官本引蕭該音義曰：「諸詮作『敻迥』。敻，呼盛反。」先謙案，文選「冥」作「敻」，「迥」作「列」。

〔二五〕蘇林曰：昈，明也。師古曰：營營，周旋貌也。言其服飾分明，各殊異也。昈音户。

〔二六〕孟康曰：轠轤，連屬貌。如淳曰：轠音雷。轤音盧。師古曰：繽紛，衆疾也。轠轤，環轉也。繽音匹人反。【補注】先謙曰：官本引蕭該音義曰：「轠轤，韋昭音壘落。」先謙案，若光若滅，猶乍明乍暗。

於是天子乃以陽鼂始出虖玄宮，〔一〕撞鴻鍾，建九流，〔二〕六白虎，載靈輿，蚩尤並轂，蒙公先驅。〔三〕立歷天之旂，曳捎星之旍，〔四〕辟歷列缺，吐火施鞭。〔五〕萃從允溶，淋離廓落，戲八鎮而開關；〔六〕飛廉、雲師，吸嚊潚率，鱗羅布列，攢以龍翰。〔七〕秋秋蹌蹌，入西園，切神光；〔八〕望平樂，徑竹林，〔九〕蹂惠圃，踐蘭唐。〔一〇〕舉烽烈火，轡者施披，〔一一〕方馳千駟，校騎萬師。〔一二〕虓虎之陳，從橫膠輵，猋泣雷厲，驞駍駖磕，〔一三〕洶洶旭旭，天動地岋。〔一四〕羨漫半散，蕭條數千萬里外。〔一五〕

〔一〕師古曰：陽朝，日出之後也。北方之宫，故曰玄宫。

〔二〕【補注】錢大昭曰：「流」南監本、閩本并作「旒」。先謙曰：官本作「旒」，字同。

〔三〕服虔曰：蒙公，蒙恬也。孟康曰：神名也。師古曰：服説是也。並音步浪反。【補注】何焯曰：文選注：「如淳曰，蒙公，髦頭也。晉灼曰，此多説天子事，如説是。」則此注中，孟説爲長。先謙曰：善注：「韓子曰，黄帝駕象車，異方並轂，蚩尤居前。」

〔四〕師古曰：歷，經也。捎猶拂也。歷天捎雲，言其高也。捎音所交反。【補注】宋祁曰：校改「祈」作「旂」。

〔五〕應劭曰：辟歷，雷也。列缺，天隙電照也。師古曰：言獵火之燿，及馳騎奮鞭，如電吐光，及象其疾。【補注】先謙曰：官本引蕭該音義曰，施，如淳音貤。

〔六〕應劭曰：四方四隅爲八鎮。如淳曰：不言九者，一鎮在中，天子居之故也。師古曰：戲讀曰麾，謂指麾八鎮使之開關也。從音先勇反，又音叢。溶音容。【補注】先謙曰：官本引蕭該音義曰：「從，案字林及埤蒼云『從從，走貌也』。允，諸詮音余永反。溶音勇。戲，陳武去危反。」先謙案，官本「從」並作「從」，選作「從」。從蓋總借字。萃從，猶萃聚也。善注：「允溶，盛多之貌也。上林賦『允溶淫鬻』。」

〔七〕師古曰：吸嚊，開張也。潚率，聚斂也。言布列則如魚鱗之羅，攢聚則如龍之豪翰。嚊音許冀反。潚音肅。翰合韻音韓。【補注】先謙曰：官本引蕭該音義曰，嚊，張晏音彭濞之濞。先謙案，善注：「説文『吸，内息也』，埤蒼曰『濞，喘息聲也』。」先謙謂：潚率即蕭索同音字，言風聲也。

〔八〕師古曰：秋秋蹌蹌，騰驤之貌。切神光者，言車之衆飭相切靡而光起，有若神也。蹌音千羊反。【補注】宋祁曰：「秋秋」淳化本作「啾啾」。刊誤據禮樂志「龍秋游」改「啾」爲「秋」。案，蕭該説，「啾」舊作「愁」，韋昭音裁梟反，今書或作口旁啾。該引埤蒼「啾啾，衆聲也」，又引楚詞「鳴玉鸞之啾啾」，「猿啾啾兮又夜鳴」爲據。云，又諸詮「秋」作口旁秋。蹌，蕭該本作此「槍」。先謙案：官本注「飭」作「飾」，是。善注引張晏曰，切，近也。神光，宫名。案以上下文律之，神光爲宫名無疑，顔注非。

〔九〕張晏曰：平樂，館名也。晉灼曰：在上林中。【補注】先謙曰：盧文弨云，東方朔傳長門園有萩竹，竇太(后)〔主〕獻爲宫。即竹林也。

〔一〇〕師古曰：惠圃，惠草之圃也。蘭唐，陂唐之上多生蘭也。【補注】宋祁曰：「踐」韋本作「跋」，又作「跃」。先謙曰：官本「惠」作「蕙」。

〔一一〕師古曰：轡者，御人執轡也。【補注】宋祁曰：「拔」當作「技」。先謙曰：文選「羔」作「燧」，「拔」作「技」。

〔一二〕師古曰：方馳，並驅也。校騎，騎而爲部校者也。【補注】先謙曰：官本引蕭該音義曰，校，張晏音効。

〔一三〕服虔曰：虓音哮。鄧展曰：泣音粒。師古曰：哮虎之陳，謂勇士奮怒，狀如猛獸而爲行陳也。泣，猋風疾貌也。驞駍駖磕，皆聲響衆盛也。哮音火交反。輵音葛。驞音匹人反。駍音普萌反。駖音力莖反。磕音口盍反。【補注】先謙曰：官本引蕭該音義曰：「『輵』舊作『鶡』，又作『謁』。驞，諸詮作石旁賓。磕，諸詮苦蓋反。」先謙案，官本注「哮虎」作「虓虎」，「泣猋」作「猋泣」。文選「膠輵」作「轇轕」，「泣」作「拉」。善注：「拉，風聲也。鄧展曰，拉音獵。」與顔引不同。猋不能以泣言，顔據所見本以疾貌訓之，蓋亦知泣之不可通矣，作「拉」爲是。

〔一四〕蘇林曰：岋音岋岋動揺之岋。師古曰：洶音凶。岋音五合反。【補注】先謙曰：官本引蕭該音義曰：「岋，韋昭曰『吸，擬及反』。」

〔一五〕師古曰：羨音弋戰反。【補注】王念孫曰：「『萬』字後人所加，文選無。」先謙曰：官本引蕭該音義曰，半，諸詮音叛。先謙案，半與泮同。

若夫壯士忼慨，殊鄉別趣，〔一〕東西南北，騁耆奔欲。〔二〕拕蒼豨，跋犀犛，蹶浮麋。〔三〕斮巨狿，搏玄蝯，〔四〕騰空虛，歫連卷。〔五〕踔夭蟜，娭澗門，〔六〕莫莫紛紛，山谷爲之風猋，林叢爲之生塵。〔七〕及至獲夷之徒，蹶松柏，掌疾棃；〔八〕獵蒙蘢，轔輕飛；〔九〕履般首，帶修蛇；〔一〇〕鉤赤豹，摼象犀；〔一一〕跇巒阬，超唐陂。〔一二〕車騎雲會，登降闇藹，〔一三〕泰華爲旒，熊耳爲綴。〔一四〕木仆山還，漫若天外，〔一五〕儲與虖大溥，聊浪乎宇内。〔一六〕

〔一〕師古曰：鄉讀曰嚮。

〔二〕師古曰：言隨其所欲而各馳騁取之也。耆讀曰嗜。欲，合韻音弋樹反。【補注】先謙曰：官本引蕭該音義曰：「耆，諸詮音市至反。欲，字書瑜注反。」

〔三〕張晏曰：跋，蹋也。鄭氏曰：蹶音馬蹄蹶之蹶。師古曰：拕，曳也。跋，反戾也。蹶，蹴也。浮麋，水上浮者也。拕音佗。跋音步末反。【補注】先謙曰：官本「豨」作「狶」。引蕭該音義曰：「狶，字林曰東方名豕曰狶，語豈反。蹶，諸詮居衞反，鄭氏居月反。」

〔四〕師古曰：斮，斬也。狿，獸名也。解在司馬相如傳。斮音側略反。【補注】先謙曰：官本引蕭該音義曰，狿音延。

〔五〕張晏曰：連卷之木也。師古曰：歫即距字也。卷音拳。【補注】先謙曰：官本「歫」作「距」，注作「距即拒字也」。引宋祁曰：「今越本『距』作『歫』，注『歫即距也』，別本亦同。」先謙案：距當訓如超距之距，解在甘延壽傳。

〔六〕師古曰：踔，走也。夭蟜亦木枝曲也。娭，戲也。踔音丑孝反，又音徒釣反。蟜音矯。娭音許其反。【補注】先謙曰：官本引蕭該音義曰：「踔，韋音卓。晉灼曰，踔音魚罩之罩。今依晉灼音。」宋祁曰，「娭澗門」當作「娭澗閒」。先謙案，善注引三蒼詁訓曰，踔，踰也。騰距踔娭，皆謂壯士。

〔七〕師古曰：莫莫，塵埃貌。紛紛，亂起貌。

〔八〕服虔曰：獲夷，能獲夷狄者也。師古曰：掌，以掌擊也。【補注】劉敞曰：獲，烏獲；夷，夷羿：皆有力者。宋祁曰：注文「擊」字下當有「之」字。何焯曰：劉以爲烏獲、夷羿，說勝服虔，但此下更有「羿氏控弦」之文。周壽昌曰：疑漢兵卒之設此名，說如射聲、佽飛之類。

〔九〕師古曰：蒙蘢，草木所蒙蔽處也。轔，轢也。輕飛猶言輕禽也。轔音吝。

〔一〇〕如淳曰：般音班。班首，虎之類也。師古曰：履謂踐履之也。修，長也。【補注】先謙曰：官本引蕭該音義曰：「案諸本『般首』，『般』作般下蟲。當作『盤』。」先謙案，文選「履」作「屨」。

〔一一〕師古曰：撁，古牽字。

〔一二〕師古曰：跇，渡也。巒阬，並解於上。唐陂，陂之有隄唐者也。阬音剛。跇音弋制反。【補注】先謙曰：官本引蕭該音義曰：「跇，鄧展曰跇音厲。厲，度也。該案，字林曰，跇，述也，弋世反。」先謙案，唐，近字作塘，塘陂與巒阬對文。

〔一三〕師古曰：闇音烏感反。【補注】先謙曰：闇藹，不分明也，近字作晻藹。

〔一四〕師古曰：旒，旌旗之旒也。綴所以縣旌也。

〔一五〕如淳曰：還音旋。言山爲之回旋也。【補注】先謙曰：官本引蕭該音義曰：「仆，字林疋豆反，又疋住反。」

〔一六〕服虔曰：儲與，相羊也。溥，水厓也。師古曰：聊浪，言游放也。與音餘。溥音普。浪音琅。【補注】先謙曰：文選「溥」作「浦」，此借字。善注：「淮南子曰，陰陽儲與。」先謙案，儲與即紆徐也。

於是天清日晏，〔一〕逢蒙列眥，羿氏控弦。〔二〕皇車幽輵，光純天地，〔三〕望舒彌轡，〔四〕翼乎徐至於上蘭。〔五〕移圍徙陳，浸淫蹵部，〔六〕曲隊堅重，各按行伍。〔七〕壁壘天旋，神抶電擊，〔八〕逢之則碎，近之則破，鳥不及飛，獸不得過，軍驚師駭，刮野埽地。〔九〕及至罕車飛揚，武騎聿皇；〔一〇〕蹈飛豹，絹嘄陽；〔一一〕追天寶，出一方；〔一二〕應騂聲，擊流光。壄盡山窮，囊括其雌雄，〔一三〕沈沈容容，遥噱虖紭中。〔一四〕三軍芒然，窮尤閼與，〔一五〕亶觀夫票禽之紲隃，犀兕之抵觸，熊羆之挐攫，虎豹之凌遽，〔一六〕徒角搶題注，蹶竦讋怖，魂亡魄失，觸輻關脰。〔一七〕妄發期中，進退履獲，〔一八〕創淫輪夷，丘累陵聚。〔一九〕

〔一〕師古曰：晏，無雲也。

〔二〕師古曰：逢蒙及羿皆古善射者。列，整也。控，引也。【補注】先謙曰：官本引蕭該音義曰：「眥，字林曰：『眥，目崖也，音漬。』該案，淮南曰『瞋目裂眥』，靜計反。莊周曰『多言而不眥』。司馬彪曰『眥，視也』。」王念孫云：「蕭引淮南出泰族篇，其説是也。韓彭英盧吴傳贊『咸得裂土，南面稱孤』，燕王劉澤傳『裂十餘縣，王之』，史記『裂』并作『列』。內則『衣裳綻裂』，釋文云『裂』本又作『列』。艮九三『列其夤』，大戴記曾子天圓篇『割列禳瘞』，管子五輔篇『大袂列』，荀子哀公篇『兩驂列』，楊倞注「列與裂同」。皆古分裂字也。説文『列，分解也』。『裂，繒餘也』。義各不同。今則分裂字皆作裂，而列但爲行列字矣。」

〔三〕李奇曰：純，緣也。師古曰：幽輵，車聲也。輵音一轄反。純音之允反。【補注】王念孫曰：李善引方言曰，純，文也。案，二李説皆非。純讀曰焞。焞，明也。光焞天地，猶言光燿天地也。説文「焞，明也」，引鄭語「焞燿天地」。今本「焞」作「淳」，云「夫黎爲高辛氏火正，以淳燿敦大，天明地德，光昭四海，故命之曰祝融」。韋注曰「祝，始也；融，明也」。焞、淳古并通用。敘傳「黎淳燿于高辛」義與鄭語同。應劭訓淳爲美，亦失之。太玄玄測序「盛哉！日乎丙明，離章五色淳光」，范望亦曰「淳，明也」。王先慎曰：幽輵即轇輵，東京賦注「轇輵，廣大貌」，顏訓爲車聲，則與光純天地句隔矣。先謙曰：善注引服虔曰，皇車，君車也。

〔四〕師古曰：望舒，月御也。彌，斂也。言天子之車斂轡徐行，故假望舒爲言耳。彌音莫爾反。【補注】先謙曰：彌轡即弭轡，六臣本作「弭」。

〔五〕晉灼曰：上蘭觀在上林中。

〔六〕師古曰：部，軍之部校也，言稍聚逼而重。蹵音千欲反。【補注】宋祁曰：注文「重」下當有「也」字。先謙曰：善注：「毛傳，蹙，促也。蹵，古字通。」

〔七〕師古曰：隊亦部也。按，依也。隊音徒內反。行音胡郎反。【補注】先謙曰：官本「按」並作「案」。引蕭該音義曰，重，直龍反。

〔八〕師古曰：言所抶擊如鬼神雷電也。抶音丑乙反。

〔九〕師古曰：言殺獲皆盡，無遺餘也。埽音先早反。

〔一〇〕師古曰：罕車，畢罕之車也。聿皇，疾貌。【補注】先謙曰：聿皇，近字作矞皇。聿、遹、矞字通用。

〔一一〕師古曰：梟陽，費費也，人面黑身，有毛，反踵，見人則笑，脣蔽其目。絹音工犬反。梟音工聊反。費音扶味反。【補注】先謙曰：官本引蕭該音義曰：「絹，蘇林曰絹音絹鹿之絹。」先謙案，文選「絹」作「羂」。

〔一二〕應劭曰：天寶，陳寶也。晉灼曰：天寶，雞頭人身。【補注】先謙曰：官本注「頭」下有「而」字。善注引同。上林賦「追怪物，出宇宙」，此二句祖之。

〔一三〕如淳曰：陳寶神來下時，騂然有聲，又有光精也。應劭曰：下時窮極山川天地之間，然後得其雌雄也。師古曰：雄在陳倉，雌在南陽也。故云野盡山窮也。騂音普萌反。

〔一四〕師古曰：口内之上下名爲噱，言禽獸奔走倦極，皆遥張噱吐舌於紭罔之中也。師古曰：噱音其略反。紭，古紘字。【補注】宋祁曰：「沈」，蕭該本作「沇」，音餘水反。文選亦作「沇沇」。紭，服虔音宏。王念孫曰：蕭本是也。沇容雙聲字，謂禽獸衆多之貌也。上文「萃從允溶」，文選亦作「沇溶」，李善曰「沇溶，盛多之貌也」。上林賦「沇溶淫鬻」，「沇，以水切，今本「水」譌作「永」。據上林賦注改。溶音容」，是其證。沇、沈草書相似，故沇譌爲沈，史記六國表索隱「鱄音屬沇反」，今本「沇」譌爲「沈」。而師古無音，則所見本已作「沈」矣。又案，注文「師古」兩見，則前非師古之注。文選注引作「晉灼」，是也。晉以口之上下爲噱，則「噱虖紭中」四字義不相屬，故又言「張噱吐舌」以曲通其義，殆失之迂矣。余謂噱讀爲窮極倦谻之谻，字本作御，又作⿰亻谻。方言「⿰亻谻，⿰亻券也」，⿰亻券與倦同。説文作「御」。玉篇、廣韻并其虐切。廣雅「疲、羸、券、御，極也」。券亦與倦同。御，曹憲音巨略、去逆二反。司馬相如傳子虛賦「徼谻受詘」，郭璞曰「谻，疲極也」。上林賦「與其窮極倦谻，驚憚讋伏」，郭璞曰「窮極倦谻，疲憊也」。然則，遥噱虖紭中，謂禽獸皆遥倦谻於羅網之中也，作噱者假借字耳。谻、噱并音其略反，故字亦相通。先謙曰：據文選注引此衍「内」字。

〔一五〕孟康曰：冘，行也。闕，止也。言三軍之盛，窮闕禽獸，使不得逸漏也。晉灼曰：闕與，容貌也。師古曰：闕與，容暇之貌也。芒音莫郎反。冘音淫。闕音於庶反。與音豫。【補注】先謙曰：官本引蕭該音義曰：「窮，如淳音穹。冘，諸詮余腫反。」吴仁傑云：「案馬援言『冘豫未決』，注曰『冘，行貌。豫，未定也』。與、豫字通。然則，此賦言三軍捕禽獸，行者窮追之，未定者闕止之耳。冘、與二文相對。顔監乃以闕與爲容暇之貌，於義未安。五臣注以冘爲宂，音柔腫切，云『窮宂倦怠貌』，愈失之矣。又冘、猶音相近。南史『淫預堆』寰宇記作『猶與』，言取途不決。淮南書云『善用兵者，擊其猶猶，陵其與與』。此賦上文亦云『淫淫與與』。前後要遮，其義一也。」沈欽韓云：「説文『冘，淫淫行皃，從人出冂下』，闕與之與即豫，冘、豫義連，言獸冘豫者窮闕取之也。」

〔一六〕師古曰：亶讀曰但。票禽，輕疾之禽也。紲與跇同。紲，度也。隃與踰同。挐，牽引也。攫，搏持之也。凌，戰栗也。遽，惶也。票音頻妙反。跇音弋制反。觸，合韻音昌樹反。拏音女居反。攫音钁。遽音詎。【補注】先謙曰：官本引蕭該音義曰：「亶，丁但反。拏，諸詮奴加反。」文選「票」作「剽」。

〔一七〕師古曰：徒亦但也。搶猶刺也。題，額也。脰，頸也。言衆獸迫急，以角搶地，以額注地，或自觸車輻，關頸而死也。搶音千羊反。蹴音子育反。脰音豆。

〔一八〕師古曰：言矢雖妄發而必有中，進則履之，退則獲之。

〔一九〕師古曰：淫，過也。夷，平也。言創過大，血流平於車輪也。丘累陵聚，言其積多。【補注】先謙曰：官本注「大」作「長」，引宋祁曰，注文「長」字一本作「大」。先謙案，六臣本無注「大」、「血」、「流」、「車」四字。胡氏考異云，無者是也。言獸被創過，解「創淫」二字。與輪平也，解「輪夷」二字，即謂獲獸平輪耳。

於是禽殫中衰，〔一〕相與集於靖冥之館，〔二〕以臨珍池。灌以岐梁，溢以江河，〔三〕東瞰目盡，西暢亡厓，〔四〕隨珠和氏，焯爍其陂。〔五〕玉石嶜崟，眩燿青熒，〔六〕漢女水潛，怪物暗冥，不可殫形。〔七〕玄鸞孔雀，翡翠垂榮，〔八〕王雎關關，鴻鴈嚶嚶，〔九〕羣娭虖其中，噍噍昆鳴；〔一〇〕鳧鷖振鷺，上下砰磕，聲若雷霆。〔一一〕乃使文身之技，水格鱗蟲，〔一二〕凌堅冰，犯嚴淵，探巖排碕，薄索蛟螭，〔一三〕蹈獱獺，據黿鼉，〔一四〕抾靈蠵。〔一五〕入洞穴，出蒼梧，〔一六〕乘鉅鱗，騎京魚。〔一七〕浮彭蠡，目有虞。〔一八〕方椎夜光之流離，剖明月之珠胎，〔一九〕鞭洛水之虙妃，餉屈原與彭胥。〔二〇〕

〔一〕師古曰：殫，盡也。中，射中也，音竹仲反。

〔二〕晉灼曰：靖冥，深閒之館。【補注】先謙曰：官本引蕭該音義曰：「張晏曰，靖冥，極高之貌也。」

〔三〕晉灼曰：梁，梁山也。服虔曰：珍池，山下之流也。【補注】宋祁曰：景本無「以臨珍池」并服虔注十四字。今案「晉灼曰，靖冥，深閒之館」，「服虔曰，珍池，山下之流也」，當在「珍池」字下。先謙曰：梁章鉅云，黃圖「昭帝始元元年穿琳池，廣千步，池南起桂臺以望遠，東引太液之水」。昭帝有琳池歌，玉海以爲臨珍池即此。先謙案，岐梁二山之水下注池中，故曰灌以岐梁。

〔四〕師古曰：瞰，視也。目盡，極望。無厓也，言廣遠也。【補注】先謙曰：官本注次「也」字在「無厓」上，是。

〔五〕師古曰：焯，古灼字也。焯爍，光貌。爍音式藥反。

〔六〕師古曰：玉石，石之似玉者也。嶜崟，高鋭貌。青熒，言其色青而有光熒也。嶜音仕金反。崟音牛林反。【補注】先謙曰：官本引蕭該音義曰：「嶜，案，字詁古文岑字。」

〔七〕應劭曰：漢女，鄭交甫所逢二女弄大珠，大如荆雞子。師古曰：不可殫形，不能盡其形貌之狀。

〔八〕師古曰：言其毛羽有光華。

〔九〕師古曰：王雎，雎鳩也。關關，和聲也。嚶嚶，相命也。嚶音於行反。【補注】先謙曰：官本注「相命」下有「聲」字，是。「行」作「耕」。

〔一〇〕師古曰：娭，戲也。昆，同也。娭音許其反。噍音子由反。【補注】先謙曰：「娭」文選善注本作「娯」，誤。六臣本作「嬉」，字同。善注「噍與啾同」。

〔一一〕師古曰：鳧，水鳥，即今之野鴨也。鷖，鳧屬也。鷺，白鳥也。振者，言振羽翼而飛也。詩大雅曰「鳧鷖在涇」，周頌曰「振鷺于飛」，三者皆水鳥也。言其羣飛上下，翅翼之聲若雷霆也。鷖音烏奚反。砰音普萌反。

〔一二〕服虔曰：文身，越人也，能入水取物。【補注】先謙曰：子虛賦「乃使專諸之倫，手格此獸」，此二句祖之。

〔一三〕師古曰：巖，言不可犯也。巖，水岸嶔巖之處也。碕，曲岸也。薄，迫也。索，搜求也。碕音鉅依反。嶔音口銜反。【補注】先謙曰：官本引蕭該音義曰：「探，字林曰遠取也。薄索，諸詮上音博，下音桑各反。」

〔一四〕蘇林曰：獱音賓。師古曰：獺形如狗，在水中食魚。獱，小獺也。獺音它曷反。

〔一五〕鄭氏曰：抾音怯。應劭曰：蠵，大龜也。雄曰毒冒，雌曰觜蠵。師古曰：抾，挹抾也，又音袪。蠵音弋隨反，又音攜。【補注】先謙曰：官本注「抾」作「取」。引蕭該音義曰：「蠵，字林曰龜也，以胃鳴。」善注「韋昭曰，抾，捧也」。

〔一六〕晉灼曰：洞穴，禹穴也。師古曰：洞，通也。【補注】宋祁曰：李善云：「郭璞山海經注曰，吳縣南太湖中有包山，山下有洞庭道也。言潛行水底無所不通也。」何焯曰：洞穴即具區之洞庭穴，謂之地脈，李說得之。

〔一七〕師古曰：京，大也，或讀爲鯨。鯨，大魚也。

〔一八〕應劭曰：彭蠡，大澤，在豫章。師古曰：目猶視也，望也。有虞，謂舜陟方在江南，言遙望也。

〔一九〕師古曰：珠在蛤中若懷妊然，故謂之胎也。椎音直隹反，其字從木。【補注】先謙曰：梁章鉅云：「五臣注，流離，玉也。吳都賦『流離與珂珹』。凡此言流離，本用琉璃耳。晉書音義，瑠璃，字林云火齊珠也。」

〔二〇〕師古曰：彭，彭咸，胥，伍子胥，皆水死者。虙讀曰伏。【補注】朱一新曰：即甘泉賦「屏玉女而卻虙妃」之意。餉屈云云，言當求賢以自輔也。

於茲虖鴻生鉅儒，俄軒冕，雜衣裳，〔一〕修唐典，匡雅頌，揖讓於前。〔二〕昭光振燿，蠁曶如神，〔三〕仁聲惠於北狄，武義動於南鄰。〔四〕是以旃裘之王，胡貉之長，移珍來享，抗手稱臣。〔五〕前入圍口，後陳盧山。〔六〕羣公常伯楊朱、墨翟之徒〔七〕喟然稱曰：〔八〕「崇哉乎德，雖有唐、虞、大夏、成周之隆，何以侈茲！太古之觀東嶽，禪梁基，〔九〕舍此世也，其誰與哉？」

〔一〕師古曰：俄俄，陳舉之貌。雜者，言衣與裳皆雜色也。【補注】先謙曰：善注：「韋昭曰，俄，卬也。車有藩曰軒。

雜衣裳，言衣裳殊色也。」

〔二〕師古曰：匡，正也。

〔三〕師古曰：饗與嚮同。曶與忽同。【補注】先謙曰：注「嚮」當作「響」。善注：「蠁曶，疾也。蠁與響同。」

〔四〕師古曰：南方有金鄰之國，極遠也，故云南鄰。一曰，鄰邑也。

〔五〕如淳曰：以物與人曰移。師古曰：貉，東北夷也。享，獻也。抗，舉手也，言其肅恭合掌而拜也。貉音莫百反。

〔六〕孟康曰：單于南庭山也。【補注】宋祁曰：「庭」下當有「南」字。先謙曰：六臣本「南庭」作「庭南」，是也。宋説非。

〔七〕師古曰：常伯，侍中也。解在谷永傳。楊朱、墨翟，取古賢以爲喻也。

〔八〕師古曰：喟，歎息也，音丘位反。【補注】先謙曰：文選「稱」上有「並」字。

〔九〕【補注】先謙曰：選「太」作「夫」。梁，梁父也。羽獵賦亦云「禪梁父之基」。

上猶謙讓而未俞也，〔一〕方將上獵三靈之流，下決醴泉之滋，〔二〕發黃龍之穴，窺鳳皇之巢，臨麒麟之囿，幸神雀之林；奢雲夢，侈孟諸，〔三〕非章華，是靈臺，〔四〕罕徂離宮而輟觀游，〔五〕土事不飾，木功不彫，承民乎農桑，〔六〕勸之以弗迨，〔七〕儕男女使莫違；〔八〕恐貧窮者不遍被洋溢之饒，開禁苑，散公儲，創道德之囿，弘仁惠之虞，〔九〕馳弋乎神明之囿，覽觀乎羣臣之有亡；〔一〇〕放雉菟，收罝罘，麋鹿芻蕘與百姓共之，〔一一〕蓋所以臻茲也。於是醇洪鬯之德，豐茂世之規，〔一二〕加勞三皇，勖勤五帝，不亦至乎！乃祗莊雍穆之徒，〔一三〕立君臣之節，崇賢聖之業，未皇苑囿之麗，游獵之靡也，〔一四〕因回軫還衡，〔一五〕背阿房，反未央。

〔一〕張晏曰：俞，然也。師古曰：俞音踰。

〔二〕如淳曰：三靈，日月星垂象之應也。師古曰：流者，言其和液下流。

〔三〕師古曰：雲夢，楚藪澤名也。春秋昭公三年「楚靈王與鄭伯田于江南之夢」。孟諸，宋藪澤名。文公十年「楚穆王欲伐宋，昭公導之以田孟諸」。言今皆以二者爲奢侈而改也。

〔四〕師古曰：言以楚靈王章華之臺爲非，而周文王靈臺之制爲是也。

〔五〕師古曰：罕，希也。徂，往也。輟，止也。

〔六〕師古曰：承，舉也。【補注】朱一新曰：文選「承」作「丞」。善注「聲類云丞亦拯字也。說文云，拯，上舉也」。案，作「丞」是也，此誤。師古亦訓爲舉，若作「承」，不得訓舉。

〔七〕【補注】先謙曰：文選「迨」作「怠」。

〔八〕師古曰：儕，耦也。違謂失婚姻時也。儕音仕皆反。

〔九〕師古曰：虞與娛同。【補注】何焯曰：虞對囿，乃虞人之虞。顔李皆云通娛，非也。

〔一〇〕【補注】先謙曰：善注「觀其有無而加恩施」。

〔一一〕師古曰：芻所以飯牛馬。蕘，草薪。【補注】先謙曰：官本注「飯」作「飤」，是。

〔一二〕師古曰：洪，大也。鬯與暢同。暢，通也。

〔一三〕師古曰：祗莊，敬也。雍穆，和也。

〔一四〕師古曰：皇，暇也。

〔一五〕師古曰：軫，輿後橫木也。衡，轅前橫木也。

揚雄傳第五十七下

明年，〔一〕上將大誇胡人以多禽獸，秋，命右扶風發民入南山，〔二〕西自褒斜，東至弘農，南敺漢中，〔三〕張羅罔罝罘，捕熊羆豪豬虎豹狖玃狐菟麋鹿，〔四〕載以檻車，輸長楊射熊館。〔五〕以罔爲周阹，〔六〕從禽獸其中，〔七〕令胡人手搏之，自取其獲，〔八〕上親臨觀焉。是時，農民不得收斂。雄從至射熊館，還，上長楊賦，聊因筆墨之成文章，〔九〕故藉翰林以爲主人，子墨爲客卿以風。〔一〇〕其辭曰：

〔一〕【補注】宋祁曰：李善云：「明年，謂作羽獵賦之明年，即漢書成紀云『元延二年冬，幸長楊宮從胡客大校獵』是也。七略云『羽獵賦永始三年十二月上』。然永始三年去校獵之歲首尾四載，謂之明年，疑班固誤也。又，七略云『長楊賦綏和元年上』。綏和在校獵後四歲，無容元延二年校獵，綏和元年賦，又疑七略誤。」錢大昕曰：此傳皆取子雲自序，與本紀敍事多相應。如上文云「正月，從上甘泉」即紀所書「元延二年正月，行幸甘泉，郊泰畤」也。云「其三月，將祭后土，上乃帥羣臣橫大河，湊汾陰」即紀所書「三月，行幸河東，祠后土」也。云「其十二月羽獵」即紀所書「冬，行幸長楊宮，從胡客大校獵」也。此年秋，復幸長楊射熊館則本紀無之，蓋行幸近郊射獵但書最初一次，餘不盡書耳。但二年校獵無從胡客事，至次年乃有之，并兩事爲一，則紀失之也。戴氏震以本紀元延三年無長楊校獵事，斷爲傳誤，不知羽獵長楊二賦元非一時所作，羽獵在元延二年之冬，長楊則三年之秋，子雲自序必不誤也。沈欽韓曰：羽獵長楊二賦均是二年冬事，而傳次序一在當年，一在明年，蓋以上賦之先後爲次也。羽獵賦序，但言苑囿之廣泰奢以風。先聞有校獵之詔，逆作賦，在行幸長楊之前，及雄從幸長楊，親覩搏獸，歸奏此賦，在明年爾。蓋雄於每篇自敘作賦之由，故須別起，班但承其文耳，非有誤也。又疑七略篇當時文，不當有失。或雄自敘止據奏御之日，祕書典校則憑寫進之年，故參差先後也。

〔二〕【補注】先謙曰：善注「冬將校獵，故秋先命之也」。

〔三〕師古曰：褒斜，南山二谷名也。漢中，今梁州也。斜音弋奢反。

〔四〕師古曰：狖似獮猴，仰鼻而長尾。玃亦獮猴類也，長臂善搏。玃身長，金色。狖音弋授反。玃音钁。【補注】宋祁曰：李善云：「山海經曰，竹山有獸，其狀如豚，白毛，毛大如笄而黑端，以毛射物，名豪彘。」竇萃云：「狀如蝟，大如豚。」

〔五〕師古曰：長楊，宫名也，在盩厔縣，其中有射熊館。【補注】宋祁曰：射，諸詮音食射反。

〔六〕李奇曰：阹，遮禽獸圍陳也。師古曰：阹音袪。【補注】宋祁曰：阹，陳武音古業反。先謙曰：梁章鉅云：「蕭該音義引三倉曰，因山谷爲牛馬圈謂之阹。」

〔七〕【補注】先謙曰：從讀曰縱。官本作「縱」，文選同。

〔八〕【補注】先謙曰：善注引服虔曰，令胡客自取其得也。

〔九〕【補注】先謙曰：官本無「之」字，文選有。

〔一〇〕師古曰：藉，借也。風讀曰諷。

子墨客卿問於翰林主人曰：「蓋聞聖主之養民也，仁霑而恩洽，動不爲身。〔一〕今年獵長楊，先命右扶風，左太華而右褒斜，〔二〕椓截嶭而爲弋，紆南山以爲罝，〔三〕羅千乘於林莽，列萬騎於山隅，〔四〕帥軍踤阹，錫戎獲胡。〔五〕搤熊羆，拕豪豬，〔六〕木雍槍纍，以爲儲胥，〔七〕此天下之窮覽極觀也。雖然，亦頗擾于農民。三旬有餘，其廑至矣，〔八〕而功不圖，〔九〕恐不識者，外之則以爲娱樂之遊，內之則不以爲乾豆之事，〔一〇〕豈爲民乎哉！且人君以玄默爲神，澹泊爲德，〔一一〕今樂遠出以露威靈，〔一二〕數摇動以罷車甲，〔一三〕本非人主之急務也，蒙竊或焉。」〔一四〕

〔一〕師古曰：言憂百姓也。

〔二〕師古曰：太華即西嶽華山。【補注】先謙曰：上文所謂東至弘農也。善注：「太華在弘農縣華陰西。長安東，故言左。」

〔三〕師古曰：巀嶭即所謂嵳峩山也，在京師之北。凡言此者，示獵圍之寬廣也。巀嶭音巀齾，又音材葛反，又音五葛反。【補注】先謙曰：弋讀曰杙，故言椓也。「截」官本作「巀」，是。地理志「左馮翊池陽」下云「巀嶭山在北」。

〔四〕師古曰：草平曰莽。

〔五〕師古曰：踤，足蹵之也。錫戎獲胡，言以禽獸賦戎狄，令胡人獲取之。踤音才恤反。【補注】先謙曰：善注引漢書音義曰「踤，聚也」。又引方言曰「踤，蹴蹋也」。二説並通。又引顔注「蹵」下無「之」字。

〔六〕師古曰：搤，捉持之也。豪豬亦名帬貆也，自爲牝牡者也。搤音戹。拕音佗。貆音完。【補注】宋祁曰：拕，諸詮音他。先謙曰：官本「亦」作「一」，「完」作「桓」。

〔七〕蘇林曰：木擁柵其外，又以竹槍纍爲外儲也。服虔曰：儲胥，猶言有餘也。師古曰：儲，峙也。胥，須也。以木擁槍及纍繩連結以爲儲胥，言有儲畜以待所須也。槍音千羊反。纍音力佳反。【補注】宋祁曰：黄朝英云：「漢武作儲胥館。儲胥猶言皇居也，不必言有儲蓄以待時須也。甘泉賦云『近則洪崖、旁皇、儲胥、弩阹』，皆宮館名。」王念孫曰：儲胥，猶言儲蓄也。謂驅禽獸於阹中，外則木擁槍纍，以爲儲蓄也。儲胥疊韻字。師古謂有儲畜以待所須，分儲胥爲二義，已失之迂，若黄説以儲胥爲宮館名，則與「以爲」二字義不相屬，其失甚矣。沈欽韓曰：六韜軍用篇「三軍拒守，木螳螂劒刃扶胥，廣二丈，一百二十具，一名行馬」。周禮司戈盾「及舍設藩盾」，鄭云「盾可以藩衛，如今之扶蘇歟」。又尚書大傳「太公曰愛人者兼其屋上之烏，不愛人者及其胥餘」，鄭云「里落之壁」。韓詩外傳三同。藝文類聚九十二引六韜作「胥餘」。御覽九百二十引作「餘胥」。事類賦作「儲胥」。文選注「韋昭云，儲胥，藩落之類」是也。諸書雖文異而義同。顔説非。又木擁槍纍者，即以木爲拒馬槍耳。通典五，拒馬槍以木，徑二尺，長短隨事，十字鑿孔，從横安檢，長一丈，鋭其端，塞要路。行營圍守皆用之。師古謂以木擁栅，又非也。册府元龜九百八十二「唐長慶元年，大理卿劉元鼎赴吐蕃，時贊普建牙帳於野，以栅槍爲壘，每十里攢長槊百枚，而中建大旆，次第有三門，相去百步，門有甲士」，此其制也。朱一新曰：袁本、茶陵本、文選注引顔注作「高其儲蓄」。先謙曰：儲胥，沈説是。

〔八〕師古曰：廑，古勤字。

〔九〕張晏曰：不可圖畫以示後人。師古曰：此説非也。圖，謀也，言百姓甚勤勞矣，而不見謀贍恤之事。【補注】先謙曰：善注：「凡人之所爲，皆有所圖。今則百姓甚勞而無所圖，言勞而無益也。愼子曰，無法之勞，不圖於功。」較張顔爲合。

〔一〇〕師古曰：乾豆，三驅之一也。乾豆者，言爲脯羞以充實豆，薦宗廟。

〔一一〕師古曰：澹泊，安靜也。澹音徒濫反。泊音步各反，又音魄。

〔一二〕師古曰：露謂顯暴不深固。

〔一三〕師古曰：罷讀曰疲。

〔一四〕師古曰：蒙，自謂蒙蔽也。

翰林主人曰：「吁，謂之茲邪！〔一〕若客，所謂知其一未睹其二，見其外不識其內者也。〔二〕僕嘗倦談，不能一二其詳，〔三〕請略舉凡，而客自覽其切焉。」〔四〕

〔一〕師古曰：吁，疑怪之辭也。謂茲邪，猶云何爲如此也。吁音于。【補注】先謙曰：善注文選本作「吁，客何謂之茲邪」，六臣本無「之」字。先謙案，據顏注，無「之」字是。難蜀父老云「烏謂此乎」，此擬其語也。「客」字又後人妄加。

〔二〕【補注】先謙曰：善注：「莊子曰，識其一不知其二，治其內而不治其外。」

〔三〕師古曰：詳，悉也。【補注】先謙曰：「其」乃「具」之誤。

〔四〕師古曰：凡，大指也。切，要也。【補注】先謙曰：文選「舉」下有「其」字。

客曰：「唯，唯。」

主人曰：「昔有彊秦，封豕其士，窫窳其民，鑿齒之徒相與摩牙而爭之，〔一〕豪俊麋沸雲擾，〔二〕羣黎爲之不康。〔三〕於是上帝眷顧高祖，高祖奉命，順斗極，運天關，〔四〕橫鉅海，票昆侖，〔五〕提劍而叱之，所麾城摲邑，下將降旗，〔六〕一日之戰，不可殫記。〔七〕當此之勤，頭蓬不暇疏，飢不及餐，〔八〕鞮鍪生蟣蝨，介冑被霑汗，〔九〕以爲萬姓請命虖皇天。〔一〇〕乃展民之所詘，振民之所乏，〔一一〕規億載，恢帝業，七年之間而天下密如也。〔一二〕

〔一〕應劭曰：淮南子云，堯之時窫窳、封豨、鑿齒皆爲民害。窫窳類貙，虎爪食人。服虔曰：鑿齒長五寸，似鑿，亦食人。李奇曰：以喻秦貪婪，殘食其民也。師古曰：封，大也。窫音於黠反。窳音愈。【補注】錢大昭曰：所爭者秦也，猶云秦失其鹿，天下共逐之。鑿齒之徒，謂陳勝、項籍等。朱一新曰：文選注引「齒」下重一「齒」字。先謙曰：

官本注「堯」下無「之」字。重「齒」字。善注文選本「士」誤「土」。

〔二〕【補注】先謙曰：善注，廣雅「糜，饘也」。案，當作「糜」。

〔三〕師古曰：黎，衆；康，安也。

〔四〕【補注】先謙曰：善注：「服虔曰，隨天斗極。運，轉也。雒書曰，聖人受命，必順斗極。爾雅，北極謂之北辰。天官星占曰，北辰一名天關。」

〔五〕師古曰：票猶言摇動也，音匹昭反。【補注】宋祁曰：票，諸詮音匹妙反。先謙曰：文選「票」作「漂」。

〔六〕李奇曰：摲音車幰之幰。師古曰：摲，舉手擬之也。【補注】宋祁曰：韋昭曰，并也，音芟。蕭該案：「李善云『鄭玄注禮記曰，摲之言芟也。字林曰，摲，山檻反』。吕向云『蒼頡篇曰，摲，指取也』。」王念孫曰：文選「摲」作「撕」。李善注並作「撕」。案玉篇、廣韻皆無摲字，蓋即撕字之譌。沈欽韓曰：集韻攇、摲同。博雅，擬也，一曰，手約物。案蜀志許慈傳「時尋楚撻，以相震攇」，則是恐愓之義也。管子揆度篇「隨之以法則中，内撕民也」，與此撕義同。玉篇「撕，投也」，又有「摲」字，云「取也」，誤分爲兩字。說文止作「摲」。作「撕」爲是。先謙曰：善注引顏注「摲」作「撕」，無「之」字。若本是「摲」，無緣改引作「撕」，疑李所見漢書本元作「撕」，宋時傳刻誤「摲」耳。

〔七〕師古曰：殫，盡也。不可盡記，言其多也。

〔八〕師古曰：蓬謂髮亂如蓬也。【補注】宋祁曰：疏與梳疑古通用。先謙曰：官本注在「飢」上。文選「疏」作「梳」。

〔九〕師古曰：鞮鍪即兜鍪也。鞮音丁奚反。鍪音牟。蟣音居豈反。【補注】宋祁曰：李善云：「韓子曰，攻戰無已，甲冑生蟣蝨。」汗，文選協韻音寒。

〔一〇〕【補注】先謙曰：善注：「淮南子曰，高皇帝奮袂執鋭以爲百姓請命于皇天。」

〔一一〕師古曰：展，申也。振，起也。【補注】宋祁曰：諸詮曰，詘，古屈字。

〔一二〕師古曰：密，靜也。【補注】宋祁曰：李善云：「高祖五年誅羽，自六年至十二年崩，凡七載。」

「逮至聖文，〔一〕隨風乘流，〔二〕方垂意於至寧，躬服節儉，綈衣不敝，革鞜不穿，〔三〕大夏不居，木器無文。〔四〕於是後宮賤瑇瑁而疏珠璣，卻翡翠之飾，除彫瑑之巧，〔五〕惡麗靡而不近，斥芬芳而不御，〔六〕抑止絲竹晏衍之樂，憎聞鄭衛幼眇之聲，〔七〕是以玉衡正而太階平也。〔八〕

〔一〕【補注】周壽昌曰：聖文，文帝。下聖武即武帝。

〔二〕【補注】先謙曰：善注「言順從高祖之風流也」。

〔三〕師古曰：言不穿敝而已，無取紛華也。鞜，革履，音踏。【補注】宋祁曰：注文「言」字下當有「苟」字，「履」字下當有「也」字。

〔四〕師古曰：大夏，夏屋也。

〔五〕師古曰：瑑，刻鏤也。瑑音篆。【補注】先謙曰：文選「瑑」作「琢」。

〔六〕師古曰：斥，却也。

〔七〕師古曰：衍音弋戰反。幼音一笑反。眇音妙。【補注】先謙曰：善注「晏衍，邪聲也」。六臣本「衍」作「衎」。

〔八〕師古曰：玉衡，天儀也。太階，解在東方朔傳。

「其後熏鬻作虐，東夷橫畔，〔一〕羌戎睚眦，閩越相亂，〔二〕遐萌爲之不安，中國蒙被其難。〔三〕於是聖武勃怒，爰整其旅，乃命票、衞，〔四〕汾沄沸渭，雲合電發，〔五〕猋騰波流，機駭蠭軼，〔六〕疾如奔星，擊如震霆，〔七〕砰轒輼，破穹廬，〔八〕腦幕沙，髓余吾。〔九〕遂獵乎王廷。〔一〇〕敺橐它，燒熐蠡，〔一一〕分梨單于，磔裂屬國，〔一二〕夷阬谷，拔鹵莽，刊山石，〔一三〕蹂屍輿廝，係累老弱，〔一四〕兗鋋瘢、耆金鏃，淫夷者數十萬人，〔一五〕皆稽顙樹頜，扶服蛾伏，〔一六〕二十餘年矣，尚不敢惕息。〔一七〕夫天兵四臨，幽都先加，〔一八〕回戈邪指，南越相夷，〔一九〕靡節西征，羌僰東馳。是以遐方疏俗殊鄰絶黨之域，〔二〇〕自上仁所不化，〔二一〕茂德所不綏，莫不蹻足抗手，請獻厥珍，〔二二〕使海内澹然，〔二三〕永亡邊城之災，金革之患。

〔一〕師古曰：鬻音弋六反。横音胡孟反。【補注】先謙曰：東夷謂朝鮮。善注以爲東越，非。

〔二〕師古曰：睚眦，瞋目貌。睚音五懈反。眦音仕懈反。睚字或作矔，矔者，怒其目眥也，音工喚反。【補注】宋祁曰：蕭該案：「晉灼音義『睚』作『矔』。蘇林音貫習之貫，晉灼曰揚雄方言『瞋目曰矔』。該案，方言曰『矔，瞋目也，梁益之間瞋目曰矔』，音光旦反。」

〔三〕師古曰：遐，遠也。【補注】錢大昭曰：「萌」文選作「氓」。萌與甿同。霍去病傳「及厥衆萌」，劉向傳「民萌何以勸勉」，師古並云「萌與甿同」。孟子書「皆悦而願爲之氓」，孫奭音義云「氓」或作「萌」，或作「甿」。

〔四〕師古曰：票，票騎霍去病；衞，衞青也。【補注】先謙曰：官本「票」作「驃」，引宋祁曰，「驃」越本及諸本並作「票」。

〔五〕師古曰：汾沄沸渭，奮擊貌。汾音紛。沄音雲。【補注】先謙曰：汾沄即紛紜。沸渭猶薈蔚。善注以爲衆盛皃是也。

〔六〕師古曰：猋，疾風也。騰，舉也。蠭與鋒同。軼，過也。如機之駭，如蠭之過，言其疾也。軼與逸同。

〔七〕師古曰：霆，雷之急者，音廷。【補注】先謙曰：官本注「音」上有「霆」字。

〔八〕應劭曰：轒輼，匈奴車也。師古曰：穹廬，氈帳也。轒音扶云反。輼音於云反。【補注】宋祁曰：「砰」字當作「碎」字。沈欽韓曰：此言以轒輼攻車破匈奴之穹廬也。六韜軍略「攻城圍邑則有轒輼臨衝」，墨子備城門篇「攻者轒輼軒車」，孫子謀攻篇注「轒輼，四輪其下，四輪從中，推之至城下」。案，明史朱燮元傳所云呂公車也，應以爲匈奴車，非。先謙曰：轒轀爲中國或匈奴之物，史傳並無明徵。文選作「碎」，則爲匈奴車矣。此皆望文生義，非有塙見。

〔九〕師古曰：腦塗沙幕地，髑入余吾水，言其大破死亡。髑，古髓字。【補注】先謙曰：官本「幕沙」作「沙幕」，是。

〔一〇〕孟康曰：匈奴王廷也。【補注】宋祁曰：姚本無「乎」字。先謙曰：文選「獵」作「躐」。善注：「王逸曰，躐，踐也。」

〔一一〕張晏曰：爊蠡，乾酪也，以爲酪母。燒之，壞其養生之具也。師古曰：「爊音覓。蠡音黎，又音來戈反。【補注】沈欽韓曰：齊民要術有作乾酪法。又云：「煎乳以先成甜酪爲酵，大率熟乳一升，用酵半匙，攪使勻調，以氈絮之屬茹瓶，令煖良久，以單布蓋之，明旦酪成。」案，酵即酪母，與乾酪異物，張説誤。「爊」當爲「蠠」，言酪之甘如蠭蜜也。

〔一二〕師古曰：梨與剺同，謂剝析也。剺音力私反。【補注】先謙曰：文選作「剺」。此通借字。

〔一三〕師古曰：鹵莽，淺草之地也。阬音口衡反。莽音莫户反。【補注】先謙曰：六臣本注「鹵莽，鹵中生草莽也」。善注：「説文，鹵，西方鹹地也。刊，削也。拔莽削石以通道。」

〔一四〕師古曰：言已死則蹂踐其屍，破傷者則輿之而行也。廝，破折也，音斯。累音力追反。【補注】劉奉世曰：輿，輿隸；廝，廝卒也。

〔一五〕如淳曰：兖，括也。孟康曰：瘢者，馬脊創瘢處也。蘇林曰：以者字爲著字。著音債之著，鏃著其頭也。師古曰：鋋，鐵矜小矛也。淫夷，過傷也。據如、孟氏之説，則箭括及鋋所中，皆有創瘢於者，而被金鏃過傷者復衆也。如蘇氏以者字爲著字，依其所釋，則括及鋋所傷皆有瘢，又著金鏃於頭上而過傷者亦多矣。用字既別，分句不同。據今書本多作者字，宜從孟説。鋋音蟬，又音延。著音竹略反。矜音巨巾反。【補注】張佖曰：案，字書無兖字，今俗以爲兖州字本作沇。此兖鋋合作鈗鋋。許慎説文「鈗」字注曰：「侍臣所執兵，從金允聲。周書曰：『一人冕執鈗。』讀若允。」與鋋字相次。又案，今文尚書云「一人冕執鋭」，孔安國傳云「鋭，矛屬也」。疑孔安國之時舊是鈗字，後傳寫作鋭耳。説文「鋭，芒也」，亦與矛不類矣。漢書相承疑誤，書爲「兖」字，如淳注釋乃云「兖，括也」。顔師古又依孟康所説爲箭括，即愈無所據。且箭括非刃，豈與鋋小矛同可以傷夷人乎？此「兖」字故合作「鈗」。吴仁傑曰：鈗、鋭、銃三寫之誤良然，非説文存古，則此誤不可復正。文選亦載此作「吮鋋」，五臣音辭兖切，云「稍也」。案，稍與槊同，字書「吮，嗍也」，豈誤以嗍爲槊耶？顔謂鋭爲箭括，雖無所據，猶並緣下句金鏃之意。至以吮爲稍，則愈益無據矣。顔注視五臣之説，固可以五十步笑之。先謙曰：官本注「債」作「憤」，引宋祁曰，南本亦云「憤之著」，予以意求之，當云「耆音著幘之著」，此最爲允，「憤」作「幘」，添一「著」字。先謙案，善注文選本「兖」作「[口兖]」，六臣本作「吮」。梁章鉅云：「兖即吮字，曹全碑『兖膿之仁』，直以兖爲吮。」先謙案，善注引服虔曰：「耆，鬣。當有「也」字。傷者或矛穳内未出，其瘡如含然，或箭插其項未拔，叢若鬣焉。」分釋吮鋋瘢與耆金鏃二事。解者爲鬣，則讀如鬐，言叢聚金鏃，文義較順，當從之。「淫夷者」屬下讀。

〔一六〕如淳曰：叩頭時項下向，則頷樹上向也。師古曰：樹，豎也。頷音胡感反。服音蒲北反。蛾與蟻同。蛾伏者，言其伏如蟲蟻也。【補注】宋祁曰：蕭該音義案：「韋昭曰『稽顙樹頷』當依古本作『犁顙樹頷』。犁顙，顙攊也，樹頷，頷觸土也。今作『稽顙』，傳寫誤耳。服，諸詮音扶北反。」先謙曰：文選「頷」作「領」。韋昭曰「領」音「蛤」。

〔一七〕師古曰：愓息，懼而小息也。息，出入氣也。

〔一八〕師古曰：幽都，北方，謂匈奴。

〔一九〕師古曰：夷，傷也，一曰平殄也。

〔二〇〕師古曰：疏亦遠也。鄰，邑也。

〔二一〕【補注】先謙曰：上仁猶至仁。

〔二二〕師古曰：蹻，舉也，音矯。

〔二三〕師古曰：澹，安也，音徒濫反。

「今朝廷純仁，遵道顯義，并包書林，聖風雲靡；〔一〕英華沈浮，洋溢八區，普天所覆，莫不沾濡；士有不談王道者則樵夫笑之。〔二〕故意者以爲事罔隆而不殺，物靡盛而不虧，〔三〕故平不肆險，安不忘危。〔四〕乃時以有年出兵，整輿竦戎，〔五〕振師五莋，習馬長楊，〔六〕簡力狡獸，校武票禽。〔七〕乃萃然登南山，瞰烏弋，〔八〕西厭月螖，東征日域。〔九〕又恐後世迷於一時之事，常以此取國家之大務，淫荒田獵，陵夷而不禦也，〔一〇〕是以車不安軔，日未靡旃，從者仿佛，骫屬而還；〔一一〕亦所以奉太宗之烈，〔一二〕遵文武之度，復三王之田，反五帝之虞；〔一三〕使農不輟耰，工不下機，〔一四〕婚姻以時，男女莫違；〔一五〕出愷弟，行簡易，矜劬勞，休力役；〔一六〕見百年，存孤弱，〔一七〕帥與之同苦樂。〔一八〕然後陳鐘鼓之樂，鳴鞀磬之和，建碣磍之虡，〔一九〕拮隔鳴球，掉八列之舞；〔二〇〕酌允鑠，肴樂胥，〔二一〕聽廟中之雍雍，受神人之福祜；〔二二〕歌投頌，〔二三〕吹合雅。其勤若此，故真神之所勞也。〔二四〕方將俟元符，〔二五〕以禪梁甫之基，增泰山之高，延光于將來，比榮乎往號，〔二六〕豈徒欲淫覽浮觀，馳騁秔稻之地，〔二七〕周流梨栗之林，蹂踐芻蕘，誇詡衆庶，盛狖玃之收，多麋鹿之獲哉！且盲不見咫尺，〔二八〕而離婁燭千里之隅；〔二九〕客徒愛胡人之獲我禽獸，曾不知我亦已獲其王侯。」

〔一〕師古曰：靡，合韻音武義反。

〔二〕師古曰：樵夫，采樵之人。

〔三〕師古曰：罔、靡皆無也。殺，衰也，音所例反。【補注】先謙曰：文選無「故」字。

〔四〕服虔曰：肆，棄也。師古曰：肆，放也。不放心於險而言嘗思念也。【補注】宋祁曰：李善云：「孫卿子曰，平則慮險，安則慮危。」王念孫曰：不棄險、不放險，於義皆有未安。若云不放心於險，則必加「心於」二字，而其義始明矣。今案，平不肆險，安不忘危，肆亦忘也。肆讀曰𢘅，廣雅「𢘅，忘也」，又曰「𢘅，緩也」，淮南精神篇高誘注「肆，緩也」。是肆與𢘅同。先謙曰：官本注無「言」字。

〔五〕師古曰：有年，有豐年也。因豐年而時出兵也。竦，勸也。【補注】宋祁曰：注文「有豐年」，「有」字當刪。

〔六〕師古曰：振亦整也。莋與柞同。【補注】宋祁曰：莋，文選音作。

〔七〕師古曰：校，計量也。票禽，輕疾之禽也。票音頻妙反，又音匹妙反。【補注】宋祁曰：簡，李善曰：「爾雅曰，簡，擇也。賈逵國語注曰，簡，習也」。「驃」越本別本並作「票」。先謙曰：據宋說，所見本「票」作「驃」。

〔八〕晉灼曰：萃，集也。服虔曰：三十六國，烏弋最在其西。師古曰：瞰，遠視也。音口濫反。

〔九〕服虔曰：蜎，音窟，穴。月蜎，月所生也。師古曰：日域，日初出之處也。厭音一涉反。【補注】先謙曰：官本「征」作「震」，文選同。此誤字。又「穴」下有「之窟」二字。

〔一〇〕師古曰：禦，止也。【補注】宋祁曰：「取」當作「爲」。先謙曰：文選作「爲」。

〔一一〕張晏曰：從者見仿佛，委釋迴旋。師古曰：車不安軔，未及止也。日未靡旃，不移景也。仿佛讀曰髣髴。骫，古委字也。屬音之欲反。還讀曰旋也。【補注】先謙曰：官本「軔」作「軌」，注末無「也」字。引宋祁曰「軌」越本作「軔」，注同。先謙案，注「從者見仿佛，委釋迴旋」，選注引無「見」字。「釋」下宜有「而」字。

〔一二〕【補注】齊召南曰：案，「太宗」文選作「太尊」，謂高祖也。下句「文武之度」，指文帝、武帝，於理甚順。若此文作「太宗」，則下句爲重出矣。

〔一三〕師古曰：虞與娛同，合韻音牛具反。【補注】先謙曰：善注：「三王之田，文王三驅是也。尚書『帝曰：益，女作朕虞』。」當從之。梁章鉅云，此與羽獵賦「創道德之囿，弘仁義之虞」同一句法。

〔一四〕師古曰：耰，摩田之器也，音憂。【補注】宋祁曰：「耰」當作「櫌」。

〔一五〕師古曰：已解於上也。

〔一六〕師古曰：易，合韻音弋赤反。【補注】先謙曰：官本注在「行簡易」下。

〔一七〕【補注】先謙曰：善注：「禮記曰，百年者就見之。春秋説題辭曰，存恤幼孤。」

〔一八〕【補注】先謙曰：帥與率同。言悉與之同憂樂也。

〔一九〕孟康曰：碣磍，刻猛獸爲之，故其形碣磍而盛怒也。師古曰：鞀，古鼗字。鞀，小鼓也。碣音一轄反。磍音轄。【補注】宋祁曰：孟武云，刻作猛獸，其形碣磍而威怒也。先謙曰：宋引與注複出，「武」即「康」之誤。

〔二〇〕師古曰：桔隔，擊考也。鳴球，玉磬也。掉，搖也。搖身而舞也。一曰，桔隔，彈鼓也。鳴球，以玉飾琴瑟也。桔音居黠反。球音求，又音虯。掉音徒釣反。【補注】宋祁曰：隔，韋昭云古文爲擊，蕭該音擊。鳴球，韋昭曰玉磬也。掉，廣雅曰振迅也。八列，李善云八佾也。先謙曰：官本「桔」並作「拮」，漢書從手從木之字通用，當以拮爲正。文選韋昭注：「桔，櫟也。古文隔爲擊。」段玉裁云：「古説皆謂戛擊爲柷敔，拮即戛字，櫟謂櫟敔也。隔即擊字，謂擊柷也。韋云古文隔爲擊者，謂今文尚書隔字古文尚書作擊也。不言古文拮爲戛者，或韋時今、古文皆作拮，故略之。」先謙案：雄用今文，故作「拮隔」。白虎通禮樂篇引書曰「戛擊鳴球」，則三家今文亦有同於古文者矣。

〔二一〕張晏曰：允，信也。鑠，美也。言酌信義以當酒，帥禮樂以爲肴也。師古曰：小雅車攻之詩曰「允矣君子，展也大成」，周頌酌之詩曰「於鑠王師」，小雅桑扈之詩曰『君子樂胥』，故引之爲言也。胥音先呂反。【補注】先謙曰：善注引「張晏」作「張揖」，「義」作「美」，是也。

〔二二〕師古曰：大雅思齊之詩曰「雝雝在宮，肅肅在廟」，小雅桑扈之詩曰「受天之祜」。祜，福也，音户。【補注】宋祁曰：「祜」考作「祐」，音右。

〔二三〕【補注】先謙曰：善注引服虔曰，聲之相投也。

〔二四〕師古曰：大雅旱麓之詩曰『愷弟君子，神所勞矣』。勞謂勞來之，猶言勸勉也，故雄引之云。勞音郎到反。【補注】宋祁曰：「麓」舊「鹿」，刊誤改作「麓」。

〔二五〕師古曰：元，善也。符，瑞也。

〔二六〕【補注】先謙曰：善注引張晏曰，往號，三五也。

〔二七〕【補注】宋祁曰：「稉」，古作「秔」。

〔二八〕【補注】宋祁曰：「盲」字下當有「者」字。先謙曰：文選有「者」字。

〔二九〕師古曰：離婁，古明目者，一號離朱。燭，照也。【補注】宋祁曰：婁，力朱反。

言未卒，墨客降席再拜稽首曰：「大哉體乎！〔一〕允非小子之所能及也。〔二〕乃今日發矇，廓然已昭矣！」〔三〕

〔一〕【補注】先謙曰：體謂禮也。言大哉此田獵之禮乎。

〔二〕師古曰：允，信也。【補注】先謙曰：言見不及此。文選「小子」作「小人」。

〔三〕【補注】先謙曰：善注「禮記曰，昭然若發蒙矣。古字通」。

哀帝時丁、傅、董賢用事，諸附離之者或起家至二千石。〔一〕時雄方草太玄，〔二〕有以自守，泊如也。〔三〕或謿雄以玄尚白，〔四〕而雄解之，號曰解謿。其辭曰：

〔一〕師古曰：離，著也，音麗。

〔二〕【補注】宋祁曰：「草」字下當有「創」字。先謙曰：文選作「方草創」。

〔三〕師古曰：泊，安靜也，音步各反。

〔四〕師古曰：玄，黑色也。言雄作之不成，其色猶白，故無祿位也。【補注】宋祁曰：「或」字上當有「人」字。先謙曰：文選作「人有謿雄以玄之尚白」。有、或古字通。

客謿楊子曰：「吾聞上世之士，人綱人紀，〔一〕不生則已，生則上尊人君，下榮父母，析人之圭，儋人之爵，〔二〕懷人之符，〔三〕分人之祿，紆青拕紫，朱丹其轂。〔四〕今子幸得遭明盛之世，處不諱之朝，與羣賢同行，〔五〕歷金門上玉堂有日矣，〔六〕曾不能畫一奇，出一策，上說人主，下談公卿。目如燿星，〔七〕舌如電光，壹從壹衡，論者莫當，〔八〕顧而作太玄五千文，〔九〕支葉扶疏，獨說十餘萬言，〔一〇〕深者入黃泉，高者出蒼天，大者含元氣，纖者入無倫，〔一一〕然而位不過侍郎，擢纔給事黃門。〔一二〕意者玄得毋尚白乎？何爲官之拓落也？」〔一三〕

〔一〕師古曰：爲衆人之綱紀也。

〔二〕師古曰：析亦分也。儋，荷負也。

〔三〕【補注】先謙曰：善注引應劭曰，文帝始與諸王竹使符。

〔四〕師古曰：青紫謂綬之色也。紆，縈也。拕，曳也。拕音吐賀反，又音徒可反。【補注】先謙曰：官本引蕭該音義曰，拕，徒何反，又音他。先謙案，漢制，公侯紫綬，九卿青綬，吏二千石朱兩幡。

〔五〕師古曰：同行，謂同行列。

〔六〕應劭曰：金門，金馬門也。晉灼曰：黄圖有大玉堂、小玉堂殿也。

〔七〕【補注】宋祁曰：越本「燿」作「曜」。

〔八〕師古曰：從音子容反。【補注】沈欽韓曰：韓策：「秦王曰，吾固患韓之難知，一從一横，此其説何也？」

〔九〕師古曰：顧，反也。【補注】先謙曰：文選「顧」字下有「默」字，是。顧而文不成義。

〔一〇〕師古曰：扶疏，分布也。【補注】王鳴盛曰：今太玄經具存，晉范望叔明所注，共十卷。正文大約與五千文之數合。法言凡十三篇，分爲十卷，正文不及萬言。此云十餘萬言不可解。先謙曰：文選「十」上有「數」字。

〔一一〕師古曰：纖微之甚，無等倫。【補注】先謙曰：案善注文選作「細者入無間」。六臣本與此同。

〔一二〕師古曰：纔，淺也，言僅得之也。纔音才。

〔一三〕師古曰：拓落，不耦也。拓音託。

楊子笑而應之曰：「客徒欲朱丹吾轂，不知一跌將赤吾之族也！〔一〕往者周罔解結，羣鹿爭逸，〔二〕離爲十二，合爲六七，〔三〕四分五剖，並爲戰國。〔四〕士無常君，國亡定臣，得士者富，失士者貧，矯翼厲翮，恣意所存，〔五〕故士或自盛以橐，或鑿坏以遁。〔六〕是故騶衍以頡亢而取世資，〔七〕孟軻雖連蹇，猶爲萬乘師。〔八〕

〔一〕師古曰：跌，足失厝也。見誅殺者必流血，故云赤族。跌音徒結反。【補注】宋祁曰：竇苹云：「古人謂空盡無物曰赤，如赤地千里，南史稱『其家赤貧』是也。赤族，言盡殺無遺。師古注以爲流血赤其族，大謬。」王念孫曰：顔説是也。上言朱丹，下言赤，其義一也。猶云客徒欲赤吾之轂，不知一跌將赤吾之族耳。赤字正指血色言之。而竇乃以空盡無物爲赤，引赤地、赤貧爲證，夫赤地千里，謂徒有地在也，其家赤貧，謂其家一無所有，亦是徒有家在也，若赤族，則非徒有族在之謂矣。以赤地、赤貧解赤族，所謂似是而非者也。

〔二〕師古曰：謂戰國時諸侯也。

〔三〕師古曰：十二，謂魯、衞、齊、楚、宋、鄭、燕、秦、韓、趙、魏、中山也。六七者，齊、趙、韓、魏、燕、楚六國及秦爲七也。

〔四〕晉灼曰：道其分離之意，四分則交五而裂如田字。【補注】宋祁曰：「剖」，韋本作「⿰片畐」，疋力反。字林「⿰片畐，判也」。王念孫曰：文選亦作「剖」。剖與⿰片畐義得兩通，然恐本是「副」字，而後人改之也。説文「副，判也，籀文作疈」。玉篇⿰片畐、副並普逼切。大雅生民篇「不坼不副」，正義曰「坼、副皆裂也」，引曲禮「爲天子削瓜者副之」是也。後人誤讀副爲去聲，遂不得其解，而改副爲剖耳。匡謬正俗曰：「副本音普力反，義訓剖劈。後之學者，但以爲副貳字，讀詩『不坼不副』，乃以朱點發副字。」而此字師古無音，則所見本已作「剖」矣。副與⿰片畐同音而俱訓爲判，故韋本作「⿰片畐」。若本是剖字，不得與⿰片畐通矣。且結、逸、七爲一韻，古音在質部。副、國爲一韻，古音在職部。若改副爲剖，則失其韻矣。史記楚世家「陸終生子六人，坼副而産焉」，今本「副」作「剖」。御覽人事部二引史記作「坼疈而生」。郭注海內經引啟筮曰「鮌死三歲不腐，副之以吳刀」，今本亦作「剖」，初學記武部引歸藏曰「大副之以吳刀，是用出禹」。呂氏春秋行論篇亦曰以「殛之於羽山，副之以吳刀」。皆後人不識古字而妄改之也。

〔五〕師古曰：言來去如鳥之飛，各任所息也。【補注】宋祁曰：注文「任」當作「止」。

〔六〕應劭曰：自盛以橐，謂范雎也。鑿坏，謂顏闔也。魯君聞顏闔賢，欲以爲相，使者往聘，因鑿後垣而亡。坏，壁也。蘇林曰：坏音陪。師古曰：又音普回反。【補注】沈欽韓曰：范雎傳無橐盛事。秦策，范雎説昭王云伍子胥橐載而出昭關。雄言范雎扶服入橐者，疑牽引及之。先謙曰：官本引蕭該音義曰「後垣」，該案作「後坏」。

〔七〕應劭曰：衍，齊人也。著書所言皆天事，故齊人曰「談天衍」。遊諸侯，所言則以爲迂闊遠於事情，然終不屈。嘗仕於齊，位至卿。師古曰：頡亢，上下不定也。頡音下結反。亢音湖浪反。【補注】宋祁曰：晉本頡旁從手，音挈，今不用。李善云「頡亢，奇怪之辭」。

〔八〕張晏曰：連蹇，難也，言值世之屯難也。師古曰：連音輦。【補注】先謙曰：善注：「蘇林曰，連蹇，言語不便利也。」易林「胡言連蹇」。

「今大漢左東海，〔一〕右渠搜，〔二〕前番禺，〔三〕後陶塗。〔四〕東南一尉，〔五〕西北一候。〔六〕徽以糾墨，製以質鈇，〔七〕散以禮樂，風以詩書，〔八〕曠以歲月，結以倚廬。〔九〕天下之士，雷動雲合，魚鱗雜襲，咸營于八區，〔一〇〕家家自以爲稷契，人人自以爲咎繇，戴縰垂纓而談者皆擬於阿衡，〔一一〕五尺童子羞比晏嬰與夷吾；〔一二〕當塗者入青雲，〔一三〕失路者委溝渠，旦握權則爲卿相，夕失執則爲匹夫；譬若江湖之雀，勃解之鳥，乘雁集不爲之多，雙鳧飛不爲之少。〔一四〕昔三仁去而殷虛，〔一五〕二老歸而周熾，〔一六〕子胥死而吴亡，種、蠡存而粵伯，〔一七〕五羖入而秦喜，樂毅出而燕懼，〔一八〕范雎以折摺而危穰侯，〔一九〕蔡澤雖噤吟而笑唐舉。〔二〇〕故當其有事也，非蕭、曹、子房、平、勃、樊、霍則不能安；當其亡事也，章句之徒相與坐而守之，亦亡所患。〔二一〕故世亂，則聖哲馳騖而不足；世治，則庸夫高枕而有餘。

〔一〕【補注】先謙曰：官本有「應劭曰會稽東海也」八字注。

〔二〕【補注】先謙曰：官本有「服虔曰西戎國也應劭曰禹貢析支渠搜屬雍州在金城河間之西」二十六字注。

〔三〕【補注】先謙曰：官本有「應劭曰番禺南海郡張晏曰南越王都也」十六字注，汲古本並脱。

〔四〕如淳曰：小國也。師古曰：騊駼馬出北海上。今此云後陶塗，則是北方國名也。本國出馬，因以爲名。今書本「陶」字有作「椒」者，流俗所改。【補注】宋祁曰：番，蘇林音藩。注文「馬」字上當有「此」字。先謙曰：文選作「椒塗」。應劭曰漁陽之北界，顏所不取。然顏説亦未諦。闕疑可也。

〔五〕孟康曰：會稽東部都尉也。【補注】沈欽韓曰：御覽二百四十一臨江記曰「漢元鼎五年立都尉府於候官，以鎮撫二粵」，所謂東南一尉也。洪頤煊曰：地理志會稽郡錢塘注「西部都尉治」，回浦注「南部都尉治」，而無東部都尉。越絶書：「漢文帝前九年，會稽并故鄣郡，太守治故鄣，都尉治山陰。前十六年，太守治吳郡，都尉治錢塘。」此西部都尉也。三國志虞翻傳注：「元（始）〔鼎〕五年，立東部都尉，後徙章安，陽朔（二）〔元〕年又徙治鄞，或有寇害，復徙句章。」宋書州郡志：「臨海太守，本會稽東部都尉。前漢都尉治鄞，後漢分會稽爲吳郡，疑是都尉徙治章安。」此東部都尉也。晉太康記：「章安本鄞縣南之回浦鄉。」地理志「南部」是「東部」之譌。

〔六〕孟康曰：敦煌玉門關候也。【補注】沈欽韓曰：地理志「中部都尉治敦煌步廣候官」，續志張掖屬國有候官城。

〔七〕師古曰：言有罪者則係於徽墨，尤惡者則斬以鈇質也。徽、糾、墨，皆繩也。質，鍖也。鈇，莝刃也，音膚。鍖音竹林反。【補注】先謙曰：官本引蕭該音義曰：「『徽』舊作『微』。應劭曰，徽音以繩微弩之微。該案，音揮。」王念孫云：「顏訓徽爲繩，義本坎卦之『係用徽纆』。不知徽以糾墨與制以質鈇對文，則徽非徽纆之徽。今云徽、糾、墨皆繩，則是繩以繩也。今案，廣雅『徽，束也』，束以糾墨，猶言係用徽纆耳。太玄養次七云『小子牽象，婦人徽猛』，猛，虎也。見范望注。是徽爲束也。文選李注引服虔曰，徽，縛束也。今本「徽」譌作「制」。應劭曰，徽音以繩徽弩之徽，今本譌作「束以繩徽弩之徽」，據宋祁引蕭該音義改。則舊注皆不誤。下文『免於徽索』之『徽』乃訓爲繩耳。」梁章鉅云：「説文『糾，繩三合也』，『纆，索也』。『墨』當作『纆』。纆與纆同。」

〔八〕師古曰：風，化也。

〔九〕孟康曰：在倚廬行服三年也。應劭曰：漢律以不爲親行三年服不得選舉。師古曰：倚廬，倚牆至地而爲之，無楣柱。倚音於綺反。【補注】沈欽韓曰：廬謂學舍。後書儒林傳序「博士倚席，不講」即明學士倚廬誦讀，此非孝子所居門外東壁倚木爲廬者也。詳文義，不當指行三年喪。於禮，既虞，翦屏柱楣；既練，舍外寢堊，亦不三年居倚廬也。周壽昌曰：莊子天下篇「南方有倚人焉」，釋文「倚本作畸」，說文「畸，殘田也」，是倚廬或即田廬。晉陶潛曰「結廬在人境」，結廬二字即節取此語。晉時必有正訓，不作喪居解也。

〔一〇〕師古曰：八區，八方也。

〔一一〕師古曰：縰，韜髮者也，音山爾反。【補注】先謙曰：善注「縰與纚同」。

〔一二〕師古曰：夷吾，管仲也。羞比之也，以其不爲王者之佐。【補注】朱一新曰：「也」當爲「者」。先謙曰：官本無「也」字。

〔一三〕【補注】先謙曰：文選「入」作「升」。

〔一四〕應劭曰：乘鴈，四鴈也。師古曰：「雀」字或作「厓」。「鳥」字或作「島」。島，海中山也，其義兩通。乘音食證反。【補注】宋祁曰：一本「勃解」旁有水字。蕭該音義曰，案字林「渤澥，海别名也」，字旁宜安水。王念孫曰：臧玉林經義雜記云「古島字有通借作鳥者，書禹貢『鳥夷』孔讀鳥爲島，可證。此言江湖之厓，勃解之島，其地廣闊，故鴈鳧飛集不足形其多少。子雲借鳥爲島，淺者因改厓作雀以配之。師古不能定，因謂其義兩通也。若此文先言雀、鳥，則下文之乘鴈、雙鳧爲贅語矣。文選載此正作『江湖之崖，渤澥之島』」。案，臧說是也。又案，應以乘鴈爲四鴈，非也。雙鳧當爲隻鳧，乘鴈隻鳧謂一鴈一鳧也。子雲自言生逢盛世，羣才畢集，有一人不爲多，無一人不爲少，故以一鳥自喻，不當言四鴈雙鳧也。乘之爲數，其訓不一。有訓爲四者，若今言乘馬、乘禽、乘矢、乘壺、乘皮之屬是也。有訓爲二者。廣雅「雙、耦、匹、乘，二也」，淮南泰族篇「關雎興於鳥而君子美之，爲其雌雄之不乘居也」，今本「乘」譌作「乖」，辯見淮南。列女仁智傳「夫雎鳩之鳥猶未見其乘居而匹處也」，是乘又訓爲二也。有訓爲一者。方言：「絓、挈、僟、介，特也。楚曰僟，晉曰絓，秦曰挈，物無耦曰特，嘼無耦曰介，飛鳥曰隻，今本「隻」作「雙」，義與上文不合，乃後人所改。辯見方言疏證補。鴈曰乘。」廣雅：「乘、壹，弌也。」弌，古一字。管子地員篇「有三分而去其乘」，尹知章曰「乘，三分之一也」。是乘又訓爲一也。乘鴈隻鳧，即方言所謂「飛鳥曰隻，鴈曰乘」矣。應但知乘之訓爲四，而不知其又訓爲一，故以乘鴈爲四鴈；後人又改隻梟爲雙梟，以配四鴈，殊失子雲之旨。文選作「雙梟」亦誤。李善注引方言「飛鳥曰雙，四鴈曰乘」，「四」字亦後人所加，方言無「四」字。

〔一五〕師古曰：論語稱「微子去之，箕子爲之奴，比干諫而死」。孔子曰：「殷有三仁焉。」虛，空也，一曰虛讀曰墟。言其亡國爲丘墟。

〔一六〕應劭曰：二老，伯夷、太公也。

〔一七〕師古曰：伯讀曰霸。

〔一八〕師古曰：五羖謂百里奚也。買以羖羊之皮五，故稱五羖也。

〔一九〕晉灼曰：摺，古拉字也。

〔二〇〕師古曰：噤吟，頷頤之貌。澤從唐舉相，謂之曰：「聖人不相，殆先生乎！」澤曰：「吾自知富貴。」噤音鉅錦反。吟音魚錦反。舉，合韻音居御反。【補注】蘇輿曰：文選「雖」作「以」。

〔二一〕師古曰：章句，小儒也。患，合韻音胡關反。

「夫上世之士，或解縛而相，〔一〕或釋褐而傅；〔二〕或倚夷門而笑，〔三〕或橫江潭而漁；〔四〕或七十說而不遇，〔五〕或立談間而封侯；〔六〕或枉千乘於陋巷，〔七〕或擁帚彗而先驅。〔八〕是以士頗得信其舌而奮其筆，〔九〕窒隙蹈瑕而無所詘也。〔一〇〕當今縣令不請士，郡守不迎師，〔一一〕羣卿不揖客，將相不俛眉；〔一二〕言奇者見疑，行殊者得辟，〔一三〕是以欲談者宛舌而固聲，欲行者擬足而投迹。〔一四〕鄉使上世之士處虖今，〔一五〕策非甲科，〔一六〕行非孝廉，舉非方正，獨可抗疏，時道是非，〔一七〕高得待詔，下觸聞罷，〔一八〕又安得青紫？〔一九〕

〔一〕孟康曰：管仲也。

〔二〕孟康曰：甯戚也。【補注】宋祁曰：李善云：「墨子曰，傳説被褐帶索，庸築傅巖，武丁得之，舉以爲三公。」沈欽韓曰：案，管子小問、呂覽舉難皆無甯戚爲傅事，小匡篇甯戚爲大司田。蓋甯越之訛也。呂覽博志篇「甯越學十五歲而周威公師之」。

〔三〕應劭曰：侯嬴也。爲夷門卒，秦伐趙，趙求救，無忌將十餘人往辭嬴，嬴無所戒。更還，嬴笑之，以謀告無忌也。

〔四〕師古曰：漁父也。師古曰：江潭而漁，潭音尋；漁，合韻音牛助反。【補注】先謙曰：官本上「師古」作「服虔」。引宋祁曰，注文「江潭而漁」四字當刪。舊「服虔」字作「師古」，今改。又，劉淵林注左思魏都賦曰「潭，淵也，屈平卜居曰『横江潭而漁』」。龔子曰，觀淵林之所引則知子雲之言實本於原也，然今卜居無此語，豈今楚辭非古全本也？楚人名深曰潭，淵林亦以潭爲淵，即當音徒南反。若從師古音尋，則是水之旁深者耳，恐非是。

〔五〕應劭曰：孔丘也。【補注】先謙曰：孔子歷聘七十二君，説見莊子天運篇、淮南泰族、説苑善説、史記十二諸侯年表，漢書儒林傳序仍之。呂覽遇合篇謂孔子周流海内，所見八十餘君，而論衡儒增篇謂孔子所至不能十國。余謂周千八百餘國，雖春秋兼併，小國尚多，紀載闕如，無從推究，古籍傳流必有其緒，王充執後疑前，固非達論也。

〔六〕服虔曰：薛公也。【補注】宋祁曰：李善云：「史記曰，虞卿説趙孝成王，再見，爲趙上卿，故號爲虞卿。譙周曰，食邑於虞也。」先謙曰：文選無「間」字。

〔七〕應劭曰：齊有小臣稷，桓公一日三至而不得見，從者曰：「可以止矣！」桓公曰：「士之傲爵禄者，固輕其主，主傲霸王者亦輕其士，縱彼傲爵禄者，吾庸敢傲霸王乎！」遂見之。【補注】宋祁曰：注文「縱彼傲爵禄者」「者」字當刪。先謙曰：善注引無「者」字，作「從夫子傲爵禄」。從、縱同字。

〔八〕應劭曰：鄒衍之燕，昭王郊迎，擁彗爲之先驅也。師古曰：彗亦以埽者也，音似歲反。【補注】先謙曰：文選無「帚」字。

〔九〕師古曰：信讀曰申。

〔一〇〕李奇曰：君臣上下，有釁罅瑕隙乖離之漸，則可抵而取也。師古曰：室，室塞也。罅音呼駕反。

〔一一〕【補注】沈欽韓曰：曹參禮梁石君、東郭先生，于定國迎師受春秋，故爲當時所難。

〔一二〕師古曰：自高抗也。俛，低也。

〔一三〕師古曰：辟，罪法。【補注】宋祁曰：注末當有「也」字。先謙曰：善注「言世尚同而惡異」。

〔一四〕師古曰：宛，屈也。固，閉也。擬，疑也。【補注】先謙曰：文選「宛」作「卷」，「固」作「同」。案，以擬足投迹意例之，則同字爲是。宛、卷義同。言屈舌不談，俟彼發而同聲應之。善注亦作「同」。同、固形近而譌，顔據誤本爲説。

〔一五〕師古曰：鄉讀曰嚮。【補注】先謙曰：文選「今」下有「世」字。

〔一六〕【補注】先謙曰：善注：「史記曰，歲課，甲科爲郎中，乙科爲太子舍人。然甲科爲第一。」

〔一七〕師古曰：抗，舉也，謂上之也。疏者，疏條其事而言之。疏音所據反。

〔一八〕師古曰：報聞而罷之。

〔一九〕【補注】宋祁曰：此下疑脱「師古曰安焉也」六字。先謙曰：合高下言之，或卑官，或不用。

「且吾聞之，炎炎者滅，隆隆者絶；觀雷觀火，爲盈爲實，天收其聲，地藏其熱。〔一〕高明之家，鬼瞰其室。〔二〕攫拏者亡，默默者存；〔三〕位極者宗危，〔四〕自守者身全。是故知玄知默，守道之極；爰清爰靜，游神之廷；〔五〕惟寂惟寞，守德之宅。世異事變，人道不殊，彼我易時，未知何如。〔六〕今子乃以鴟梟而笑鳳皇，執蝘蜓而謿龜龍，〔七〕不亦病乎！子徒笑我玄之尚白，吾亦笑子之病甚，不遭臾跗扁鵲，〔八〕悲夫！」

〔一〕師古曰：炎炎，火光也。隆隆，雷聲也。人之觀火聽雷，謂其盈實，終以天收雷聲，地藏火熱，則爲虚無。言極盛者亦滅亡也。【補注】先謙曰：李光地云此段全釋豐卦義。炎炎者，火也。隆隆者，雷也。當其炎炎隆隆，以爲盈且實也。然豐卦「雷居上則是天收其聲，火居下則是地藏其熱，此其盛不可久而滅且絶之徵也」。豐之義如此，故卦爻俱發日中之戒，至窮極則曰「豐其屋，蔀其家，闚其户，闃其無人」，即揚子所謂「高明之家，鬼瞰其室」也。揚子是變易辭象以成文，自王輔嗣以來，未有知之者。

〔二〕李奇曰：鬼神害盈而福謙也。師古曰：瞰，視也，音口濫反。

〔三〕師古曰：攫挐，妄有搏執牽引也。挐音女居反。

〔四〕【補注】何焯曰：此言丁、傅、董賢方將顛仆，何足慕也！沈欽韓曰：周語「高位實疾顛」，太玄上次八曰「升于高危，或斧之梯」。

〔五〕師古曰：靜，合韻音才性反。【補注】宋祁曰：景本作「爰靜爰清」。案注言「合韻才性反」，則正文自合作「爰清爰靜」也。

〔六〕李奇曰：或能勝之。

〔七〕師古曰：蝘蜓，蜥蜴也。蝘音烏典反。蜓音殄。【補注】先謙曰：善注引孫卿雲賦曰「以鼉龍爲蝘蜓，鴟梟爲鳳皇」。説文「在壁曰蝘蜓，在草曰蜥蜴」。

〔八〕師古曰：二人皆古之良醫也。跗音甫無反。【補注】宋祁曰：「跗」字下當有「與」字。先謙曰：官本注無「之」字。文選作「不遇俞跗與扁鵲也」。善注引史記，中庶子謂扁鵲曰「臣聞上古之時，醫有俞跗」。

客曰：「然則靡玄無所成名乎？〔一〕范、蔡以下何必玄哉？」

〔一〕師古曰：靡亦無。【補注】先謙曰：官本注末有「也」字。

楊子曰：「范雎，魏之亡命也，折脅拉髂，免於徽索，〔一〕翕肩蹈背，扶服入橐，〔二〕激卬萬乘之主，〔三〕界涇陽抵穰侯而代之，〔四〕當也。〔五〕蔡澤，山東之匹夫也，顉頤折頞，涕涶流沫，〔六〕西揖彊秦之相，搤其咽，炕其氣，附其背而奪其位，〔七〕時也。〔八〕天下已定，金革已平，都於雒陽，婁敬委輅脱輓，掉三寸之舌，〔九〕建不拔之策，舉中國徙之長安，〔一〇〕適也。〔一一〕五帝垂典，三王傳禮，百世不易，叔孫通起於枹鼓之間，〔一二〕解甲投戈，遂作君臣之儀，得也。〔一三〕甫刑靡敝，秦法酷烈，〔一四〕聖漢權制，而蕭何造律，宜也。〔一五〕故有造蕭何律於唐虞之世，則誖矣；〔一六〕有作叔孫通儀於夏殷之時，則惑矣；有建婁敬之策於成周之世，則繆矣；〔一七〕有談范、蔡之説於金、張、許、史之間，則狂矣。蕭規曹隨，〔一八〕留侯畫策，陳平出奇，功若泰山，嚮若阺隤，〔一九〕唯其人之贍知哉，亦會其時之可爲也。〔二〇〕故爲可爲於可爲之時，則從；爲不可爲於不可爲之時，則凶。夫藺先生收功於章臺，〔二一〕四皓采榮於南山，〔二二〕公孫創業於金馬，〔二三〕票騎發迹於祁連，〔二四〕司馬長卿竊訾於卓氏，東方朔割名於細君。〔二五〕僕誠不能與此數公者並，故默然獨守吾太玄。」〔二六〕

〔一〕師古曰：髂，骨也。徽，繩也。髂音格。【補注】先謙曰：官本引蕭該音義曰：「髂，口亞反，字林，腰骨也。」

〔二〕師古曰：翕，斂也。服音蒲北反。【補注】宋祁曰：吕向曰，翕肩，畏懼貌。雎初入秦，道遇穰侯，藏於王稽車中，恐穰侯知之，故懼也。書傳無蹈背之事。扶服，謂使扶持而入於橐中。橐，無底袋也。蘇輿曰：扶服即匍匐。亦作蒲伏，又作扶伏。宋解泥。

〔三〕如淳曰：卬，怒也。言秦安得王，獨太后穰侯耳。師古曰：卬讀曰仰。【補注】宋祁曰：陳正敏云，音昂。激卬，猶激勵也。

〔四〕蘇林曰：抵音紙。界，間其兄弟使疏。應劭曰：涇陽，秦昭王弟，貴用事也。【補注】先謙曰：文選「界」作「介」，同。善注：「説文，抵，側擊也。」

〔五〕師古曰：言當其際。

〔六〕師古曰：鎮，曲頤也，音欽。【補注】先謙曰：官本「鎮」作「頷」。引宋祁曰：「『頷』一作『鎮』。」商敬順曰，鎮，驅音反，又曲感反。鎮猶摇頭也。蕭該音義「『頷』作『顩』」，韋昭曰曲上曰顩，音欺甚反。該案，字林曰，顩，醜也，丘飲反，與韋昭音同。字林，顩，狹面鋭頤之貌也。倉頡篇亦云顩，丘斂反，又吾檢反。頞，字林曰鼻莖也，一曷反。涶即唾也，才臥反」。吳仁傑云：「案，文選作『顩頤』，韋昭『顩，邱甚切』。後書周燮傳『欽頤』，章懷太子曰欽音邱凡切，或作『顩』。又韓詩『有美一人，碩大且醶』，薛君曰，重頤也，字亦作『顩』，毛詩作『碩大且儼』，或作『曮』。集韻儼、曮、顩、醶同魚檢切。儼、曮好貌。又醶，衣檢切，美也。凡頷、顩、欽、醶、儼、曮六字，其音切固不一，而訓釋亦異辭。自蔡澤、周燮言之，則曲頤，醜狀也。自韓詩、集韻言之，則重頤，美好也。案，古語以曲爲欽，至今猶然。」王得臣云：「巾作前詘者謂之欽巾，然則，鎮頤音切當從顔氏，若訓釋，則亦各當其義而已。」錢大昭云：「説文『鎮，低頭也』，春秋傳曰『迎於門，鎮之而已』，玉篇引杜預注亦作『鎮』，又音欽，曲頤也。列子云『巧夫鎮其頤而歌合律』，張湛曰『鎮，猶摇頭也』。」王念孫云：「作鎮者正字，作顩者借字，作頷者譌字也。注内頷字同。玉篇，鎮音欽，曲頤也。廣韻及殷敬順、列子湯問篇釋文并同。音義與師古同。上文『蔡澤雖噤吟』師古曰『噤吟，鎮頤之貌』，其字正作『鎮』，故知此頷字爲鎮字之譌。玉篇、廣韻頷字皆無欽音。集韻鎮，袪音切，曲頤也，或作頷。此即惑於俗本漢書而誤。文選作『顩』，周燮傳『欽頤折頞』，皆鎮之借字。」

〔七〕張晏曰：蔡澤説范雎以功成身退，禍福之機。適值雎有間於王，因薦以自代。師古曰：搤謂急持之。咽，頸也。

炕，絕也。咽音一千反。炕音抗。【補注】宋祁曰：「附」當作「拊」。劉良曰：拊背，猶隨後繼跡也。先謙曰：文選「炕」作「亢」。「附」作「拊」，即拊也。

〔八〕師古曰：遇其時。

〔九〕師古曰：輅音胡格反。輓音晚。掉音徒釣反。解在劉敬傳。

〔一〇〕師古曰：不拔，謂其堅固不拔也。中國，謂京師。

〔一一〕師古曰：中其適。

〔一二〕師古曰：枹音孚。

〔一三〕師古曰：得其所。

〔一四〕師古曰：靡，散也，音縻。【補注】先謙曰：文選「甫」作「吕」。

〔一五〕師古曰：合其宜。

〔一六〕師古曰：誖，乖也，音布内反。【補注】先謙曰：文選「誖」作「悖」。善注：「悖，布迷切，或作『繆』。」

〔一七〕【補注】先謙曰：文選「繆」作「乖」。

〔一八〕師古曰：隨，從也。言蕭何始作規模，曹參因而從之。【補注】錢大昭曰：「蕭」字上南監本、閩本皆有「夫」字。先謙曰：官本有「夫」字。文選同。法言淵騫篇「夫蕭也規，曹也隨」。

〔一九〕師古曰：阺音氐。巴蜀人名山旁堆欲墮落曰阺。應劭以爲天水龍氐，失之矣。氐音丁禮反。【補注】宋祁曰：蘇林阺音邐迆之迆，弋爾反。何承天亦云巴蜀謂山岸傍欲墮者爲阺。阺崩，聲聞數百里。又，龔疇曰，案說文「巴蜀名岸脅之傍箸欲落墒者曰氏，氏崩聞數百里」，引揚雄賦「響若氏隤」，注云「承紙切」。然則「阺」當作「氏」。錢大昭曰：阺，古作氏。說文「氏，巴蜀名山岸脅之傍箸欲落墒者曰氏。氏崩聲聞數百里。象形。揚雄賦『響若氏隤』」。氏與是通。鄭康成注尚書云：「桓是，隴坂名，其道盤桓旋曲而上，故名曰桓是。今其下民謂是爲阪，曲爲盤也。」先謙曰：官本注「龍」作「隴」，是。「阺」當爲「阺」，各本並誤。

〔二〇〕師古曰：非唯其人贍知，乃會時之可爲也。【補注】朱一新曰：文選「贍」作「澹」，誤。東方朔畫象贊「贍知宏才」，馬汧督誄「才博知贍」，李善注均引此文。先謙曰：唯讀爲雖，文選作「雖」。顏注誤。詳見韓信傳。

〔二一〕孟康曰：秦昭王、趙成王飲於此臺，藺相如前折昭王也。晉灼曰：相如獻璧於此臺。師古曰：晉說是也。謂齎璧入秦，秦不與趙地，相如詭取其璧，使人間以歸趙也。史記始皇本紀云章臺在渭南，而秦趙會飲乃在黽池，非章臺也，孟說失之。【補注】先謙曰：文選作「藺生」，即先生也。

〔二二〕師古曰：榮者，謂聲名也。一曰，榮謂草木之英，采取以充食。

〔二三〕孟康曰：公孫弘對策金馬門。

〔二四〕師古曰：霍去病也。祁音止夷反。【補注】先謙曰：官本注「止」作「子」。

〔二五〕師古曰：劀，損也。言以肉歸遺細君，是損劀其名。【補注】宋祁曰：舊本考無「祁連」下注并「司馬」十六字。先謙曰：顧炎武云「名」字是「炙」字之誤，文選可證。

〔二六〕【補注】先謙曰：說文「氏」字注引揚雄賦曰「響若氏隤」，徐鉉云解嘲之文古通謂之賦，故下文賦者云云接續申言之。

雄以爲賦者，將以風也，〔一〕必推類而言，極麗靡之辭，閎侈鉅衍，競於使人不能加也，〔二〕既乃歸之於正，然覽者已過矣。〔三〕往時武帝好神仙，相如上大人賦，欲以風，〔四〕帝反縹縹有陵雲之志。〔五〕繇是言之，賦勸而不止，明矣。〔六〕又頗似俳優淳于髡、優孟之徒，〔七〕非法度所存，賢人君子詩賦之正也，於是輟不復爲。〔八〕而大潭思渾天，〔九〕參摹而四分之，〔一〇〕極於八十一。〔一一〕旁則三摹九据，〔一二〕極之七百二十九贊，亦自然之道也。故觀易者，見其卦而名之；觀玄者，數其畫而定之。玄首四重者，非卦也，數也。〔一三〕其用自天元推一晝一夜陰陽數度律曆之紀，九九大運，與天終始。〔一四〕故玄三方、九州、二十七部、八十一家、二百四十三表，〔一五〕七百二十九贊，分爲三卷，曰一二三，與泰初曆相應，〔一六〕亦有顓頊之曆焉。揲之以三策，〔一七〕關之以休咎，〔一八〕絣之以象類，〔一九〕播之以人事，〔二〇〕文之以五行，擬之以道德仁義禮知。無主無名，〔二一〕要合五經，苟非其事，文不虛生。爲其泰曼漶而不可知，〔二二〕故有首、衝、錯、測、攡、瑩、數、文、掜、圖、告十一篇，〔二三〕皆以解剝玄體，離散其文，章句尚不存焉。〔二四〕玄文多，故不著；觀之者難知，學之者難成。客有難玄大深，衆人之不好也，雄解之，號曰解難。其辭曰：

〔一〕師古曰：風讀曰諷，下以諷刺上也。【補注】先謙曰：官本「風也」作「風之」。

〔二〕師古曰：言專爲廣大之言。

〔三〕師古曰：言其末篇反從之正道，故觀覽之者但得浮華，而無益於諷諫也。

〔四〕師古曰：風讀曰諷。【補注】宋祁曰：正文句末別本有「也」字，今考作「之」字。

〔五〕師古曰：縹音匹昭反。

〔六〕師古曰：繇讀與由同。

〔七〕師古曰：髡、孟皆滑稽。【補注】宋祁曰：注末當有「者」字。

〔八〕師古曰：輟，止也。

〔九〕師古曰：潭，深也。渾天，天象也。渾音胡昆反。【補注】沈欽韓曰：御覽天部二桓譚新論曰：「楊子雲因衆儒之說，天以爲蓋，常左旋，日月星辰隨而東西。乃圖畫形體行度，參以四時曆數，昏明晝夜，欲爲世人立紀律，以垂法後嗣。」王蕃渾天說曰：「舊說天地之體，狀如鳥卵，天包地外，猶殼裹黄也，周迴如彈丸，故曰渾天，言其形體渾渾如也。」

〔一〇〕蘇林曰：三拆而四分天之宿度甲乙也。【補注】先謙曰：官本注「拆」並作「析」。引劉敞曰，參摹者，玄首一二三也。四分者，玄首四重也。宋祁曰：參摹，蘇林音模，字林曰，摹，廣求也，七具反。注文「三析」下當更有「析」字。

〔一一〕【補注】沈欽韓曰：司馬温公說玄云，最上曰方，次曰州，次曰部，次曰家。凡家每首輒變，三首而復初，如中周礥之類是也。州三首一變，九首而復初，如中閑上之類是也。部九首一變，二十七首而復初，如中羨從之類是也。方二十七首一變，八十一首而復初，如中更減之類是也。八十一首以上不可復加，故曰自然之道。易有七八九六謂之四象，系有一二三，謂之三摹。案玄圖，三方，天、地、人也。天、地、人各三州，故九州也。天、地、人各九部，故二十七部。

〔一二〕晉灼曰：据，今據字也。據猶位也，處也。【補注】沈欽韓曰：玄告云，玄一摹而得乎天，故謂之有天。再摹而得乎地，故謂之有地。三摹而得乎人，故謂之有人。案此天、地、人爲三位。天三據而乃成，故謂之始中終。地三據而乃形，故謂之下中上。人三據而乃著，故謂之思禍福。案此天、地、人三變也。說玄圖云，玄有二道，一以三起，一以三生。以三起者，方、州、部、家也。以三生者，三分陽氣，以爲三重，極爲九營，是爲同本離生，天地之經。

〔一三〕【補注】沈欽韓曰：說玄云，易有六位，系有四重。易卦六爻，爻皆有辭。玄首四重，而別爲九贊以繫其下。首舉贊分，道而行，不相因者也。首猶卦，贊猶爻。

〔一四〕【補注】沈欽韓曰：說玄云，易卦氣起中孚，除震、離、兑、坎四正卦二十四爻主二十四氣外，其餘六十卦，每卦六日七分，凡得三百六十五日四分日之一。中孚初九，冬至之初也。頤上九，大雪之末也。周而復始。系八十一首，每首九贊，凡七百二十九。每二贊合爲一日，一贊爲晝，一贊爲夜，凡三百六十四日半。益以踦、嬴二贊，成三百六十五日四分日之一。句。中初一，句。冬至之初。踦、嬴二贊，大雪之末。亦周而復始。

〔一五〕【補注】沈欽韓曰：玄數云「贊嬴入表」，范望曰：「一、五、七爲一表，三、四、八爲一表，二、六、九爲一表。旦、中、夕各有所用，故贊滿而入三表。」案：八十一首，每首有三表，以三乘之，故二百四十三表也。

〔一六〕【補注】沈欽韓曰：太玄曆云，漢曆以八十一爲日法，一歲三百六十五日。以日法乘之，得二萬九千五百六十五分，益以四分日之一二十分少，句。合二萬九千五百八十五分少。句。以二十四氣除之，每氣得一千三百三十二分，餘一十七分少。句。以三十二乘分，句。八乘少，句。通分內子爲五百五十二，又除之，得一十三秒，每氣一千二百三十二分二十三秒。以三十二爲秒母，每首得三百六十四分十六秒，每贊得四十分十六秒。求氣所入贊法，置冬至一氣分秒，以首分秒去之，不滿首者，以贊分秒去之，餘若干分秒，算外命之，得小寒所入首贊分秒。求次氣，置前氣所餘分秒，益以一氣分秒，如前法求之。

〔一七〕蘇林曰：三三而分之。師古曰：揲音食列反。【補注】沈欽韓曰：說玄，易大衍之數五十，其用四十有九。玄天地策各十有八，合爲三十六策，地則虛三，用三十三策。易揲之以四，玄揲之以三。太玄揲法，挂一而中分其餘，以三揲之，并餘於艻，一艻之後，而數其餘，七爲一，八爲二，九爲三。

〔一八〕【補注】沈欽韓曰：玄數云：「逢有（上、中、下）（下、中、上）。下，思也。中，福也。上，禍也。思、福、禍各有下、中、上，以晝夜別其休咎焉。一從，二從，三從，是謂大休。一從，二從，三違，始、中休，終咎。一從，二違，三違，始休，中、終咎。一違，二從，三從，始咎，中、終休。一違，二違，三從，始、中咎，終休。一違，二違，三違，是謂大咎。」先謙曰：官本「闢」作「開」，引宋祁曰「開」越本作「闢」。

〔一九〕晉灼曰：絣，雜也。師古曰：絣，并也，音并。【補注】宋祁曰：絣，說文方并反，字林布莖反。縷，布也。沈欽韓曰：玄挩曰「錯，絣也」。

〔二〇〕師古曰：播，布也。【補注】沈欽韓曰：玄告曰「善言天地者以人事，善言人事者以天地」。

〔二一〕【補注】劉敞曰：當作「無名」。今越本、學官本作「知名」。

〔二二〕張晏曰：曼音滿。漶音緩。師古曰：曼漶，不分別貌，猶言濛鴻也。曼音莫幹反。漶音奐。

〔二三〕晉灼曰：攡音離。服虔曰：掜音睨。師古曰：攡音摛。【補注】先謙曰：官本引蕭該音義曰：「玄衝云『八十一家相對，若輻輪之衝也』，今漢書或誤作『衝』者，非也。『攡』，今漢書及韋昭、晉灼音義並作『攡』字。今字書無手傍離字。今人讀漢書相承以攡字音力支反。案劉向別録、揚雄經目有玄首、玄衝、玄錯、玄測、玄舒，不作『攡』字，然字林云『攡，舒也。攡音刃支反』。太玄經曰『玄者，幽攡萬物而不見其形』，宋忠曰『攡者，張也』，與晉灼同。掜，服虔音兒。晉灼曰，掜，擬也。字林五弟反。莊子曰『終日握之而手不掜』，司馬彪曰『但抱而握之，手不捉也』，太玄經曰『別一以掜於左手之小指』。又，今人不見太玄經及別録，以玄衝、玄攡下有玄瑩、玄數、玄文、玄掜、玄圖、玄告、玄問，合十二篇。今漢書祇有首、衝、錯、測、攡、瑩、數、文、掜、圖、告十一篇，皆以解剝玄問一篇，故云十一。該取未詳，是故述之。」龔疇曰：「太玄自漢宋衷作解詁，吴陸績作釋文，范望作贊，以至唐及國朝爲之注解及音義之類者非一家，皆止有十一篇，不知該所謂別録者果何書也。『衝』亦不聞作『衝』，當更問知者。」

〔二四〕師古曰：玄中之文雖有章句，其旨深妙，尚不能盡存，故解剝而離散也。【補注】宋祁曰：注文「也」字當作「之」。劉敞曰：言此十一篇財以離散玄文未有章句也。

客難揚子曰：「凡著書者，爲衆人之所好也，美味期乎合口，工聲調於比耳。〔一〕今吾子乃抗辭幽説，閎意眇指，〔二〕獨馳騁於有亡之際，而陶冶大鑪，旁薄羣生，〔三〕歷覽者茲年矣，而殊不寤。〔四〕亶費精神於此，而煩學者於彼，〔五〕譬畫者畫於無形，弦者放於無聲，殆不可乎？」〔六〕

〔一〕師古曰：比，和也，音頻二反。

〔二〕師古曰：眇讀曰妙。

〔三〕師古曰：旁薄，猶言蕩薄也。

〔四〕師古曰：茲，益也。茲年，言其久也。不寤，不曉其意。【補注】宋祁曰：「茲年」及注中「茲」字並當從水旁。

〔五〕師古曰：亶讀曰但。

〔六〕師古曰：放，依也。殆，近也。放音甫往反。

揚子曰：「俞。〔一〕若夫閎言崇議，幽微之塗，蓋難與覽者同也。昔人有觀象於天，視度於地，察法於人者，天麗且彌，地普而深，〔二〕昔人之辭，乃玉乃金。〔三〕彼豈好爲艱難哉？埶不得已也。〔四〕獨不見夫翠虯絳螭之將登虖天，〔五〕必聳身於倉梧之淵；〔六〕不階浮雲，翼疾風，虛舉而上升，則不能撽膠葛，騰九閎。〔七〕日月之經不千里，則不能燭六合，燿八紘；〔八〕泰山之高不嶕嶢，則不能浡滃雲而散歊烝。〔九〕是以宓犧氏之作易也，〔一〇〕緜絡天地，經以八卦，文王附六爻，〔一一〕孔子錯其象而彖其辭，然後發天地之臧，定萬物之基。〔一二〕典謨之篇，雅頌之聲，不溫純深潤，則不足以揚鴻烈而章緝熙。〔一三〕蓋胥靡爲宰，〔一四〕寂寞爲尸；〔一五〕大味必淡，大音必希；〔一六〕大語叫叫，大道低回。〔一七〕是以聲之眇者不可同於衆人之耳，〔一八〕形之美者不可棍於世俗之目，〔一九〕辭之衍者不可齊於庸人之聽。〔二〇〕今夫弦者，高張急徽，追趨逐耆，則坐者不期而附矣；〔二一〕試爲之施咸池，揄六莖，發蕭韶，詠九成，則莫有和也。〔二二〕是故鍾期死，百牙絶弦破琴而不肯與衆鼓；〔二三〕獿人亡，則匠石輟斤而不敢妄斲。〔二四〕師曠之調鍾，竢知音者之在後也；〔二五〕孔子作春秋，幾君子之前睹也。〔二六〕老聃有遺言，貴知我者希，〔二七〕此非其操與！」〔二八〕

〔一〕師古曰：俞，然也，音踰。

〔二〕師古曰：麗，著也，日月星辰之所著也。彌，廣也。普，遍也。

〔三〕師古曰：貞實美麗如金玉也。

〔四〕師古曰：已，止也。

〔五〕師古曰：虯、螭解並在前。【補注】沈欽韓曰：淮南覽冥訓「今夫赤螭青虯之游冀州也，至於玄雲之素朝，陰陽交爭，降扶風，雜凍雨，扶揺而登之，威動天地，聲震海内。」

〔六〕【補注】先謙曰：官本「倉」作「蒼」。

〔七〕師古曰：撠，挶也。膠葛，上清之氣也。騰，升也。九閎，九天之門。撠音戟。挶音居足反。【補注】先謙曰：官本引蕭該音義曰：「撠，如淳曰撠，著也。膠葛，大也。韋昭曰，撠音據略反。字林，撠，挶也。挶撠持也。撠音戟。」

先謙案，膠葛，猶寥闊。

〔八〕師古曰：燭，照也。六合，謂天地四方。八紘，八方之綱維也。紘音宏。

〔九〕師古曰：嶕嶢，高貌也。浡滃，盛也。滃，雲氣貌。歊烝，氣上出也。嶕嶢音樵堯。浡音勃。滃音一孔反。歊音許昭反。【補注】王念孫曰：師古注「浡滃盛也」，「滃」字衍，各本並同，當刪。「浡滃雲」與「散歊烝」對文，則浡當訓爲作。孟子「天油然作雲」。爾雅「浡，作也」，郭注曰浡然興作貌。字或作「悖」，又作「勃」。莊十一年左傳「其興也，悖焉」，孟子梁惠王篇「則苗浡然興之矣」，莊子天地篇「則勃然作色」，皆興作之貌。先謙曰：官本「昭」作「照」。引宋祁曰：蕭該音義曰，韋昭曰「歆，氣之發見者也」，注文「許照」當作「許昭」。

〔一〇〕師古曰：宓音伏。

〔一一〕師古曰：因而重之。

〔一二〕【補注】宋祁曰：「然後」字下當有「能」字。

〔一三〕師古曰：造化鴻大也。烈，業也。緝熙，光明也。【補注】朱一新曰：「造化」蓋涉下句而誤衍。

〔一四〕李奇曰：造化之神，宰割萬物也。張晏曰：胥，相也。靡，無也。言相師以無爲作宰者也。

〔一五〕李奇曰：道化以寂寞爲主。

〔一六〕師古曰：淡謂無至味也，音徒濫反。

〔一七〕師古曰：叫叫，遠聲也。低回，紆衍也。

〔一八〕眇讀曰妙。【補注】先謙曰：各本並脱「師古曰」三字。

〔一九〕師古曰：棍亦同也，音胡本反。

〔二〇〕師古曰：衍，旁廣也。

〔二一〕師古曰：徽，琴徽也，所以表發撫抑之處。追趨逐耆，隨所趨嚮愛嗜而追逐之也。趨讀曰趣。耆讀曰嗜。【補注】先謙曰：官本注「處」下有「也」字。

〔二二〕師古曰：揄，引也。和，應也。揄音踰。和音胡臥反。【補注】先謙曰：官本「蕭」作「簫」，是。

〔二三〕師古曰：解在司馬遷傳。【補注】錢大昕曰：即伯牙也。古文伯、百通用。先謙曰：官本作「伯牙」。

〔二四〕服虔曰：獿，古之善塗塈者也。施廣領大袖以仰塗，而領袖不汙。有小飛泥誤著其鼻，因令匠石揮斤而斲，知匠石之善斲，故敢使之也。師古曰：塈即今之仰泥也。獿，抆拭也，故謂塗者爲獿人。獿音乃高反，又音乃回反。今書本「獿」字有作「郢」者，流俗改之。塈音許既反。【補注】王念孫曰：「獿」當作「㱻」。説文：「㱻，今本譌作

「㡢」。玉篇、廣韻同。墀地。説文「墀，涂地也」，涂與塗同，故服注訓爲塗塈。以巾撋之。此即師古所謂技拭。从巾㥈聲，㥈，籀文婚字。今本「㥈」譌作「夒」。讀若水温䨲。」䨲字注云「安䨲，温也」，玉篇奴旦切。徐鉉依唐韻乃昆切。玉篇奴回、奴昆二切。廣韻乃回、乃案二切。廣雅：「墀、墍、㡢，塗也。」今本「㡢」字亦譌作「懮」。㡢字曹憲音奴回。鹽鐵論散不足篇：「富者堊㡢壁飾。」今本「㡢」譌作「憂」。莊子徐無鬼篇：「郢人堊慢其鼻端，若蠅翼，使匠石斲之。」釋文：「『郢人』漢書音義作『㡢人』」。今本「㡢」譌作「懮」。服虔云此下引服注與今本同。㡢音温䨲，今本脱「䨲」字。近時盧氏紹弓刻本改「音温」爲「音鐃」，大謬。韋昭乃回反。」以上莊子釋文。要而論之，此字本作㡢，從巾㥈聲，非從夒聲：音乃昆、乃回二反，非音乃高反。㥈，籀文婚字，故㡢從其聲，而讀乃昆反。車部之轋字，亦從㥈聲，而讀若閔，是其例也。許、服并讀㡢爲温䨲，與乃昆之音相近。韋讀乃回反，則師古之音所本也。廣韻乃昆之音在魂部，乃回之音在灰部，古者魂、灰二部多相轉，故㡢字亦兼乃昆、乃回二音。若夒字則在豪部，音乃高反，與㡢字之音迥不相涉。祇以世人多見夒，少見㥈，故漢書、説文、廣雅之㡢字遂譌爲㡢，與諧聲之理不合。然玉篇音奴回、奴昆二切，曹憲音奴回，師古音乃回，則字雖譌而音尚未譌也。不知漢書「㡢」字何時又譌而爲「獿」，後人不察，遂增乃高一音於乃回之上，以從獿字之音，則誤之又誤矣。案説文「獿，獿𤞣也，从犬夒聲」，女交切。玉篇：「獿，與猱同，獸也，乃刀切。」此與乃昆、乃回二反之㡢字訓爲塗塈者，截然兩字。今服讀若温䨲，而訓爲塗塈，顔音乃回反而訓爲技拭，明是㡢字，非獿字也，何得加以乃高之音乎？且獿字本無乃回之音，亦不得云又乃回反也。玉篇、廣韻獿字皆無乃回之音。集韻上平聲十五灰「獿，奴回切，古之善塗塈者」，下平聲六豪「夒，奴刀切，説文貪獸也，或作獿，一曰獿，善塗塈者」，此皆惑於俗本漢書而誤。今本莊子釋文引漢書作「懮」，其心旁即巾旁之譌，然則，漢書㡢字之從巾不從犬甚明。今改「獿」爲「㡢」，以正其字；削去乃高反，以正其音。而正文注文乃各還其舊矣。先謙曰：官本「獿」並作「獶」。

〔二五〕應劭曰：晉平公鍾，工者以爲調矣，師曠曰：「臣竊聽之，知其不調也。」至於師涓，而果知鍾之不調。是師曠欲善調之鍾，爲後世之有知音。【補注】宋祁曰：注文「平公」字下當有「鑄鍾」字。沈欽韓曰：見呂覽長見篇。

〔二六〕師古曰：幾讀曰冀。

〔二七〕師古曰：老子德經云：「知我者希，則我貴矣。」

〔二八〕師古曰：與讀曰歟。

雄見諸子各以其知舛馳，〔一〕大氏詆訾聖人，即爲怪迂，析辯詭辭，以撓世事，〔二〕雖小辯，終破大道而或衆，使溺於所聞而不自知其非也。及太史公記六國，歷楚漢，記麟止，〔三〕不與聖人同，是非頗謬於經。〔四〕故人時有問雄者，常用法應之，譔以爲十三卷，〔五〕象論語，號曰法言。〔六〕法言文多不著，獨著其目：〔七〕

〔一〕師古曰：舛，相背。

〔二〕師古曰：大氏，大歸也。詆訾，毀也。迂，遠也。析，分也。詭，異也。言諸子之書，大歸皆非毀周孔之教，爲巧辯異辭以攪亂時政也。訾音紫。迂音于。撓音大高反，其字從手也。【補注】宋祁曰：司馬温公云「大氏」下脱「不」字。又注文「詭異也」字下當有「撓攪也」三字。王念孫曰：案，司馬説非也。即猶或也。或爲怪迂，析辯詭辭也。師古注不誤，但未釋即字耳。即與或古同義，説見釋辭。

〔三〕【補注】錢大昭曰：「記」當作「訖」。先謙曰：官本作「訖」。

〔四〕師古曰：頗音普我反。

〔五〕師古曰：譔與撰同。【補注】先謙曰：官本引蕭該音義曰：「字林，譔，專教也，音論。惟禮記音撰。字書並音詮。」

〔六〕【補注】沈欽韓曰：論衡佚文篇：「揚子雲作法言，蜀富人齎錢千萬願載於書，子雲不聽。」

〔七〕師古曰：雄(以)〔有〕序，著篇之意。

天降生民，倥侗顓蒙，〔一〕恣于情性，聰明不開，訓諸理。〔二〕譔學行第一。〔三〕

〔一〕鄭氏曰：童蒙，無所知也。師古曰：倥音空。侗音同。顓與專同。【補注】先謙曰：官本引蕭該音義曰：「案字林及埤蒼，倥音曰弄反，侗音勅動反。」

〔二〕師古曰：訓，告也。

〔三〕【補注】宋祁曰：司馬温公云，行讀如字。

降周迄孔，成于王道，〔一〕終後誕章乖離，諸子圖微。〔二〕譔吾子第二。

〔一〕師古曰：周，周公旦也。迄，至也。孔，孔子也。言自周公以降，至於孔子，設教垂法，皆帝王之道。【補注】宋祁曰：宋咸法言本「迄」作「訖」。字林曰：「迄，至也，火乞反。」

〔二〕師古曰：言其後澆末，虚誕益章，乖於七十弟子所謀微妙之言。【補注】劉敞曰：誕，大也。章，法也。言王道息而諸子起也。宋祁曰：法言「微」作「徽」。吴祕注云：「圖，謀也。徽，美也。辯其異端，而謀其徽美。」錢大昭曰：「終」，南監本、閩本作「然」。先謙曰：官本作「然」。

事有本真，陳施於億，〔一〕動不克咸，〔二〕本諸身。譔修身第三。〔三〕

〔一〕李奇曰：布陳於億萬事也。

〔二〕李奇曰：不能皆善也。

〔三〕【補注】宋祁曰：法言「億」作「意」。温公云：「咸，感也。人欲陳施其意，治化天下，動而不能感人者，蓋由外逐浮僞，内無本真，不能正己以正物，故當必本諸身也。」

芒芒天道，在昔聖考，〔一〕過則失中，不及則不至，不可姦罔。〔二〕譔問道第四。

〔一〕李奇曰：聖人能成天道。【補注】宋祁曰：宋咸「天」作「大」。蘇輿曰：天道，謂天與道也。篇中有問天、問道二段語。宋作「大」非，李注以天道連屬爲義亦失之。在昔聖考，謂諸古聖可考見也。篇中云「惟聖人可以開明」，又云「法者謂唐、虞、成周之法也」，皆其義。今本法言「在昔」作「昔在」。

〔二〕蘇林曰：罔，誣也。言不可作姦誣於聖道。

神心曶怳，經緯萬方，〔一〕事繫諸道德仁誼禮。譔問神第五。

〔一〕師古曰：曶讀與忽同。【補注】先謙曰：官本「曶」作「智」，下同。引蕭該音義曰：「怳音況，韋昭熙放反。」該案，今音況爲是。」蘇輿云，法言作「忽恍」。

明哲煌煌，旁燭亡疆，〔一〕遜于不虞，以保天命。〔二〕譔問明第六。

〔一〕師古曰：煌煌，盛貌也。燭，照也。無疆，猶無極也。

〔二〕李奇曰：常行遜順，備不虞。【補注】蘇輿曰：說文「遜，遁也」，遁亦避也。避彼不虞，保全天命，所謂明哲保身也。篇中問命云：「或曰，顏氏之子，冉氏之孫。曰，以其無避也。若立巖牆之下，動而徵病，行而招尤，命乎！命乎！」又云：「或問活身，曰，明哲并其誼也。」李注未晰。

假言周于天地，贊于神明，〔一〕幽弘橫廣，絶于邇言。〔二〕譔寡見第七。

〔一〕師古曰：假，至也。【補注】宋祁曰：司馬温公云，李宗吴皆作「遐」，光謂當作「假」。劉敞曰，案本書云「吾寡見人之好假也」，則假當從充音遐。假即遐也，其首章曰「吾寡見人之好假也」指此矣。沈欽韓曰：師古說非也。下云

「絶于邇言」，以邇對遐。

〔三〕李奇曰：理過近世人之言也。

聖人㥛明淵懿，〔一〕繼天測靈，冠于羣倫，經諸范。〔二〕譔五百〔三〕第八。

〔一〕【補注】先謙曰：官本「㥛」作「聰」。

〔二〕師古曰：經，常也。范，法也。【補注】宋祁曰：法言作「範」。

〔三〕鄧展曰：五百歲聖人一出。【補注】先謙曰：官本注在「第八」下。

立政鼓衆，動化天下，莫上於中和，〔一〕中和之發，在於哲民情。〔二〕譔先知第九。〔三〕

〔一〕鄧展曰：鼓亦動也。

〔二〕師古曰：哲，知也。【補注】宋祁曰：司馬温公云，「哲」當作「晢」。晢，明也。言將發中和之政，在先明民情。王念孫曰：顔説知，讀如字，是也。吴祕注亦云五行傳「哲，知也」。中和之發，則民之情僞無不先知。古書皆訓哲爲知，不當改爲晢。説見法言開明篇。

〔三〕【補注】宋祁曰：「先」景本作「光」。

仲尼以來，國君將相卿士名臣參差不齊，〔一〕壹槩諸聖。〔二〕譔重黎第十。

〔一〕師古曰：言志業不同也。參音初林反。

〔二〕師古曰：以聖人大道槩平。槩音工代反。【補注】宋祁曰：別本注文「以」字上有「一」字，監本無。又「平」字下當有「之」字。蘇輿曰：太史公孔子世家贊云「自天子王侯中國言六藝者折中於夫子」，雄語所本。

仲尼之後，訖于漢道，〔一〕德顔、閔，〔二〕股肱蕭、曹，爰及名將尊卑之條，稱述品藻。〔三〕譔淵騫第十一。〔四〕

〔一〕【補注】宋祁曰：李軌注法言本「訖」作「迄」。

〔二〕【補注】朱一新曰：監本「德」下有「行」字。先謙曰：官本有「行」字。

〔三〕師古曰：品藻者，定其差品及文質。

〔四〕【補注】宋祁曰：李軌注法言本無此序，云與重黎共序。張慈據子厚云，漢書淵騫自有序。慈疑弘範不見漢書中序，故云共序。子厚又云，或班固所作。宋咸云，品歷世之臣，以淵、騫冠章首，有意哉，子雲也。有以長爵之達，弗逮乎廣道之尊乎！或云，是篇與重黎共序。然漢書有之，疑非揚辭而班固實之也，未知其據焉。蘇輿曰：今仿宋槧刻李注本與漢書同，疑是後人所改。

君子純終領聞，〔一〕蠢迪檢押，〔二〕旁開聖則。譔君子第十二。

〔一〕李奇曰：領理所聞也。師古曰：純，善也。領，令也。聞，名也。言君子之道能善於終而不失令名。

〔二〕師古曰：蠢，動也。迪，道也，由也。檢押猶隱括也。言動由檢押也。音狎。【補注】宋祁曰：司馬温公云「檢押」當作「檢柙」。

孝莫大於寧親，寧親莫大於寧神，寧神莫大於四表之驩心。〔一〕譔孝至第十三。

〔一〕師古曰：寧，安也。言大孝之在於尊嚴祖考，安其神靈。所以得然者，以得四方之外驩心。

贊曰：〔一〕雄之自序云爾。〔二〕初，雄年四十餘，自蜀來至游京師，〔三〕大司馬車騎將軍王音奇其文雅，召以爲門下史，〔四〕薦雄待詔，歲餘，奏羽獵賦，除爲郎，給事黄門，〔五〕與王莽、劉歆並。哀帝之初，又與董賢同官。當成、哀、平間，莽、賢皆爲三公，權傾人主，所薦莫不拔擢，而雄三世不徙官。及莽篡位，談説之士用符命稱功德獲封爵者甚衆，雄復不侯，〔六〕以耆老久次轉爲大夫，恬於埶利乃如是。〔七〕實好古而樂道，其意欲求文章成名於後世，〔八〕以爲經莫大於易，故作太玄；傳莫大於論語，作法言；史篇莫善於蒼頡，作訓纂；〔九〕箴莫善於虞箴，作州箴；〔一〇〕賦莫深於離騷，反而廣之；辭莫麗於相如，作四賦；皆斟酌其本，相與放依而馳騁云。〔一一〕用心於内，不求於外，於時人皆曶之；〔一二〕唯劉歆及范逡敬焉，〔一三〕而桓譚以爲絶倫。〔一四〕

〔一〕【補注】錢大昕曰：予謂自「雄之自序云爾」以下至篇終皆傳文，非贊也。司馬遷傳亦稱遷之自序云爾，然後别述遷事以終其篇，與此正同。遷有贊而雄無贊者，篇終載桓譚及諸儒之言，褒貶已見，不必别爲贊也。此「贊曰」二字後人妄增，非班史本文。

〔二〕師古曰：自法言目之前，皆是雄本自序之文也。

〔三〕【補注】宋祁曰：「至」字可删。

〔四〕【補注】錢大昕曰：雄以天鳳五年卒，年七十一，則成帝永始四年年始四十有一。而王音之薨乃在永始二年正月，使果爲音所薦，則遊京師之年尚未盈四十也。

〔五〕【補注】宋祁曰：通鑑考異云：「雄自序云『上方郊祠甘泉泰畤，召雄待詔承明之庭，奏甘泉賦。其十二月，奏羽獵賦』。事在元延元年，時王音卒已久，蓋王根也。」先謙曰：辯詳下文。

〔六〕【補注】宋祁曰：「雄」字上當有「唯」字。

〔七〕師古曰：恬，安也。

〔八〕【補注】宋祁曰：「求」字當作「窮」。

〔九〕【補注】沈欽韓曰：藝文志載訓纂而不及方言，應劭序風俗通始言之。常璩志不言四賦，而云「典莫正於爾雅，作方言」，應劭云「凡九千字，其所發明，猶未若爾雅之閎麗也」，亦以比爾雅，則班序脱之耳。盧文弨云：「劉歆求方言入録，子雲不與，故藝文志無之。」

〔一〇〕晉灼曰：九州之箴也。

〔一一〕師古曰：放音甫往反。

〔一二〕師古曰：曶與忽同，謂輕也。【補注】宋祁曰：注文「輕」下當有「之」字。

〔一三〕師古曰：逡音〔于〕〔千〕旬反。

〔一四〕師古曰：無比類。

王莽時，〔一〕劉歆、甄豐皆爲上公，莽既以符命自立，即位之後欲絶其原以神前事，而豐子尋、歆子棻復獻之。〔二〕莽誅豐父子，投棻四裔，辭所連及，便收不請。〔三〕時雄校書天禄閣上，治獄使者來，欲收雄，雄恐不能自免，乃從閣上自投下，幾死。〔四〕莽聞之曰：「雄素不與事，何故在此？」〔五〕間請問其故，〔六〕乃劉棻嘗從雄學作奇字，〔七〕雄不知情。〔八〕有詔勿問。然京師爲之語曰：「惟寂寞，自投閣；爰清靜，作符命。」〔九〕

〔一〕【補注】周壽昌曰：莽始建國二年。

〔二〕師古曰：棻亦枌字也，音扶云反。【補注】先謙曰：官本注「枌」作「分」，引宋祁曰，注文「分」字當從「木」。

〔三〕師古曰：不須奏請。

〔四〕師古曰：幾音鉅依反。

〔五〕師古曰：與讀曰豫。【補注】先謙曰：言何故在獻符命事中得相連及。

〔六〕師古曰：使人密問之。

〔七〕師古曰：古文之異者。

〔八〕師古曰：不知獻符命之事也。【補注】先謙曰：官本注末無「也」字。

〔九〕師古曰：以雄解嘲之言譏之也。今流俗本云：「惟寂惟寞，自投於閣；爰清爰靜，作符命。」妄增之。【補注】宋祁曰：注文「作符命」當云「作符作命」。沈欽韓曰：此指劇秦美新之文。班不爲之諱，而注不能舉。洪熙煊曰：文選謝靈運齋中讀書詩李善注引漢書「惟寂惟寞，自投于閣」，皆與流俗本同。

雄以病免，復召爲大夫。家素貧，〔一〕耆酒，〔二〕人希至其門。時有好事者載酒肴從游學，而鉅鹿侯芭常從雄居，〔三〕受其太玄、法言焉。劉歆亦嘗觀之，謂雄曰：「空自苦！今學者有禄利，然尚不能明易，〔四〕又如玄何？〔五〕吾恐後人用覆醬瓿也。」〔六〕雄笑而不應。〔七〕年七十一，天鳳五年卒，〔八〕侯芭爲起墳，〔九〕喪之三年。

〔一〕【補注】沈欽韓曰：御覽五百五十五桓子新論曰：「楊子雲爲郎，居長安，素貧。比歲亡其兩男，哀痛之，皆持歸葬於蜀，以此困乏。」案法言云苗而不秀者，其我家之童烏乎？九齡而與我玄文。烏，第二子，其一不可考。

〔二〕師古曰：耆讀曰嗜。

〔三〕服虔曰：芭音葩。

〔四〕【補注】先謙曰：言易立學官，可得禄利，然明者尚不可見。

〔五〕師古曰：言無奈之何。

〔六〕師古曰：瓿音部，小甖也。【補注】先謙曰：官本「部」作「蔀」。

〔七〕【補注】沈欽韓曰：荅劉歆書云：「張伯松言，恐雄爲太玄經由鼠坻之與牛場也。如其用則實五稼，飽邦民，否則爲牴糞，棄之於道矣。而雄般之。」章樵注：般，樂也。論衡齊世篇：「楊子雲作太玄、法言，張伯松不肯一觀，與之並肩，故賤其言也。」

〔八〕【補注】何焯曰：自莽居攝至此凡十三年。周壽昌曰：據此書，雄卒於莽之天鳳五年戊寅，年七十一，則雄生適當宣帝甘露元年戊辰。至成帝即位，甫二十二歲。陽朔三年己亥，王音始拜大司馬車騎將軍，雄年三十二。永始二年丙午，音薨，雄年三十九，與書中所云「四十餘自蜀游京師，爲王音門下史」語不合。案，古四字作亖，傳寫時由三字誤加一畫，應正作「三十餘」始合。本書五行志「吴王濞封有四郡」，顧炎武校正曰：「四郡當作三郡。古四字積畫以成，與三易混，猶左傳『陳蔡不羹三國』爲『四國』也。」自三誤作亖，後人遂謂班史「七十一歲卒」爲不可信，因將雄卒年缺之。焦竑則謂雄至京見成帝年四十餘矣，自成帝建始改元至莽天鳳五年計五十二歲，以五十二合四十餘已將近百年，與所謂七十一歲者牴牾。何焯則云雄生在宣帝甘露元年，至成帝永始三年爲四十歲。班書贊中言「年四十餘自蜀游京師，王音薦爲待詔」。甘泉賦爲四年所上，則又未將王音拜大司馬及薨年一考之也。

〔九〕【補注】沈欽韓曰：論衡案書篇「楊子雲作太玄，侯鋪子隨而宣之」。鋪子蓋芭字也。文選注五十九七略曰「侯芭負土作墳，號曰玄冢」。長安志楊雄家牒曰「詔陪葬安陵阪上」。

時大司空王邑、納言嚴尤聞雄死，謂桓譚曰：「子嘗稱揚雄書，豈能傳於後世乎？」譚曰：「必傳。顧君與譚不及見也。〔一〕凡人賤近而貴遠，親見揚子雲禄位容貌不能動人，故輕其書。昔老聃著虚無之言兩篇，〔二〕薄仁義，非禮學，然後世好之者尚以爲過於五經，自漢文景之君及司馬遷皆有是言。今揚子之書文義至深，而論不詭於聖人，〔三〕若使遭遇時君，更閲賢知，爲所稱善，〔四〕則必度越諸子矣。」〔五〕諸儒或譏以爲雄非聖人而作經，猶春秋吴楚之君僭號稱王，蓋誅絶之罪也。〔六〕自雄之没至今四十餘年，其法言大行，而玄終不顯，然篇籍具存。

〔一〕師古曰：顧，念也。【補注】蘇輿曰：顧猶但也。
〔二〕師古曰：謂道德經也。
〔三〕師古曰：詭，違也。聖人，謂周公、孔子。
〔四〕師古曰：更音工衡反。
〔五〕師古曰：度，過也。【補注】何焯曰：李光地云，至韓文公、司馬温公、曾、王諸公之論出，而譚之言果驗矣。推重始於張平子。
〔六〕師古曰：絶謂無胤嗣也。【補注】劉敞曰：絶讀如春秋貶絶之絶。

儒林傳第五十八

漢書八十八

古之儒者，博學虖六蓺之文。〔一〕六學者，〔二〕王教之典籍，先聖所以明天道，正人倫，致至治之成法也。周道既衰，壞於幽厲，禮樂征伐自諸侯出，陵夷二百餘年而孔子興，〔三〕以聖德遭季世，知言之不用而道不行，乃歎曰：「鳳鳥不至，河不出圖，吾已矣夫！」〔四〕「文王既沒，文不在茲乎？」〔五〕於是應聘諸侯，以答禮行誼。〔六〕西入周，南至楚，畏匡戹陳，〔七〕奸七十餘君。〔八〕適齊聞韶，三月不知肉味；〔九〕自衞反魯，然後樂正，雅頌各得其所。〔一〇〕究觀古今之篇籍，乃稱曰：「大哉，堯之爲君也！唯天爲大，唯堯則之。〔一一〕巍巍乎其有成功也，煥乎其有文章也！」〔一二〕又〔云〕〔曰〕：「周監於二世，郁郁乎文哉！吾從周。」〔一三〕於是敍書則斷堯典，〔一四〕稱樂則法韶舞，〔一五〕論詩則首周南。〔一六〕綴周之禮，因魯春秋，舉十二公行事，繩之以文武之道，成一王法，〔一七〕至獲麟而止。蓋晚而好易，讀之韋編三絕，而爲之傳。〔一八〕皆因近聖之事，以〔一九〕立先王之教，故曰：「述而不作，信而好古」；「下學而上達，知我者其天乎！」〔二〇〕

〔一〕師古曰：六蓺，謂易、禮、樂、詩、書、春秋。

〔二〕【補注】王念孫曰：案，景祐本「六學」作「六蓺」是也。此承上句六蓺之文而言。今本作「六學」者，涉下文「六學從此缺」而誤。

〔三〕師古曰：陵夷，言漸積替。【補注】宋祁曰：注文「積替」字下疑有「也」字。

〔四〕師古曰：論語載孔子之言也。鳳鳥、河圖皆王者之瑞。自傷有德而無位，故云已矣。

〔五〕師古曰：言文王久已没矣，文章之事豈不在此乎？蓋自謂也。亦見論語。

〔六〕師古曰：答禮，謂有問禮者則爲應答而申明之。【補注】劉奉世曰：答禮者，迎之有禮，亦以禮答之。先謙曰：孔子周流，欲明禮義於天下。顔説是也。劉所見殊陋。

〔七〕師古曰：匡，邑名，即陳留匡城縣。孔子貌類陽貨，陽貨嘗有怨於匡，匡人見孔子，以爲陽貨也，故圍而欲害之，後得免耳。戹陳，謂在陳絶糧也。

〔八〕師古曰：奸音干。

〔九〕師古曰：美舜樂之善也。

〔一〇〕師古曰：自衞反魯，謂哀十一年也。是時道衰樂廢，孔子還修正之，故雅頌各得其所。

〔一一〕師古曰：言堯所行皆法天。

〔一二〕師古曰：巍巍者，高貌。焕，明也。

〔一三〕師古曰：言周追視夏殷之制而損益之，故禮文大備也。郁郁，文章盛貌。自此以上，孔子之言，皆見論語。【補注】劉攽曰：「世」改「代」。先謙曰：「代」之爲「世」，後人回改誤之。官本注「夏殷」下有「二代」二字。

〔一四〕師古曰：謂尚書起自堯典也。

〔一五〕師古曰：論語云顔回問爲邦，子曰：「行夏之時，乘殷之輅，服周之冕，樂則韶舞，放鄭聲。」韶，舜樂也，孔子歎其盡善盡美，故欲用之。【補注】先謙曰：官本注「回」作「淵」。

〔一六〕師古曰：以關雎爲始也。

〔一七〕師古曰：繩謂治正之。

〔一八〕師古曰：編，所以聯次簡也。言愛玩之甚，故編簡之韋爲之三絶也。傳謂彖、象、繫辭、文言、説卦之屬。

〔一九〕音以。【補注】先謙曰：二字淺人妄增。官本無。

〔二〇〕師古曰：皆論語載孔子之言也。作者之謂聖，述者之謂明，故孔子自謙，言我但述者耳。下學上達，謂下學人事，上達天命也。行不違天，故唯天知我也。

仲尼既没，七十子之徒散遊諸侯，〔一〕大者爲卿相師傅，小者友教士大夫，或隱而不見。故子張居陳，〔二〕澹臺子羽居楚，〔三〕子夏居西河，〔四〕子貢終於齊。〔五〕如田子方、段干木、吴起、禽滑氂之屬，皆受業於子夏之倫，爲王者師。〔六〕是時，獨魏文侯好學。天下並爭於戰國，儒術既黜焉，然齊魯之間，學者猶弗廢，至於威、宣之際，孟子、孫卿之列咸遵夫子之業而潤色之，以學顯於當世。〔七〕

〔一〕師古曰：七十子，謂弟子者七十七人也。稱七十者，但言其成數也。【補注】宋祁曰：注文「弟子」字下疑有「達」字。

〔二〕師古曰：子張姓顓孫，名師。【補注】沈欽韓曰：史記於上有「子路居衞」，班以其先孔子死，削之。先謙曰：仲尼弟子傳「子張，陳人」。索隱引鄭玄目録，陽城人。

〔三〕師古曰：子羽姓澹臺，名滅明。澹音徒甘反。【補注】先謙曰：弟子傳稱其南游至江。

〔四〕師古曰：子夏姓卜，名商。【補注】先謙曰：弟子傳索隱，在河東郡之西界，蓋近龍門。正義，今汾州。

〔五〕師古曰：子貢姓端木，名賜。【補注】宋祁曰：「貢」蕭該本作「贛」。淳化本、景本作「子貢」。刊誤改作「贛」，又云「子貢當爲子夏」。錢大昕曰：說文「贛，賜也，从貝，竷聲」；「貢，獻功也，从貝，工聲」。二字音同義異。古人字與名相應，端木子名賜，則非貢獻之「貢」明矣。蕭該本最爲近古。禮樂記亦作「子贛」。先謙曰：弟子傳：「常相魯、衞，家累千金，卒終於齊。」

〔六〕師古曰：子方以下皆魏人也。滑音于拔反。氂音離。【補注】沈欽韓曰：呂覽重言篇注「田子方學於子貢」。尊師篇「段干木，晉國之大駔也，學於子夏」。史記「吳起嘗學於曾子」，其年不相當。經典序録吳起受左氏傳於曾申，非曾子。呂覽當染篇「禽滑釐學於墨子」，與墨翟書合。尊師篇注「禽滑氂，墨子弟子」。列子湯問、楊朱篇，莊子天下篇並同。未可援墨入儒也。

〔七〕鄧展曰：威、宣，齊二王。

及至秦始皇兼天下，燔詩書，殺術士，〔一〕六學從此缺矣。〔二〕陳涉之王也，魯諸儒持孔氏禮器而歸之，〔三〕於是孔甲爲涉博士，卒與俱死。〔四〕陳涉起匹夫，敺適戍以立號，〔五〕不滿歲而滅亡，其事至微淺，然而搢紳先生負禮器往委質爲臣者何也？以秦禁其業，積怨而發憤於陳王也。

〔一〕師古曰：燔，焚也。今新豐縣温湯之處號愍儒鄉，温湯西南三里有馬谷，谷之西岸有阬，古老相傳以爲秦阬儒處也。衞宏詔定古文官書序云：「秦既焚書，患苦天下不從所改更法，而諸生到者拜爲郎，前後七百人，乃密令冬種瓜於驪山阬谷中温處。瓜實成，詔博士諸生說之，人人不同，乃命就視之。爲伏機，諸生賢儒皆至焉，方相難不決，因發機，從上填之以土，皆壓，終乃無聲。」此則閔儒之地，亦不謬矣。燔音扶元反。【補注】周壽昌曰：經術之士稱術士，猶別傳中有道之人稱道人也。

〔二〕【補注】周壽昌曰：「學」史記作「藝」。本書述武紀敘云「憲章六學，統壹聖真」，述藝文志敘云「六學既登，遭世罔弘」，述儒林傳敘云「漢存其業，六學析分」，皆稱「六學」。

〔三〕【補注】錢大昭曰：「而歸」南監本、閩本並作「往歸」。先謙曰：官本作「往」。

〔四〕師古曰：孔光傳云：「鮒爲陳涉博士，死陳下」，今此云孔甲，將名鮒而字甲也。【補注】先謙曰：錢東垣云，自「陳涉之王也」至「發憤於陳王」，大約皆本於鹽鐵論之褒賢篇。孔子世家云：「慎年五十七，生鮒，爲陳王涉博士。」孔叢荅問篇：「子魚名鮒甲，陳人，或謂之子鮒，或稱孔甲。獨樂先王之道，講習不倦。陳勝起兵於陳，陳餘以鮒賢説陳王往聘之，陳王乃遣使者齎千金加束帛以車三乘聘焉。張耳亦謂子魚宜速來以佐王業。子魚遂往，至陳，王郊迎而執其手。與議世務，子魚以霸王之業勸之，王悦其言，遂尊爲博士。爲太傅，凡仕六旬，老於陳。」又載其將没戒弟子語。據此，孔叢謬也。

〔五〕師古曰：敺與驅同。適讀曰讁。

及高皇帝誅項籍，引兵圍魯，魯中諸儒尚講誦習禮，弦歌之音不絕，豈非聖人遺化好學之國哉？〔一〕於是諸儒始得修其經學，講習大射鄉飲之禮。叔孫通作漢禮儀，因爲奉常，諸弟子共定者，咸爲選首，然後喟然興於學。〔二〕然尚有干戈，平定四海，〔三〕亦未皇庠序之事也。〔四〕孝惠、高后時，公卿皆武力功臣。孝文時頗登用，〔五〕然孝文本好刑名之言。及至孝景，不任儒，竇太后又好黃老術，故諸博士具官待問，未有進者。〔六〕

〔一〕【補注】先謙曰：史記「遺」上有「之」字，「學」作「禮樂」。

〔二〕師古曰：喟然，歎息貌，音丘位反。
〔三〕師古曰：言陳豨、盧綰、韓信、黥布之徒相次反叛征伐也。
〔四〕師古曰：皇，暇也。
〔五〕師古曰：言少用文學之士。
〔六〕師古曰：具官，謂備員而已。

漢興，言易自淄川田生；言書自濟南伏生；言詩，於魯則申培公，於齊則轅固生，〔一〕燕則韓太傅；〔二〕言禮，則魯高堂生；〔三〕言春秋，於齊則胡毋生，於趙則董仲舒。及竇太后崩，武安君田蚡爲丞相，黜黄老、刑名百家之言，延文學儒者以百數，〔四〕而公孫弘以治春秋爲丞相封侯，天下學士靡然鄉風矣。〔五〕

〔一〕師古曰：培、固者，其人名；公、生者，其號也。它皆類此。培音陪。【補注】先謙曰：官本「此」下有「韋昭曰培公之名也」八字。
〔二〕師古曰：名嬰也。
〔三〕【補注】先謙曰：索隱：「謝承云秦氏季代有魯人高堂伯，則伯其字。」
〔四〕【補注】先謙曰：史記作「數百人」。
〔五〕師古曰：鄉讀曰嚮。

弘爲學官，悼道之鬱滯，乃請曰：「丞相、御史言：〔一〕制曰『蓋聞導民以禮，風之以樂。〔二〕婚姻者，居室之大倫也。〔三〕今禮廢樂崩，朕甚愍焉，故詳延天下方聞之士，咸登諸朝。〔四〕其令禮官勸學，講議洽聞，舉遺興禮，以爲天下先。〔五〕太常議，予博士弟子，崇鄉里之化，以厲賢材焉。』〔六〕謹與太常臧、博士平等議，〔七〕曰：聞三代之道，鄉里有教，夏曰校，殷曰庠，周曰序。〔八〕其勸善也，顯之朝廷；其懲惡也，加之刑罰。故教化之行也，建首善自京師始，繇内及外。〔九〕今陛下昭至德，開大明，配天地，本人倫，勸學興禮，崇化厲賢，以風四方，太平之原也。〔一〇〕古者政教未洽，不備其禮，請因舊官而興焉。爲博士官置弟子五十人，復其身。〔一一〕太常擇民年十八以上儀狀端正者，補博士弟子。〔一二〕郡國縣官〔一三〕有好文學，敬長上，肅政教，順鄉里，出入不悖，〔一四〕所聞，令相長丞上屬所二千石。〔一五〕二千石謹察可者，常與計偕，〔一六〕詣太常，得受業如弟子。一歲皆輒課，能通一藝以上，補文學掌故缺；其高第可以爲郎中，太常籍奏。〔一七〕即有秀才異等，輒以名聞。其不事學若下材，及不能通一藝，輒罷之，而請諸能稱者。〔一八〕臣謹案詔書律令下者，〔一九〕明天人分際，通古今之誼，〔二〇〕文章爾雅，訓辭深厚，〔二一〕恩施甚美。小吏淺聞，弗能究宣，亡以明布諭下。〔二二〕以治禮掌故以文學禮義爲官，遷留滯。〔二三〕請選擇其秩比二百石以上及吏百石通一藝以上補左右内史、大行卒史，〔二四〕比百石以下補郡太守卒史，皆各二人，〔二五〕邊郡一人。先用誦多者，〔二六〕不足，擇掌故以補中二千石屬，〔二七〕文學掌故補郡屬，備員。〔二八〕請著功令。〔二九〕它如律令。」〔三〇〕

〔一〕師古曰：自此以下皆弘奏請之辭。【補注】宋祁曰：景德本無「悼」字，刊誤，據史記作「悼道」，據南本作「以道」。先謙曰：官本「曰」作「白」。

〔二〕師古曰：風，化也。

〔三〕師古曰：倫，理也。

〔四〕師古曰：詳，悉也。方，道也。有道及博聞之士也。【補注】宋祁曰：「延」字刊誤據史館本添入。齊召南曰：案史記作「詳延天下方正博聞之士」，義甚明皙。當是漢書寫本脱「正博」二字，而師古因曲爲之説耳。沈欽韓曰：方、旁古今字。廣雅「旁，廣也」，於義亦通。

〔五〕師古曰：舉遺，謂經典遺逸者求而舉之。

〔六〕師古曰：厲，勸勉之也，一曰砥厲也。自此以上，弘所引詔文。【補注】先謙曰：予、與同。史記作「與」。

〔七〕師古曰：臧，孔臧也。【補注】周壽昌曰：文選兩都賦李注引孔臧集曰：「臧，仲尼之後，少以才博知名，稍遷御史大夫，辭曰：『臣代以經學爲家，乞爲太常，專修家業。』武帝遂用之。」通鑑於元朔二年載此條，並云，臧辭御史大夫，「乞爲太常，典臣家業，與從弟侍中安國綱紀古訓，使永垂來嗣」，上乃以臧爲太常，其禮賜如三公云。

〔八〕師古曰：教，效也。言可效道藝也。【補注】先謙曰：官本考證云，史記作「殷曰序，周曰庠」，與孟子同。

〔九〕師古曰：繇音由。由，從也。

〔一〇〕師古曰：風，化也。【補注】宋祁曰：姚本改「厲賢」作「屬賢」。

〔一一〕師古曰：復音方目反。

〔一二〕【補注】周壽昌曰：漢官儀舉博士狀有身無金痍痼疾一條，藝文類聚、御覽職官部引同。

〔一三〕【補注】齊召南曰：案，史記作「郡國縣道邑」是也，此文有脱誤耳。縣有蠻夷曰道，列侯公主所食曰邑，謂屬於郡或國之縣及道與邑也。漢時稱朝廷曰縣官，故凡言令長不曰縣官也。

〔一四〕師古曰：悖，乖也，音布内反。

〔一五〕師古曰：聞謂聞其部屬有此人也。令，縣令；相，侯相；長，縣長；丞，縣丞也。二千石謂郡守及諸王相也。【補

注】劉攽曰：「所聞」當屬上句讀之，則亦不煩訓詁矣。何焯曰：史記「聞」下有一「者」字，自當屬上「出入不悖」爲句。王鳴盛曰：案，當作「上所屬二千石」。先謙曰：史記亦作「屬所二千石」，王説非。自二千石下言之，則曰所屬；自令相長丞上言之，則曰屬所。屬所與在所義同。

〔一六〕師古曰：隨上計吏俱至京師。【補注】先謙曰：史記「常」作「當」，宜依此訂。

〔一七〕師古曰：爲名籍而奏。【補注】宋祁曰：注文「爲」字下疑有「之」字。先謙曰：宋説非。史記「郎中」下有「者」字。

〔一八〕師古曰：謂列其能通蓺業而相稱其任者，奏請補用之也。【補注】齊召南曰：案史記作「而請諸不稱者罰」。此文祇换一「不」字，省一「罰」字，義遂不同。史記言懲儆濫舉，此文言登進賢才也。沈欽韓曰：史記所云當是兼坐舉主也。通考四十云：「諸不稱者，謂太常之謬選，博士之失教，及郡國之濫以充賦也。」功臣表「山陽侯張當居坐爲太常擇博士弟子故不以實，完爲城旦」，則其罰可知。先謙曰：官本注無「相」字。此文依史記義自貫串，疑本書傳寫脱誤，非班氏改史記也。

〔一九〕師古曰：下謂班行也。【補注】先謙曰：謂平時所班下者，不蒙上言。

〔二〇〕師古曰：分音扶問反。【補注】先謙曰：官本注在上句下。

〔二一〕師古曰：爾雅，近正也，言詔辭雅正而深厚也。

〔二二〕【補注】先謙曰：明通宣布，使下諭其意，非俗吏所能。

〔二三〕師古曰：言治禮掌故之官本以有文學習禮義而爲之，又所以遷擢留滯之人。【補注】劉敞曰：下「以」字衍。言治禮掌故，其遷常留滯，故請特選用以勸之。先謙曰：上「以」字衍，删下「以」字則義不可通。史記亦止有下「以」字。

〔二四〕師古曰：左右内史後爲左馮翊、右扶風，而大行後爲大鴻臚也。

〔二五〕師古曰：內地之郡，郡各補太守卒史二人也。

〔二六〕【補注】先謙曰：以上言它途選補之法如此。

〔二七〕蘇林曰：屬亦曹史，今縣令文書解言屬某甲也。【補注】先謙曰：官本注「曹」作「禮」，引宋祁曰，注文「禮史」姚本作「曹史」。先謙案，史記「不足」上有「若」字，下有「乃」字，文義尤晰。

〔二八〕師古曰：云備員者，示以升擢之，非籍其實用也。【補注】劉攽曰：尋此文意，本緣小吏弗能究宣詔書，故使文學士布在州郡也。然顏解未甚悉，今區別言之。「治禮掌故以文學禮義爲官，遷留滯」者，言故治禮掌故令在它官而遷常留滯，今遷之。「請選擇其秩比二百石以上及吏百石通一蓺以上補左右內史、大行卒史」，言文學掌故留滯在比二百石以上，又百石通一蓺，皆補爲左右內史、大行卒史也。吏乃以百石用者，爲其曉事優之也。「比百石以下補郡太守卒史，皆各二人，邊郡一人」，言故文學掌故在留滯及吏比百石皆補郡卒史也；不言文學掌故之在百石者，與吏百石同也。「先用誦多者」，此數品先用誦多者也。「不足，擇掌故」，言此數品不足，則擇見方爲掌故也。「以補中二千石屬」，以與已同，言自比二百石至比百石爲卒史者，已而臨二千石屬也。有掾有屬，卒史遷而爲屬也。文學掌故補郡屬者，即不足所擇用，故但得爲郡屬也。「備員」者，總言此二者皆備員也。錢大昕曰：師古說非也。平津本意以詔書爾雅深厚，非俗吏所解，故選文學掌故補卒史，所謂以儒術緣飾吏事也。安得云不藉其實用乎！備員，蓋蒙上不足之文，謂如有不足當以文學掌故充之，毋使缺額耳。中二千石屬，即謂內史、大行卒史。郡屬，即謂郡卒史。劉謂卒史遷爲屬，亦非是。

〔二九〕師古曰：新立此條，請以著於功令。功令，篇名，若今選舉令。【補注】沈欽韓曰：索隱「功令即今學令也」。

〔三〇〕師古曰：此外並如舊律令。

制曰：「可。」自此以來，公卿大夫士吏彬彬多文學之士矣。〔一〕

〔一〕師古曰：彬彬，文章貌，音斌。

昭帝時舉賢良文學，增博士弟子員滿百人，宣帝末增倍之。〔一〕元帝好儒，能通一經者皆復。〔二〕數年，以用度不足，更爲設員千人，郡國置五經百石卒史。〔三〕成帝末，或言孔子布衣養徒三千人，今天子太學弟子少，於是增弟子員三千人。歲餘，復如故。平帝時王莽秉政，增元士之子得受業如弟子，勿以爲員，〔四〕歲課甲科四十人爲郎中，乙科二十人爲太子舍人，丙科四十人補文學掌故云。〔五〕

〔一〕【補注】沈欽韓曰：并增博士秩六百石續志本四百石。員十二人。

〔二〕師古曰：蠲其傜賦也。復音方目反。

〔三〕【補注】沈欽韓曰：此鄉學教官之始。

〔四〕師古曰：常員之外，更開此路。

〔五〕【補注】先謙曰：官本下提行。

自魯商瞿子木受易孔子，〔一〕以授魯橋庇子庸。〔二〕子庸授江東馯臂子弓。〔三〕子弓授燕周醜子家。子家授東武孫虞子乘。子乘授齊田何子裝。〔四〕及秦禁學，易爲筮卜之書，獨不禁，故傳受者不絶也。〔五〕漢興，田何以齊田徙杜陵，號杜田生，〔六〕授東武王同子中、雒陽周王孫、丁寬、齊服生，皆著易傳數篇。〔七〕同授淄川楊何，字叔元，〔八〕元光中徵爲太中大夫。〔九〕齊即墨成至城陽相。〔一〇〕廣川孟但，爲太子門大夫。魯周霸、〔一一〕莒衡胡、〔一二〕臨淄主父偃，

皆以易至大官。〔一三〕要言易者本之田何。〔一四〕

〔一〕師古曰：商瞿，姓也。瞿音衢。【補注】沈欽韓曰：商瞿字子木。索隱「商姓，瞿名」。廣韻「商」字下注云姓。家語有商瞿。未有以商瞿爲複姓者。

〔二〕師古曰：姓橋，名庇，字子庸。它皆類此。庇音必寐反。【補注】宋祁曰：蕭該案，史記橋音矯。

〔三〕師古曰：馯，姓也，音韓。【補注】先謙曰：弟子傳作「瞿傳楚人馯臂子弘。弘傳江東人矯子庸疵」。

〔四〕【補注】齊召南曰：案史記衹云商瞿傳易，六世至田何，未嘗詳六世姓字也。自橋庇子庸至孫虞子乘皆班氏所補。又田何子裝史記作子莊。班氏當以避明帝諱而改曰裝耳。先謙曰：弟子傳作「庇傳燕人周子家豎。豎傳淳于人光子乘羽。羽傳齊人田子莊何」。

〔五〕【補注】宋祁曰：越本無「也」字。

〔六〕師古曰：高祖用婁敬之言，徙關東大族，故何以舊齊田氏見徙也。初徙時未爲杜陵，蓋史家本其地追言之也。

〔七〕師古曰：田生授王同、周王孫、丁寬、服生四人，而四人皆著易傳也。子中，王同字也。中讀曰仲。【補注】朱一新曰：藝文志注「服生名光」。

〔八〕【補注】王文彬曰：「字」字當衍。通傳前後附入者，字綴名下，皆不以「字」字表之，此不得獨異。觀顔注於子庸下標「它皆類此」可知。

〔九〕【補注】先謙曰：史儒林傳云「元光中徵官至中大夫」，弟子傳云「元朔中爲中大夫」，則「太」字當衍。

〔一〇〕師古曰：姓即墨，名成。

〔一一〕【補注】周壽昌曰：霸與議封禪，見郊祀志。以議郎在軍中，見衞青傳。後官至膠西内史。

〔一二〕師古曰：莒人姓衡，名胡也。【補注】錢大昭曰：廣韻「衡，姓」。風俗通云：「阿衡，伊尹之後」，又云「衡，魯公〔子〕字，後乃氏焉」。隸釋有衞尉衡方。

〔一三〕【補注】周壽昌曰：史記「大官」作「二千石」。

〔一四〕【補注】先謙曰：史記作「然要言易者本於楊何之家」。

丁寬字子襄，梁人一王。梁項生從田何受易，〔一〕時寬爲項生從者，讀易精敏，材過項生，遂事何。學成，何謝寬。〔二〕寬東歸，何謂門人曰：「易以東矣。」〔三〕寬至雒陽，復從周王孫受古義，號周氏傳。〔四〕景帝時，寬爲梁孝王將軍距吴楚，號丁將軍，作易説三萬言，訓故舉大誼而已，〔五〕今小章句是也。寬授同郡碭田王孫。〔六〕王孫授施讎、孟喜、梁丘賀。繇是易有施、孟、梁丘之學。〔七〕

〔一〕【補注】錢大昭曰：「一王」二字誤，閩本作「也初」。先謙曰：官本作「也初」。

〔二〕師古曰：告令罷去。

〔三〕師古曰：言丁寬〔行〕〔得〕其法術以去。【補注】宋祁曰：「易以東矣」，或無「以」字。注文「法」字當删。

〔四〕【補注】周壽昌曰：周王孫故與寬同學，是轉相師授也。藝文志「易傳周氏二篇」。

〔五〕師古曰：故謂經之旨趣也。它皆類此。【補注】先謙曰：故、詁字同。

〔六〕師古曰：碭者，梁郡之縣也，音唐，又音宕。【補注】周壽昌曰：梁國未爲郡，顔註誤。傳稱同郡者，以未便云同國，故變文書之。越絶書云「吴西城屬小城到平門丁將軍築治之」，此亦寬逸事也。先謙曰：官本「碭」並作「碭」。

〔七〕師古曰：繇與由同。後類此。

施讎字長卿，沛人也。沛與碭相近。讎爲童子，從田王孫受易。後讎徙長陵，田王孫爲博士，復從卒業，〔一〕與孟喜、梁丘賀並爲門人。謙讓，常稱學廢，不教授。及梁丘賀爲少府，事多，乃遣子臨分將門人張禹等從讎問。讎自匿不肯見，賀固請，不得已乃授臨等。於是賀薦讎：「結髮事師數十年，〔二〕賀不能及。」詔拜讎爲博士。甘露中與五經諸儒雜論同異於石渠閣。〔三〕讎授張禹、琅邪魯伯。伯爲會稽太守，禹至丞相。禹授淮陽彭宣、沛戴崇子平。崇爲九卿，〔四〕宣大司空。禹、宣皆有傳。魯伯授太山毛莫如少路、〔五〕琅邪邴丹曼容，〔六〕著清名。莫如至常山太守。此其知名者也。繇是施家有張、彭之學。

〔一〕師古曰：卒，終也。

〔二〕師古曰：言從結髮爲童丱，即從師學，著其早也。

〔三〕師古曰：三輔故事云石渠閣在未央殿北，以藏祕書也。

〔四〕【補注】錢大昕曰：公卿表無崇名。據張禹傳，崇任少府也。

〔五〕師古曰：姓毛，名莫如，字少路。【補注】宋祁曰：蕭該案：「漢書衆本悉作『毛』字。風俗通姓氏篇『渾屯氏，太昊之良佐。漢有屯莫如，爲常山太守』。又有毛姓云『毛伯，文王之子也，見左傳。漢有毛㮝之爲壽張令』。案，此莫如非姓毛，乃應作『屯』字，音徒本反。今人相承呼爲毛，忽聞爲屯，驚怪者多。毛、屯相似，容是傳寫誤矣。應劭解漢書，世人皆用，何爲在風俗通而不信？」錢大昭曰：據此，則顏注非矣。顏采集注漢書家，獨未見蕭該音義，故有此失。沈欽韓曰：廣韻「屯，姓」，後蜀録有法部尚書屯度。隋地理志館陶縣舊置毛州，乃屯氏河誤爲「毛」，因置州，與此同誤。先謙曰：莫如又見杜欽李尋傳。

〔六〕【補注】宋祁曰：此下更有「曼容」二字。

孟喜，字長卿，東海蘭陵人也。父號孟卿，〔一〕善爲禮、春秋，授后蒼、疏廣。世所傳后氏禮、疏氏春秋，皆出孟卿。孟卿以禮經多，春秋煩雜，乃使喜從田王孫受易。喜好自稱譽，得易家候陰陽災變書，詐言師田生且死時枕喜厀，獨傳喜，諸儒以此耀之。〔二〕同門梁丘賀疏通證明之，〔三〕曰：「田生絶於施讎手中，時喜歸東海，安得此事？」又蜀人趙賓好小數書，後爲易，飾易文，以爲「箕子明夷，陰陽氣亡箕子；箕子者，萬物方荄茲也」。〔四〕賓持論巧慧，易家不能難，皆曰「非古法也」。〔五〕云受孟喜，喜爲名之。〔六〕後賓死，莫能持其説。喜因不肯仞，〔七〕以此不見信。喜舉孝廉爲郎，曲臺署長，〔八〕病免，爲丞相掾。博士缺，衆人薦喜。上聞喜改師法，〔九〕遂不用喜。喜授同郡白光少子、沛翟牧子兄，〔一〇〕皆爲博士。繇是有翟、孟、白之學。〔一一〕

〔一〕師古曰：時人以卿呼之，若言公矣。

〔二〕師古曰：用爲光榮也。

〔三〕師古曰：同門，同師學者也。疏通，猶言分別也。證明，明其僞也。【補注】沈欽韓曰：包氏論語注「同門曰朋」，周禮司徒注「同師爲朋」，是同門者，同師之謂。

〔四〕師古曰：易明夷卦彖曰：「内文明而外柔順，以蒙大難。文王以之，利艱貞，晦其明也。内難而能正其志，箕子以之。」而六五爻辭曰：「箕子之明夷，利貞。」此箕子者，謂殷父師説洪範者也，而賓妄爲説耳。荄茲，言其根荄方滋茂也。荄音該，又音皆。【補注】沈欽韓曰：此説在當時爲怪，班意亦以爲非。案易釋文：「蜀才『箕』作『其』。劉向云今易『箕子』作『荄滋』」。鄒湛云，訓箕爲荄，詁子爲滋，漫衍無經，不可致詰，以譏荀爽。」然則，荀氏易仍同趙賓也。此爲明夷六五爻辭。文王重易六爻，作上下篇時，箕子未蒙其難，何得如馬融云紂奴之乎！見周易集解。史記律書「亥者，荄也」，「子者，滋也」。明夷本九月卦，侯在九月。五出成既濟，既濟侯在十月。京房易傳，明夷積陰盪陽，變陽入純陰，故趙賓云陰陽氣窮，未有萌兆。太玄晦「上九，晦冥冥利於不明之貞」，待困剝已極，則陰氣方消，陽臧於靈，始有成形耳。淮南時則訓「爨萁燧火」，高誘注「萁讀該備之該」，萁、萁同有荄音久矣。

〔五〕師古曰：心不服。

〔六〕師古曰：名之者，承取其名，云實授也。

〔七〕師古曰：仞亦名也。仞音刃。【補注】錢大昕曰：仞，古認字。說文無「認」。沈欽韓曰：列子天瑞篇「認而有之，皆惑也」，唐盧重元本作「仞」。淮南人間訓「非其事者勿仞也，仞人之事者敗」，今俗通作「認」。

〔八〕師古曰：曲臺，殿名。署者，主供其事也。

〔九〕【補注】沈欽韓曰：荀子儒效篇「有師法者，人之大寶也；無師法者，人之大殃也」。

〔一〇〕師古曰：兄讀曰況。

〔一一〕【補注】錢大昕曰：當云「孟家有白、翟之學」，文有脱誤。

梁丘賀字長翁，琅邪諸人也。以能心計，爲武騎。從太中大夫京房受易。房者，淄川楊何弟子也。〔一〕房出爲齊郡太守，賀更事田王孫。宣帝時，聞京房爲易明，求其門人，得賀。賀時爲都司空令，〔二〕坐事，論免爲庶人。待詔黄門數入説教侍中，〔三〕以召賀。賀入説，上善之，〔四〕以賀爲郎。會八月飲酎，行祠孝昭廟，〔五〕先敺旄頭劍挺墮墜，首垂泥中，〔六〕刃鄉乘輿車，〔七〕馬驚。於是召賀筮之，有兵謀，不吉。上還，使有司侍祠。是時霍氏外孫代郡太守任宣坐謀反誅，〔八〕宣子章爲公車丞，〔九〕亡在渭城界中，夜玄服入廟，居郎間，〔一〇〕執戟立廟門，待上至，欲爲逆。發覺，伏誅。故事，上常夜入廟，其後待明而入，自此始也。賀以筮有應，繇是近幸，爲太中大夫，給事中，至少府。爲人小心周密，上信重之。年老終官。傳子臨，亦入説，爲黄門郎。甘露中，奉使問諸儒於石渠。臨學精孰，〔一一〕專行京房法。琅邪王吉通五經，聞臨説，善之。時宣帝選高材郎十人從臨講，吉乃使其子郎中駿上疏從臨受易。臨代五鹿充宗君孟爲少府，駿御史大夫，自有傳。充宗授平陵士孫張仲方、〔一二〕沛鄧彭祖子夏、齊衡咸長賓。〔一三〕張爲博士，至楊州牧，光禄大夫給事中，家世傳業；彭祖，真定太傅；咸，王莽講學大夫。繇是梁丘有士孫、鄧、衡之學。

〔一〕師古曰：自别一京房，非焦延壽弟子爲課吏法者。或書字誤耳，不當爲京房。【補注】周壽昌曰：漢時同名姓者多，不必是書字誤也。

〔二〕【補注】先謙曰：百官表「都司空令，宗正屬官」。

〔三〕師古曰：爲諸侍中説經爲教授。

〔四〕師古曰：説於天子之前。

〔五〕師古曰：行謂天子出。

〔六〕師古曰：挺，引也，劍自然引拔出也。墬，古地字。【補注】宋祁曰：「垂」字當作「臿」字。先謙曰：宋説是也。泥中可言臿，不可言垂，説詳劉向傳。

〔七〕師古曰：鄉讀曰嚮。

〔八〕師古曰：霍光傳云任宣霍氏之壻，此云外孫，誤也。【補注】周壽昌曰：顔注是也。然此以外孫直貫下宣子章，如義縱傳「捕案太后外孫修成子中」。修成，太后女。其子中，太后外孫也。左僖二十四年傳「得罪於母弟之寵子帶」，與此文法微同。

〔九〕【補注】先謙曰：百官表公車司馬丞屬衛尉。

〔一〇〕師古曰：郎皆皁衣，故章玄服以廁也。【補注】沈欽韓曰：祭服皆袀玄也。

〔一一〕【補注】沈欽韓曰：通典七十七漢石渠議，宣帝甘露三年三月，黄門侍郎臨奏經曰：「鄉射合樂，大射不合樂，何也？」戴聖、聞人通漢、韋玄成各云云。此即問諸儒於石渠事。杜氏注云「臨失其姓」，未之考耳。

〔一二〕師古曰：姓士孫，名張，字仲方。【補注】劉奉世曰：「臨代五鹿充宗」，「代」當爲「授」，後人誤改之。代充宗者召信臣，亦非臨也。沈欽韓曰：上不敘充宗易所始，而下云梁丘有士孫、鄧、衡之學，則授易者梁丘臨，不可言充宗。陸德明序録云：「臨傳少府五鹿充宗及琅邪王駿。充宗授平陵士孫張等。」以朱雲傳證之，陸序是也。先謙曰：藝文志有五鹿充宗略説三篇。

〔一三〕【補注】宋祁曰：蕭該案，風俗通姓氏篇云「衡，阿衡也，伊尹官也。見詩傳。漢有衡咸講學祭酒」。

京房受易梁人焦延壽。〔一〕延壽云嘗從孟喜問易。會喜死，房以爲延壽易即孟氏學，翟牧、白生不肯，皆曰非也。至成帝時，劉向校書，考易説，以爲諸易家説皆祖田何、楊叔、丁將軍，大誼略同，〔二〕唯京氏爲異黨，焦延壽獨得隱士之説，〔三〕託之孟氏，不相與同。房以明災異得幸，爲石顯所譖誅，自有傳。房授東海殷嘉、〔四〕河東姚平、〔五〕河南乘弘，〔六〕皆爲郎、博士。繇是易有京氏之學。

〔一〕師古曰：延壽其字，名贛。【補注】先謙曰：互見房傳。

〔二〕【補注】先謙曰：上文云楊何字叔元，藝文志班自注同，此脱「元」字。

〔三〕師古曰：黨讀曰儻。【補注】先謙曰：惠棟云，案文義當以「黨」字屬上句。異黨，猶言異類也。錢大昭云，荀紀以「黨」字絶句。

〔四〕【補注】先謙曰：藝文志及經典釋文作「段嘉」。「殷」字誤。

〔五〕【補注】先謙曰：平見房傳。

〔六〕師古曰：乘，姓也，音食證反。【補注】劉敞曰：今有乘姓，音如乘黎之乘。錢大昭曰：案廣韻十六蒸言「乘，又姓」，四十七證不言姓。

費直字長翁，東萊人也。〔一〕治易爲郎，至單父令。〔二〕長於卦筮，亡章句，徒以彖象系辭十篇文言解説上下經。琅邪王璜平中能傳之。〔三〕璜又傳古文尚書。

〔一〕師古曰：費音扶味反。

〔二〕師古曰：單音善。父音甫。

〔三〕師古曰：中讀曰仲。【補注】先謙曰：官本考證云，案「王璜」溝洫志作「王横」。案後書亦作「横」。

高相沛人也。治易與費公同時，其學亦亡章句，專説陰陽災異，自言出於丁將軍。〔一〕傳至相，相授子康及蘭陵毋將永。康以明易爲郎，永至豫章都尉。及王莽居攝，東郡太守翟誼〔二〕謀舉兵誅莽，事未發，康候知東郡有兵，私語門人，門人上書言之。後數月，翟誼兵起，莽召問，對受師高康。莽惡之，以爲惑衆，斬康。繇是易有高氏學。高、費皆未嘗立於學官。

〔一〕【補注】周壽昌曰：言其學所從出。

〔二〕【補注】先謙曰：官本考證云，案本傳作「翟義」。義、誼古字通用，蔡義亦或作蔡誼。

伏生，濟南人也，〔一〕故爲秦博士。孝文時，求能治尚書者，天下亡有，聞伏生治之，欲召。時伏生年九十餘，老不能行，於是詔太常，使掌故朝錯往受之。〔二〕秦時禁書，伏生壁藏之，其後大兵起，流亡。〔三〕漢定，伏生求其書，亡數十篇，獨得二十九篇，〔四〕即以教於齊、魯之間。齊學者由此頗能言尚書，〔五〕山東大師亡不涉尚書以教。伏生教濟南張生及歐陽生。張生爲博士，而伏生孫以治尚書徵，弗能明定。是後魯周霸、雒陽賈嘉頗能言尚書云。〔六〕

〔一〕張晏曰：名勝，伏生碑云也。【補注】錢大昭曰：後漢伏湛傳云：「九世祖勝字子賤，所謂濟南伏生者也。」

〔二〕師古曰：衛宏定古文尚書序云「伏生老，不能正言，言不可曉也，使其女傳言教錯。齊人語多與潁川異，錯所不知者凡十二三，略以其意屬讀而已」。【補注】劉台拱曰：伏女傳言，所謂受讀也。漢初音讀訓詁，學者以口相傳。「周田觀文王之德」，讀爲厥亂勸寧王之德，其一事也。鄭賈受周禮讀，馬融受漢書讀，東京猶然。馬、鄭後就經爲注，口說絶矣。

〔三〕【補注】先謙曰：史記作「兵大起」，是也。此誤倒。

〔四〕【補注】先謙曰：此藝文志所云經二十九卷也。今文本有太誓，董仲舒、司馬相如所引是也。馬、鄭諸人以爲民間後得太誓者，非。

〔五〕【補注】齊召南曰：案，史記但云「學者由此頗能言尚書」，此文似衍「齊」字。然以上下文推之，又似「齊」字下脱「魯」字。如云齊魯學者，於文甚順也。

〔六〕師古曰：嘉者，賈誼之孫也。【補注】先謙曰：閻若璩云，史記云「自此之後，魯周霸、孔安國、洛陽賈嘉頗能言尚書事」，此指安國通今文；下別敘孔氏有古文，起自安國。班於三人去孔安國專歸古文，則安國非伏生一派，而史及之爲贅，甚失遷意。兒寬事歐陽生，又事孔安國，則安國先通今文明矣。古文不列學官，若安國不通今文，無由爲博士教授也。

歐陽生字和伯，千乘人也。事伏生，授倪寬。寬又受業孔安國，〔一〕至御史大夫，自有傳。寬有俊材，〔二〕初見武帝，語經學。上曰：「吾始以尚書爲樸學，弗好，及聞寬說，可觀。」乃從寬問一篇。歐陽、大小夏侯氏學皆出於寬。寬授歐陽生子，世世相傳，至曾孫高子陽，爲博士。〔三〕高孫地餘長賓以太子中庶子授太子，後爲博士，論石渠。元帝即位，地餘侍中，貴幸，至少府。〔四〕戒其子曰：「我死，官屬即送汝財物，慎毋受。汝九卿儒者子孫，以廉絜著，可以自成。」及地餘死，少府官屬共送數百萬，〔五〕其子不受。天子聞而嘉之，賜錢百萬。地餘少子政爲王莽講學大夫。由是尚書世有歐陽氏學。〔六〕

〔一〕【補注】何焯曰：倪寬受今文於安國，其古文之學自授都尉朝也。先謙曰，案官本「倪」作「兒」。
〔二〕【補注】宋祁曰：「俊」字當作「雋」。
〔三〕師古曰：名高，字子陽。
〔四〕【補注】先謙曰：百官表在永光元年。
〔五〕【補注】宋祁曰：越本無「數」字。
〔六〕【補注】沈欽韓曰：後書儒林傳，歐陽歙，光武時爲大司徒。

林尊字長賓，濟南人也。事歐陽高，爲博士，論石渠。後至少府、太子太傅，〔一〕授平陵平當、梁陳翁生。當至丞相，自有傳。翁生信都太傅，家世傳業。由是歐陽有平、陳之學。翁生授琅邪殷崇、楚國龔勝。崇爲博士，勝右扶風，自有傳。而平當授九江朱普公文、上黨鮑宣。普爲博士，宣司隸校尉，自有傳。徒衆尤盛，知名者也。

〔一〕【補注】先謙曰：尊爲少府不見公卿表，蓋長信少府。

夏侯勝，其先夏侯都尉，〔一〕從濟南張生受尚書，以傳族子始昌。始昌傳勝，〔二〕勝又事同郡簡卿。〔三〕簡卿者，兒寬門人。勝傳從兄子建，〔四〕建又事歐陽高。勝至長信少府，建太子太傅，自有傳。〔五〕由是尚書有大小夏侯之學。

〔一〕【補注】朱一新曰：史失其名，蓋嘗爲都尉之官。後書注云「都尉，名」，殆誤也。百官表：「郡尉，秦官。景帝中二年更名都尉。」

〔二〕【補注】先謙曰：互見兩夏侯傳。

〔三〕師古曰：簡音姦。【補注】朱一新曰：「簡」兩夏侯傳作「蕑」。蕑從艸，監本正作「蕑」。案，古人從竹從艸多通用。急就章凡從竹之字多從艸。詩鄭風「秉蕑」，釋文云，本作「簡」。周壽昌曰：明淩氏本作「蕑」。作「簡」者，誤也。史記淮南王傳「中尉蕑忌」，索隱「蕑，姓也」，與此同。先謙曰：官本作「蕑」。

〔四〕【補注】周壽昌曰：勝傳作「從父子建」。案，勝稱大夏侯，建稱小夏侯，疑建爲勝從子。此傳是也。

〔五〕【補注】錢大昭曰：「建」當作「遷」。勝本傳云「爲長信少府，遷太子太傅」，劉向傳同。若建，官至太子少傅，非太子太傅也。且建事附勝傳，不得云自有傳。

周堪字少卿，齊人也。與孔霸俱事大夏侯勝。霸爲博士。堪譯官令，〔一〕論於石渠，經爲最高，後爲太子少傅，而孔霸以太中大夫授太子。及元帝即位，堪爲光祿大夫，與蕭望之並領尚書事，爲石顯等所譖，〔二〕皆免官。望之自殺，上愍之，乃擢堪爲光祿勳，語在劉向傳。堪授牟卿〔三〕及長安許商長伯。牟卿爲博士。霸以帝師賜爵號褒成君，傳子光，〔四〕亦事牟卿，至丞相，自有傳。由是大夏侯有孔、許之學。商善爲算，著五行論曆，四至九卿，〔五〕號其門人沛唐林子高爲德行，平陵吳章偉君爲言語，重泉王吉少音爲政事，齊炔欽幼卿爲文學。〔六〕王莽時，林、吉爲九卿，自表上師冢，大夫博士郎吏爲許氏學者，各從門人，會車數百兩，儒者榮之。欽、章皆爲博士，徒衆尤盛。章爲王莽所誅。〔七〕

〔一〕【補注】先謙曰：百官表，譯官令屬大鴻臚。

〔二〕【補注】宋祁曰：越本、邵本無「等」字。

〔三〕【補注】宋祁曰：舊本「卿」作「鄉」。

〔四〕【補注】宋祁曰：「光」字下更有「光」字。

〔五〕【補注】錢大昕曰：以公卿表考之，永始三年詹事許商爲少府，綏和元年又由侍中光祿大夫爲大司農，其年又遷光祿勳，當云三至九卿也。又據溝洫志，商嘗爲博士、將作大匠、河隄都尉，皆在未爲詹事以前。朱一新曰：王應麟藝文志攷證引此作「五行論」，蓋以「曆」字屬下讀。藝文志有許商五行傳記一篇，算術二十六卷。

〔六〕師古曰：依孔子目弟子顏回以下爲四科也。炔音桂。【補注】宋祁曰：炔，字詁曰「今炅姓也」。韋昭音翁決反，非。錢大昕曰：班史書人名、字例至精密，它傳已見字者，不更書。唐林字子高已見鮑宣傳，而又書者，因三人而類及之也。朱一新曰：炔欽上書，請減師丹罪，見丹傳。

〔七〕【補注】宋祁曰：越本作「所誅也」。先謙曰：詳莽及云敞傳。

張山拊字長賓，平陵人也。〔一〕事小夏侯建，爲博士，論石渠，至少府。〔二〕授同縣李尋、鄭寬中少君、山陽張無故子儒、信都秦恭延君、陳留假倉子驕。無故善修章句，爲廣陵太傅，守小夏侯説文。恭增師法至百萬言，〔三〕爲城陽内史。倉以謁者論石渠，至膠東相。尋善説災異，爲騎都尉，自有傳。寬中有儁材，〔四〕以博士授太子，成帝即位，賜爵關内侯，食邑八百户，遷光禄大夫，領尚書事，甚尊重。會疾卒，谷永上疏曰：「臣聞聖王尊師傅，褒賢儁，顯有功，生則致其爵禄，死則異其禮謚。昔周公薨，成王葬以變禮，而當天心。〔五〕公叔文子卒，衛侯加以美謚，著爲後法。〔六〕近事，大司空朱邑、〔七〕右扶風翁歸德茂夭年，孝宣皇帝愍册厚賜，贊命之臣靡不激揚。〔八〕關内侯鄭寬中有顔子之美質，包商、偃之文學，〔九〕嚴然總五經之眇論，立師傅之顯位，〔一〇〕入則鄉唐虞之閎道，王法納乎聖聽，〔一一〕出則參冢宰之重職，功列施乎政事，退食自公，私門不開，〔一二〕散賜九族，田畝不益，德配周召，忠合羔羊，未得登司徒，有家臣，〔一三〕卒然早終，尤可悼痛！〔一四〕臣愚以爲宜加其葬禮，賜之令謚，〔一五〕以章尊師褒賢顯功之德。」上弔贈寬中甚厚。由是小夏侯有鄭、張、秦、假、李氏之學。寬中授東郡趙玄，無故授沛唐尊，恭授魯馮賓。賓爲博士，尊王莽太傅，玄哀帝御史大夫，至大官，知名者也。〔一六〕

〔一〕師古曰：拊音膚。【補注】先謙曰：官本注末有「韋昭音拊又音甫尤反」九字。

〔二〕【補注】朱一新曰：山拊爲少府亦不見百官表。

〔三〕師古曰：言小夏侯本所説之文不多，而秦恭又更增益，故至百萬言也。【補注】沈欽韓曰：御覽學部，桓譚新論曰「秦延君説『曰若稽古』至三萬言」。文心雕龍論説篇「秦延君注堯典十餘萬字」。

〔四〕【補注】先謙曰：官本「儁」作「雋」。

〔五〕師古曰：周公死，成王欲葬之於成周，天乃雷雨以風，禾盡偃，大木斯拔。國大恐。王乃葬周公於畢，示不敢臣也。事見尚書大傳，而與古文尚書不同。【補注】先謙曰：官本注「國」下有「人」字，「與」上無「而」字。

〔六〕師古曰：公叔文子，衛大夫公叔發也。文子卒，其子請謚於君。君曰：「昔者衛國凶飢，夫子爲粥與國之餓者，不亦惠乎？衛國有難，夫子以其死衛寡人，不亦貞乎？夫子聽衛國之政，修其班制，以與四鄰交，衛國社稷不辱，不亦文乎？謂夫子貞惠文子。」事見禮記檀弓。【補注】先謙曰：官本「公叔發」作「公孫發」。

〔七〕【補注】劉敞曰：「空」當爲「農」。

〔八〕師古曰：贊，佐也。

〔九〕師古曰：論語云「文學子游、子夏」。商，子夏名。偃，子游名。

〔一〇〕師古曰：嚴與儼同。眇讀曰妙。【補注】錢大昭曰：嚴與儼通。曲禮「儼若思」，釋文云「儼」本又作「嚴」。無逸「嚴恭寅畏」，馬融本作「儼」。

〔一一〕師古曰：鄉讀曰嚮。閎，大也。言陳聖王之法，聞於天子。

〔一二〕師古曰：「退食自公」，召南羔羊詩之辭，言貶退所食之禄，而從至公之道也。【補注】朱一新曰：顏注蓋取毛詩鄭箋義。

〔一三〕師古曰：司徒，掌禮教之官，言寬中學行堪爲之也。家臣，若今諸公國官及府佐也。【補注】王文彬曰：案，家臣以治喪葬具也。論語：「子疾病，子路使門人爲臣。子曰：『由之行詐也，無臣而爲有臣。』」

〔一四〕師古曰：卒讀曰猝。

〔一五〕師古曰：令，善也。

〔一六〕【補注】宋祁曰：淳化本、越本「無故」字下，更有「無故」二字。「馮賓」字下更有一「馮」字。刊誤謂當去「無故」二字，添一「賓」字。先謙曰：趙玄見朱博傳。

孔氏有古文尚書，〔一〕孔安國以今文字讀之，因以起其家〔二〕逸書，得十餘篇，蓋尚書茲多於是矣。遭巫蠱，未立於學官。安國爲諫大夫，授都尉朝，〔三〕而司馬遷亦從安國問故。遷書載堯典、禹貢、洪範、微子、金縢諸篇，多古文説。都尉朝授膠東庸生。〔四〕庸生授清河胡常少子，〔五〕以明穀梁春秋爲博士、部刺史，又傳左氏。常授號徐敖。敖爲右扶風掾，又傳毛詩，授王璜、〔六〕平陵塗惲子真。子真授河南桑欽君長。王莽時，諸學皆立。〔七〕劉歆爲國師，璜、惲等皆貴顯。世所傳百兩篇者，出東萊張霸，分析合二十九篇以爲數十，〔八〕又采左氏傳、書敘爲作首尾，凡百二篇。〔九〕篇或數簡，文意淺陋。成帝時求其古文者，〔一〇〕霸以能爲百兩徵，以中書校之，非是。〔一一〕霸辭受父，父有弟子尉氏樊並。時太中大夫平當、侍御史周敞勸上存之。〔一二〕後樊並謀反，乃黜其書。〔一三〕

〔一〕【補注】先謙曰：詳藝文志。

〔二〕【補注】何焯曰：起其家，似謂別起家法。司馬貞云，起者，謂起發以出也，則當屬下「逸書」讀。

〔三〕服虔曰：朝，名；都尉，姓。【補注】周壽昌曰：疑都尉官名，亡其姓。傳中以都尉傳經者不少。

〔四〕【補注】周壽昌曰：後書作「朝授膠東庸譚」，是譚爲庸生名也。

〔五〕師古曰：少子，亦常字也。【補注】先謙曰：常見翟方進傳。

〔六〕【補注】周壽昌曰：案釋文本「王璜」上有「琅邪」二字。

〔七〕【補注】宋祁曰：新本改「論」作「諸」。先謙曰：據宋説，所見本作「論」。

〔八〕【補注】王引之曰：「合」字與上下文意不相屬，蓋「今」字之誤。今謂伏生所傳之書也。分析今之二十九篇以爲數十也。上文曰伏生求其書，「亡數十篇，獨得二十九篇」是也。

〔九〕【補注】沈欽韓曰：書正義，鄭作書論依尚書緯云：「孔子求書，得黃帝玄孫帝魁之書，迄於秦穆公，凡三千二百四十篇。斷遠取近，定可以爲世法者百二十篇。以百二篇爲尚書，十八篇爲中候，去三千一百二十篇。」

〔一〇〕【補注】周壽昌曰：言求能爲古文者。

〔一一〕師古曰：以霸私增加分析，故與中書之文不同也。中書，天子所藏之書也。

〔一二〕師古曰：存者，立其學。【補注】沈欽韓曰：論衡佚文篇：「孝成皇帝讀百篇尚書，博士郎吏莫能曉知，徵天下能爲尚書者，東海東萊之誤。張霸通左氏春秋，案百兩序以左氏訓詁，造作百二篇，具成奏上。成帝出祕尚書以校考之，無一字相應者，下霸於吏。吏當器辜，未詳。或造僞物律辜同沽。大不敬。成帝奇霸之才，赦其辜，亦不滅其經，故百二篇書傳在民閒。」

〔一三〕【補注】周壽昌曰：並反在永始三年。

申公，魯人也。〔一〕少與楚元王交俱事齊人浮丘伯受詩。漢興，高祖過魯，申公以弟子從師入見于魯南宮。〔二〕呂太后時，浮丘伯在長安，楚元王遣子郢與申公俱卒學。〔三〕元王薨，郢嗣立爲楚王，令申公傅太子戊。戊不好學，病申公。〔四〕及戊立爲王，胥靡申公。〔五〕申公愧之，歸魯退居家教，終身不出門。復謝賓客，〔六〕獨王命召之乃往。〔七〕弟子自遠方至受業者千餘人，〔八〕申公獨以詩經爲訓故以教，亡傳，〔九〕疑者則闕弗傳。蘭陵王臧既從受詩，已通，事景帝爲太子少傅，免去。武帝初即位，臧乃上書宿衛，累遷，一歲至郎中令。及代趙綰亦嘗受詩申公，爲御史大夫。綰、臧請立明堂以朝諸侯，不能就其事，〔一〇〕乃言師申公。於是上使使束帛加璧，安車以蒲裹輪，駕駟迎申公，〔一一〕弟子二人乘軺傳從。〔一二〕至，見上，上問治亂之事。申公時已八十餘，老，對曰：「爲治者不至多言，顧力行何如耳。」〔一三〕是時上方好文辭，見申公對，默然。然已招致，即以爲太中大夫，舍魯邸，〔一四〕議明堂事。太皇竇太后喜老子言，不説儒術，〔一五〕得綰、臧之過，以讓上曰：「此欲復爲新垣平也！」〔一六〕上因廢明堂事，下綰、臧吏，皆自殺。申公亦病免歸，數年卒。弟子爲博士十餘人，孔安國至臨淮太守，周霸膠西内史，夏寬城陽内史，碭魯賜東海太守，蘭陵繆生長沙内史，徐偃膠西中尉，鄒人闕門慶忌膠東内史，〔一七〕其治官民皆有廉節稱。其學官弟子行雖不備，而至於大夫、郎、掌故以百數。申公卒以詩、春秋授，而瑕丘江公盡能傳之，〔一八〕徒衆最盛。及魯許生、免中徐公，〔一九〕皆守學教授。韋賢治詩，事博士大江公及許生，〔二〇〕又治禮，至丞相。傳子玄成，以淮陽中尉論石渠，後亦至丞相。玄成及兄子賞以詩授哀帝，至大司馬車騎將軍，自有傳。由是魯詩有韋氏學。〔二一〕

〔一〕【補注】周壽昌曰：申公名培，前所稱申培公者也。

〔二〕【補注】先謙曰：正義引括地志「泮宮在兖州曲阜縣西南二百里魯城内宮之内」。

〔三〕師古曰：郢即郢客也。

〔四〕師古曰：患苦也。

〔五〕師古曰：胥靡，相係而作役，解具在楚元王傳也。

〔六〕師古曰：身既不出門，非受業弟子，其它賓客來者又謝遣之，不與相見也。

〔七〕【補注】先謙曰：徐廣注，魯恭王也。

〔八〕【補注】齊召南曰：案，「千餘人」史記作「百餘人」。下文言申公弟子爲博士者十餘人，大夫郎掌故以百數，則此文作千餘人是也。又案，申公爲魯詩之師，又爲穀梁春秋之師，故下文言申公卒以詩、春秋授，而瑕丘江公盡能傳之也。

〔九〕師古曰：口説其指，不爲解説之傳。

〔一〇〕師古曰：就，成也。

〔一一〕【補注】宋祁曰：景祐本改「駕」作「加」。今兩存。

〔一二〕師古曰：傳音張戀反。

〔一三〕師古曰：顧，念也。力行，爲勉力爲行也。【補注】王念孫曰：「不至」一作「不在」。景祐本作「不至」是也。今作「不在」者，後人以意改之耳。霍去病傳云：「上嘗欲教之吳孫兵法，對曰：『顧方略何如耳，不至學古兵法。』」鹽鐵論水旱篇云：「議者貴其辭約而指明，可於衆人之聽，不至繁文稠辭。」文義並與此相似。舊本北堂書鈔設官部八、陳禹謨本改「至」爲「在」。御覽人事部百十五引此並作「不至」。史記、通鑑同。漢紀作「不致」。先謙曰：官本「至」作「在」，注「勉」上「爲」作「謂」。

〔一四〕師古曰：舍，止息也。

〔一五〕師古曰：喜音許既反。説讀曰悦。

〔一六〕師古曰：讓，責也。

〔一七〕李奇曰：姓闕門，名慶忌。

〔一八〕【補注】朱一新曰：地理志，瑕丘，山陽縣。

〔一九〕蘇林曰：免中，縣名也。李奇曰：邑名也。師古曰：李説是也。

〔二〇〕晉灼曰：大江公即瑕丘江公也。以異下博士江公，故稱大。【補注】王念孫曰：案，景祐本無「博士」二字是也。據晉注，此文但作「大江公」，而無「博士」二字明矣。今本有者，即涉注内「博士江公」而誤。經典釋文序録云「韋賢受詩於江公及許生」即本此傳，而亦無「博士」二字。

〔二一〕【補注】沈欽韓曰：執金吾丞武榮碑「治魯詩韋君章句」。

王式字翁思，東平新桃人也。〔一〕事免中徐公及許生。式爲昌邑王師。昭帝崩，昌邑王嗣立，以行淫亂廢，昌邑羣臣皆下獄誅，唯中尉王吉、郎中令龔遂以數諫減死論。式繫獄當死，治事使者責問曰：「師何以亡諫書？」式對曰：「臣以詩三百五篇朝夕授王，至於忠臣孝子之篇，未嘗不爲王反復誦之也；〔二〕至於危亡失道之君，未嘗不流涕爲王深陳之也。臣以三百五篇諫，是以亡諫書。」使者以聞，亦得減死論，歸家不教授。山陽張長安幼君〔三〕先事式，後東平唐長賓、沛褚少孫亦來事式，〔四〕問經數篇，式謝曰：「聞之於師具是矣，自潤色之。」〔五〕不肯復授。唐生、褚生應博士弟子選，詣博士，摳衣登堂，頌禮甚嚴，〔六〕試誦説，有法，疑者丘蓋不言。〔七〕諸博士驚問何師，對曰事式。皆素聞其賢，共薦式。詔除下爲博士。〔八〕式徵來，衣博士衣而不冠，曰：「刑餘之人，何宜復充禮官？」既至，止舍中，會諸大夫博士，共持酒肉勞式，皆注意高仰之。〔九〕博士江公世爲魯詩宗，〔一〇〕至江公著孝經説，心嫉式，謂歌吹諸生曰：〔一一〕「歌驪駒。」〔一二〕式曰：「聞之於師：客歌驪駒，主人歌客毋庸歸。〔一三〕今日諸君爲主人，日尚早，未可也。」江翁曰：「經何以言之？」〔一四〕式曰：「在曲禮。」江翁曰：「何狗曲也！」〔一五〕式恥之，陽醉𨄔墜。〔一六〕式客罷，讓諸生曰：「我本不欲來，〔一七〕諸生彊勸我，竟爲豎子所辱！」遂謝病免歸，終於家。張生、唐生、褚生皆爲博士。張生論石渠，至淮陽中尉。唐生楚太傅。由是魯詩有張、唐、褚氏之學。張生兄子游卿爲諫大夫，以詩授元帝。其門人琅邪王扶爲泗水中尉，陳留許晏爲博士。〔一八〕由是張家有許氏學。初，薛廣德亦事王式，以博士論石渠，授龔舍。廣德至御史大夫，舍泰山太守，皆有傳。

〔一〕【補注】錢大昕曰：地理志，東平國無新桃縣。後書光武紀「龐萌、蘇茂圍桃城」，注：「任城國有桃聚，故城在今兗州任城縣北。」又劉永傳「龐萌自號東平王，屯桃鄉之北」，注「桃鄉故城在今兗州龔邱縣西北」。此即東平之新桃也。沈欽韓曰：紀要：「桃城在東平州東阿縣西南四十里。」周壽昌曰：王子侯表「桃鄉頃侯宣，東平思王子」，則新桃即桃鄉。

〔二〕師古曰：復音方目反。

〔三〕李奇曰：長安，名。

〔四〕【補注】周壽昌曰：釋文敘録注云：「褚氏家傳云，即續史記褚先生。」正義引張晏云「褚少孫，潁川人，元成閒爲博士」。褚顗家傳云：「梁相褚大弟之孫。宣帝時爲博士，寓居沛，事大儒王式，故號先生。」案，宣帝末距元成閒不過二十年，時足相及，所傳微有異耳。

〔五〕師古曰：言所聞師説具盡於此，若嫌簡略，任更潤色。

〔六〕師古曰：摳衣，謂以手内舉之，令離地也。摳音口侯反。頌讀曰容。

〔七〕蘇林曰：丘蓋不言，不知之意也。如淳曰：齊俗以不知爲丘。師古曰：二説皆非也。論語載孔子曰：「蓋有不知而作之者，我無是也。」欲遵此意，故效孔子自稱丘耳。蓋者，發語之辭。【補注】劉敞曰：予案荀卿書「區蓋之閒，疑則不言」，區蓋，近意也。丘、區聲相變，殆謂此耳。錢大昭曰：荀子大略篇云「言之信者在乎區蓋之閒」，楊倞注：「區，藏物處。蓋，所以覆物者。凡言之可信者，如物在器皿之閒，言有分限不流溢也。」區與丘聲相近，義亦同。洪頤煊曰：文選陳孔璋爲曹洪與魏文書云「恐猶未信丘言」，廣雅「丘，空也」，是丘言爲空言。法言問神篇「酒誥之説俄空焉」。蓋者，發語詞。空蓋不言，即闕疑之意。

〔八〕師古曰：下除官之書也。下音胡嫁反。

〔九〕師古曰：勞音來到反。

〔一〇〕師古曰：爲魯詩者所宗師也。

〔一一〕如淳曰：其學官自有此法，酒坐歌吹以相樂也。

〔一二〕服虔曰：逸詩篇名也，見大戴禮。客欲去，歌之。文穎曰：其辭云「驪駒在門，僕夫具存；驪駒在路，僕夫整駕」也。

〔一三〕文穎曰：庸，用也。主人禮未畢，且無用歸也。【補注】劉敞曰：尋文衍一「客」字。驪駒者，客將歸之歌，主人無所歸，不當歌也。

〔一四〕師古曰：於經何所有此言？

〔一五〕師古曰：意怒，故妄發言。言狗者，輕賤之甚也。今流俗書本云何曲狗，妄改之也。【補注】王念孫曰：戴先生云，當作「何拘曲也」，語含刺譏，不至妄詈。注非。朱一新曰：若僅刺譏，式何至引爲深恥？且狗曲本承曲禮而言，若作拘曲，是別出一義，與上文不相應，仍當以顔注爲長。

〔一六〕師古曰：逷，失據而倒也。墬，古地字。逷音徒浪反。【補注】先謙曰：官本「逷」作「逿」，引宋祁曰，「逷」，古作「踢」。服虔音湯。湯，去豆皮之湯。蕭該音勑宕反。

〔一七〕師古曰：讓，責也。

〔一八〕【補注】宋祁曰：「尉」字下當有「授」字。

轅固，齊人也。〔一〕以治詩孝景時爲博士，與黃生爭論於上前。黃生曰：「湯武非受命，乃殺也。」〔二〕固曰：「不然。夫桀紂荒亂，天下之心皆歸湯武，湯武因天下之心而誅桀紂，桀紂之民弗爲使而歸湯武，湯武不得已而立，非受命而何？」〔三〕黃生曰：「『冠雖敝必加於首，履雖新必貫於足。』〔四〕何者？上下之分也。〔五〕今桀紂雖失道，然君上也；湯武雖聖，臣下也。夫主有失行，臣不正言匡過以尊天子，反因過而誅之，代立南面，非殺而何？」固曰：「必若云，〔六〕是高皇帝代秦即天子之位，非邪？」於是上曰：「食肉毋食馬肝，未爲不知味也；言學者毋言湯武受命，不爲愚。」〔七〕遂罷。〔八〕竇太后好老子書，召問固。固曰：「此家人言耳。」〔九〕太后怒曰：「安得司空城旦書乎！」〔一〇〕乃使固入圈擊彘。上知太后怒，而固直言無辠，乃假固利兵。〔一一〕下，固刺彘，〔一二〕正中其心，彘應手而倒。太后默然，亡以復辠。後上以固廉直，拜爲清河太傅，〔一三〕疾免。武帝初即位，復以賢良徵。諸儒多嫉毀曰固老，罷歸之。時固已九十餘矣。公孫弘亦徵，仄目而事固。〔一四〕固曰：「公孫子，務正學以言，無曲學以阿世！」諸齊以詩顯貴，皆固之弟子也。〔一五〕昌邑太傅夏侯始昌最明，自有傳。

〔一〕【補注】宋祁曰：「固」字下當有「生」字。周壽昌曰：上稱轅固生，生即先生也。

〔二〕【補注】先謙曰：史記「殺」作「弒」。

〔三〕師古曰：此非受命更何爲？【補注】宋祁曰：注文「師古曰」下當有「言」字。錢大昭曰：「而何」南監本、閩本「而」並作「爲」。朱一新曰：案注則「爲」字是也。此作「而」蓋涉下「非殺而何」句誤。先謙曰：官本作「爲何」。

〔四〕師古曰：語見太公六韜也。【補注】先謙曰：官本考證云，案「貫」字史記作「關」。錢大昭云，關、貫古字通。鄉射禮云「不貫不釋」，鄭注「古文貫作關」。沈欽韓云，御覽六百九十七引六韜作崇侯虎語，韓非外儲説以爲費仲語。

〔五〕師古曰：分音扶問反。

〔六〕師古曰：謂必如黄生之言。

〔七〕師古曰：馬肝有毒，食之憙殺人，幸得無食。言湯武爲殺，是背經義，故以爲喻也。【補注】劉敞曰：知味者不必須食馬肝，言學者不必須論湯武，此欲令學者皆置之耳。

〔八〕【補注】先謙曰：史記下云「是後學者莫敢明受命放殺者」。

〔九〕師古曰：家人，言僮隸之屬。【補注】宋祁曰：越本「耳」作「矣」。先謙曰：索隱：「服虔云，如家人言也。」案，老子道德篇雖微妙難通，然近而觀之，理國理身而已，故云此家人之言也。

〔一〇〕服虔曰：道家以儒法爲急，比之於律令也。【補注】沈欽韓曰：説文：「獄，司空也。」御覽六百四十三引風俗通曰：「詩云『宜犴宜獄』，犴，司空也。」漢以司空主罪人，故賈誼亦云輸諸司空。

〔一一〕師古曰：假，給與也。利兵，兵刃之利者。

〔一二〕【補注】王念孫曰：上已言假固利兵，則毋庸更言固。「下固」當依史記作「下圈」。圈、固字相似，又涉上下文「固」字而誤。

〔一三〕【補注】先謙曰：徐廣注，哀王嘉。

〔一四〕師古曰：言深憚之。【補注】先謙曰：史記「事」作「視」。

〔一五〕【補注】先謙曰：史記「齊」下有「人」字。

后蒼字近君，東海郯人也。事夏侯始昌。始昌通五經，蒼亦通詩禮，爲博士，至少府，〔一〕授翼奉、蕭望之、匡衡。奉爲諫大夫，望之前將軍，衡丞相，皆有傳。〔二〕衡授琅邪師丹、伏理斿君、〔三〕潁川滿昌君都。君都爲詹事，〔四〕理高密太傅，〔五〕家世傳業。丹大司空，自有傳。由是齊詩有翼、匡、師、伏之學。滿昌授九江張邯、琅邪皮容，皆至大官，徒衆尤盛。

〔一〕【補注】先謙曰：公卿表在宣帝本始二年。

〔二〕【補注】王先慎曰：蕭望之傳「望之以令詣太常受業，復事同學博士白奇」，是白奇亦從事后蒼而傳不載。

〔三〕【補注】錢大昭曰：後書伏湛傳注「伏理字君斿」。

〔四〕【補注】周壽昌曰：王嘉傳「薦儒者滿昌」，王莽傳「潁川滿昌爲講詩」，即此人。東觀漢記馬援傳「受齊詩，師事潁川蒲昌」，作「蒲」，不作「滿」。廣韻「蒲」字下引風俗通「漢有詹事蒲昌」。

〔五〕【補注】朱一新曰：後書「理以詩授成帝，爲高密太傅」，注云：「爲高密王寬傳也。」

韓嬰，燕人也。孝文時爲博士，景帝時至常山太傅。〔一〕嬰推詩人之意，而作內外傳數萬言，其語頗與齊、魯間殊，然歸一也。淮南賁生受之。〔二〕燕趙間言詩者由韓生。韓生亦以易授人，推易意而爲之傳。燕趙間好詩，故其易微，唯韓氏自傳之。武帝時，嬰嘗與董仲舒論於上前，其人精悍，處事分明，〔三〕仲舒不能難也。後其孫商爲博士。孝宣時，涿郡韓生其後也，以易徵，待詔殿中，曰：「所受易即先太傅所傳也。嘗受韓詩，不如韓氏易深，太傅故專傳之。」司隸校尉蓋寬饒本受易於孟喜，見涿韓生說易而好之，即更從受焉。〔四〕

〔一〕【補注】先謙曰：徐廣注「憲王舜」。

〔二〕師古曰：賁音肥。

〔三〕師古曰：悍，勇鋭。

〔四〕【補注】周壽昌曰：寬饒傳引韓氏易傳。

趙子，河内人也。事燕韓生，授同郡蔡誼。誼至丞相，自有傳。〔一〕誼授同郡食子公〔二〕與王吉。吉爲昌邑中尉，〔三〕自有傳。食生爲博士，授泰山栗豐。吉授淄川長孫順。順爲博士，豐部刺史。由是韓詩有王、食、長孫之學。豐授山陽張就，順授東海髮福，〔四〕皆至大官，徒衆尤盛。

〔一〕【補注】王先慎曰：紀、表、傳並作「義」。誼、義字通用。

〔二〕【補注】宋祁曰：蕭該音義曰，案風俗通曰：「食我，韓公子也。見戰國策。漢有食子公爲博士。」食音嗣。沈欽韓曰：公子食我見韓非説林上。戰國策作司馬食其，當是以司馬爲氏。蕭該誤也。

〔三〕【補注】先謙曰：官本「邑」下多「王」字。

〔四〕【補注】王先慎曰：經典釋文敘録引「髮福」作「段福」。

毛公，趙人也。治詩，爲河間獻王博士，〔一〕授同國貫長卿。長卿授解延年。延年爲阿武令，〔二〕授徐敖。敖授九江陳俠，爲王莽講學大夫。由是言毛詩者，本之徐敖。

〔一〕【補注】錢大昭曰：鄭氏詩譜云：「魯人大毛公爲故訓傳於其家，河間獻王得而獻之，以小毛公爲博士。」

〔二〕【補注】先謙曰：阿武，涿郡縣，今河閒府獻縣西北。

漢興，魯高堂生傳士禮十七篇，〔一〕而魯徐生善爲頌。〔二〕孝文時，徐生以頌爲禮官大夫，〔三〕傳子至孫延、襄。〔四〕襄，其資性善爲頌，不能通經；延頗能，未善也。襄亦以頌爲大夫，至廣陵内史。延及徐氏弟子公户滿意、桓生、單次皆爲禮官大夫。〔五〕而瑕丘蕭奮以禮至淮陽太守。諸言禮爲頌者由徐氏。

〔一〕【補注】先謙曰：史記：「禮固自孔子時，而其經不具。及秦焚書，散亡至多，於今獨有士禮。」索隱「謝承云，秦氏季代有魯人高堂伯」，則伯是其字。

〔二〕蘇林曰：漢舊儀有二郎爲此頌貌威儀事。有徐氏，徐氏後有張氏，不知經，但能盤辟爲禮容。天下郡國有容史，皆詣魯學之。師古曰：頌讀與容同。下皆類此。【補注】宋祁曰：注文姚本删「徐氏」二字，「能」字下添「揖讓」二字。沈欽韓曰：新書卷六有容經。此爲容者所誦習也。禮玉藻、少儀亦有説容，知其有名家也。

〔三〕【補注】沈欽韓曰：博士、大夫皆禮官。

〔四〕師古曰：延及襄二人。

〔五〕師古曰：姓公户，名滿意也。與桓生及單次凡三人。單音善。【補注】錢大昭曰：「桓」當作「桓」。沈欽韓曰：劉歆移太常書所謂魯國桓公也。先謙曰：官本「桓」作「桓」。

孟卿，東海人也。事蕭奮，以授后倉、魯閭丘卿。倉説禮數萬言，號曰后氏曲臺記，〔一〕授沛聞人通漢子方、〔二〕梁戴德延君、戴聖次君、沛慶普孝公。孝公爲東平太傅。德號大戴，爲信都太傅；聖號小戴，以博士論石渠，至九江太守。由是禮有大戴、小戴、慶氏之學。〔三〕通漢以太子舍人論石渠，至中山中尉。普授魯夏侯敬，又傳族子咸，爲豫章太守。大戴授琅邪徐良斿卿，爲博士、州牧、郡守，家世傳業。小戴授梁人橋仁季卿、楊榮子孫。〔四〕仁爲大鴻臚，〔五〕家世傳業，榮琅邪太守。由是大戴有徐氏，小戴有橋、楊氏之學。

〔一〕服虔曰：在曲臺校書著記，因以爲名。師古曰：曲臺殿在未央宮。【補注】先謙曰：七略云：「宣皇帝時，行射禮，博士后蒼爲之辭，至今記之，曰曲臺記。」藝文志晉灼注引漢官曰「大射于曲臺」，晉灼注「天子射宮也」。俞樾云：「曲臺有二。鄒陽上吳王書云『秦倚曲臺之宮』，應劭注『秦皇帝所治之處，若漢之未央宮』，此一曲臺也。翼奉傳『孝文皇帝時，未央獨有前殿、曲臺、宣室、温室、承明耳』，此又一曲臺也。蓋漢之曲臺在未央宮中，黃圖所謂未央宮東有曲臺殿，長門賦所謂覽曲臺之央央也。秦之曲臺別在一處。枚乘上吳王書『游曲臺，臨上路』，張晏注『曲臺，長安臺，臨道上』。王尊傳『正月中，行幸曲臺』，當即此也。使即未央宮之曲臺，不得言行幸矣。后蒼爲記，亦必在此。蓋即秦之故宮而習射，故以爲天子射宮也。」先謙案：俞說甚覈。顔謂著記之曲臺在未央宮，疑非。

〔二〕如淳曰：聞人，姓也，名通漢，字子方。

〔三〕【補注】何焯曰：此所傳戴氏禮皆謂儀禮十七篇。

〔四〕師古曰：子孫，榮之字也。【補注】宋祁曰：景本作「楊子榮」，新本作「楊榮」，注同。

〔五〕【補注】先謙曰：公卿表在平帝元始二年。

胡母生字子都，齊人也。治公羊春秋，爲景帝博士。與董仲舒同業，仲舒著書稱其德。年老，歸教於齊，齊之言春秋者宗事之，公孫弘亦頗受焉。而董生爲江都相，自有傳。弟子遂之者，蘭陵褚大，東平嬴公，廣川段仲，温呂步舒。〔一〕大至梁相，步舒丞相長史，〔二〕唯嬴公守學不失師法，爲昭帝諫大夫，授東海孟卿、魯眭孟。〔三〕孟爲符節令，坐説災異誅，自有傳。

〔一〕師古曰：遂謂名位成達者。【補注】宋祁曰：「遂之者」當删「之」字。劉敞曰：「遂之者」「之」字衍。齊召南曰：案史記作「仲舒弟子通者」。又東平嬴公史記無。廣川段仲史記作「殷忠」。先謙曰：徐廣注「殷」一作「段」，則「段」字是。

〔二〕【補注】周壽昌曰：步舒以長史持節使決淮南獄，於諸侯擅專斷不報，以春秋之義正之，天子皆以爲是。弟子通者，至於命大夫，爲郎、謁者、掌故者以百數，見史記。

〔三〕【補注】朱一新曰：後書云「授東海孟卿，孟卿授魯人眭孟」。

嚴彭祖〔一〕字公子，東海下邳人也。與顏安樂俱事眭孟。孟弟子百餘人，唯彭祖、安樂爲明，質問疑誼，各持所見。孟曰：「春秋之意，在二子矣！」孟死，彭祖、安樂各顓門教授。〔二〕由是公羊春秋有顏、嚴之學。〔三〕彭祖爲宣帝博士，至河南、東郡太守。〔四〕以高第入爲左馮翊，遷太子太傅，廉直不事權貴。或説曰：「天時不勝人事，君以不修小禮曲意，亡貴人左右之助，經誼雖高，不至宰相。願少自勉强！」彭祖曰：「凡通經術，固當修行先王之道，何可委曲從俗，苟求富貴乎！」彭祖竟以太傅官終。授琅邪王中，爲元帝少府，〔五〕家世傳業。中授同郡公孫文、東門雲。雲爲荆州刺史，文東平太傅，徒衆尤盛。雲坐爲江賊拜辱命，下獄誅。〔六〕

〔一〕【補注】周壽昌曰：即酷吏嚴延年之次弟萬石嚴嫗之子也。

〔二〕師古曰：顓與專同。專門言各自名家。

〔三〕【補注】周壽昌曰：漢嚴訢碑宋政和中出於下邳，云「訢字少通，治嚴氏馮君章句」，通典引公羊説有高堂隆曰「昔馮君八萬言章句」云云，足徵嚴氏有書，並馮君爲之章句，而志不録馮君名。

〔四〕【補注】宋祁曰：或無「東」字。

〔五〕師古曰：中讀爲仲。【補注】先謙曰：中爲少府，百官表不載，蓋它宮少府。

〔六〕師古曰：逢見賊而拜也。【補注】周壽昌曰：江賊，即尹賞傳所云「江湖中多盜賊，以賞爲江夏太守，捕格江賊」。荆州與江夏接壤也。

顏安樂字公孫，〔一〕魯國薛人，眭孟姊子也。家貧，爲學精力，〔二〕官至齊郡太守丞，後爲仇家所殺。安樂授淮陽泠豐次君、〔三〕淄川任公。公爲少府，豐淄川太守。由是顏家有泠、任之學。始貢禹事嬴公，成於眭孟，至御史大夫，疎廣事孟卿，〔四〕至太子太傅，皆自有傳。廣授琅邪筦路，〔五〕路爲御史中丞。禹授潁川堂谿惠，〔六〕惠授泰山冥都，〔七〕都爲丞相史。都與路又事顏安樂，故顏氏復有筦、冥之學。路授孫寶，爲大司農，自有傳。豐授馬宮、琅邪左咸。咸爲郡守九卿，〔八〕徒衆尤盛。官至大司徒，自有傳。〔九〕

〔一〕【補注】宋祁曰：一作「翁孫」。

〔二〕【補注】宋祁曰：一作「積力」。

〔三〕師古曰：泠音零。【補注】沈欽韓曰：公羊疏誤作「陰豐」。

〔四〕【補注】先謙曰：官本「疎」作「疏」。

〔五〕師古曰：筦亦管字也。【補注】宋祁曰：蕭該音義案，草下完，音丸，又音官。今漢書本卻作草下完。風俗通姓氏篇有管、莞二姓。云「莞蕪，楚大夫，見呂氏春秋。漢有莞路爲御史中丞」，即此是也。又有管姓，云「管夷吾，齊桓佐也，見論語。漢有管號爲西河太守」。今莞路是草下完，非竹下完。及竹下官由來，讀者多惑，檢風俗通乃知。

〔六〕師古曰：姓堂谿也。【補注】周壽昌曰：後漢有堂谿典，熹平朝與蔡邕等同校刊石經，蓋世儒族也。

〔七〕師古曰：冥音莫零反。【補注】宋祁曰：蕭該案，周禮冥氏鄭司農云「讀如冥氏春秋之冥」。劉昌宗莫歷反。案，都治公羊春秋當是有所注述解釋公羊，故司農云冥氏春秋之冥。風俗通姓氏篇：「冥，侯國，姒姓，禹後，見史記。漢書有冥都爲丞相史。」

〔八〕【補注】錢大昕曰：公卿表，建平元年左咸爲大司農，三年，爲左馮翊，元壽二年復由復土將軍爲大鴻臚，元始五年又爲大鴻臚，蓋四至九卿。

〔九〕【補注】劉攽曰：「官」改作「宫」。

瑕丘江公受穀梁春秋及詩於魯申公，〔一〕傳子至孫爲博士。武帝時，江公與董仲舒並。仲舒通五經，能持論，善屬文。江公呐於口，〔二〕上使與仲舒議，不如仲舒。而丞相公孫弘本爲公羊學，比輯其議，卒用董生。〔三〕於是上因尊公羊家，詔太子受公羊春秋，由是公羊大興。太子既通，復私問穀梁而善之。其後浸微，〔四〕唯魯榮廣王孫、皓星公二人受焉。〔五〕廣盡能傳其詩、春秋，高材捷敏，與公羊大師眭孟等論，數困之，〔六〕故好學者頗復受穀梁。沛蔡千秋少君、梁周慶幼君、丁姓子孫〔七〕皆從廣受。千秋又事皓星公，爲學最篤。宣帝即位，聞衛太子好穀梁春秋，以問丞相韋賢、長信少府夏侯勝及侍中樂陵侯史高，皆魯人也，言穀梁子本魯學，公羊氏乃齊學也，宜興穀梁。時千秋爲郎，召見，與公羊家並説，上善穀梁説，擢千秋爲諫大夫給事中，後有過，左遷平陵令。復求能爲穀梁者，莫及千秋。上愍其學且絶，乃以千秋爲郎中户將，〔八〕選郎十人從受。汝南尹更始翁君〔九〕本自事千秋，能説矣，會千秋病死，徵江公孫爲博士。劉向以故諫大夫通達待詔，受穀梁，欲令助之。江博士復死，乃徵周慶、丁姓待詔保宫，〔一〇〕使卒授十人。自元康中始講，至甘露元年，積十餘歲，皆明習。乃召五經名儒太子太傅蕭望之等大議殿中，平公羊、穀梁同異，各以經處是非。時公羊博士嚴彭祖、侍郎申輓、伊推、宋顯，〔一一〕穀梁議郎尹更始、待詔劉向、周慶、丁姓並論。公羊家多不見從，願請内侍郎許廣，使者亦並内穀梁家中郎王亥，各五人，〔一二〕議三十餘事。望之等十一人各以經誼對，多從穀梁。由是穀梁之學大盛。慶、姓皆爲博士。〔一三〕姓至中山太傅，授楚申章昌曼君，〔一四〕爲博士，至長沙太傅，徒衆尤盛。尹更始爲諫大夫、長樂户將，〔一五〕又受左氏傳，取其變理合者以爲章句，傳子咸及翟方進、琅邪房鳳。咸至大司農，〔一六〕方進丞相，自有傳。

〔一〕【補注】沈欽韓曰：傳不言申公穀梁所授。案穀梁序疏云「穀梁傳孫卿，孫卿傳魯人申公」。案，申公之年不能逮事荀卿，而其師浮丘伯也。蓋荀卿傳浮丘伯，浮丘伯傳申公。

〔二〕師古曰：屬音之欲反。吶，古訥字。

〔三〕師古曰：比，次也。輯，合也。比音頻寐反。輯與集同。【補注】先謙曰：史記作「集比其義」。

〔四〕師古曰：浸，漸也。

〔五〕【補注】錢大昭曰：皓星，姓也，亦作「浩星」。趙充國傳有浩星賜。

〔六〕師古曰：孟等窮屈也。

〔七〕師古曰：姓丁，名姓，字子孫。

〔八〕師古曰：户將，官名，解在楊惲、蓋寬饒傳。【補注】先謙曰：百官表，郎中有車、户、騎三將。

〔九〕【補注】周壽昌曰：春秋隱九年「俠卒」，穀梁傳曰「俠者，所俠也」，孔氏疏云「徐邈引尹更始云，所者，俠之氏」。是更始之書至晉猶存，而班氏未録。

〔一〇〕師古曰：保宫，少府之屬宫也，本名居室。

〔一一〕師古曰：輓音晚。

〔一二〕師古曰：使者，謂當時詔遣監議者也。内外引入議所也。公羊家既請内許廣，而使者因並内王亥也。【補注】王先慎曰：王亥後漢書賈逵傳注作「王彦」。先謙曰：注「外」官本作「謂」，是。

〔一三〕師古曰：周慶，丁姓，二人也。

〔一四〕李奇曰：姓申章，名昌，字曼君。【補注】宋祁曰：蕭該音義曰，晉灼作「由章」。予案，風俗通姓氏篇云：「由余，秦相也，見史記。漢有由章，至長沙太傅。」今宜作「由章」。陽夏公案，後言「由是穀梁春秋有尹、胡、申章、房氏之學」，則宜從李奇。錢大昭曰：廣韻十七真有複姓申章昌。

〔一五〕【補注】錢大昭曰：長樂户將不見表。長樂者，太后宫也。太后宫不置光禄勳，蓋統於長樂衛尉矣。

〔一六〕【補注】朱一新曰：公卿表不載。

房鳳字子元，不其人也。〔一〕以射策乙科爲太史掌故。太常舉方正，爲縣令都尉，失官。大司馬票騎將軍王根奏除補長史，薦鳳明經通達，擢爲光禄大夫，遷五官中郎將。〔二〕時光禄勳王龔以外屬内卿，〔三〕與奉車都尉劉歆共校書，三人皆侍中。歆白左氏春秋可立，哀帝納之，以問諸儒，皆不對。歆於是數見丞相孔光，爲言左氏以求助，光卒不肯。唯鳳、龔許歆，遂共移書責讓太常博士，語在歆傳。大司空師丹奏歆非毁先帝所立，上於是出龔等補吏，龔爲弘農，歆河内，鳳九江太守，至青州牧。始江博士授胡常，常授梁蕭秉君房，王莽時爲講學大夫。由是穀梁春秋有尹、胡、申章、房氏之學。

〔一〕師古曰：琅邪之縣也。其音基。

〔二〕【補注】先謙曰：百官表中郎有五官將，秩比千石。

〔三〕如淳曰：邛成太后親也。内卿光禄勳治宫中。

漢興，北平侯張蒼及梁太傅賈誼、〔一〕京兆尹張敞、〔二〕太中大夫劉公子皆修春秋左氏傳。誼爲左氏傳訓故，授趙人貫公，爲河間獻王博士，子長卿爲蕩陰令，〔三〕授清河張禹長子。〔四〕禹與蕭望之同時爲御史，數爲望之言左氏，望之善之，上書數以稱説。後望之爲太子太傅，薦禹於宣帝，徵禹待詔，未及問，會疾死。授尹更始，〔五〕更始傳子咸及翟方進、胡常。常授黎陽賈護季君，哀帝時待詔爲郎，授蒼梧陳欽子佚，以左氏授王莽，至將軍。而劉歆從尹咸及翟方進受。由是言左氏者本之賈護、劉歆。

〔一〕【補注】先謙曰：論衡按書篇：「魯共王壞孔子授教堂以爲室，得佚春秋三十篇，左氏傳也。」案，充承劉向别録之説。然蒼、誼實左氏始師，非緣壁中所得。或壁中者與見行本同。

〔二〕【補注】先謙曰：經典序録「貫長卿傳京兆尹張敞及侍御史張禹」，此不言敞受自貫。

〔三〕師古曰：蕩陰，河内之縣也。蕩音湯。

〔四〕如淳曰：非成帝師張禹也。

〔五〕師古曰：禹先授更始。

贊曰：自武帝立五經博士，開弟子員，設科射策，勸以官禄，訖於元始，百有餘年，傳業者寖盛，支葉蕃滋，〔一〕一經説至百餘萬言，大師衆至千餘人，蓋禄利之路然也。〔二〕初，書唯有歐陽，禮后，易楊，〔三〕春秋公羊而已。至孝宣世，復立大小夏侯尚書，大小戴禮，施、孟、梁丘易，穀梁春秋。至元帝世，復立京氏易。平帝時又立左氏春秋、毛詩、逸禮、古文尚書，〔四〕所以罔羅遺失，兼而存之，是在其中矣。〔五〕

〔一〕師古曰：寖，漸也。蕃，多也。滋，益也。

〔二〕師古曰：言爲經學者則受爵禄而獲其利，所以益勸。

〔三〕【補注】沈欽韓曰：其後立學但施、孟、梁丘，不言楊何所終。三家之易，不出於楊，易楊爲易田之訛。楊本不立博士，漢以來言易者，皆本田何，三家皆田易，猶大小戴仍后禮也。

〔四〕【補注】朱一新曰：趙邠卿孟子題辭云：「孝文皇帝欲廣游學之路，論語、孝經、孟子、爾雅皆置博士。後罷傳記博士，獨立五經而已。」又劉子駿移太常博士書：「孝文時，天下衆書往往頗出，皆諸子傳説，猶廣立於學官，爲置博士。」則趙氏之言審矣。本書藝文志「周官經六篇」，王莽時劉歆置博士。

〔五〕如淳曰：雖有虛妄之説，是當在其中，故兼而存之。

循吏傳第五十九〔一〕

〔一〕師古曰：循，順也，上順公法，下順人情也。

漢興之初，反秦之敝，與民休息，凡事簡易，禁罔疏闊，而相國蕭、曹以寬厚清靜爲天下帥，〔一〕民作「畫一」之歌。〔二〕孝惠垂拱，高后女主，不出房闥，而天下晏然，民務稼穡，衣食滋殖。〔三〕至於文、景，遂移風易俗。是時循吏如河南守吴公、蜀守文翁之屬，〔四〕皆謹身帥先，居以廉平，不至於嚴，而民從化。

〔一〕師古曰：帥，遵也。【補注】齊召南曰：案帥是率先之意，顔注非。

〔二〕師古曰：謂歌曰：「蕭何爲法，講若畫一；曹參代之，守而勿失。」

〔三〕師古曰：滋，益也。殖，生也。

〔四〕【補注】先謙曰：吴公見賈誼傳、公卿表。

孝武之世，外攘四夷，内改法度，〔一〕民用彫敝，姦軌不禁。〔二〕時少能以化治稱者，惟江都相董仲舒、内史公孫弘、兒寬，居官可紀。三人皆儒者，通於世務，明習文法，以經術潤飾吏事，天子器之。仲舒數謝病去，弘、寬至三公。

〔一〕師古曰：攘，卻也。

〔二〕師古曰：不可禁。

孝昭幼沖，霍光秉政，承奢侈師旅之後，海内虛耗，光因循守職，無所改作。至於始元、元鳳之間，匈奴鄉化，百姓益富，〔一〕舉賢良文學，問民所疾苦，於是罷酒榷而議鹽鐵矣。

〔一〕師古曰：鄉讀曰嚮。【補注】先謙曰：官本注在上句下。

及至孝宣，繇仄陋而登至尊，〔一〕興于閭閻，〔二〕知民事之艱難。自霍光薨後始躬萬機，厲精爲治，五日一聽事，自丞相已下〔三〕各奉職而進。及拜刺史守相，輒親見問，觀其所繇，退而考察所行以質其言，〔四〕有名實不相應，必知其所以然。常稱曰：「庶民所以安其田里而亡歎息愁恨之心者，政平訟理也。〔五〕與我共此者，其唯良二千石乎！」〔六〕以爲太守，吏民之本也，〔七〕數變易則下不安，民知其將久，不可欺罔，乃服從其教化。故二千石有治理效，輒以璽書勉厲，增秩賜金，或爵至關内侯，公卿缺則選諸所表以次用之。〔八〕是故漢世良吏，於是爲盛，稱中興焉。若趙廣漢、韓延壽、尹翁歸、嚴延年、張敞之屬，皆稱其位，然任刑罰，或抵罪誅。〔九〕王成、黄霸、朱邑、龔遂、鄭弘、召信臣等，〔一〇〕所居民富，所去見思，生有榮號，死見奉祀，此廩廩庶幾德讓君子之遺風矣。〔一一〕

〔一〕師古曰：仄，古側字。仄陋，言非正統，而身經微賤也。繇與由同。次下類此。

〔二〕師古曰：閭，里門也。閻，里中門也。言從里巷而即大位也。

〔三〕【補注】宋祁曰：「已」字當作「以」。先謙曰：以、已字同。

〔四〕師古曰：質，正也。

〔五〕師古曰：訟理，言所訟見理而無冤滯也。

〔六〕師古曰：謂郡守、諸侯相。

〔七〕【補注】宋祁曰：越本無「也」字。姚本删。

〔八〕師古曰：所表，謂增秩賜金爵也。

〔九〕師古曰：抵，至也，音丁禮反。

〔一〇〕師古曰：召讀曰邵。【補注】先謙曰：弘自有傳。

〔一一〕師古曰：廩廩，言有風采也。【補注】王念孫曰：顔以序言君子之遺風，故云「廩廩，有風采」，所謂望文生義者也。今案，廩廩者，漸近之意，即所謂庶幾也。言此數人者，廩廩乎幾於德讓君子矣。史記孝文紀贊曰：「漢興至孝文四十有餘載，德至盛也，廩廩鄉改正服封禪矣。」襄二十三年公羊傳注曰：「廩廩近升平。」並與此廩廩同義。

文翁，廬江舒人也。少好學，〔一〕通春秋，以郡縣吏察舉。景帝末，爲蜀郡守，〔二〕仁愛好教化。見蜀地辟陋有蠻夷風，〔三〕文翁欲誘進之，乃選郡縣小吏開敏有材者張叔等十餘人〔四〕親自飭厲，〔五〕遣詣京師，受業博士，或學律令。減省少府用度，買刀布蜀物，齎計吏以遺博士。〔六〕數歲，蜀生皆成就還歸，文翁以爲右職，〔七〕用次察舉，〔八〕官有至郡守刺史者。

〔一〕【補注】沈欽韓曰：寰宇記廬州人物云：「文翁名黨，字仲翁。」廣博物志廬江七賢傳：「文黨字翁仲。未學之時，與人俱入叢木，謂侶人曰：『吾欲遠學，先試投吾斧高木上，斧當挂。』乃仰投之斧，果上挂，因之長安授經。」

〔二〕【補注】沈欽韓曰：華陽國志：「文翁爲蜀守，穿湔江口，溉灌繁田千七百頃。」

〔三〕師古曰：辟讀曰僻。

〔四〕【補注】沈欽韓曰：常璩蜀志：「文翁遣雋士張叔等十八人東詣博士，受七經。還，叔爲博士，明天文災異，始作春秋章句，官至侍中、揚州刺史。」

〔五〕師古曰：飭與敕同。

〔六〕如淳曰：金馬書刀，今賜計吏是也。作馬形於刀環内，以金鏤之。晉灼曰：刀，書刀；布，布刀也。舊時蜀郡工官作金馬書刀者，似佩刀形，金錯其拊。布刀，謂婦人割裂財布刀也。師古曰：少府，郡掌財物之府，以供太守者也。刀，凡蜀刀有環者也。布，蜀布細密環也。二者蜀人作之皆善，故賫以爲貨，無限於書刀布刀也。如、晉二説皆煩而不當也。【補注】宋祁曰：注文「細密環也」景本據史館本改作「細密者也」。沈欽韓曰：如、晉舉金馬書刀，當時所尚也。御覽三百四十六金馬書刀銘曰：「巧冶鍊剛，金馬託形，黄文錯鏤，兼勒工名。」此正博士所需耳，豈謂凡斷斬之刀以遺博士哉！布者，楊雄蜀都賦曰：「洞中黄潤，一端數金。」

〔七〕師古曰：郡中高職也。

〔八〕【補注】先謙曰：用次，猶以次。

又修起學官於成都市中，〔一〕招下縣子弟以爲學官弟子，〔二〕爲除更繇，〔三〕高者以補郡縣吏，次爲孝弟力田。常選學官僮子，使在便坐受事。〔四〕每出行縣，益從學官諸生明經飭行者與俱，〔五〕使傳教令，出入閨閤。〔六〕縣邑吏民見而榮之，數年，爭欲爲學官弟子，富人至出錢以求之。繇是大化，〔七〕蜀地學於京師者比齊魯焉。〔八〕至武帝時，乃令天下郡國皆立學校官，自文翁爲之始云。

〔一〕師古曰：學官，學之官舍也。

〔二〕師古曰：下縣，四郊之縣，非郡所治也。

〔三〕師古曰：不令從役也。更音工衡反。繇讀曰傜。

〔四〕師古曰：便坐，别坐，可以視事，非正廷也。坐音財卧反。

〔五〕師古曰：益，多也。飭，整也，讀與敕同。

〔六〕師古曰：閨閤，内中小門也。【補注】王文彬曰：爾雅釋宫：「宫中之門謂之闈，其小者謂之閨。小閨謂之閤。」

〔七〕師古曰：繇讀曰由。

〔八〕【補注】齊召南曰：案，蜀志，秦宓曰：「文翁遣司馬相如東受七經，還教吏民。」然則，相如即文翁所拔以爲蜀人師者。其語與地理志所云「繇文翁倡其教，相如爲之師」者正合。但此傳及相如傳並無明文。

文翁終於蜀，吏民爲立祠堂，歲時祭祀不絶。至今巴蜀好文雅，文翁之化也。〔一〕

〔一〕師古曰：文翁學堂於今猶在益州城内。【補注】齊召南曰：案，文翁學堂即石室講堂也。江水注：「文翁爲蜀守，立講堂，作石室於南城。後守更增二石室。」顔有意益州學館記曰：「華陽國志：文翁講堂石室一名玉堂，安帝初間烈火爲災，惟石室獨存。至獻帝興平元年，太守高眹於玉堂東更造一石室，爲周公禮殿。」唐志有益州文翁學堂圖一卷。沈欽韓曰：隸釋益州太守高眹修周公殿記云：「始自文翁，應期鑿度，開建畔宫，立堂布觀。至於甲午，故府梓潼文君文參。增造吏寺二百餘間。」

王成，不知何郡人也。爲膠東相，〔一〕治甚有聲。宣帝最先褒之，地節三年下詔曰：「蓋聞有功不賞，有罪不誅，雖唐虞不能以化天下。今膠東相成，勞來不怠，〔二〕流民自占八萬餘口，〔三〕治有異等之效。〔四〕其賜成爵關内侯，秩中二千石。」未及徵用，會病卒官。後詔使丞相御史問郡國上計長吏守丞以政令得失，或對言前膠東相成僞自增加，以蒙顯賞，是後俗吏多爲虚名云。〔五〕

〔一〕【補注】周壽昌曰：成爲國相在膠東頃王二十三、四年間。

〔二〕師古曰：謂勸勉招懷百姓也。勞音郎到反。來音郎代反。

〔三〕師古曰：隱度名數而來附業也。占音之贍反。

〔四〕師古曰：異於常等。

〔五〕【補注】劉攽曰：「長吏守丞」「吏」當作「史」。郡使守丞，國使長史，皆一物也，故總言「郡國上計長史守丞」。後漢百官志，諸侯王相如太守，長史如郡丞。又邊郡有丞，亦有長史。長史上計無疑矣。長史者，通於令丞尉之稱，與守丞連言之，説不可不爾。下言長史守丞同。何焯曰：宣帝褒成，即燕昭事隗之意。史並書此語，以窒元始以後上下相蒙之弊。黄霸篇詳著張敞奏，無非此指，務在可否相濟，足爲後法也。

黄霸字次公，淮陽陽夏人也，〔一〕以豪桀役使徙雲陵。〔二〕霸少學律令，喜爲吏，〔三〕武帝末以待詔入錢賞官，補侍郎謁者，〔四〕坐同産有罪劾免。〔五〕後復入穀沈黎郡，〔六〕補左馮翊二百石卒史。〔七〕馮翊以霸入財爲官，不署右職，〔八〕使領郡錢穀計。〔九〕簿書正，以廉稱，〔一〇〕察補河東均輸長，〔一一〕復察廉爲河南太守丞。霸爲人明察内敏，〔一二〕又習文法，然温良有讓，足知，善御衆。爲丞，處議當於法，合人心，太守甚任之，吏民愛敬焉。

〔一〕師古曰：夏音工雅反。

〔二〕師古曰：身爲豪桀而役使鄉里人也。

〔三〕師古曰：喜謂愛好也，音許吏反。

〔四〕孟康曰：賞官，主賞賜之官也。師古曰：此説非也，因入錢而見賞以官。【補注】宋祁曰：姚本正文刪「以」字。沈欽韓曰：食貨志「令民得買爵，置賞官，名曰武功爵」，則霸由武功爵補官。

〔五〕師古曰：同産謂兄弟也。【補注】宋祁曰：景本無「罪」字。

〔六〕【補注】先謙曰：據武紀、西南夷傳，元鼎六年定莋都，爲沈黎郡。後書西南夷傳，天漢四年併蜀郡爲西部。此爲郡時，或以振救荒貧例，得入穀補官。

〔七〕如淳曰：三輔郡得仕用它郡人，而卒史獨二百石，所謂尤異者也。

〔八〕師古曰：輕其爲人也。右職，高職也。

〔九〕師古曰：計謂出入之數也。

〔一〇〕師古曰：言無所侵隱，故簿書皆正，不虚謬也。

〔一一〕師古曰：以廉見察而遷補。【補注】先謙曰：均輸内筦於大司農。水衡都尉所屬皆有均輸令丞。此分治於河東，故別置長也。

〔一二〕師古曰：内敏，言心思捷疾也。

自武帝末，用法深。昭帝立，幼，大將軍霍光秉政，大臣爭權，上官桀等與燕王謀作亂，光既誅之，遂遵武帝法度，以刑罰痛繩羣下，繇是俗吏上嚴酷以爲能，〔一〕而霸獨用寬和爲名。

〔一〕師古曰：繇讀與由同。【補注】先謙曰：官本「上」作「尚」。

會宣帝即位，在民間時知百姓苦吏急也，聞霸持法平，召以爲廷尉正，〔一〕數決疑獄，庭中稱平。〔二〕守丞相長史，坐公卿大議廷中〔三〕知長信少府夏侯勝非議詔書大不敬，霸阿從不舉劾，皆下廷尉，〔四〕繫獄當死。霸因從勝受尚書獄中，再踰冬，〔五〕積三歲乃出，語在勝傳。勝出，復爲諫大夫，令左馮翊宋畸舉霸賢良。勝又口薦霸於上，上擢霸爲揚州刺史。三歲，宣帝下詔曰：「制詔御史：其以賢良高第揚州刺史霸爲潁川太守，〔六〕秩比二千石，居官賜車蓋，特高一丈，别駕主簿車，緹油屏泥於軾前，以章有德。」〔七〕

〔一〕【補注】先謙曰：百官表廷尉正秩千石。

〔二〕師古曰：此廷中謂廷尉之中。【補注】先謙曰：官本注「廷中」亦作「庭中」，引宋祁曰「庭」當作「廷」。下文同。

〔三〕師古曰：大議，總會議也。此廷中謂朝廷之中。

〔四〕師古曰：勝及霸俱下廷尉。

〔五〕師古曰：踰與踰同。

〔六〕【補注】周壽昌曰：潁川有富室，兄弟同居。弟婦與長姒皆懷姙，長姒胎傷，弟婦生男輒奪以爲己子，爭訴三年。郡守黄霸使人抱兒於庭，令娣、姒競取之，長姒持之甚猛，弟婦恐有所傷於手。霸乃叱長姒曰：「汝貪家財，欲得兒，寧慮頓有所傷乎！」乃以兒還弟婦。出棠陰比事引風俗通。

〔七〕【補注】宋祁曰：景本、越本自「賜車蓋」止「以章有德」，無此二十三字。

時上垂意於治，數下恩澤詔書，吏不奉宣。〔一〕太守霸爲選擇良吏，分部宣布詔令，〔二〕令民咸知上意。使郵亭鄉官皆畜雞豚，〔三〕以贍鰥寡貧窮者。然後爲條教，置父老師帥伍長，班行之於民間，勸以爲善防姦之意，及務耕桑，節用殖財，種樹畜養，去食穀馬。米鹽靡密，初若煩碎，〔四〕然霸精力能推行之。吏民見者，語次尋繹，〔五〕問它陰伏，以相參考。嘗欲有所司察，擇長年廉吏遣行，屬令周密。〔六〕吏出，不敢舍郵亭，〔七〕食於道旁，烏攫其肉。〔八〕民有欲詣府口言事者適見之，霸與語道此。後日吏還謁霸，霸見迎勞之，曰：「甚苦！食於道旁乃爲烏所盜肉。」吏大驚，以霸具知其起居，所問豪氂不敢有所隱。〔九〕鰥寡孤獨有死無以葬者，鄉部書言，霸具爲區處，〔一〇〕某所大木可以爲棺，某亭猪子可以祭，〔一一〕吏往皆如言。其識事聰明如此，〔一二〕吏民不知所出，〔一三〕咸稱神明。姦人去入它郡，盜賊日少。

〔一〕師古曰：不令百姓皆知也。

〔二〕師古曰：分音扶問反。【補注】宋祁曰：「太守」當在「爲」字下。劉攽曰：「太守」字當在「霸爲」字下。

〔三〕師古曰：郵行書舍，謂傳送文書所止處，亦如今之驛館矣。鄉官者，鄉所治處也。【補注】先謙曰：官本注「行」作「亭」，是。

〔四〕師古曰：米鹽，言碎而且細。

〔五〕師古曰：繹謂抽引而出也。

〔六〕師古曰：屬，戒也。周密，不泄陋也。屬音之欲反。【補注】先謙曰：官本注「陋」作「漏」，是。

〔七〕師古曰：舍，止也。

〔八〕師古曰：攫，搏持之也。攫音钁。【補注】宋祁曰：攫，説文曰「捽也」，音九縛反。先謙曰：官本注「音钁」作「音厥」，縛反」。

〔九〕【補注】先謙曰：官本「氂」作「釐」。

〔一〇〕師古曰：區處，謂分别而處置也，音昌汝反。

〔一一〕【補注】宋祁曰：「猪」當作「豬」。沈欽韓曰：方言：「豚或謂之豯。吴揚之閒謂之豬子。」

〔一二〕師古曰：識，記也，音式二反。

〔一三〕師古曰：不知其用何術也。

霸力行教化而後誅罰，〔一〕務在成就全安長吏。〔二〕許丞老，病聾，〔三〕督郵白欲逐之，霸曰：「許丞廉吏，雖老，尚能拜起送迎，正頗重聽，何傷？〔四〕且善助之，毋失賢者意。」或問其故，霸曰：「數易長吏，送故迎新之費及姦吏緣絶簿書盜財物，〔五〕公私費耗甚多，皆當出於民，所易新吏又未必賢，或不如其故，徒相益爲亂。凡治道，去其泰甚者耳。」

〔一〕師古曰：力猶勤也。言先以德教化於下，若有弗從，然後用刑罰也。

〔二〕師古曰：不欲易代及損傷之也。

〔三〕如淳曰：許縣丞。

〔四〕【補注】先謙曰：正猶即也，説詳終軍傳。

〔五〕師古曰：緣，因也。因交代之際而棄匿簿書以盜官物也。

霸以外寬内明得吏民心，户口歲增，治爲天下第一。徵守京兆尹，秩二千石。坐發民治馳道不先以聞，又發騎士詣北軍馬不適士，〔一〕劾乏軍興，連貶秩。有詔歸潁川太守官，以八百石居治如其前。前後八年，郡中愈治。是時鳳皇神爵數集郡國，潁川尤多。天子以霸治行終長者，下詔稱揚曰：「潁川太守霸，宣布詔令，百姓鄉化，〔二〕孝子弟弟貞婦順孫日以衆多，田者讓畔，道不拾遺，養視鰥寡，贍助貧窮，獄或八年亡重罪囚，吏民鄉于教化，興於行誼，可謂賢人君子矣。書不云乎？『股肱良哉！』〔三〕其賜爵關内侯，黄金百斤，秩中二千石。」而潁川孝弟、有行義民、三老、力田，皆以差賜爵及帛。後數月，徵霸爲太子太傅，遷御史大夫。

〔一〕孟康曰：關西人謂補滿爲適。馬少士多，不相補滿也。【補注】宋祁曰：「不先以聞」姚本作「不先聞」。蕭該音義：適，⿰亻適足也。⿰亻適音相代反。韋昭音詩歷反。案，今漢書「⿰亻適」字作「適」字，注云「適，始歷反」。予謂與韋昭音同。

〔二〕師古曰：鄉讀曰嚮。下亦同。

〔三〕師古曰：虞書益稷之辭，已解於上。

五鳳三年，〔一〕代邴吉爲丞相，〔二〕封建成侯，食邑六百户。霸材長於治民，及爲丞相，總綱紀號令，風采不及丙、魏、于定國，〔三〕功名損於治郡。時京兆尹張敞舍鶡雀飛集丞相府，〔四〕霸以爲神雀，議欲以聞。敞奏霸曰：「竊見丞相請與中二千石博士雜問郡國上計長吏守丞，〔五〕爲民興利除害成大化條其對，有耕者讓畔，男女異路，道不拾遺，及舉孝子弟弟貞婦者爲一輩，先上殿，〔六〕舉而不知其人數者次之，不爲條教者在後叩頭謝。〔七〕丞相雖口不言，而心欲其爲之也。長吏守丞對〔八〕時，臣敞舍有鶡雀飛止丞相府屋上，丞相以下見者數百人。邊吏多知鶡雀者，問之，皆陽不知。丞相圖議上奏〔九〕曰：『臣問上計長吏守丞以興化條，〔一〇〕皇天報下神雀。』後知從臣敞舍來，乃止。郡國吏竊笑丞相仁厚有知略，微信奇怪也。昔汲黯爲淮陽守，辭去之官，謂大行李息曰：『御史大夫張湯懷詐阿意，以傾朝廷，公不早白，與俱受戮矣。』息畏湯，終不敢言。後湯誅敗，上聞黯與息語，乃抵息罪而秩黯諸侯相，取其思竭忠也。臣敞非敢毀丞相也，誠恐羣臣莫白，而長吏守丞〔一一〕畏丞相指，歸舍法令，各爲私教，〔一二〕務相增加，澆淳散樸，〔一三〕竝行僞貌，有名亡實，傾搖解怠，甚者爲妖。〔一四〕假令京師先行讓畔異路，道不拾遺，其實亡益廉貪貞淫之行，而以僞先天下，固未可也；即諸侯先行之，僞聲軼於京師，非細事也。〔一五〕漢家承敝通變，造起律令，所以勸善禁姦，〔一六〕條貫詳備，不可復加。宜令貴臣明飭長吏守丞，〔一七〕歸告二千石，舉三老孝弟力田孝廉廉吏務得其人，郡事皆以義法令撿式，〔一八〕毋得擅爲條教；敢挾詐僞以奸名譽者，必先受戮，〔一九〕以正明好惡。」天子嘉納敞言，召上計吏，使侍中臨飭如敞指意。〔二〇〕霸甚慙。

〔一〕【補注】宋祁曰：景本「三」作「二」。王文彬曰：表係三年，作「二」誤。

〔二〕【補注】周壽昌曰：漢孝宣時，霸爲相。燕代之閒，有三男共娶一女，因生一子，及欲分離，各爭其子，遂訟於臺，請斷之。霸曰：「非同人類，當以禽獸處之。」遂戮三男，其子還母。案，荀子云「有法者以法行，無法者以類」，若夫黃霸戮三男，王尊殺假子，蓋舉其事之類耳。法不禁禽獸聚麀，然人殺禽獸無罪，則戮之可也。出棠陰比事，未詳所引何書。

〔三〕【補注】齊召南曰：案，此總計孝宣朝名相而言。霸前不及丙、魏，後不及定國也。定國爲相，實在霸後。

〔四〕蘇林曰：今虎賁所著鶡也。師古曰：蘇説非也。此鶡音芬，字或作鳻，此通用耳。鳻雀大而色青，出羌中，非武賁所著也。武賁鶡色黑，出上黨，以其鬭死不止，故用其尾飾武臣首云。今時俗人所謂鶡雞者也，音曷，非此鳻雀也。【補注】宋祁曰：注文「鶡音介」字本作「鴧」，今本誤作「芬」竝「鳻」字。予見徐鍇本改「芬」爲「介」、「鳻」爲「鴧」。徐改爲允。鳻是鳥聚貌，非鳥名。沈欽韓案，許慎説文「鴧」音古拜反，「鳥似鶡而色青，出羌中」，與師古所引合。鳻，鳥聚皃，非鳥名。余觀之，恐非官本之誤。玉篇『鳻，音扶云切，鳻雀如鶡』。玉篇見漢書〔註〕有此『鳻』字，故出此字。曰：甕牖閒評曰：「宋景文筆記辨漢書黃霸傳『鶡雀』二字云，顔師古本解作『鴧雀』，官本誤以爲『鳻雀』。玉篇蓋唐人作，以是推之，則自唐以來已作『鳻』矣。」畢憲曾云，案説文「鶡似雉」，「鴧似鶡而青，出羌中」。顔氏家訓：「愍楚友壻竇如同從河州來，得一鳥，馴養愛玩，舉俗呼之爲鶡。吾曰：『鶡出上黨，色並黃黑，無駁雜也。』説文：『鴧雀如鶡而青，出羌中。』集韻音介。」師古承其祖説，漢書注當作「鶡音介，字或作鴧」，景文辨之是也。玉篇爲宋人重修，鳻字自沿官本誤爾。廣韻鴧字注與説文同。先謙曰：下云「邊吏多知鶡雀者」，則作「鴧」是。雀出羌中，故長安見而神之。

〔五〕【補注】宋祁曰：「吏」當作「史」。沈欽韓曰：漢舊儀：「郡國守丞長史上計事竟，遣君侯出坐庭上，親問百姓所疾苦。」

〔六〕師古曰：丞相所坐屋也。古者屋之高嚴，通呼爲殿，不必宮中也。【補注】宋祁曰：景本無「弟弟」字。沈欽韓曰：周官稾人注「今司徒府中有百官朝會之殿，云天子與丞相舊決大事焉」。續志注，應劭曰：「國每有大議，天子車駕親幸其殿。殿西王侯以下更衣並存。」然是古外朝之遺法，天子所嘗臨，故丞相聽事，亦謂之殿。漢制尊卑有定，禮分逾嚴，豈得汎然同稱乎？

〔七〕【補注】宋祁曰：邵本無「後」字，當作「在後」。

〔八〕【補注】宋祁曰：「吏」當作「史」。下文「上計長吏」同。

〔九〕師古曰：圖，謀也。

〔一〇〕師古曰：凡言條者，一一而疏舉之，若木條然也。【補注】先謙曰：官本「問」作「聞」，注末無「也」字。

〔一一〕【補注】宋祁曰：「吏」當作「史」。

〔一二〕師古曰：舍，廢也。

〔一三〕師古曰：不雜爲淳。以水澆之，則味離薄。樸，大質也，割之，散也。【補注】沈欽韓曰：莊子繕性篇：「澆淳散樸。」音義本亦作「澆」。先謙曰：官本注「離」作「漓」，是。「散」上有「則」字。

〔一四〕師古曰：解讀曰懈。

〔一五〕師古曰：軼，過也，音逸。【補注】朱一新曰：軼與溢通。禹貢「溢爲滎」，地理志作「軼爲滎」，是其證。師古訓軼爲過，僞聲過於京師，不辭。

〔一六〕【補注】先謙曰：官本「所」作「即」。

〔一七〕師古曰：飭讀與勑同。次下類此。【補注】宋祁曰：「吏」當作「史」。先謙曰：官本注「次」作「以」。

〔一八〕師古曰：撿，局也，音居儉反。【補注】宋祁曰：「郡」字疑作「羣」字。先謙曰：官本「撿」作「檢」。

〔一九〕師古曰：奸，求也，音干。

〔二〇〕【補注】沈欽韓曰：晉書王渾傳，武帝訪渾元會問郡國計吏方俗之宜，渾奏曰：「舊三朝元會前計吏詣軒下，侍中讀詔，計吏跪受。」隋禮儀志：「梁元會，尚書騶騎引計吏，郡國各一人，皆跪受詔。侍中讀五條詔，計吏每應諾訖。」然其制蓋始於宣帝。

又樂陵侯史高以外屬舊恩侍中貴重，霸薦高可太尉。天子使尚書召問霸：「太尉官罷久矣，丞相兼之，所以偃武興文也。如國家不虞，邊境有事，〔一〕左右之臣皆將率也。〔二〕夫宣明教化，通達幽隱，使獄無冤刑，邑無盜賊，君之職也。將相之官，朕之任焉。〔三〕侍中樂陵侯高帷幄近臣，朕之所自親，〔四〕君何越職而舉之？」〔五〕尚書令受丞相對，霸免冠謝罪，數日乃決。〔六〕自是後不敢復有所請。然自漢興，言治民吏，以霸爲首。

〔一〕師古曰：如，若也。

〔二〕【補注】先謙曰：官本「率」作「帥」。

〔三〕師古曰：言欲拜將相事，自在朕也。

〔四〕師古曰：具知其材質。

〔五〕【補注】先謙曰：通鑑胡注：「丞相職總百官，進賢退不肖。霸薦史高，以爲所薦非其人，可也；以爲越職，則不可也。蓋自武帝以來，丞相之失其職也，久矣。」齊召南云：「案，自武帝以後，外廷之官統於丞相，中朝之官統於大司馬。霸以丞相而舉史高，堪大司馬，故以越職責之。」

〔六〕師古曰：乃得免罪。

爲丞相五歲，甘露三年薨，謚曰定侯。霸死後，樂陵侯高竟爲大司馬。〔一〕霸子思侯賞嗣，爲關都尉。薨，子忠侯輔嗣，至衛尉九卿。薨，〔二〕子忠嗣侯，訖王莽乃絶。子孫爲吏二千石者五六人。始霸少爲陽夏游徼，〔三〕與善相人者共載出，〔四〕見一婦人，相者言「此婦人當富貴，不然，相書不可用也」。〔五〕霸推問之，乃其鄉里巫家女也。霸即取爲妻，與之終身。〔六〕爲丞相後徙杜陵。

〔一〕師古曰：史著此者，亦言霸奏高爲太尉，適事宜也。【補注】何焯曰：史著此者，見宣帝必欲恩自己出，故霸死始用高，以實「將相之官，朕之任焉」之語。顏注謂其適事宜，知其一也。

〔二〕【補注】先謙曰：公卿表，輔字子元，哀帝元壽二年爲衛尉。
〔三〕師古曰：游徼，主徼巡盜賊者也。
〔四〕師古曰：同乘車。
〔五〕【補注】沈欽韓曰：藝文志形法家，相人二十四卷。
〔六〕【補注】錢大昭曰：事見論衡骨相篇。

朱邑字仲卿，廬江舒人也。少時爲舒桐鄉嗇夫，〔一〕廉平不苛，以愛利爲行，〔二〕未嘗笞辱人，存問耆老孤寡，遇之有恩，所部吏民愛敬焉。遷補太守卒史，舉賢良爲大司農丞，遷北海太守，以治行第一入爲大司農。〔三〕爲人惇厚，篤於故舊，〔四〕然性公正，不可交以私。天子器之，朝廷敬焉。

〔一〕【補注】先謙曰：官本考證云，案，鄉吏之有秩者曰三老，曰嗇夫，曰游徼。嗇夫職聽訟獄，收賦稅。先謙案：寰宇記舒州桐城縣取桐鄉爲名，即今安慶府桐城縣也。
〔二〕師古曰：仁愛於人而安利也。
〔三〕【補注】先謙曰：公卿表在地節四年。
〔四〕【補注】王念孫曰：案，「惇」下本無「厚」字。惇、篤皆厚也，「爲人惇篤於故舊」作一句讀。金安上傳「惇篤有智」。加一「厚」字則分爲兩句而贅於詞矣。舊本北堂書鈔政術部十一、陳禹謨本加「厚」字。藝文類聚人部六及十八、御覽人事部七十及百十七引此皆無「厚」字。

是時張敞爲膠東相，與邑書曰：「明主游心太古，廣延茂士，〔一〕此誠忠臣竭思之時也。直敞遠守劇郡，馭於繩墨，〔二〕匈臆約結，固亡奇也。〔三〕雖有，亦安所施？〔四〕足下以清明之德，掌周稷之業，〔五〕猶飢者甘糟糠，穰歲餘粱肉。〔六〕何則？有亡之勢異也。昔陳平雖賢，須魏倩而後進；〔七〕韓信雖奇，賴蕭公而後信。〔八〕故事各達其時之英俊，〔九〕若必伊尹、呂望而後薦之，則此人不因足下而進矣。」〔一〇〕邑感敞言，貢薦賢士大夫，多得其助者。身爲列卿，居處儉節，禄賜以共九族鄉黨，〔一一〕家亡餘財。

〔一〕師古曰：茂，善也。

〔二〕師古曰：直讀曰值。【補注】先謙曰：爲繩墨所約束，猶馬之受馭，故云。

〔三〕師古曰：約，屈也。

〔四〕師古曰：言在遠郡，無足展效也。【補注】宋祁曰：注文舊作「放」，姚本改作「效」。

〔五〕師古曰：司農主百穀，故云周稷之業。

〔六〕師古曰：穰歲，豐穰之歲。穰音攘。【補注】先謙曰：飢者自喻，穰歲況邑。

〔七〕蘇林曰：魏無知也。韋昭曰：無知字也。師古曰：倩，士之美稱，故云魏倩也，而韋氏便以爲無知之字，非也。譬猶謂汲黯爲汲直，黯豈字直乎？且次下句云「賴蕭公而後信」，亦非何之字也。【補注】周壽昌曰：倩爲無知字亦似之。必謂韋注爲非，而以倩爲士之美稱，似他處稱人爲倩，若某公某生者，甚少也。至謂以魏倩次蕭公爲偶語，尤不盡然。如王褒聖主得賢臣頌以伯牙對逢門子，揚雄解難以夔人對鍾期、師曠對孔子，解嘲則以藺先生對四皓，如此者不可殫述，不得謂倩對公即非字也。田廣明傳「與客胡倩等謀反」，亦得謂胡倩之「倩」爲美稱而非名乎？奈何師古以汲直相擬！

〔八〕師古曰：信謂爲君上所信任也。一説信讀曰伸，得伸其材用也。

〔九〕【補注】宋祁曰：「事」當作「士」。

〔一〇〕師古曰：言能自達也。

〔一一〕師古曰：共讀曰供。

神爵元年卒。天子閔惜，下詔稱揚曰：「大司農邑，廉潔守節，退食自公，亡彊外之交，束脩之餽，〔一〕可謂淑人君子。遭離凶災，朕甚閔之。〔二〕其賜邑子黄金百斤，以奉其祭祀。」

〔一〕師古曰：餽與饋同。【補注】先謙曰：官本「彊」作「疆」，引宋祁曰「亡疆」景本作「亡彊」。

〔二〕師古曰：離亦遭。

初邑病且死，屬其子〔一〕曰：「我故爲桐鄉吏，其民愛我，必葬我桐鄉。後世子孫奉嘗我，不如桐鄉民。」〔二〕及死，其子葬之桐鄉西郭外，民果然共爲邑起冢立祠，〔三〕歲時祠祭，至今不絶。

〔一〕師古曰：屬音之欲反。

〔二〕師古曰：嘗謂蒸嘗之祭。

〔三〕【補注】王念孫曰：案，「然」字後人所加。凡言果然者，皆謂果如此也。下既言爲邑起冢立祠，則「然」字爲贅文矣。文選潘尼贈河陽詩注、藝文類聚禮部上、御覽禮儀部四及三十二引此皆無「然」字。

龔遂字少卿，山陽南平陽人也。〔一〕以明經爲官，至昌邑郎中令，事王賀。賀動作多不正，遂爲人忠厚，剛毅有大節，内諫爭於王，外責傅相，引經義，陳禍福，至於涕泣，蹇蹇亡已。〔二〕面刺王過，王至掩耳起走，曰：「郎中令善媿人。」〔三〕及國中皆畏憚焉。〔四〕王嘗久與騶奴宰人游戲飲食，賞賜亡度，遂入見王，涕泣厀行，左右侍御皆出涕。王曰：「郎中令何爲哭？」遂曰：「臣痛社稷危也！願賜清閒竭愚。」王辟左右，〔五〕遂曰：「大王知膠西王所以爲無道亡乎？」〔六〕王曰：「不知也。」曰：「臣聞膠西王有諛臣侯得，王所爲擬於桀紂也，〔七〕得以爲堯舜也。王説其諂諛，嘗與寢處，〔八〕唯得所言，以至於是。〔九〕今大王親近羣小，漸漬邪惡所習，存亡之機，不可不慎也。臣請選郎通經術有行義者與王起居，坐則誦詩書，立則習禮容，宜有益。」王許之。遂乃選郎中張安等十人侍王。居數日，王皆去逐安等。〔一〇〕久之，宫中數有妖怪，王以問遂。遂以爲有大憂，宫室將空，語在昌邑王傳。會昭帝崩，亡子，昌邑王賀嗣立，官屬皆徵入。王相安樂遷長樂衛尉，遂見安樂，流涕謂曰：「王立爲天子，日益驕溢，諫之不復聽，今哀痛未盡，〔一一〕日與近臣飲食作樂，鬭虎豹，召皮軒，車九流，〔一二〕驅馳東西，所爲誖道。〔一三〕古制寬，大臣有隱退，今去不得，陽狂恐知，〔一四〕身死爲世戮，奈何？君，陛下故相，宜極諫爭。」王即位二十七日，卒以淫亂廢。昌邑羣臣坐陷王於惡不道，皆誅，死者二百餘人，唯遂與中尉王陽以數諫爭得減死，髡爲城旦。

〔一〕【補注】先謙曰：今兖州府鄒縣治。

〔二〕師古曰：蹇蹇，不阿順之意也。易蹇卦曰「王臣蹇蹇」。

〔三〕師古曰：媿，古愧字。愧，辱也。

〔四〕師古曰：王及國人皆憚之。

〔五〕師古曰：閒讀曰閑。辟音闢。

〔六〕【補注】先謙曰：膠西王卬也。景帝時與吴楚反，誅。

〔七〕師古曰：儗，比也。

〔八〕師古曰：説讀曰悦。

〔九〕師古曰：唯用得之邪言，故至亡。

〔一〇〕【補注】朱一新曰：監本「去逐」二字倒。先謙曰：官本作「逐去」。

〔一一〕師古曰：謂新居喪服。

〔一二〕【補注】沈欽韓曰：續志「法駕前驅有九斿雲罕」注，徐廣曰：「斿車有九乘，前史不記形也。」先謙曰：霍光傳云「駕法駕，皮軒鸞旗，驅馳北宮桂宮，弄彘鬭虎」，即謂此。

〔一三〕師古曰：誖，乖也，音布内反。

〔一四〕【補注】朱一新曰：言求去不得，陽狂又恐爲人知覺也。

宣帝即位，久之，渤海左右郡歲飢，盗賊竝起，〔一〕二千石不能禽制。上選能治者，丞相御史舉遂可用，上以爲渤海太守。時遂年七十餘，召見，形貌短小，宣帝望見，不副所聞，心内輕焉，謂遂曰：「渤海廢亂，朕甚憂之。君欲何以息其盗賊，以稱朕意？」遂對曰：「海瀕遐遠，不霑聖化，〔二〕其民困於飢寒而吏不恤，故使陛下赤子盗弄陛下之兵於潢池中耳。〔三〕今欲使臣勝之邪，將安之也？」〔四〕上聞遂對，甚說，〔五〕荅曰：「選用賢良，固欲安之也。」遂曰：「臣聞治亂民猶治亂繩，不可急也；唯緩之，然後可治。臣願丞相御史且無拘臣以文法，得一切便宜從事。」上許焉，加賜黃金，贈遣乘傳。至渤海界，〔六〕郡聞新太守至，發兵以迎，遂皆遣還，移書勑屬縣悉罷逐捕盜賊吏。諸持鉏鉤田器者皆爲良民，吏無得問，〔七〕持兵者乃爲盜賊。遂單車獨行至府，郡中翕然，盜賊亦皆罷。〔八〕渤海又多劫略相隨，聞遂教令，即時解散，棄其兵弩，而持鉤鉏。盜賊於是悉平，民安土樂業。遂乃開倉廩假貧民，〔九〕選用良吏，尉安牧養焉。

〔一〕師古曰：左右，謂側近相次者。

〔二〕師古曰：瀕，涯也，音頻，又音賓。

〔三〕師古曰：赤子，猶言初生幼小之意也。積水曰潢，曰黃。【補注】先謙曰：官本「曰黃」作「音黃」，是。

〔四〕師古曰：勝謂以威力克而殺之也。安謂以德化撫而安之。【補注】先謙曰：官本注無「也」字。

〔五〕師古曰：說讀曰悅。

〔六〕師古曰：傳音張戀反。

〔七〕師古曰：鉤，鐮也。

〔八〕師古曰：罷讀曰疲。言爲盜賊久，心亦罷厭。【補注】劉奉世曰：盜賊與劫略相隨，史以爲二事，故前云盜賊亦皆罷，後云劫略者去兵，末乃總云盜賊於是悉平。師古疑前未嘗言皆罷，案「嘗」疑作「當」。故解爲疲字，乃非遂功矣。但如字讀之，文意自通。

〔九〕師古曰：假謂給與。

遂見齊俗奢侈，好末技，不田作，乃躬率以儉約，勸民務農桑，令口種一樹榆、百本䪥、五十本蔥、〔一〕一畦韭，〔二〕家二母彘、五雞。〔三〕民有帶持刀劍者，使賣劍買牛，賣刀買犢，曰：「何爲帶牛佩犢！」春夏不得不趨田畝，〔四〕秋冬課收斂，益蓄果實菱芡。勞來循行，郡中皆有畜積，〔五〕吏民皆富貴。〔六〕獄訟止息。

〔一〕【補注】先謙曰：荀子富國篇楊倞注：「一本，一株也。」埤雅：「種法，䪥一本率七八支。諺曰蔥三䪥四，言種蔥者三支一科，䪥即四之也。」

〔二〕師古曰：每一口即如此種也。

〔三〕師古曰：每一家則如此養之也。

〔四〕師古曰：趨讀曰趣。趣，嚮也。

〔五〕師古曰：菱，芰也。芡，雞頭也。勞來，勸勉也。畜讀皆曰蓄。芡音儉。勞音盧到反。來音盧代反。【補注】先謙曰：注「皆」字衍，官本無。

〔六〕【補注】先謙曰：官本「貴」作「實」，是。

數年，上遣使者徵遂，議曹王生願從。〔一〕功曹以爲王生素耆酒，亡節度，不可使。〔二〕遂不忍逆，從至京師。王生日飲酒，不視太守。〔三〕會遂引入宮，王生醉，從後呼，〔四〕曰：「明府且止，願有所白。」遂還問其故，〔五〕王生曰：「天子即問君何以治渤海，君不可有所陳對，宜曰

『皆聖主之德，非小臣之力也』。」遂受其言。既至前，上果問以治狀，遂對如王生言。天子説其有讓，〔六〕笑曰：「君安得長者之言而稱之？」遂因前曰：「臣非知此，乃臣議曹教戒臣也。」上以遂年老不任公卿，拜爲水衡都尉，〔七〕議曹王生爲水衡丞，以褒顯遂云。水衡典上林禁苑，共張宮館，〔八〕爲宗廟取牲，官職親近，上甚重之，以官壽卒。〔九〕

〔一〕【補注】沈欽韓曰：此與褚少孫滑稽傳文學卒史王先生實一事也，但彼以爲武帝時北海太守，即時地全乖。

〔二〕師古曰：耆讀曰嗜。【補注】先謙曰：官本無「爲」字。

〔三〕師古曰：日日恆飲酒也。

〔四〕師古曰：呼音火故反。【補注】先謙曰：官本注在「曰」下。

〔五〕師古曰：還，回也。

〔六〕師古曰：説讀曰悦。

〔七〕【補注】齊召南曰：案公卿表，遂以地節四年爲水衡都尉，即朱邑以北海太守入爲大司農之歲也。

〔八〕師古曰：共音居用反。張音知亮反。下亦同。

〔九〕師古曰：以壽終而卒於官也。【補注】周壽昌曰：據表，遂地節四年任，元康四年馮奉世代，凡五年，年八十餘矣。

召信臣字翁卿，九江壽春人也。〔一〕以明經甲科爲郎，出補穀陽長。舉高第遷上蔡長。〔二〕其治視民如子，所居見稱述。超爲零陵太守，病歸。復徵爲諫大夫，遷南陽太守，其治如上蔡。

〔一〕師古曰：召讀曰劭。【補注】先謙曰：官本「劭」作「邵」，是。

〔二〕【補注】周壽昌曰：後書劉昭注「縣萬户以上爲令，不滿爲長」，此以穀陽長遷上蔡長，一長也，而此遷於彼，或上蔡户視穀陽爲多也。

信臣爲人勤力有方略，好爲民興利，務在富之。躬勸耕農，〔一〕出入阡陌，止舍離鄉亭，〔二〕稀有安居時。行視郡中水泉，〔三〕開通溝瀆，起水門提閼凡數十處，〔四〕以廣溉灌，歲歲增加，多至三萬頃。民得其利，畜積有餘。〔五〕信臣爲民作均水約束，〔六〕刻石立於田畔，以防分爭。禁止嫁娶送終奢靡，務出於儉約。府縣吏家子弟好游敖，不以田作爲事，輒斥罷之，甚者案其不法，以視好惡。〔七〕其化大行，郡中莫不耕稼力田，百姓歸之，户口增倍，盜賊獄訟衰止。吏民親愛信臣，號之曰召父。荆州刺史奏信臣爲百姓興利，郡以殷富，賜黄金四十斤，遷河南太守，治行常爲第一，復數增秩賜金。

〔一〕【補注】先謙曰：官本作「躬耕勸農」。

〔二〕師古曰：言休息之時，皆在野次。

〔三〕師古曰：行音下更反。

〔四〕師古曰：閼，所以壅水，音一曷反。【補注】齊召南曰：案「提」應作「隄」。又案，信臣於南陽水利無所不興，其最鉅者，鉗盧陂六門堨，並在穰縣之南，灌溉穰、新野、昆陽三縣。後漢杜詩修其故跡，民有召父杜母之歌。晉杜預復其遺規，地有二十九陂之利。故讀後書、晉書及水經注、通典而嘆信臣功在南陽，並於蜀李冰、鄴史起也。顔注太略。錢大昕曰：提閼即隄堰也。古讀閼如焉。亦作「傿」。後書董卓傳「於所度水中爲立傿，以爲捕魚」，注云：「續漢書傿字作堰，其字義則同，但異體耳。」又作「墕」。後書王景傳：「與將作謁者王吳共修作浚儀渠，吳用景墕流灋，水乃不復爲害。」閼又有遏音，故字亦作「遏」。水經注載魏劉靖碑云「以嘉平二年立遏於水道，高梁河造戾陵遏」，即戾陵堰也。説文無堰字。周禮𢿱人「掌以時𢿱爲梁」，鄭司農云：「梁，水偃也。偃水爲關空，以笱承其空。」是漢人亦作偃也。周壽昌曰：提、隄字通。刑法志「提封」作「隄封」可證。

〔五〕師古曰：畜讀曰蓄。

〔六〕師古曰：言用之有次第也。【補注】沈欽韓曰：長安志涇渠圖制云：「立三限閘以分水，立斗門以均水。凡用水，先令斗吏入狀，官給申帖，方許開斗。自十月一日放水，至六月，遇漲水歇渠，七月往罷。每夫一名，溉夏秋田二頃六十畝，仍驗其工給水。行水之序，須自下而上，晝夜相繼，不以公田越次，霖潦輟功，此均水之法也。」

〔七〕師古曰：視讀曰示。

竟寧中，徵爲少府，列於九卿，奏請上林諸離遠宮館稀幸御者，勿復繕治共張，〔一〕又奏省樂府黃門倡優諸戲，及宮館兵弩什器減過泰半，〔二〕太官園種冬生蔥韭菜茹，覆以屋廡，〔三〕晝夜爇蘊火，待温氣乃生，〔四〕信臣以爲此皆不時之物，有傷於人，不宜以奉供養，及它非法食物，悉奏罷，省費歲數千萬。〔五〕信臣年老以官卒。〔六〕

〔一〕【補注】何焯曰：成帝建始元年秋，罷上林宮館希御幸者二十五所，此用信臣所請，非貢公事。

〔二〕【補注】先謙曰：官本「泰」作「太」。

〔三〕師古曰：廡，周室也。茹音人庶反。廡音舞。

〔四〕師古曰：爇，古然字。蘊火，蓄火也。蘊音於云反。【補注】先謙曰：注「也火」倒，官本不誤。

〔五〕師古曰：素所費者今皆省也。

〔六〕【補注】何焯曰：案公卿表，徙中少府。

元始四年，詔書祀百辟卿士有益於民者，〔一〕蜀郡以文翁，九江以召父應〔二〕詔書。歲時郡二千石率官屬行禮，奉祠信臣冢，而南陽亦爲立祠。

〔一〕師古曰：百辟，百官。【補注】王文彬曰：禮月令「仲夏命百縣雩祀百辟卿士有益於民者」，此舉古制。

〔二〕【補注】錢大昕曰：信臣不書名，非史例也。蓋寬饒傳稱魏相爲魏侯，鄭崇蕭育傳稱貢禹爲貢公，敘傳稱桓譚爲桓生，皆史家刊正，未歸畫一。

酷吏傳第六十

孔子曰：「導之以政，齊之以刑，民免而無恥；導之以德，齊之以禮，有恥且格。」〔一〕老氏稱：「上德不德，是以有德；下德不失德，是以無德。法令滋章，盜賊多有。」〔二〕信哉是言也！法令者，治之具，而非制治清濁之原也。〔三〕昔天下之罔嘗密矣，〔四〕然不軌愈起，〔五〕其極也，上下相遁，至於不振。〔六〕當是之時，吏治若救火揚沸，〔七〕非武健嚴酷，惡能勝其任而媮快乎？〔八〕言道德者，溺於職矣。〔九〕故曰：「聽訟吾猶人也，必也使無訟乎！」〔一〇〕「下士聞道大笑之。」〔一一〕非虛言也。

〔一〕師古曰：論語載孔子之言也。格，至也。謂御以政刑，則人思苟免，不恥於惡；化以德禮，則下知愧辱，而至於治也。【補注】宋祁曰：注文「不恥」景本作「不止」，刊誤作「不恥」。

〔二〕師古曰：老子德經之言也。上德體合自然，是以爲德；下德務於修建，更以喪之。法令繁則巧詐益起，故多盜賊也。【補注】宋祁曰：注文「繁」字下疑有「滋」字。

〔三〕師古曰：言爲治之體，亦須法令，而法令非治之本。

〔四〕師古曰：謂秦時。

〔五〕【補注】先謙曰：官本「不」作「姦」，是。今作「不」者，後人不知軌、宄通借而妄改之。史記作「姦僞萌起」。

〔六〕師古曰：遁，避也。言吏避於君，民避於吏，至乎喪敗不可振救也。【補注】王念孫曰：如師古説，是下遁上，非上下相遁也。今案，遁者，欺也。言姦軌竝起，而上下相欺，猶左傳言「上下相蒙」也。廣韻：「遁，欺也。」賈子過秦篇「姦僞並起，而上下相遁」，義與此同也。管子法禁篇：「遁上而遁民者，聖王之禁也。」言爲人臣而上欺其君，下欺其民者，聖王之所禁也。「遁」字亦作「遯」。淮南修務篇「審於形者不可遯以狀」，高注「遯，欺也」。

〔七〕師古曰：言迫急也。本敝不除，則其末難正。

〔八〕師古曰：惡讀曰烏。烏，於何也。媮，苟且也。【補注】酈宗萬曰：案，「媮快」史記作「愉快」，此文「媮」字即「愉」字意，顔以苟且解之，於義不順。

〔九〕師古曰：溺謂沈滯而不舉也。【補注】先謙曰：史記作「溺其職矣」。

〔一〇〕師古曰：論語載孔子之辭也。言使我聽獄訟，猶凡人耳，然而立政施德，則能使其絶於爭訟。

〔一一〕師古曰：老子道經之言也。大道玄深，非其所及，故致笑也。【補注】王念孫曰：案，此德經之言。注「德」訛作「道」，當據老子改。「大笑之」本作「大而笑之」。大而笑之，猶言迂而笑之也。文王世子「況于其身以善其君乎」，鄭注：「于讀爲迂。迂猶廣也，大也。」是大與迂同義。老子又云「天下皆謂我道大似不肖」，莊子逍遥遊篇「今子之言，大而無用，衆所同去也」，竝與「大而笑之」同義。「上士聞道，勤而行之；中士聞道，若存若亡；下士聞道，大而笑之」，皆以四字爲句，且「大而笑之」與「勤而行之」句法相對，後人不得其解而删去「而」字，今本老子、史記、漢書皆然。則既失其義而又失其句矣。牟子引老子正作「大而笑之」，晉書葛洪傳引抱朴子序云「世儒徒知服膺周、孔，莫信神仙之書，不但大而笑之，又將謗毁真正」，抱朴子微旨篇亦云「大而笑之，其來久矣」。是牟、葛所見老子皆作「大而笑之」。又案，師古注云「大道玄深，非其所及，故致笑也」，「大道玄深」是釋「大」字，「故致笑也」是釋「笑之」二字，則漢書亦是「大而笑之」明矣。今本作「大笑之」亦與顔注不合。

漢興，破觚而爲圜，斲琱而爲樸，〔一〕號爲罔漏吞舟之魚。〔二〕而吏治蒸蒸，不至於姦，〔三〕黎民艾安。〔四〕由是觀之，在彼不在此。〔五〕高后時，酷吏獨有侯封，刻轢宗室，侵辱功臣。〔六〕呂氏已敗，遂夷侯封之家。〔七〕孝景時，鼂錯以刻深頗用術輔其資，〔八〕而七國之亂發怒於錯，錯卒被戮。〔九〕其後有郅都、甯成之倫。〔一〇〕

〔一〕孟康曰：觚，方也。師古曰：去嚴刑而從簡易，抑巧僞而務敦厚也。琱謂刻鏤也，字與彫同。【補注】沈欽韓曰：周髀算經「萬物周事而圓方用焉，大匠造制而規矩立焉。或毁方而爲圓，或破圓而爲方」。先謙曰：官本注「彫」作「雕」。

〔二〕師古曰：言其疏也。

〔三〕師古曰：蒸蒸，純一之貌也。

〔四〕師古曰：黎，庶也。艾讀曰乂。乂，治也。

〔五〕師古曰：言不在於嚴酷也。【補注】王文彬曰：索隱「韋昭云，言在道德，不在嚴酷」，疑顔注亦當有「在道德」三字。

〔六〕師古曰：轢謂陵踐也，音來的反。【補注】宋祁曰：轢當音來各反。

〔七〕師古曰：誅，除也。【補注】先謙曰：官本「誅」作「夷」，是。史誤「禽」。

〔八〕師古曰：資，材也。

〔九〕師古曰：卒，終也。

〔一〇〕師古曰：郅音之日反。

郅都，河東大陽人也。〔一〕以郎事文帝。景帝時爲中郎將，敢直諫，面折大臣於朝。嘗從入上林，賈姬在廁，〔二〕野彘入廁，〔三〕上目都，〔四〕都不行。上欲自持兵救賈姬，都伏上前曰：「亡一姬復一姬進，天下所少寧姬等邪？陛下縱自輕，奈宗廟太后何？」上還，彘亦不傷賈姬。太后聞之，賜都金百斤，上亦賜金百斤，由此重都。

〔一〕【補注】齊召南曰：案，史記但曰楊人也。據地理志，楊縣與大陽縣並屬河東郡，似此文誤「楊」爲「陽」，因遂衍「大」字。先謙曰：「大陽」在今解州平陸縣東北十五里。楊縣在今平陽府洪洞縣東南十五里。正義引括地志云，漢楊縣城唐初改爲洪洞，以故洪洞鎮爲名。郅都墓在洪洞縣東南二十里。漢書云河東大陽人，班固失之甚也。

〔二〕師古曰：賈姬即賈夫人，生趙敬肅王彭祖、中山靖王勝者。

〔三〕【補注】先謙曰：史記「入」上有「卒」字。

〔四〕師古曰：動目以使也。

濟南瞯氏宗人三百餘家，豪猾，〔一〕二千石莫能制，於是景帝拜都爲濟南守。至則誅瞯氏首惡，餘皆股栗。〔二〕居歲餘，郡中不拾遺，旁十餘郡守畏都如大府。〔三〕

〔一〕應劭曰：瞯音馬瞯眼之瞯。師古曰：音閑。【補注】先謙曰：官本考證引蕭該音義曰，案爾雅馬一目白曰瞯，音閑。宋祁曰：姚本删注中二「瞯」字。

〔二〕師古曰：言懼之甚，至於股腳戰栗也。【補注】何焯曰：史記「誅」作「族滅」。首惡，謂一郡首惡，非指一家。

〔三〕師古曰：言猶如統屬之也。

都爲人，勇有氣，公廉，不發私書，問遺無所受，請寄無所聽。〔一〕常稱曰：「己背親而出，〔一一〕身固當奉職死節官下，終不顧妻子矣。」

〔一〕【補注】蘇輿曰：史、漢多言請寄，猶今言請託。

〔二〕【補注】先謙曰：史記作「倍親而仕」。

都遷爲中尉，〔一〕丞相條侯〔二〕至貴居也，〔三〕而都揖丞相。是時民樸，畏罪自重，而都獨先嚴酷，致行法不避貴戚，〔四〕列侯宗室見都側目而視，號曰「蒼鷹」。〔五〕臨江王徵詣中尉府對簿，〔六〕臨江王欲得刀筆爲書謝上，〔七〕而都禁吏弗與。魏其侯使人間予臨江王。〔八〕臨江王既得，爲書謝上，因自殺。竇太后聞之，怒，以危法中都，〔九〕都免歸家。景帝乃使使即拜都爲鴈門太守，〔一〇〕便道之官，〔一一〕得以便宜從事。匈奴素聞郅都節，舉邊爲引兵去，〔一二〕竟都死不近鴈門。匈奴至爲偶人象都，〔一三〕令騎馳射，莫能中，其見憚如此。匈奴患之。乃中都以漢法。〔一四〕景帝曰：「都忠臣。」欲釋之。〔一五〕竇太后曰：「臨江王獨非忠臣乎？」於是斬都也。〔一六〕

〔一〕【補注】先謙曰：公卿表，景帝七年爲中尉，三年免。

〔二〕【補注】先謙曰：周亞夫。

〔三〕師古曰：居，怠傲，讀與倨同。

〔四〕【補注】先謙曰：致猶極也。

〔五〕師古曰：言其鷙擊之甚。

〔六〕師古曰：簿者，獄辭之文書也，音步戶反。【補注】先謙曰：景帝太子榮廢，王臨江，事詳本傳。

〔七〕師古曰：刀，所以削治書也。古者書於簡牘，故必用刀焉。【補注】先謙曰：官本注「必」作「筆」，是。

〔八〕師古曰：伺間隙而私與也。【補注】先謙曰：魏其侯竇嬰。

〔九〕師古曰：謂搆成其罪也。中音竹仲反。次下亦同。

〔一〇〕師古曰：就家拜。【補注】先謙曰：官本注末有「之」字。

〔一一〕師古曰：不令致闕陳謝也。【補注】先謙曰：官本「致」作「至」，是。

〔一二〕【補注】先謙曰：史記「舉」作「居」。

〔一三〕師古曰：以木爲人象都之形也。偶，對也。【補注】王念孫曰：史記文與此同。索隱：「『偶人』漢書作『寓人』。寓即偶也，謂刻木偶類人形也。」據此則漢書本作「寓人」，注當云：「寓讀曰偶。偶，對也。」今則正文「寓」字既依史記改爲「偶」，且并删注文矣。偶與寓古同聲而通用，字或作「耦」。史記孝武紀「以木偶馬代駒」，漢書郊祀志「偶」作「寓」，是其證。後人不通古音，故改「寓」爲「偶」。

〔一四〕【補注】何焯曰：史記「竇太后乃竟中都以漢法」，今去四字，似都爲匈奴所間矣。沈欽韓曰：遷書疑得其實。漢紀云「匈奴中以法，太后以臨江王之死也怨之，遂斬都」，彼全據班書鈔撮，故爲潤飾。

〔一五〕師古曰：釋，置也，解也。謂放免也。

〔一六〕【補注】宋祁曰：傳末「也」字當删。

甯成，南陽穰人也。以郎謁者事景帝。好氣，爲少吏，〔一〕必陵其長吏；爲人上，操下急如束溼。〔二〕猾賊任威。稍遷至濟南都尉，而郅都爲守。始前數都尉步入府，因吏謁守如縣令，其畏都如此。及成往，直凌都出其上。都素聞其聲，善遇，與結驩。久之，都死，後長安

左右宗室多犯法，〔三〕上召成爲中尉。〔四〕其治效郅都，其廉弗如，然宗室豪桀人皆惴恐。〔五〕

〔一〕【補注】宋祁曰：淳化本、越本「少」作「小」，據史館本作「少」，今兩存之。齊召南曰：「少吏」南本作「小吏」，非也。少吏自與長吏對言。漢制縣令長及丞尉二百石以上爲長吏，百石以下有斗食佐史之秩爲少吏。武紀元光六年詔曰「少吏犯禁」，即此少吏也。先謙曰：史記自作「小吏」。

〔二〕師古曰：操，執持也。束溼，言其急之甚也。溼物則易束。操音千高反。【補注】先謙曰：史記「束〔溼〕」下有「薪」字。

〔三〕師古曰：長安左右，京邑之中也。

〔四〕【補注】先謙曰：公卿表在中六年。

〔五〕師古曰：惴，戰栗也。人人皆戰恐也。惴音之瑞反。

武帝即位，徙爲内史。外戚多毁成之短，抵罪髡鉗。是時九卿死即死，少被刑，〔一〕而成刑極，自以爲不復收，〔二〕乃解脱，詐刻傳出關歸家。〔三〕稱曰：「仕不至二千石，賈不至千萬，安可比人乎！」〔四〕乃貰貣陂田千餘頃，〔五〕假貧民，役使數千家。〔六〕數年，會赦，致産數千萬，爲任俠，持吏長短，出從數十騎。其使民，威重於郡守。〔七〕

〔一〕【補注】錢大昭曰：文帝深納賈誼之言，養臣下有節，是後大臣有罪皆自殺。至武帝時，稍復入獄，自寧成始。

〔二〕如淳曰：以被重刑，將不復見收用也。師古曰：刑極者，言殘毁之重也。【補注】周壽昌曰：刑極，即謂被髡鉗。

〔三〕師古曰：輒解脱鉗釱而亡去也。傳，所以出關之符也，音張戀反。

〔四〕師古曰：賈謂販賣之。

〔五〕師古曰：貰貣，假取之也。貣音吐得反。

〔六〕師古曰：假謂雇賃也。

〔七〕【補注】先謙曰：成後事在義縱傳。

周陽由，〔一〕其父趙兼以淮南王舅侯周陽，〔二〕故因氏焉。〔三〕由以宗家任爲郎，〔四〕事文帝。景帝時，由爲郡守。武帝即位，吏治尚脩謹，〔五〕然由居二千石中最爲暴酷驕恣。所愛者，橈法活之；所憎者，曲法滅之。〔六〕所居郡，必夷其豪。〔七〕爲守，視都尉如令；爲都尉，陵太守，奪之治。〔八〕汲黯爲忮，〔九〕司馬安之文惡，〔一〇〕俱在二千石列，同車未嘗敢均茵馮。〔一一〕後由爲河東都尉，與其守勝屠公爭權，相告言，〔一二〕勝屠公當抵罪，議不受刑，〔一三〕自殺，而由棄市。

〔一〕【補注】錢大昭曰：由，真定人，見淮南王傳。先謙曰：史記周陽由提行別傳，是。此誤連文。

〔二〕師古曰：封爲周陽侯。

〔三〕師古曰：遂改趙姓而爲周陽也。

〔四〕【補注】先謙曰：索隱案，與國家有外戚姻屬比於宗室，故曰宗家。

〔五〕【補注】王文彬曰：「脩」當從史記作「循」。循、脩形近，多相亂。

〔六〕師古曰：橈亦屈曲也，音女教反。

〔七〕師古曰：平除之。【補注】宋祁曰：「豪」字下當有「桀」字。

〔八〕【補注】先謙曰：之與其同。義謂干預其政權也。

〔九〕師古曰：忮，意堅也，音章豉反。【補注】宋祁曰：韋昭曰忮音洎，字書之豉反。

〔一〇〕孟康曰：以文法傷害人也。

〔一一〕師古曰：茵，車中蓐也。馮，車中所馮者也。言此二人皆下讓由，故同車之時自處其偏側，不均敵也。馮讀曰凭。【補注】宋祁曰：「茵」亦作「鞇」。霍光傳作「絪」，晉灼音義作「鞇」，字亦音因。沈欽韓曰：巾車疏覆笭者，古者男子立乘馮軾，軾上須皮覆之，此馮之謂也。周壽昌曰：急就篇「鞇𩋡靯韉鞍鑣鍚」，蓋茵薦軾中，或用席爲之，字從艸；或用絲，或用革爲之，故字取從絲、從革也。先謙曰：史記作「伏」，與「馮」一也。盧文弨云，釋名文鞇，車中所坐者也。𩋡伏也。在前人所伏也。馮與𩋡皆謂軾。竊以爲馮當如字讀，與𩋡一聲之轉。韻書亦未以茵馮收入蒸韻。

〔一二〕師古曰：勝屠，姓也。【補注】先謙曰：索隱：「風俗通云，勝屠即申徒。」案，即申屠，下一字無庸易作「徒」。

〔一三〕【補注】先謙曰：「議」當爲「義」。史記不誤。

自甯成、周陽由之後，事益多，民巧法，大抵吏治類多成由等矣。〔一〕

〔一〕師古曰：大抵，大歸也，音丁禮反。

趙禹，斄人也。〔一〕以佐史補中都官，〔二〕用廉爲令史，事太尉周亞夫。亞夫爲丞相，禹爲丞相史，府中皆稱其廉平。然亞夫弗任，曰：「極知禹無害，〔三〕然文深，〔四〕不可以居大府。」武帝時，禹以刀筆吏積勞，遷爲御史。上以爲能，至中大夫。〔五〕與張湯論定律令，作見知，〔六〕吏傳相監司以法，盡自此始。〔七〕

〔一〕師古曰：斄讀曰邰，扶風縣也，音胎。

〔二〕師古曰：京師諸官爲吏也。【補注】宋祁曰：淳化本「史」作「吏」，刊誤據史館本改作「史」。注文「師古曰」下當有「於」字。

〔三〕師古曰：無害，言無人能勝之者。【補注】劉奉世曰：足以知謂廉平之類爲無害也。先謙曰：劉說非也。解詳蕭何傳。

〔四〕應劭曰：禹持文法深刻。

〔五〕【補注】先謙曰：史記作「太中大夫」。

〔六〕【補注】先謙曰：禹作此法也。詳刑法志。

〔七〕【補注】沈欽韓曰：謂所部屬吏有罪坐其長上也。先謙曰：傳同轉。司同伺。「盡自此始」，於文不詞，史記作「吏傳得相監司，用法益刻，蓋自此始」，「盡」是「蓋」之形近誤字。

禹爲人廉裾，〔一〕爲吏以來，舍無食客。公卿相造請，禹終不行〔二〕報謝，務在絶知友賓客之請，〔三〕孤立行一意而已。見法輒取，亦不覆案求官屬陰罪。〔四〕嘗中廢，已爲廷尉。始條侯以禹賊深，及禹爲少府九卿，酷急。至晚節，事益多。吏務爲嚴峻，而禹治加緩，名爲平。王温舒等後起，治峻禹。〔五〕禹以老，徙爲燕相。〔六〕數歲，誖亂有罪，免歸。〔七〕後十餘年，以壽卒於家。〔八〕

〔一〕師古曰：裾亦傲也，讀與倨同。【補注】先謙曰：裾、倨通借，與郅都傳「貴居」例同。

〔二〕師古曰：造音千到反。【補注】先謙曰：官本注在「公卿相造請」下。據劉說，則汲古本是也。

〔三〕師古曰：以此意告報公卿。【補注】劉敞曰：「報謝」當屬上句，言公卿造請禹而禹終不詣之。朱一新曰：史記上無「行」字更可證。

〔四〕師古曰：不見知者無所捘求也。

〔五〕【補注】先謙曰：史記作「治酷於禹」。

〔六〕【補注】宋祁曰：「老」字上當有「先」字。

〔七〕師古曰：悖，惑也，言其心意昏惑也。誖音布内反。【補注】周壽昌曰：猶今俗言昏瞶，此老年疾也。觀二疏傳云「老誖」，又嚴延年傳「丞義年老頗悖」可證。悖即誖字。先謙曰：官本注「悖」作「誖」，是。

〔八〕【補注】何焯曰：不覆案求陰罪，晚節獨以緩，名爲平，此禹獨以壽卒也。

義縱，河東人也。少年時嘗與張次公俱攻剽，爲羣盜。〔一〕縱有姊，以醫幸王太后。〔二〕太后問：「有子兄弟爲官者乎？」姊曰：「有弟無行，不可。」〔三〕太后乃告上，上拜義姁弟縱爲中郎，〔四〕補上黨郡中令。〔五〕治敢往，少温籍，〔六〕縣無逋事，〔七〕舉第一。遷爲長陵及長安令，直法行治，不避貴戚。以捕桉太后外孫脩成子中，〔八〕上以爲能，遷爲河内都尉。至則族滅其豪穰氏之屬，河内道不拾遺。而張次公亦爲郎，以勇悍從軍，〔九〕敢深入，有功，封爲岸頭侯。

〔一〕師古曰：剽，劫也，音頻妙反。

〔二〕師古曰：武帝母。

〔三〕【補注】宋祁曰：校本改「時」作「行」。

〔四〕孟康曰：姁，縱姊名也。師古曰：姁音許於反。【補注】先謙曰：官本引蕭該音義曰姁音煦主反，韋昭音同，李奇音呼。

〔五〕【補注】先謙曰：史失其縣名。

〔六〕服虔曰：敢行暴害之政。師古曰：少温籍，言無所含容也。温音於問反。籍音才夜反。【補注】先謙曰：温讀曰蘊，史記作「蘊藉」。官本注「害」作「虐」。

〔七〕師古曰：逋，亡也，負也，音必胡反。

〔八〕師古曰：脩成君，王太后所生金氏女也。中者，其子名也，讀曰仲。【補注】先謙曰：官本考證云史記作「脩成君子仲」，但以外戚傳證之，時本號曰脩成子仲，則不必有「君」字也。王文彬云，詳顏注似所見本有「君」字。

〔九〕師古曰：悍音胡旦反。

甯成家居，上欲以爲郡守，御史大夫弘曰：〔一〕「臣居山東爲小吏時，〔二〕甯成爲濟南都尉，其治如狼牧羊。成不可令治民。」上乃拜成爲關都尉。歲餘，關吏稅肄郡國出入關者，〔三〕號曰：「寧見乳虎，無直甯成之怒。」〔四〕其暴如此。義縱自河内遷爲南陽太守，聞甯成家居南陽，及至關，甯成側行送迎，然縱氣盛，弗爲禮。至郡，遂桉甯氏，破碎其家。成坐有罪，及孔、暴之屬皆奔亡，南陽〔五〕吏民重足一迹。而平氏朱彊、杜衍杜周爲縱爪牙之吏，任用，〔六〕遷爲廷尉史。〔七〕

〔一〕師古曰：公孫弘。

〔二〕【補注】宋祁曰：「小」或作「少」。

〔三〕李奇曰：肄，閱也。師古曰：肄音弋二反。【補注】先謙曰：官本注「李」上有「蘇林曰稅音佽閱之閱」九字。史記無「稅」字，「肄」作「隸」。集解引漢書音義曰「隸，閱也」，據此知肄、隸字同。稅，止息也。

〔四〕師古曰：猛獸產乳，養護其子，則搏噬過常，故以喻也。直讀曰值，一曰直當。

〔五〕師古曰：孔氏、暴氏二家素豪猾者。【補注】劉攽曰：「南陽」屬下句。

〔六〕師古曰：平氏、杜衍，二縣名也。

〔七〕【補注】先謙曰：史記無「尉」字。王溫舒傳「廷尉史」史記亦作「廷史」，則義同文省也。

軍數出定襄，定襄吏民亂敗，於是徙縱爲定襄太守。縱至，掩定襄獄中重罪二百餘人，〔一〕及賓客昆弟私入相視者亦二百餘人。縱壹切捕鞠，曰「爲死罪解脱」。〔二〕是日皆報殺四百餘人。〔三〕郡中不寒而栗，猾民佐吏爲治。〔四〕

〔一〕【補注】先謙曰：史記「重罪」下有「輕繫」二字，是也。獄中不皆重罪，「輕繫」二字不可省。私入相視者，尚捕之，輕繫者，豈得免乎？

〔二〕孟康曰：壹切皆捕之也。律，諸囚徒私解脱桎梏鉗赭，加罪一等；爲人解脱，與同罪。縱鞠相賂餉者二百人以爲解脱死罪，盡殺之。師古曰：鞠，窮也，謂窮治也。【補注】先謙曰：史記脱「切」字，當依此補。

〔三〕師古曰：奏請得報而論殺。【補注】劉敞曰：縱掩定襄獄，一切捕鞠，而云是日皆報殺，則非奏請報可之報矣。然則，以論決爲報。

〔四〕師古曰：百姓有素豪猾爲罪惡者，今畏縱之嚴，反爲吏耳目，助治公務以自效。

是時趙禹、張湯爲九卿矣，然其治尚寬，輔法而行，縱以鷹擊毛摯爲治。〔一〕後會更五銖錢白金起，〔二〕民爲姦，京師尤甚，乃以縱爲右内史，王温舒爲中尉。温舒至惡，所爲弗先言縱，縱必以氣陵之，〔三〕敗壞其功。〔四〕其治所誅殺甚多，然取爲小治，姦益不勝，〔五〕直指始出矣。〔六〕吏之治以斬殺縛束爲務，閻奉以惡用矣。〔七〕縱廉，其治效郅都。上幸鼎湖，病久，已而卒起幸甘泉，〔八〕道不治。上怒曰：「縱以我爲不行此道乎？」銜之。〔九〕至冬，楊可方受告緡，〔一〇〕縱以爲此亂民，部吏捕其爲可使者。天子聞，使杜式治，〔一一〕以爲廢格沮事，〔一二〕棄縱市。後一歲，張湯亦死。〔一三〕

〔一〕師古曰：言如鷹隼之擊，奮毛羽執取飛鳥也。

〔二〕師古曰：更，改也。

〔三〕師古曰：言温舒雖酷惡，而縱又甚也。

〔四〕【補注】先謙曰：其温舒弗先與言者，則縱必敗壞之。

〔五〕晉灼曰：取音趣。

〔六〕【補注】錢大昭曰：直指夏蘭之屬，見食貨志。

〔七〕師古曰：閻奉以嚴惡之故而見任用，言時政尚急刻也。【補注】周壽昌曰：閻奉以元封元年爲水衡都尉。史記稱其「朴擊賣請」，蓋酷而不廉者也。

〔八〕師古曰：已謂病愈也。言帝久病，既得愈，而忽然即幸甘泉。卒讀曰猝。【補注】先謙曰：官本「謂」作「爲」，字通。

〔九〕師古曰：銜，含也。苞含在心，以爲過也。【補注】先謙曰：官本注「苞」作「包」。

〔一〇〕【補注】先謙曰：集解引韋昭云，有告言不出緡者，可方受之，詳見食貨志。

〔一一〕【補注】先謙曰：杜式，人姓名。

〔一二〕孟康曰：武帝使楊可主告緡，没入其財物，縱捕爲可使者。此爲廢格詔書，沮已成之事也。師古曰：沮，壞也，音材汝反。格讀曰閣。

〔一三〕【補注】朱一新曰：七字承史舊文，但史次此傳於湯傳後，故有此語。今湯既别立傳而仍承用，於文法爲疏。

王温舒，陽陵人也。〔一〕少時椎埋爲姦。〔二〕已而試縣亭長，〔三〕數廢。數爲吏，以治獄至廷尉史。事張湯，遷爲御史，督盜賊，殺傷甚多。稍遷至廣平都尉。〔四〕擇郡中豪敢往吏十餘人爲爪牙，〔五〕皆把其陰重罪，〔六〕而縱使督盜賊，〔七〕快其意所欲得。此人雖有百罪，弗法；〔八〕即有避回，夷之，亦滅宗。〔九〕以故齊趙之郊盜不敢近廣平，廣平聲爲道不拾遺。上聞，遷爲河内太守。

〔一〕【補注】先謙曰：陽陵，馮翊縣。

〔二〕師古曰：椎殺人而埋之。椎音直追反，其字從木。【補注】先謙曰：集解引徐廣云「或謂發冢」，於義爲長。

〔三〕師古曰：試，補也。【補注】王文彬曰：試如尚書堯典「試可，乃已」之試，似不當訓補。

〔四〕【補注】周壽昌曰：廣平爲郡，在武帝征和二年前，故有都尉。

〔五〕師古曰：豪桀而性果敢，一往無所顧者，以爲吏也。【補注】宋祁曰：「豪」字下當有「桀」字。周壽昌曰：豪，即其郡人之桀出者，不必加「桀」字也。韓安國傳「鴈門馬邑豪聶壹，敢往吏」，言敢於前往，無所畏避也。顔注似以「敢」字屬上讀，幾至不可通。王文彬曰：周云不加「桀」，是也。而詳其語意，仍以豪桀爲義。甯成傳「所居郡必夷其豪」，安有豪桀而夷之乎？蓋郡中之渠魁豪惡，温舒因擇用之，觀下文「把其陰重罪」，義自可見。先謙曰：史記「往」誤「仕」，當依此訂。

〔六〕師古曰：把音布馬反。【補注】先謙曰：把，挾持之。陰重罪，罪重而未顯發者。

〔七〕師古曰：縱，放也。督，察視也。

〔八〕師古曰：言所捕盜賊得其人而快温舒意者，則不問其先所犯罪也。法謂行法也。

〔九〕師古曰：避回，謂不盡意捕擊也。回音胡內反。【補注】先謙曰：史記作「即有避，因其事夷之，亦滅宗」。案，單言避，事理已顯，不必更言回，疑「回」即「因」之誤，師古望文立訓耳。

素居廣平時，皆知河內豪姦之家。及往，以九月至，令郡具私馬五十疋，爲驛自河內至長安，〔一〕部吏如居廣平時方略，捕郡中豪猾，相連坐千餘家。上書請，大者至族，小者乃死，家盡沒入償臧。〔二〕奏行不過二日，〔三〕得可，事論報，至流血十餘里。〔四〕河內皆怪其奏，以爲神速。盡十二月，郡中無犬吠之盜。其頗不得，失之旁郡，追求，〔五〕會春，温舒頓足歎曰：「嗟乎，令冬月益展一月，卒吾事矣！」〔六〕其好殺行威不愛人如此。

〔一〕師古曰：以私馬於道上往往置驛也。

〔二〕師古曰：以臧致罪者，既沒入之，又令出倍臧，或收入官，或還其主也。【補注】先謙曰：盡沒入其家以償其前所得臧耳，非既沒入之又令出倍臧也。

〔三〕【補注】先謙曰：史記作「二三日」。

〔四〕師古曰：天子可其奏而論決之。殺人既多，故血流十餘里。【補注】劉敞曰：驗此可與報益異矣。先謙曰：言得奏可之事則論報也。

〔五〕【補注】先謙曰：史記作「梨求」，注：「梨，比也。」

〔六〕師古曰：立春之後，不復行刑，故云然。展，伸也。【補注】沈欽韓曰：後書陳寵傳漢舊事斷獄報重，常盡三冬之月。肅宗時始改用冬初十月而已。

上聞之，以爲能，遷爲中尉。〔一〕其治復放河内，〔二〕徒請召猜禍吏與從事，〔三〕河内則楊皆、麻戊，關中揚贛、成信等。〔四〕義縱爲内史，憚之，未敢恣治。〔五〕及縱死，張湯敗後，徙爲廷尉。而尹齊爲中尉坐法抵罪，温舒復爲中尉。〔六〕爲人少文，居它惛惛不辯，〔七〕至於中尉則心開。素習關中俗，知豪惡吏，豪惡吏盡復爲用。吏苛察淫惡少年，投缿購告言姦，〔八〕置伯落長以收司姦。〔九〕温舒多諂，善事有埶者；即無埶，視之如奴。有埶家，雖有姦如山，弗犯；無埶，雖貴戚，必侵辱。〔一〇〕舞文巧請下户之猾，以動大豪。〔一一〕其治中尉如此。姦猾窮治，大氐盡靡爛獄中，〔一二〕行論無出者。其爪牙吏虎而冠。〔一三〕於是中尉部中中猾以下皆伏，有埶者爲遊聲譽，稱治。數歲，其吏多以權貴富。〔一四〕

〔一〕【補注】先謙曰：公卿表在元狩四年。

〔二〕師古曰：放，依也，音甫往反。

〔三〕應劭曰：徒，但也。猜，疑也。取吏好猜疑作甗害者，任用之。【補注】先謙曰：史記作「徒諸名禍猾吏」，謂徙諸吏名禍猾者於京師，而與之從事。徒、徙，請、諸，名、召，猜、猾，皆形相近。索隱引漢書與今本同。兩義並通。

〔四〕師古曰：此皆猜甗者。【補注】先謙曰：官本「楊」作「揚」，「揚」作「楊」。集解引徐廣云，「麻戊」一作「麻成」。

〔五〕師古曰：言温舒憚縱，不得恣其酷暴。【補注】宋祁曰：或無「治」字。王念孫曰：史記有「治」字。然據師古注云「言温舒憚縱，不得恣其酷暴」，但釋「恣」字而不釋「治」字，則漢書似無「治」字也。「治」字或後人依史記加之。

〔六〕【補注】先謙曰：公卿表，元鼎三年温舒爲廷尉，一年復徙中尉。

〔七〕師古曰：言爲餘官則心意蒙蔽，職事不舉。惛音昬。【補注】先謙曰：史記作「居廷」，義異。

〔八〕師古曰：缿，所以受投書也，音項。解在趙廣漢傳也。【補注】先謙曰：官本注末無「也」字。史記「淫惡少年」作「盜賊惡少年」。史記「缿」作「銗」，同。

〔九〕師古曰：伯亦長帥之稱也。置伯及邑落之長，以收捕司察姦人也。【補注】王念孫曰：史記作「置伯格長以牧司姦盜賊」。徐廣曰「街陌屯落皆設督長也」。據此，則伯與陌同，故食貨志、地理志「阡陌」字竝作「仟伯」，管子四時篇亦云「脩封疆，正千伯」。伯音莫白反，「伯落長」三字連讀。而師古云置伯及邑落之長，則伯讀如字，且分伯與落長爲二，斯爲謬矣。王引之曰：「收」當作「牧」，牧司相監察也，詳商君傳。

〔一〇〕師古曰：謂不居權要之職者。

〔一一〕師古曰：弄法爲巧，而治下户之狡猾者，用諷動大豪之家。所以然者，爲大豪中有權要，不可治故也。請謂奏請。【補注】先謙曰：史記「巧請」作「攻詆」，「動」作「君」。

〔一二〕師古曰：大氐，大歸也。靡，碎也。氐音丁禮反。靡音武皮反。

〔一三〕師古曰：言其殘暴之甚也，非有人情。

〔一四〕師古曰：爲權貴之家所擁佑，故積受取致富者也。【補注】先謙曰：史記無「貴」字，義較長。

温舒擊東越還，〔一〕議有不中意，〔二〕坐以法免。是時上方欲作通天臺而未有人，温舒請覆中尉脱卒，得數萬人作。〔三〕上説，〔四〕拜爲少府。徙右内史，〔五〕治如其故，姦邪少禁。坐法

失官，復爲右輔，行中尉，如故操。〔六〕

〔一〕【補注】周壽昌曰：擊東越在元鼎六年。出會稽，破東越。
〔二〕師古曰：不當天子意也。中音竹仲反。
〔三〕師古曰：覆校脱漏未爲卒者也。脱音它活反。
〔四〕師古曰：説讀曰悅。
〔五〕【補注】先謙曰：公卿表，元封二年爲少府，四年徙右内史。
〔六〕【補注】先謙曰：公卿表在元封六年。

歲餘，會宛軍發，〔一〕詔徵豪吏。温舒匿其吏華成，及人有變告温舒受員騎錢，它姦利事，罪至族，自殺。〔二〕其時兩弟及兩婚家亦各自坐它罪而族。光禄勳徐自爲曰：「悲夫！夫古有三族，而王温舒罪至同時而五族乎！」〔三〕温舒死，家絫千金。〔四〕

〔一〕孟康曰：發兵伐大宛。
〔二〕師古曰：員騎，騎之有正員也。
〔三〕師古曰：温舒與弟同三族，而兩妻家各一，故爲五也。
〔四〕師古曰：絫，古累字。

尹齊，東郡在平人也。〔一〕以刀筆吏稍遷至御史。事張湯，湯數稱以爲廉武，帝使督盜賊，〔二〕斬伐不避貴埶。遷關都尉，〔三〕聲甚於甯成。上以爲能，拜爲中尉。吏民益彫敝，輕齊木彊少文，〔四〕豪惡吏伏匿而善吏不能爲治，〔五〕以故事多廢，抵罪。〔六〕後復爲淮陽都尉。王温舒敗後數年，病死，家直不滿五十金。所誅滅淮陽甚多，及死，仇家欲燒其尸，妻亡去，歸葬。〔七〕

〔一〕師古曰：茬音仕疑反。【補注】宋祁曰：韋昭音緇。字林曰：「茬，草亦盛也。」

〔二〕【補注】王念孫曰：湯素稱以爲廉武，句。帝使督盜賊。案，「帝」字後人所加。此言湯素稱尹齊之廉武，使之督盜賊。上文王温舒傳「事張湯，遷爲御史，督盜賊」，下文楊僕傳「河南守舉爲御史，使督盜賊關東」。非謂武帝使督盜賊也。史記「使督」上無「帝」字，是其明證矣。後人誤以「廉」字絶句，而以「武」字屬下讀，因妄加「帝」字耳。下文曰「上以爲能，拜爲中尉」，方指武帝言之。

〔三〕【補注】先謙曰：史記「關」下多「内」字，當依此訂。

〔四〕師古曰：木，質也，言如木石之爲也。

〔五〕師古曰：惡吏不肯爲用，獨善吏在，故不能治事也。

〔六〕師古曰：以職事多廢，故至於坐罪也。

〔七〕【補注】先謙曰：史記作「尸亡去，歸葬」，徐廣注「未及斂，尸亦飛去」。風俗通怪神篇説同。公羊傳「陳侯鮑甲戌之日亡，己丑之日死同「屍」。而得」，疏亦引此事爲證。班氏蓋以爲誕而易之。

楊僕，宜陽人也。〔一〕以千夫爲吏。〔二〕河南守舉爲御史，使督盜賊〔三〕關東，治放尹齊，〔四〕以敢擊行。〔五〕稍遷至主爵都尉，上以爲能。南越反，拜爲樓船將軍，有功，封將梁侯。東越反，上欲復使將，爲其伐前勞，〔六〕以書敕責之曰：「將軍之功，獨有先破石門、尋陿，〔七〕非有斬將搴旗之實也，〔八〕烏足以驕人哉！〔九〕前破番禺，捕降者以爲虜，掘死人以爲獲，是一過也。建德、呂嘉逆罪不容於天下，〔一〇〕將軍擁精兵不窮追，超然以東越爲援，是二過也。〔一一〕士卒暴露連歲，爲朝會不置酒，〔一二〕將軍不念其勤勞，而造佞巧，請乘傳行塞，〔一三〕因用歸家，懷銀黃，垂三組，夸鄉里，是三過也。〔一四〕失期内顧，以道惡爲解，〔一五〕失尊尊之序，是四過也。欲請蜀刀，問君賈幾何，對曰率數百，〔一六〕武庫日出兵而陽不知，挾僞干君，是五過也。〔一七〕受詔不至蘭池宮，〔一八〕明日又不對。假令將軍之吏問之不對，令之不從，其罪何如？推此心以在外，江海之間可得信乎！今東越深入，將軍能率衆以掩過不？」僕惶恐，對曰：「願盡死贖罪！」〔一九〕與王温舒俱破東越。〔二〇〕後復與左將軍荀彘俱擊朝鮮，爲彘所縛，語在朝鮮傳。還，免爲庶人，〔二一〕病死。

〔一〕【補注】先謙曰：宜陽，弘農縣。

〔二〕孟康曰：千夫若五大夫。武帝以軍用不足，令民出錢穀爲之。師古曰：所謂武功賞官，以寵戰士。

〔三〕【補注】宋祁曰：越本「守」作「辟」。先謙曰：官本考證云，案，關東屬上句，宋本誤置宋祁注於「督盜賊」下。

〔四〕師古曰：放，依也，音甫往反。

〔五〕師古曰：果敢搏擊而行其治也。【補注】先謙曰：史記「擊」作「摯」。

〔六〕師古曰：伐謂矜恃也。

〔七〕劉德曰：南越中險地名也。【補注】宋祁曰：「陿」或作「阻」。先謙曰：南粵傳「樓船將精卒先陷尋陿，破石門，得粵船粟，因推而前，挫粵鋒」，是其事也。石門、尋陿詳彼傳。

〔八〕師古曰：騫與搴同。搴，拔取之。【補注】先謙曰：官本注末有「也」字。

〔九〕師古曰：烏，於何也。

〔一〇〕師古曰：建德，南越王名也，尉佗玄孫也。吕嘉，其相也。

〔一一〕師古曰：以僕不窮追之故，令建德得以東越爲援也。

〔一二〕【補注】宋祁曰：「歲」字下當有「朕」字。

〔一三〕師古曰：傳張戀反。行音下更反。【補注】先謙曰：官本注「傳」下有「音」字。

〔一四〕師古曰：銀，銀印也。黄，金印也。僕爲主爵都尉，又爲樓船將軍，并將梁侯三印，故三組也。組，印綬也。

〔一五〕師古曰：内顧，言思妻妾也。解謂自解説也，若今言分疏。

〔一六〕孟康曰：僕嘗爲將，請官蜀刀，詔問賈，荅言比數率數百也。師古曰：賈讀曰價。【補注】宋祁曰：注文「嘗」字疑作「當」，「將」字下當有「行」字。

〔一七〕師古曰：干，犯也。

〔一八〕如淳曰：「本出軍時，欲使之蘭池宮，頓而不去。」蘭池宮在渭城。

〔一九〕【補注】宋祁曰：「死」字下當有「以」字。

〔二〇〕【補注】何焯曰：此自當在東越傳中，雜此非史法也。

〔二一〕【補注】周壽昌曰：據朝鮮傳，以罪當誅，贖爲庶人。

咸宣，楊人也。〔一〕以佐史給事河東守。衛將軍青使買馬河東，〔二〕見宣無害，言上，徵爲廄丞。〔三〕官事辦，稍遷至御史及丞，〔四〕使治主父偃及淮南反獄，所以微文深詆殺者甚衆，〔五〕

稱爲敢決疑。數廢數起，爲御史及中丞者幾二十歲。〔六〕王温舒爲中尉，而宣爲左内史。〔七〕其治米鹽，〔八〕事小大皆關其手，自部署縣名曹實物，官吏令丞弗得擅摇，痛以重法繩之。居官數年，壹切爲小治辯，〔九〕然獨宣以小至大，〔一〇〕能自行之，難以爲經。〔一一〕中廢爲右扶風，〔一二〕坐怒其吏成信，〔一三〕信亡藏上林中，宣使郿令將吏卒，〔一四〕闌入上林中蠶室門攻亭格殺信，射中苑門，〔一五〕宣下吏，爲大逆當族，自殺。而杜周任用。〔一六〕

〔一〕師古曰：咸音減省之減。楊，河東之邑。【補注】沈欽韓曰：史記作「減宣」。急就篇姓氏有減罷軍，彼注即引減宣。減、咸通用，考工記輈人注「減亦爲咸」。先謙曰：楊縣在今平陽府洪洞縣東南十五里。

〔二〕師古曰：將軍衛青充使而於河東買馬也。

〔三〕【補注】先謙曰：史記作「大廄丞」，此奪文。百官表太僕屬官有大廄五丞。

〔四〕【補注】宋祁曰：淳化本爲「御史中丞」，刊誤據史館本改。予依南本添「及」字。先謙曰：史記「丞」作「中丞」，此奪。下文亦作「中丞」，尤其明證。

〔五〕師古曰：詆，誣也。

〔六〕師古曰：幾音鉅依反。

〔七〕【補注】先謙曰：史記上「爲」作「免」，是。據公卿表，温舒免中尉在元鼎六年，宣爲左内史在元封元年。

〔八〕師古曰：米鹽，細雜也。

〔九〕【補注】先謙曰：史記「辯」作「辨」，字同。

〔一〇〕【補注】先謙曰：官本「至」作「治」，史記作「致」。

〔一一〕師古曰：經，常也。不可爲常法也。

〔一二〕【補注】先謙曰：據公卿表，元封六年宣免，太初元年爲右扶風，中廢不過數月。

〔一三〕【補注】先謙曰：史記「怒」作「怨」。

〔一四〕師古曰：郿，扶風縣也，音媚。

〔一五〕師古曰：中音竹仲反。

〔一六〕【補注】周壽昌曰：周傳「宣爲左内史，周爲廷尉」，又云「周中廢爲執金吾」。據公卿表，宣自殺當太初四年，又云天漢二年故廷尉杜周爲執金吾。是宣死時周亦中廢也。傳著此以明武帝任用酷吏，然周爲執金吾至御史大夫實在宣自殺後數年，事勢不相接。先謙曰：此班沿史記元文。

是時郡守尉諸侯相二千石欲爲治者，大抵盡效王温舒等，而吏民益輕犯法，盜賊滋起。〔一〕南陽有梅免、百政，〔二〕楚有段中、杜少，〔三〕齊有徐勃，燕趙之間有堅盧范主之屬。〔四〕大羣至數千人，擅自號，〔五〕攻城邑，取庫兵，釋死罪，〔六〕縛辱郡守都尉，殺二千石，爲檄告縣趨具食；〔七〕小羣以百數，掠鹵鄉里者不可稱數。於是上始使御史中丞、丞相長史使督之，〔八〕猶弗能禁，〔九〕乃使光禄大夫范昆、諸部都尉〔一〇〕及故九卿張德等衣繡衣持節，虎符發兵以興擊，〔一一〕斬首大部或至萬餘級。及以法誅通行飲食，坐相連，郡甚者數千人。〔一二〕數歲乃頗得其渠率。〔一三〕散卒失亡，復聚黨阻山川，往往而羣，無可奈何。於是作沈命法，〔一四〕曰：「羣盜起不發覺，發覺而弗捕滿品者，〔一五〕二千石以下至小吏主者皆死。」其後小吏畏誅，雖有盜弗敢發，恐不能得，坐課累府，府亦使不言。〔一六〕故盜賊寖多，〔一七〕上下相爲匿，以避文法焉。〔一八〕

〔一〕師古曰：滋亦益也。

〔二〕師古曰：梅、百皆姓也。【補注】先謙曰：史記「百」作「白」。

〔三〕師古曰：中讀曰仲。【補注】先謙曰：史記「段」作「殷」，徐廣注「殷」作「假」。

〔四〕【補注】沈欽韓曰：鹽鐵論「往者應少伯正之屬潰梁楚，昆盧徐穀之徒亂齊趙」與此文稍異。先謙曰：官本此下有「鄧展曰延篤讀堅曰甄晉灼曰音近甄城字書已先反」二十一字。史記「主」作「生」。

〔五〕【補注】先謙曰：自立名號也。

〔六〕師古曰：釋，解也。

〔七〕師古曰：趨讀曰促。

〔八〕師古曰：出爲使者督察也。【補注】先謙曰：史記無下「使」字。顏因衍文立訓耳。

〔九〕師古曰：禁音居禽反。

〔一〇〕【補注】何焯曰：史記「部」作「輔」。百官表有左右京輔都尉，屬中尉，當從史記。

〔一一〕師古曰：以軍興之法而討擊也。

〔一二〕【補注】先謙曰：史記作「坐連諸郡，甚者數千人」。史記「郡」字句，此當於「連」字句。

〔一三〕師古曰：渠，大也。

〔一四〕應劭曰：沈，没也。敢蔽匿盜賊者，没其命也。孟康曰：沈，藏匿也。命，亡逃也。師古曰：應説是。【補注】沈欽韓曰：與之相連，俱死爲沈命也。册府元龜六百十六：「長慶二年勑：康買得雖殺人當死，而爲父可哀，若從沈命之科，恐失度情之義，宜減死處分。」彼勑正依應劭作没命義。

〔一五〕師古曰：品，率也，以人數爲率也。

〔一六〕孟康曰：縣有盜賊，府亦并坐，使縣不言之也。師古曰：府，郡府也。累音力瑞反。【補注】先謙曰：官本注末有「韋昭曰負累及府府亦使其不言也」十四字。

〔一七〕師古曰：寖，漸也。

〔一八〕【補注】王念孫曰：「以避文法」本作「以文避法」。史作「以文辭避法」，徐廣云「詐爲虚文，言無盜賊」是也。今本「文避」二字倒轉，則非其旨矣。後書杜林傳注引漢書正作「以文避法」。

田廣明字子公，鄭人也。〔一〕以郎爲天水司馬。功次遷河南都尉，以殺伐爲治。郡國盜賊竝起，遷廣明爲淮陽太守。歲餘，故城父令公孫勇與客胡倩等謀反，〔二〕倩詐稱光禄大夫，從車騎數十，言使督盜賊，止陳留傳舍，太守謁見，欲收取之。廣明覺知，發兵皆捕斬焉。而公孫勇衣繡衣，乘駟馬車至圉，〔三〕圉使小史侍之，〔四〕亦知其非是，守尉魏不害與廄嗇夫江德、〔五〕尉史蘇昌共收捕之。〔六〕上封不害爲當塗侯，德轑陽侯，〔七〕昌蒲侯。初，四人俱拜於前，〔八〕小史竊言。武帝問：「言何？」對曰：「爲侯者得東歸不？」上曰：「女欲不？貴矣。〔九〕女鄉名爲何？」對曰：「名遺鄉。」上曰：「用遺汝矣。」〔一〇〕於是賜小史爵關内侯，食遺鄉六百户。〔一一〕

〔一〕師古曰：京兆鄭縣，即今之華州。

〔二〕師古曰：倩音千見反。

〔三〕師古曰：陳留圉縣。【補注】周壽昌曰：圉在漢屬淮陽，後漢始屬陳留。廣明爲淮陽太守治此事，可證。顏注微誤。

〔四〕【補注】周壽昌曰：「圉」下當有「令」字或「守尉」字，不得但云圉使。

〔五〕【補注】齊召南曰：案，「江德」功臣表作「江喜」。又案，此傳魏不害三人之封，並捕斬公孫勇也；乃功臣表則云蘇昌以捕故越王子鄒起侯，事實稍異。何焯曰：鄒起亦必公孫勇之黨，而此略之。

〔六〕【補注】何焯曰：不害，侯表云「以捕反者淮陽胡倩侯」，與此互異。

〔七〕師古曰：轑音遼。

〔八〕【補注】先謙曰：四人，併小史數之。

〔九〕師古曰：言汝意欲歸不？吾今貴汝，謂賜之爵也。【補注】宋祁曰：「不」字當有音，疑注脱。

〔一〇〕師古曰：遺音弋季反。

〔一一〕【補注】錢大昭曰：隸釋載國三老袁良碑云：「孝武征和三年，袁幹斬賊公先勇，拜黄門郎，封關内侯，食遺鄉六百户。幹薨，子經嗣。經薨，子山嗣。」此言小史即袁幹，公孫勇即公先勇也。功臣表例不載關内侯，故世次不可考。錢大昕曰：漢制列侯大者萬餘户，小者數百户。武帝時襄城侯桀龍四百户，騠侯駒幾五百二十户，瞭侯畢取五百一十户，荻苴侯韓陶五百四十户，邗侯李壽一百五十户，壽封户太少，疑有誤。而圉小史，得食六百户，是列侯封邑，有時不如關内侯之多也。

上以廣明連禽大姦，徵入爲大鴻臚，擢廣明兄雲中代爲淮陽太守。昭帝時，廣明將兵擊益州，還，賜爵關内侯，徙衛尉。後出爲左馮翊，治有能名。宣帝初立，代蔡義爲御史大夫，以前爲馮翊與議定策，〔一〕封昌水侯。歲餘，以祁連將軍將兵擊匈奴，出塞至受降城。受降都尉前死，喪柩在堂，廣明召其寡妻與姦。既出不至質，〔二〕引軍空還。下太僕杜延年簿責，〔三〕廣明自殺闕下，國除。兄雲中爲淮陽守，〔四〕亦敢誅殺，吏民守闕告之，竟坐棄市。

〔一〕師古曰：與讀曰豫。【補注】宋祁曰：「爲」字下當有「左」字。
〔二〕服虔曰：質，所期處也。【補注】宋祁曰：韋昭曰，所期約誓地。蕭該音義質音贄。
〔三〕師古曰：簿音步户反。【補注】先謙曰：官本「僕」作「守」，引宋祁曰，「太守」姚本作「太僕」。
〔四〕【補注】宋祁曰：「淮」一作「灌」，姚本改作「淮」。

田延年字子賓，先齊諸田也，徙陽陵。〔一〕延年以材略給事大將軍莫府，霍光重之，遷爲長史。出爲河東太守，選拔尹翁歸等以爲爪牙，誅鉏豪彊，姦邪不敢發。以選入爲大司農。會昭帝崩，昌邑王嗣位，淫亂，霍將軍憂懼，與公卿議廢之，莫敢發言。延年桉劍，廷叱羣臣，〔二〕即日議決，語在光傳。宣帝即位，延年以決疑定策封陽成侯。〔三〕

〔一〕師古曰：高祖時徙之其地，後爲陽陵縣。【補注】宋祁曰：「先」字上當有「其」字。
〔二〕師古曰：止於朝廷之中而叱之也，若言廷爭矣。
〔三〕【補注】周壽昌曰：「陽成」紀作「陽城」。

先是，茂陵富人焦氏、賈氏以數千萬陰積貯炭葦諸下里物。〔一〕昭帝大行時，方上事暴起，〔二〕用度未辦，延年奏言：「商賈或豫收方上不祥器物，冀其疾用，欲以求利，〔三〕非民臣所當爲。請沒入縣官。」奏可。富人亡財者皆怨，出錢求延年罪。初，大司農取民牛車三萬兩爲僦，〔四〕載沙便橋下，送致方上，車直千錢，延年上簿詐增僦直車二千，凡六千萬，盜取其半。焦、賈兩家告其事，下丞相府。丞相議奏延年「主守盜三千萬，不道」。〔五〕霍將軍召問延年，欲爲道地，〔六〕延年抵曰：〔七〕「本出將軍之門，蒙此爵位，〔八〕無有是事。」光曰：「即無事，當窮竟。」〔九〕御史大夫田廣明謂太僕杜延年：「春秋之義，以功覆過。當廢昌邑王時，非田子賓之言大事不成。今縣官出三千萬自乞之何哉？〔一〇〕願以愚言白大將軍。」延年言之大將軍，大將軍曰：「誠然，實勇士也！當發大議時，震動朝廷。」光因舉手自撫心曰：「使我至今病悸！〔一一〕謝田大夫曉大司農，通往就獄，得公議之。」〔一二〕田大夫使人語延年，延年曰：「幸縣官寬我耳，何面目入牢獄，使衆人指笑我，卒徒唾吾背乎！」即閉閤獨居齊舍，〔一三〕偏袒持刀東西步。數日，使者召延年詣廷尉。聞鼓聲，自刎死，〔一四〕國除。

〔一〕孟康曰：死者歸蒿里，葬地下，故曰下里。師古曰：以數千萬錢爲本而貯此物也。

〔二〕師古曰：方上，謂壙中也。昭帝暴崩，故其事倉猝。

〔三〕師古曰：疾，速也。

〔四〕師古曰：一乘爲一兩。僦謂賃之與顧直也，音子就反。【補注】宋祁曰：服虔曰「雇載曰僦，音將秀反」。

〔五〕【補注】宋祁曰：劉云延年未嘗有酷烈聲，而附此傳中，何也？延年決大議，其明勇過雋不疑，至詐增僦直是韓延壽比耳。劉敞曰：「議」當作「義」。

〔六〕師古曰：爲之開通道路，使有安全之地也。

〔七〕師古曰：抵，拒諱也，音丁禮反。

〔八〕師古曰：延年嘗給事莫府，又爲大將軍長史，故云然也。

〔九〕師古曰：既無實事，當令有司窮治，盡其理。【補注】蘇輿曰：光以延年抵拒而忿言，即令無是事，亦應窮治。顏訓即爲既，非。

〔一〇〕師古曰：自謂乞與之也。乞音氣。【補注】宋祁曰：江南本作「自之」，徐鍇改「自」作「丐」。今詳注云「自謂乞與之」，則正文不應云「自乞之」。今兼存。王念孫曰：案，「乞」字後人所加。「自」當爲「匃」，廣雅「匃，與也」。謂出三千萬與之，故師古曰「匃謂乞與之也」。漢紀作「出三千萬錢與之」是其證。隸書「匃」字作「匄」，形與「自」相似，因譌爲「自」。徐鍇改「自」作「丐」，即「匃」字也。江南本作「自之」，「自」下本無「乞」字。後人以師古云「乞音氣」，遂增入「乞」字，不知師古自爲注中乞字作音，非正文所有也。西域傳「我匃若馬」，師古曰：「匃，乞與也。乞音氣。」文義正與此同。通鑑漢紀十六作「自乞之」，則所見漢書本已誤。周壽昌曰：何哉，猶云何也。

〔一一〕師古曰：悸，心動也，音揆。【補注】宋祁曰：韋昭曰心中喘息曰悸，音水季反。

〔一二〕師古曰：曉者，告白意指也。通者，從公家通理也。光忿其拒諱，故不佑之。

〔一三〕師古曰：齊讀曰齋。【補注】先謙曰：官本「閤」作「閣」。

〔一四〕晉灼曰：使者至司農，司農發詔書，故鳴鼓也。師古曰：刎謂斷頸也。

嚴延年字次卿，東海下邳人也。其父爲丞相掾，延年少學法律丞相府，歸爲郡吏。以選除補御史掾，舉侍御史。是時大將軍霍光廢昌邑王，尊立宣帝。宣帝初即位，延年劾奏光「擅廢立，亡人臣禮，不道」。〔一〕奏雖寢，然朝廷肅焉敬憚。延年後復劾大司農田延年持兵干屬車，〔二〕大司農自訟不干屬車。事下御史中丞，譴責延年何以不移書宮殿門禁止大司農，而令得出入宮。於是覆劾延年闌內罪人，法至死。〔三〕延年亡命。會赦出，丞相御史府徵書同日到，延年以御史書先至，詣御史府，復爲掾。宣帝識之，〔四〕拜爲平陵令，坐殺不辜，去官。後爲丞相掾，復擢好時令。神爵中，西羌反，彊弩將軍許延壽請延年爲長史，從軍敗西羌，還爲涿郡太守。

〔一〕【補注】宋祁曰：「立」字下當有「主」字。王念孫曰：宋説是也。景祐本有「主」字，漢紀作「擅廢立主上」。

〔二〕師古曰：干，犯也。屬車，天子後車也，音之欲反。

〔三〕張晏曰：故事，有所劾奏，竝移宫門，禁止不得入。師古曰：覆，反也，反以此事劾之。覆音芳目反。【補注】周壽昌曰：時大司農已被劾奏，故稱罪人。

〔四〕張晏曰：識其前劾霍光擅廢立。

時郡比得不能太守，〔一〕涿人畢野白等由是廢亂。〔二〕大姓西高氏、東高氏，〔三〕自郡吏以下皆畏避之，莫敢與啎，〔四〕咸曰：「寧負二千石，無負豪大家。」賓客放爲盜賊，〔五〕發，輒入高氏，吏不敢追。浸浸日多，〔六〕道路張弓拔刃，然後敢行，其亂如此。延年至，遣掾蠡吾趙繡桉高氏得其死罪。繡見延年新將，〔七〕心内懼，即爲兩劾，欲先白其輕者，觀延年意怒，乃出其重劾。延年已知其如此矣。趙掾至，果白其輕者，延年索懷中，得重劾，〔八〕即收送獄。夜入，晨將至市論殺之，先所桉者死，〔九〕吏皆股弁。〔一〇〕更遣吏分考兩高，窮竟其姦，誅殺各數十人。郡中震恐，道不拾遺。

〔一〕師古曰：比，頻也。【補注】宋祁曰：「還」字下當有「遷」字。周壽昌曰：不能，言不任職，猶言不材也。

〔二〕師古曰：廢公法而狡亂也。

〔三〕師古曰：兩高氏各以所居東西爲號者。

〔四〕師古曰：悟，逆也，音悟。【補注】周壽昌曰：他本作「牾」非也。王莽傳「亡所牾意」亦正作「牾」。先謙曰：官本作「牾」。

〔五〕師古曰：放，縱也。

〔六〕師古曰：浸，漸也。

〔七〕師古曰：新爲郡將也，謂郡守爲郡將者，以其兼領武事也。【補注】宋祁曰：越本「桉」作「劾」。錢大昭曰：延年，太守，故稱將。尹翁歸傳：「翁歸爲東海太守，于定國謂邑子曰：『此賢將。』」孫寶傳「顧受將命，分當相直」。時寶爲京兆尹，故亦稱將。

〔八〕師古曰：索，搜也，音山客反。【補注】宋祁曰：越本無「果」字。

〔九〕師古曰：在高氏前死。

〔一〇〕師古曰：股戰若弁。弁謂撫手也。

三歲，遷河南太守，賜黃金二十斤。豪彊脅息，〔一〕野無行盜，威震旁郡。其治務在摧折豪彊，扶助貧弱。貧弱雖陷法，曲文以出之；其豪桀侵小民者，以文内之。〔二〕衆人所謂當死者，一朝出之；所謂當生者，詭殺之。〔三〕吏民莫能測其意深淺，戰栗不敢犯禁。桉其獄，皆文致不可得反。〔四〕

〔一〕師古曰：脅，歛也。屏氣而息。

〔二〕師古曰：飾文而入之爲罪。

〔三〕師古曰：詭，違正理而殺也。

〔四〕師古曰：致，至密也。言其文案整密也。反音幡。

延年爲人短小精悍，敏捷於事，〔一〕雖子貢、冉有通蓺於政事，不能絶也。〔二〕吏忠盡節者，厚遇之如骨肉，皆親鄉之，〔三〕出身不顧，〔四〕以是治下無隱情。然疾惡泰甚，中傷者多，尤巧爲獄文，善史書，所欲誅殺，奏成於手，中主簿親近史不得聞知。奏可論死，奄忽如神。冬月，傳屬縣囚，會論府上，〔五〕流血數里，河南號曰「屠伯」。〔六〕令行禁止，郡中正清。〔七〕

〔一〕師古曰：悍，勁也。

〔二〕【補注】沈欽韓曰：此十四字劉知幾史通浮詞篇譏之。周壽昌曰：荀子勸學篇注「絶，過也」。

〔三〕師古曰：鄉讀曰嚮。

〔四〕【補注】先謙曰：出身，猶言捨身。

〔五〕師古曰：總集郡府而論殺。

〔六〕鄧展曰：言延年殺人，如屠兒之殺六畜。伯，長也。

〔七〕【補注】先謙曰：正是政之通借。趙廣漢傳「京兆政清」即其例。

是時張敞爲京兆尹，素與延年善。敞治雖嚴，然尚頗有縱舍，聞延年用刑刻急，乃以書諭之曰：「昔韓盧之取菟也，上觀下獲，〔一〕不甚多殺。〔二〕願次卿少緩誅罰，思行此術。」延年報曰：「河南天下喉咽，二周餘斃，〔三〕莠甚苗穢，何可不鉏也？」〔四〕自矜伐其能，終不衰止。

時黄霸在潁川以寬恕爲治，郡中亦平，婁蒙豐年，〔五〕鳳皇下，上賢焉，下詔稱揚其行，加金爵之賞。延年素輕霸爲人，及比郡爲守，襃賞反在己前，〔六〕心内不服。河南界中又有蝗蟲，府丞義出行蝗，還見延年，延年曰：「此蝗豈鳳皇食邪？」〔七〕義又道司農中丞耿壽昌爲常平倉，利百姓，延年曰：「丞相御史不知爲也，當避位去。壽昌安得權此？」〔八〕後左馮翊缺，上欲徵延年，符已發，爲其名酷復止。〔九〕延年疑少府梁丘賀毁之，心恨。會琅邪太守以視事久病，滿三月免，延年自知見廢，謂丞曰：「此人尚能去官，我反不能去邪？」〔一〇〕又延年察獄史廉，有臧不入身，〔一一〕延年坐選舉不實貶秩，笑曰：「後敢復有舉人者矣！」〔一二〕丞義年老頗悖，〔一三〕素畏延年，恐見中傷。延年本嘗與義俱爲丞相史，實親厚之，無意毁傷也，饋遺之甚厚。義愈益恐，自筮得死卦，忽忽不樂，取告至長安，〔一四〕上書言延年罪名十事。已拜奏，因飲藥自殺，以明不欺。事下御史丞按驗，有此數事，以結延年，〔一五〕坐怨望非謗政治不道棄市。

〔一〕應劭曰：韓盧，六國時韓氏之黑犬也。孟康曰：言良犬之取菟，仰觀人主之意而獲之，喻不妄殺。

〔二〕【補注】何焯曰：此謂宣帝雖尚法律，然欲民無歎息愁恨之心，非以多殺爲能者也。

〔三〕師古曰：喉咽，言其所在襟要，如人體之有喉咽也。二周，東西周君國也。咽音一千反。【補注】周壽昌曰：殽、敝通借。

〔四〕師古曰：莠，秕穀所在也。苗，粟苗也。莠音誘。【補注】先謙曰：官本注「在」作「生」，是。

〔五〕師古曰：婁，古屢字。

〔六〕師古曰：比，接近也，音頻二反。
〔七〕【補注】宋祁曰：「府丞義」當作「府丞狐義」。
〔八〕師古曰：作此倉非奇異之功也，公卿不知爲之，是曠官也。壽昌安得擅此以爲權乎？
〔九〕應劭曰：符，竹使符也，臧在符節臺，欲有所拜，召治書御史符節令發符下太尉也。【補注】沈欽韓曰：周官典瑞注「杜子春云，珍圭若今時召郡守以竹使符」。
〔一〇〕師古曰：與丞言云爾。
〔一一〕師古曰：延年察舉其獄史爲廉，而此人乃有臧罪，然臧不入身也。【補注】宋祁曰：越本删「有」字。
〔一二〕師古曰：言已濫被貶秩，後人寧敢復舉人乎？
〔一三〕師古曰：心思惑亂。悖音布内反。
〔一四〕師古曰：取休假。
〔一五〕師古曰：結，正其罪也。

初，延年母從東海來，欲從延年臘，〔一〕到雒陽，適見報囚。〔二〕母大驚，便止都亭，不肯入府。延年出至都亭謁母，母閉閤不見。延年免冠頓首閤下，良久，母乃見之，因數責延年：〔三〕「幸得備郡守，專治千里，不聞仁愛教化，有以全安愚民，顧乘刑罰多刑殺人，〔四〕欲以立威，豈爲民父母意哉！」延年服罪，重頓首謝，〔五〕因自爲母御，歸府舍。母畢正臘，〔六〕謂延年：〔七〕「天道神明，人不可獨殺。〔八〕我不意當老見壯子被刑戮也！〔九〕行矣！去女東歸，埽除墓地耳。」〔一〇〕遂去。歸郡，見昆弟宗人，復爲言之。後歲餘，果敗。東海莫不賢知其母。〔一一〕延年兄弟五人皆有吏材，至大官，東海號曰「萬石嚴嫗」。〔一二〕次弟彭祖，至太子太傅，在儒林傳。

〔一〕師古曰：建丑之(日)〔月〕爲臘祭，因會飲，若今之蜡節也。

〔二〕師古曰：奏報行決也。【補注】劉攽曰：檢尋前後，直謂斷決囚爲報爾，非奏得報也。如今有司書囚罪，長吏判准斷定，所謂報也。

〔三〕師古曰：數音所具反。【補注】周壽昌曰：數其罪而責之。

〔四〕師古曰：顧，反也。乘，因也。

〔五〕師古曰：重音直用反。

〔六〕師古曰：臘及正歲禮畢也。正音之盈反。【補注】沈欽韓曰：畢正臘日即歸，不待卒歲也。天文志「臘明日，人衆卒歲，壹會飲食，故曰初歲」。御覽三十三徐爰家儀曰：「蜡本施祭，故不賀。其明日爲小歲，賀，稱初歲，福始慶，無不宜。小歲之慶，既非大慶，禮止門內。」案此則人家作臘，無不過小歲飲食者，嚴母深惡延年，故但主臘祭，不復飲食。師古解爲臘及正歲，非也。御覽又引會稽典録云「陳修家貧，每至正臘，僵臥不起」，可得謂從臘日臥至元日乎？魏書高祖紀：「太和十五年冬，初罷小歲賀。」世説注，秦漢以來，臘之明日爲祝歲。此禮，唐既不行，師古莫考。

〔七〕【補注】王念孫曰：案「謂」上原有「已」字，猶言已而謂延年也。上文云「趙禹爲中大夫，嘗中廢，已爲廷尉」。郊祀志云：「新垣平言上曰：『闕下有寶玉氣來者。』已視之，果有獻玉杯者。」灌夫傳云：「田蚡起爲壽，坐皆避席伏。已竇嬰爲壽，獨故人避席。」李廣傳云：「廣生得一人，果匈奴謝鵰者也。已縛之上山。」外戚傳云：「匄沐沐我，已飯我。」今本無「已」字者，後人不解其意而删之耳。通鑑無「已」字，則所見漢書本已誤。文選辯命論注、御覽時序部十八引此皆有「已」字。

〔八〕師古曰：言多殺人者，己亦當死。

〔九〕師古曰：言素意不自謂如此也。

〔一〇〕師古曰：言待其喪至也。

〔一一〕師古曰：稱其賢知也。

〔一二〕師古曰：一門之中五二千石，故總云萬石。

尹賞字子心，〔一〕鉅鹿楊氏人也。〔二〕以郡吏察廉爲樓煩長。舉茂材，粟邑令。左馮翊薛宣奏賞能治劇，徙爲頻陽令，〔三〕坐殘賊免。後以御史舉爲鄭令。

〔一〕【補注】周壽昌曰：案，後漢豫州從事尹宙碑有云「尹吉甫玄孫言多，世事景王，載在史典」。尹言多事見左傳襄三十年，即賞之先也。碑又云「故子心騰於楊縣，致位執金吾」，即指賞言。宙殆賞之同族後人也。

〔二〕【補注】先謙曰：楊氏今趙州寧晉縣治。

〔三〕【補注】先謙曰：與頻陽薛恭換縣，見宣傳。

永始、元延間，上怠於政，貴戚驕恣，紅陽長仲兄弟交通輕俠，臧匿亡命。〔一〕而北地大豪浩商等報怨，殺義渠長妻子六人，〔二〕往來長安中。丞相御史遣掾求逐黨與，詔書召捕，久之乃得。長安中姦猾浸多，閭里少年羣輩殺吏，受財報仇，〔三〕相與探丸爲彈，〔四〕得赤丸者斫武吏，得黑丸者斫文吏，白者主治喪；〔五〕城中薄暮塵起，剽劫行者，死傷橫道，枹鼓不絕。〔六〕賞以三輔高第選守長安令，得壹切便宜從事。賞至，修治長安獄，穿地方深各數丈，致令辟爲郭，〔七〕以大石覆其口，名爲「虎穴」。乃部户曹掾史，與鄉吏、亭長、里正、父老、伍人，〔八〕雜舉長安中輕薄少年惡子，〔九〕無市籍商販作務，〔一〇〕而鮮衣凶服被鎧扞持刀兵者，悉籍記之，〔一一〕得數百人。賞一朝會長安吏，車數百兩，分行收捕，皆劾以爲通行飲食羣盜。〔一二〕賞親閲，見十置一，〔一三〕其餘盡以次内虎穴中，百人爲輩，覆以大石。數日壹發視，皆相枕藉死，便輿出，瘞寺門桓東，〔一四〕楬著其姓名，〔一五〕百日後，乃令死者家各自發取其尸。親屬號哭，道路皆歔欷。長安中歌之曰：「安所求子死？桓東少年場。〔一六〕生時諒不謹，枯骨後何葬？」〔一七〕賞所置皆其魁宿，〔一八〕或故吏善家子失計隨輕黠願自改者，財數十百人，〔一九〕皆貰其罪，〔二〇〕詭令立功以自贖。〔二一〕盡力有效者，因親用之爲爪牙，追捕甚精，甘耆姦惡，甚於凡吏。〔二二〕賞視事數月，盜賊止，郡國亡命散走，各歸其處，不敢闚長安。

〔一〕鄧展曰：紅陽，姓；長仲，字也。如淳曰：紅陽，南陽縣也。長，姓；仲，字也。師古曰：姓紅陽而兄字長，弟字仲。今書「長」字或作「張」者非也，後人所改耳。一曰紅陽侯王立之子，兄弟長少者也。【補注】何焯曰：元后傳，紅陽侯立父子臧匿姦猾亡命，賓客爲羣。成帝使尚書責問司隷校尉、京兆尹阿縱。則顔注後一説是也。

〔二〕【補注】宋祁曰：「六人」或作「二十人」。

〔三〕師古曰：或有自怨於吏，或受人賕賂報仇讎也。【補注】宋祁曰：「賕」當作「財」。

〔四〕師古曰：爲彈丸作赤、黑、白三色，而共探取之也。彈音徒旦反。【補注】王念孫曰：正文内本無「爲彈」二字。丸即彈丸也。既言探丸，則不得更言爲彈。師古云「爲彈丸作赤、黑、白三色，而共探取之」者，此自釋「相與探丸」四字，非正文内有「爲彈」二字也。云「彈音徒旦反」者，此自爲注内「彈」字作音，非爲正文作音也。凡師古自音其注内之字者，全部皆然，不可枚舉。後人不察，而於正文內加「爲彈」二字，斯爲謬矣。御覽兵部八十一引此有「爲彈」二字，亦後人依誤本漢書加之。其地部二、刑法部九所引皆無此二字。

〔五〕師古曰：其黨與有爲吏及它人所殺者，則主其喪事也。

〔六〕師古曰：枹，擊鼓椎也，音孚。其字從木。【補注】先謙曰：官本引蕭該音義曰，字林曰：「枹，擊鼓柄，音浮。」

〔七〕師古曰：致謂積累之也。令辟，甂甎也。郭謂四周之內也。致讀如本字，又音緻。令音零。辟音避歷反。【補注】王文彬曰：爾雅「瓴甋謂之甓」，注「甂甎也，今江東呼爲瓴甓」，此顔注所本。先謙曰：致與緻同。

〔八〕師古曰：五家爲伍。伍人者，各其同伍之人也。

〔九〕師古曰：惡子，不承父母教命者。【補注】宋祁曰：注文「承」字下當有「籍」字。

〔一〇〕【補注】周壽昌曰：作務，作業工技之流，見貨殖傳。

〔一一〕師古曰：凶服，危險之服。鎧，甲也。扞，臂衣也。籍記，爲名籍以記之。【補注】周壽昌曰：服無所謂危險也。凶服，蓋凶徒作亂之服，如絳幘、黃巾，不遵法制之類皆是。

〔一二〕師古曰：飲音於禁反。食讀曰飤。

〔一三〕師古曰：置，放也。

〔一四〕如淳曰：瘞，埋也。舊亭傳於四角面百步築土四方，上有屋，屋上有柱出，高丈餘，有大板貫柱四出，名曰桓表。縣所治夾兩邊各一桓。陳宋之俗言桓聲如和，今猶謂之和表。師古曰：即華表也。【補注】宋祁曰：「桓」徐鍇改作「垣」，非是。蕭該音義作「寺門外垣東」，又云今漢書多作「垣」字。蓋後人多知墻垣，不知桓表，當從「桓」。劉攽曰：便讀如徬。錢大昕曰：桓、和、華聲皆相近。

〔一五〕師古曰：楬，杙也。椓杙於瘞處而書死者名也。楬音竭，杙音弋，字並從木。【補注】沈欽韓曰：秋官蜡氏「職埋而置楬」，鄭司農云：「楬欲令其識取之，今時楬櫫是也。」

〔一六〕師古曰：安猶焉也。死謂尸也。【補注】何焯曰：古詩結客少年場本此，蓋所以爲戒也。

〔一七〕師古曰：諒，信也。葬字合韻，音子郎反。

〔一八〕師古曰：魁，根本也。宿，久舊也。

〔一九〕師古曰：財與纔同。

〔二〇〕師古曰：貰，緩也。

〔二一〕師古曰：詭，責也。

〔二二〕師古曰：耆讀曰嗜。

江湖中多盜賊，以賞爲江夏太守，捕格江賊〔一〕及所誅吏民甚多，坐殘賊免。南山羣盜起，以賞爲右輔都尉，遷執金吾，督大姦猾。三輔吏民甚畏之。

〔一〕【補注】周壽昌曰：荆州刺史東門雲至，爲江賊拜，可知捕格不易。

數年卒官。疾病且死，戒其諸子曰：「丈夫爲吏，正坐殘賊免，〔一〕追思其功效，則復進用矣。一坐軟弱不勝任免，終身廢棄無有赦時，其羞辱甚於貪汙坐臧。慎毋然！」賞四子皆至郡守，長子立爲京兆尹，皆尚威嚴，有治辦名。

〔一〕【補注】先謙曰：正猶即也，説詳終軍傳。

贊曰：自郅都以下皆以酷烈爲聲，然都抗直，引是非，爭大體。張湯以知阿邑人主，與俱上下，〔一〕時辯當否，國家賴其便。趙禹据法守正。〔二〕杜周從諛，以少言爲重。張湯死後，罔密事叢〔三〕，寖以秏廢，〔四〕九卿奉職，救(國)〔過〕不給，〔五〕何暇論繩墨之外乎！自是以至哀、平，酷吏衆多，然莫足數，此其知名見紀者也。其廉者足以爲儀表，〔六〕其汙者方略教道，壹切禁姦，〔七〕亦質有文武焉。雖酷，稱其位矣。〔八〕湯、周子孫貴盛，故別傳。〔九〕

〔一〕蘇林曰：邑音人相悒納之悒。師古曰：如蘇氏之説，邑字音烏合反。然今之書本或作「色」字，此言阿諛，觀人主顔色而上下也。其義兩通。【補注】宋祁曰：李奇阿音烏。蕭該案，漢書作「阿媚人主」者，傳寫誤。王念孫曰：邑當音烏合反。阿邑人主，謂曲從人主之意也。阿邑，雙聲字，或作阿匼。烏合反。唐書蕭復傳云「盧杞謟諛阿匼」是也。師古欲從俗本作「色」，以知阿色人主則大爲不詞，乃爲之説，曰，言阿諛觀人主顔色而上下，其失也迂矣。先謙曰：史記贊「阿色」作「陰陽」。

〔二〕師古曰：据音據。

〔三〕師古曰：叢謂衆也。

〔四〕師古曰：寖，漸也。秏，亂也，音莫報反。

〔五〕師古曰：給，供也。

〔六〕師古曰：謂有儀形可表明者。【補注】先謙曰：儀表，説詳哀紀。顔訓非。

〔七〕師古曰：汙，濁也。道讀曰導。

〔八〕師古曰：稱音尺孕反。【補注】宋祁曰：「亦」字下當有「皆」字。何焯曰：稱其位者，歸咎於任之者也，本馬遷之微辭。

〔九〕師古曰：言所以不列於酷吏之篇也。【補注】蘇輿曰：班言不用史公元例，裁篇別出之故。

貨殖傳第六十一

漢書九十一

昔先王之制，自天子公侯卿大夫士至于皁隸抱關擊柝者，〔一〕其爵祿奉養宮室車服棺槨祭祀死生之制各有差品，小不得僭大，賤不得踰貴。夫然，故上下序而民志定。〔二〕於是辯其土地川澤丘陵衍沃原隰之宜，〔三〕教民種樹畜養；〔四〕五穀六畜及至魚鼈鳥獸雚蒲材幹器械之資，〔五〕所以養生送終之具，靡不皆育。育之以時，而用之有節。屮木未落，斧斤不入於山林；〔六〕豺獺未祭，罝網不布於壄澤；〔七〕鷹隼未擊，矰弋不施於徯隧。〔八〕既順時而取物，然猶山不槎蘖，澤不伐夭，〔九〕蝝魚麛卵，咸有常禁。〔一〇〕所以順時宣氣，蕃阜庶物，〔一一〕稸足功用，如此之備也。〔一二〕然後四民因其土宜，各任智力，夙興夜寐，以治其業，相與通功易事，交利而俱贍，〔一三〕非有徵發期會，而遠近咸足。故易曰「后以財成輔相天地之宜，以左右民」，〔一四〕「備物致用，立成器以爲天下利，莫大乎聖人」，〔一五〕此之謂也。管子云古之四民不得雜處。〔一六〕士相與言仁誼於閒宴，〔一七〕工相與議技巧於官府，商相與語財利於市井，〔一八〕農相與謀稼穡於田壄，朝夕從事，不見異物而遷焉。〔一九〕故其父兄之教不肅而成，子弟之學，不勞而能，各安其居而樂其業，甘其食而美其服，雖見奇麗紛華，非其所習，辟猶戎翟之與于越，不相入矣。〔一〇〕是以欲寡而事節，財足而不爭。於是在民上者，道之以德，齊之以禮，〔一一〕故民有恥而且敬，貴誼而賤利。此三代之所以直道而行，不嚴而治之大略也。〔一二〕

〔一〕師古曰：皁，養馬者也。隸之言著也，屬著於人也。抱關，守門者也。擊㯓，守夜擊木以警衆也。㯓音土各反。

〔二〕【補注】先謙曰：易履象辭「君子以辨上下，定民志」。

〔三〕師古曰：衍謂地平延者也。沃，水之所灌沃也。廣平曰原。下溼曰隰。【補注】宋祁曰：注文「地」字下疑有「形」字。下「沃」疑作「浸」。先謙曰官本注「延」作「衍」。

〔四〕師古曰：樹，殖也。【補注】先謙曰：官本「種樹」作「樹種」。

〔五〕師古曰：萑，薍也，即今之荻也。械者，器之總名也。萑音桓。薍音五官反。荻音敵。

〔六〕師古曰：禮記月令云：「季秋之月，草木黄落，乃伐薪爲炭。」

〔七〕師古曰：禮記王制云：「獺祭魚，然後虞人入澤梁；豺祭獸，然後田獵。」月令：「孟春之月，獺祭魚。」「季秋之月，豺乃祭獸戮禽。」罝，兔網也，音嗟。

〔八〕師古曰：隼亦鷙鳥，即今所呼爲鶻者也。月令：「孟秋之月，鷹乃祭鳥，用始行戮。」弋，繳射也。矰者，弋之矢也。徯隧，徑道也。矰音曾。徯音奚。隧音遂。鶻音胡骨反。

〔九〕師古曰：茬，古槎字也。槎，邪斫木也。蘖，髡斬之也。此夭謂草木之方長未成者也。槎音士牙反。蘖音五葛反。夭音烏老反。【補注】劉奉世曰：蘖讀如牙蘖之蘖，旁出嫩枝也，義與夭相對。宋祁曰：茬，浙本音大雅反。王引之曰：茬從在聲，古音屬之部，槎從差聲，古音屬歌部，二部絶不相通，無緣借茬爲槎。茬蓋差字之譌也。差、槎古同聲，故通用。隸書差字或作茬，漢太尉劉寬碑「咨嗟」是也。後人誤認茬上之廾爲艸頭，又因師古言古槎字，乃依篆文艸頭作䒗，與茬字相似，因譌而爲茬矣。玉篇、廣韻茬字竝士之切，無槎音。集韻以茬、槎爲一字，引漢書「山不茬蘖」，則北宋時漢書已譌作茬，故作韻者誤收，而類篇以下諸書並沿其誤。

〔一〇〕師古曰：蝝，小蟲也。麛，鹿子也。卵，鳥卵也。月令：「孟春之月，毋殺孩蟲，毋麛毋卵。」蝝音弋全反。麛音莫奚反。

〔一一〕師古曰：蕃，多也。阜，盛也。蕃音扶元反。

〔一二〕師古曰：稸即蓄字。

〔一三〕師古曰：言以其所有，交易所無，而不匱乏。

〔一四〕師古曰：泰卦象辭也。后，君也。左右，助也。言王者資財用以成教，贊天地之化育，以救助其衆庶也。左右讀曰佐佑。【補注】王鳴盛曰：財與裁同。師古以爲資財用以成教，非。

〔一五〕師古曰：上繫之辭也。備物致用，謂備取百物而極其功用。【補注】宋祁曰：一作「立功成器」，一作「立物立功致用成器」。

〔一六〕師古曰：管仲之書也。

〔一七〕師古曰：閒讀曰閑。

〔一八〕師古曰：凡言市井者，市交易之處，井共汲之所，故總而言之也。說者云因井而爲市，其義非也。

〔一九〕師古曰：言非其本業則弗觀視，故能各精其事，不移易。【補注】宋祁曰：注末疑有「也」字。

〔二〇〕孟康曰：于越，南方越名也。師古曰：于，發語聲也。戎蠻之語則然。于越猶句吴耳。辟讀曰譬。【補注】王念孫曰：案「于越」本作「干越」。干音干戈之干。干越者，吴越也。墨子兼愛篇「禹南爲江漢淮汝，東流之，注五湖之處，以利荆楚干越與南夷之民」。今本脱「干」字，據文選江賦注引補。莊子刻意篇「夫有干越之劍者」，釋文：「司馬云，干，吴也。吴越出善劍也。案，吴有谿名干谿，越有山名若邪，竝出善鐵鑄爲名劍也。」以上莊子釋文。荀子勸學篇「干越夷貉之子」，楊倞曰：「干越，猶言吴越。」宋本如是。近時嘉善謝氏刻本改「干」爲「于」，又改楊注「吴越」爲「於越」，非是。淮南原道篇「干越生葛絺」，高注：「干，吴也。」道藏本如是。俗本改「干」爲「于」，與高注不合。是干越即吴越也。干越爲二國，故云戎翟之與干越，猶墨子之言荆楚干越，荀子之言干越夷貉也。若春秋之「於越」即是越，而以於爲發聲，視此文之干越與戎翟對舉者不同。孟康所見本正作「干越」，故云「干越，南方越名也」。其意以干越爲越之一種，若漢時之有閩越、甌越、駱越耳。若於越則即是越，不得言南方越名矣。案孟康之解「干越」雖與高誘、司馬彪不同，然亦是「干」字，非「于」字。文選吴都賦「包括干越」，宋尤延之本如是。今本或與宋本同，或改「干」爲「于」。李善注引此文正作「干越」，又引音義云：「干，南方越名也。」此下有「春秋曰于越入吴杜預注曰于越人發語聲」十七字，乃後人所加，與李注不合。御覽州郡部十六引此亦作「干越」，又引韋昭注云「干越，今餘干縣，越之别名」。案，韋以干越爲餘干，雖非確詁，然亦是「干」字，非「于」字。是其證。師古改「干」爲「于」，而以春秋之「於越」釋之，誤矣。於、于古雖通用，而春秋之「於越」未有作「于越」者。學者多聞於越，寡聞干越，故子史諸書之「干越」或改爲「于越」，皆沿師古之誤。

〔二二〕師古曰：道讀曰導。【補注】先謙曰：官本注在「德」下。

〔二三〕師古曰：直道而行，謂以德禮率下，不飾僞也。

及周室衰，禮法墮，〔一〕諸侯刻桷丹楹，大夫山節藻棁，〔二〕八佾舞於庭，雍徹於堂。〔三〕其流至乎士庶人，莫不離制而棄本，稼穡之民少，商旅之民多，穀不足而貨有餘。

〔一〕師古曰：墮，毁也，音火規反。

〔二〕師古曰：桷，椽也。楹，柱也。節，栭也。山，刻爲山形也。棁，侏儒柱也。藻謂刻鏤爲水藻之文也。刻桷丹楹，魯桓宫也。山節藻棁，臧文仲也。【補注】宋祁曰：注文「椽」字疑作「榱」。王文彬曰：禮（玉藻）〔禮器〕「管仲鏤簋，朱紘，山節藻棁，君子以爲濫矣」，文仲特用以居蔡，班序當指管仲。顏説非也。

〔三〕師古曰：八列舞於庭，謂季氏也。以雍樂徹食，三家則然，事見論語。【補注】先謙曰：官本注「列」作「佾」。

陵夷至乎桓、文之後，〔一〕禮誼大壞，上下相冒，國異政，家殊俗，耆欲不制，僭差亡極。〔二〕於是商通難得之貨，工作亡用之器，士設反道之行，以追時好而取世資。〔三〕僞民背實而要名，姦夫犯害而求利，篡弒取國者爲王公，圉奪成家者爲雄桀。〔四〕禮誼不足以拘君子，刑戮不足以威小人。富者木土被文錦，犬馬餘肉粟，而貧者裋褐不完，唅菽飲水。〔五〕其爲編戶齊民，同列而以財力相君，〔六〕雖爲僕虜，猶亡慍色。故夫飾變詐爲姦軌者，自足乎一世之閒；守道循理者，不免於飢寒之患。其教自上興，繇法度之無限也。〔七〕故列其行事，以傳世變云。

〔一〕師古曰：齊桓、晉文也。

〔二〕師古曰：耆讀曰嗜，其下竝同。極，止也。

〔三〕師古曰：追，逐也。

〔四〕師古曰：圉謂禁守其人也。【補注】劉敞曰：圉讀如禦人於國東門之禦。王念孫曰：師古以圉爲禁守，則圉奪二字義不相屬。今案，圉讀曰禦。禦、圉古字通。大雅桑柔篇「孔棘我圉」，鄭箋「圉當作禦」。逸周書寶典篇「不圉我哉」，管子大匡篇「安能圉我」，墨子辭過篇「邊足以圉風寒」，莊子繕性篇「其來不可圉」，竝與禦同。又大雅烝民篇「不畏彊禦」，漢書王莽傳作「彊圉」，莊子讓王篇「列禦寇」，楚策作「圉寇」。圉奪成家者，禦人而奪其財以成其家也。孟子萬章篇「今有禦人於國門之外者」，趙注「禦人，以兵禦人，而奪其貨」，即此所謂圉奪也。漢紀孝文紀作「劫奪成家」，義與圉奪同。

〔五〕師古曰：裋，布長襦也。褐，編枲衣也。裋音豎。唅亦含字也。菽，豆也。

〔六〕【補注】沈欽韓曰：商子錯法篇：「同列而相臣妾者，貧富之謂也。同寔而相并兼者，强弱之謂也。」

〔七〕師古曰：繇讀與由同。

昔粵王句踐困於會稽之上，乃用范蠡、計然。〔一〕計然曰：「知鬭則修備，時用則知物，二者形則萬貨之情可得見矣。〔二〕故旱則資舟，水則資車，物之理也。」〔三〕推此類而脩之，十年國富，厚賂戰士，遂報彊吳，刷會稽之恥。〔四〕范蠡歎曰：「計然之策，十〔五〕用其五而得意。既以施國，吾欲施之家。」乃乘扁舟，〔六〕浮江湖，變名姓，〔七〕適齊爲鴟夷子皮，〔八〕之陶爲朱公。〔九〕以爲陶天下之中，諸侯四通，貨物所交易也，乃治產積居，與時逐〔一〇〕而不責於人。〔一一〕故善治產者，能擇人而任時。〔一二〕十九年之閒三致千金，而再散分與貧友昆弟。後年衰老，聽子孫脩業而息之，〔一三〕遂至鉅萬。故言富者稱陶朱。〔一四〕

〔一〕孟康曰：姓計名然，越臣也。蔡謨曰：計然者，范蠡所著書篇名耳，非人也。謂之計然者，所計而然也。羣書所稱句踐之賢佐，種、蠡爲首，豈聞復有姓計名然者乎？若有此人，越但用半策便以致霸，是功重於范蠡，蠡之師也，焉有如此而越國不記其事，書籍不見其名，史遷不述其傳乎？師古曰：蔡説謬矣。據古今人表，計然列在第四等，豈是范蠡書篇乎？計然一號計研，故賓戲曰「研、桑心計於無垠」，即謂此耳。計然者，濮上人也，博學無所不通，尤善計算，嘗南遊越，范蠡卑身事之。其書則有萬物録，著五方所出，皆直述之。事見皇覽及晉中經簿。又吳越春秋及越絶書竝作計倪，此則倪、研及然聲皆相近，實一人耳。何云書籍不見哉？【補注】先謙曰：梁章鉅云，馬總意林、史記貨殖傳集解、文選求通親親表注並引范子，謂計研姓辛，字文子，葵丘濮上人，其先晉國亡公子。范蠡師事之。不肯自顯，天下莫知，故稱計然。時遨遊海澤，號漁父。孟注以爲姓計，殊誤。高似孫子略云姓章，通志略云姓宰，並因辛而誤；吳越春秋作「計硯」，越絶書作「計倪」則因「硯」而誤；唐徐靈府文子注作「計鈃」，因「研」而誤，亦皆以聲相亂耳。先謙案：官本「故賓戲」作「故戲賓」，引宋祁曰，注文「故戲賓」當作「故荅賓戲」。

〔二〕師古曰：形，顯見。

〔三〕師古曰：旱極則水，水極則旱，故於旱時而預蓄舟，水時預蓄車，以待其貴，收其利也。

〔四〕師古曰：刷謂拭除之也，音所劣反。

〔五〕【補注】先謙曰：史記「十」作「七」。吳越春秋、越絶書作「九術」。

〔六〕孟康曰：特舟也。師古曰：音匹延反。

〔七〕【補注】先謙曰：官本「名姓」作「姓名」。

〔八〕師古曰：自號鴟夷者，言若盛酒之鴟夷，多所容受，而可卷懷，與時張弛也。鴟夷，皮之所爲，故曰子皮。【補注】先謙曰：師古注索隱引作「大顔説」，文小異。又引韓子云「鴟夷子皮事田成子，成子去齊之燕，子皮乃從之」，蓋范蠡也。

〔九〕孟康曰：陶即今定陶也。【補注】先謙曰：濟陰縣，今曹州府定陶縣西北四里。

〔一〇〕孟康曰：逐時而居買也。師古曰：此説非也。言豫居貨物隨時而逐利。【補注】先謙曰：集解引孟注「買」作「貨」。官本注「隨時」作「與時」。

〔一一〕【補注】劉攽曰：「與時逐」宜屬下句。治產，治凡可以生息者。積居，積貯成物居停之。與時逐而不責於人，言此兩事自與天時馳逐，無求責於人也。

〔一二〕【補注】先謙曰：史記「產」作「生」。

〔一三〕師古曰：息，生也。

〔一四〕【補注】齊召南曰：案，范蠡、子貢、白圭、猗頓、烏氏、巴寡婦清，其人皆在漢以前，不應與程、卓諸人並列。此則沿襲史記本文，未及刊除者也。劉知幾每譏班氏失於裁斷，此亦其彰彰者。

子贛既學於仲尼，退而仕衞，〔一〕發貯鬻財曹、魯之閒。〔二〕七十子之徒，賜最爲饒，〔三〕而顏淵簞食瓢飲，在于陋巷。〔四〕子贛結駟連騎，束帛之幣聘享諸侯，所至，國君無不分庭與之抗禮。〔五〕然孔子賢顏淵而譏子貢，曰：「回也其庶乎，屢空。賜不受命，而貨殖焉，意則屢中。」〔六〕

〔一〕師古曰：孔子弟子，姓端木，名賜也。

〔二〕師古曰：多有積貯，趣時而發。鬻，賣之也。鬻音弋六反。【補注】王念孫曰：師古説發字之義非是。發讀爲廢。宣八年公羊傳注「廢，置也」，周官籥師疏引鄭（志）〔注〕同。謂廢置之，積貯之，以轉鬻於曹、魯之閒也。史記作「廢著鬻財於曹、魯之閒」，徐廣曰「著讀音如貯」，是其證也。廢貯，猶廢居也。平準書云「富商大賈或蹛財役貧，轉轂百數，廢居居邑」，徐廣曰：「廢居者，貯畜之名也。有所廢，有所畜，言其乘時射利也。」有所廢，謂有所廢置也。師古注食貨志亦云有所廢置，有所居畜。劉伯莊以廢爲出賣，非是。越世家云陶朱公「約要父子耕畜，廢居，候時轉物」，「廢居」或作「廢舉」。仲尼弟子傳「子貢好廢舉，與時轉貨資」，裴駰曰「廢舉謂停貯」。此即貨殖傳所云子贛「發貯鬻財」者也。廢與發古同聲而通用。爾雅「廢、稅，舍也」，方言「發、稅、舍，車也」，是發與廢同。論語微子篇「廢中權」，「廢」鄭作「發」。莊子列御寇篇「曾不發藥乎」，「發」司馬本作「廢」，云置也。張湛注列子黄帝篇同。荀子禮論篇「大昏之未發齊也」，史記禮書「發」作「廢」。史記扁鵲傳「色廢脉亂」，徐廣曰一作「發」。

〔三〕師古曰：言於弟子之中最爲富。

〔四〕師古曰：簞，笥也。食，飯也。瓢，瓠勺也。一簞之飯，一瓢之飲，至貧也。簞音丁安反。食音似。瓢音頻遥反。【補注】宋祁曰：注文「至」字上當有「言」字。先謙曰：史記作「原憲不厭糟糠，匿於窮巷」。

〔五〕師古曰：爲賓主之禮。【補注】先謙曰：官本「抗」作「亢」。

〔六〕師古曰：論語載孔子之言也。顏回庶幾聖道，雖數空匱，而樂在其中。子贛不受教命，唯財是殖，億度是非，幸而中耳。意讀曰億。中音竹仲反。

白圭，周人也。當魏文侯時，李克務盡地力，〔一〕而白圭樂觀時變，故人棄我取，人取我予。能薄飲食，忍嗜欲，節衣服，與用事僮僕同苦樂，趨時若猛獸摯鳥之發。故曰：「吾治生猶伊尹、呂尚之謀，孫吳用兵，商鞅行法是也。故智不足與權變，勇不足以決斷，仁不能以取予，〔二〕彊不能以有守，雖欲學吾術，終不告也。」蓋天下言治生者祖白圭。〔三〕

〔一〕【補注】王文彬曰：務盡地力，考工記所謂飭力以長地材也。先謙曰：索隱：「案，漢書食貨志李悝爲魏文侯作盡地力之教，國以富彊。今此及漢書言『克』，皆誤也。劉向別録亦云『李悝』。」

〔二〕【補注】先謙曰：官本「能」作「足」。

〔三〕師古曰：祖，始也，以其法爲本始也。

猗頓用盬鹽起，〔一〕邯鄲郭縱以鑄冶成業，與王者埒富。〔二〕

〔一〕師古曰：猗頓，魯之窮士也。盬，鹽池也。於鹽造鹽，故曰盬鹽。盬音古。【補注】沈欽韓曰：齊民要術，陶朱公謂猗頓曰：「子欲速富，當畜五牸。」元和志河中府猗氏縣即猗頓之所居。尸子治天下篇「相玉而借猗頓」，淮南氾論注云「猗頓能知玉理」。周壽昌曰：周禮鹽人云「其苦鹽」，杜子春以爲苦讀如盬，謂出水直用，不湅也。一說，盬鹽，河東大鹽；散鹽，東海煮水爲鹽也。

〔二〕師古曰：埒，等也。

烏氏蠃畜牧，〔一〕及衆，斥賣，〔二〕求奇繒物，閒獻戎王。〔三〕戎王十倍其償，〔四〕予畜，畜至用谷量牛馬。〔五〕秦始皇令蠃比封君，以時與列臣朝請。〔六〕

〔一〕師古曰：氏音支。烏氏，姓也。蠃，名也。其人爲畜牧之業也。【補注】先謙曰：史記「蠃」作「倮」。集解引韋昭云「烏氏，縣名，屬安定」，顔注非。

〔二〕師古曰：畜牧蕃盛，其數多則出而賣之也。

〔三〕師古曰：避時之禁，故伺閒隙私遺戎王。

〔四〕【補注】宋祁曰：「償」字上當有「價」字。先謙曰：史記同。宋説非。

〔五〕師古曰：言其數饒不可計算，故以山谷多少言之。

〔六〕師古曰：與讀曰豫。請音才性反。

巴寡婦清，〔一〕其先得丹穴，而擅其利數世，〔二〕家亦不訾。〔三〕清寡婦能守其業，用財自衞，人不敢犯。始皇以爲貞婦而客之，爲築女懷清臺。

〔一〕師古曰：以其行絜，故號曰清也。

〔二〕師古曰：丹，丹砂也。穴者，山谷之穴出丹也。【補注】先謙曰：集解引徐廣曰「涪陵出丹」，正義「括地志寡婦清臺山俗名貞女山，在涪州永安縣東北七十里也」。

〔三〕師古曰：言資財衆多無限數。訾音子移反。

秦漢之制，列侯封君食租稅，歲率户二百。千户之君則二十萬，朝覲聘享出其中。庶民農工商賈，率亦歲萬息二千，百萬之家即二十萬，而更繇租賦出其中，〔一〕衣食好美矣。故曰陸地牧馬二百蹏，〔二〕牛千蹏角，〔三〕千足羊，〔四〕澤中千足彘，水居千石魚波，〔五〕山居千章之萩。〔六〕安邑千樹棗；〔七〕燕、秦千樹栗；〔八〕蜀、漢、江陵千樹橘；〔九〕淮北滎南河濟之閒千樹萩；〔一〇〕陳、夏千畝桼；〔一一〕齊、魯千畝桑麻；渭川千畝竹；及名國萬家之城，帶郭千畝畝鍾之田，〔一二〕若千畝卮茜，〔一三〕千畦薑韭；〔一四〕此其人皆與千户侯等。

〔一〕師古曰：更音工衡反。繇讀曰傜。

〔二〕孟康曰：五十四也。師古曰：蹏，古蹄字。

〔三〕孟康曰：百六十七頭也。馬貴而牛賤，以此爲率也。師古曰：百六十七頭牛，則爲蹄與角凡一千二也。言千者，舉成數也。【補注】宋祁曰：「牛千蹏角」越本作「牛蹏角千」。

〔四〕師古曰：凡言千足者，二百五十頭也。

〔五〕師古曰：波讀曰陂。言有大陂養魚，一歲收千石魚也。説者不曉，乃改其「波」字爲「皮」，又讀爲披，皆失之矣。【補注】先謙曰：史記「波」作「陂」。

〔六〕孟康曰：萩任方章者千枚也。師古曰：大材曰章，解在百官公卿表。萩即楸樹字也。其下竝同也。【補注】宋祁曰：注文浙本「百官公卿表」句下有「萩不在山明矣」六字，删「樹」字、兩「也」字。先謙曰：史記「萩」作「材」，徐廣注「一作楸」。

〔七〕【補注】沈欽韓曰：爾雅翼：「魏文帝詔，凡棗味莫過安邑御棗。」通典河東郡貢棗八千顆。

〔八〕【補注】沈欽韓曰：唐書地理志云，幽州貢栗。陸璣詩疏「五方皆有栗，惟漁陽、范陽栗甜美，味長，他方者悉不及」。

〔九〕【補注】沈欽韓曰：吴志注，襄陽記：「李衡爲丹陽太守，每欲治家，妻輒不聽。後密遣客十人，於武陵龍陽汎(州)

〔洲〕上作宅，種甘橘千株，臨死敕兒曰：『汝母惡吾治家，故窮如是。然吾州里有千頭木奴，不責汝衣食，歲上一匹絹，亦可足用。』」

〔一〇〕師古曰：滎亦水名，濟水所溢作也，即今所謂滎澤也。【補注】先謙曰：史記「滎南」作「常山以南」。

〔一一〕師古曰：陳，陳縣也，夏，夏縣也，皆屬淮陽。種桼樹而取其汁。夏音嘏。

〔一二〕孟康曰：一鐘受六斛四斗。師古曰：一畝收鐘者凡千畝也。【補注】宋祁曰：注文「師古曰」下當有「言」字。

〔一三〕（師古）〔孟康〕曰：茜草、巵子可用染也。師古曰：茜音千見反。【補注】周壽昌曰：茜草，名紅藍，今俗呼紅花，可染紅。巵子，俗寫作梔子，可染黄。先謙曰：若猶及也。

〔一四〕師古曰：畦音攜。

諺曰：「以貧求富，農不如工，工不如商，刺繡文不如倚市門。」此言末業，貧者之資也。〔一〕通邑大都酤一歲千釀，〔二〕醯醬千瓨，〔三〕漿千儋，〔四〕屠牛羊彘千皮，穀糴千鍾，〔五〕薪槀千車，船長千丈，〔六〕木千章，竹竿萬个，〔七〕軺車百乘，〔八〕牛車千兩，〔九〕木器桼者千枚，〔一〇〕銅器千鈞，〔一一〕素木鐵器若巵茜千石，〔一二〕馬蹏噭千，〔一三〕牛千足，羊彘千雙，〔一四〕童手指千，〔一五〕筋角丹沙千斤，〔一六〕其帛絮細布千鈞，文采千匹，〔一七〕荅布皮革千石，〔一八〕桼千大斗，〔一九〕蘗麴鹽豉千合，〔二〇〕鮐鮆千斤，〔二一〕鯫鮑千鈞，〔二二〕棗栗千石者三之，〔二三〕狐貂裘千皮，羔羊裘千石，〔二四〕旃席千具，它果采千種，〔二五〕子貸金錢千貫，節駔儈，〔二六〕貪賈三之，廉賈五之，〔二七〕亦比千乘之家，此其大率也。

〔一〕師古曰：言其易以得利也。

〔二〕師古曰：千瓮以釀酒。

〔三〕師古曰：瓨，長頸甖也，受十升。瓨音胡雙反。【補注】先謙曰：官本「頸」作「頭」，引宋祁曰，注文中「頭」字當作「頸」，「升」字當作「斗」字，「雙」字當作「江」字。

〔四〕孟康曰：儋，甖也。師古曰：儋，人儋之也，一儋兩甖。儋音丁濫反。

〔五〕師古曰：謂常糴取而居之。

〔六〕師古曰：總積舩之丈數也。

〔七〕孟康曰：个者，一个兩个。師古曰：个讀曰箇。箇，枚也。【補注】宋祁曰：注文「師」字上當有「也」字。

〔八〕師古曰：軺車，輕小之車也。軺音弋昭反。【補注】先謙曰：集解引徐廣曰，馬車也。

〔九〕師古曰：車一乘曰一兩。謂之兩者，言其轅輪兩兩而耦。

〔一〇〕【補注】先謙曰：史記「桼」作「髤」，徐廣注「髤，漆也」。

〔一一〕孟康曰：三十斤爲一鈞。

〔一二〕孟康曰：百二十斤爲石。素木，素器也。

〔一三〕師古曰：噭，口也。蹄與口共千，則爲馬二百也。噭音江釣反，又音口釣反。【補注】沈欽韓曰：說文「噭，吼也」，字書無訓口者。集韻有之，乃因師古增入。太玄注「噭與叫同」。史記作「躈」，徐廣注「馬八髎」。索隱：「埤蒼云，尻骨爲八髎，一曰夜蹄。」案，内經骨空論八髎在腰尻分閒。呂覽觀表「古之善相馬者，許鄙相𦙶」，注「𦙶，後竅也」。躈即尻竅。

〔一四〕師古曰：彘即豕。

〔一五〕孟康曰：童，奴婢也。古者無空手游口，皆有作務，作務須手指，故曰手指，以別馬牛蹏角也。師古曰：手指謂有巧伎者。指千則人百。

〔一六〕【補注】先謙曰：官本「沙」作「砂」。

〔一七〕師古曰：文，文繒也。帛之有色者曰采。

〔一八〕孟康曰：荅布，白疊也。師古曰：麤厚之布也，其價賤，故與皮革同其量耳，非白疊也。荅者，重厚之貌，而讀者妄爲榻音，非也。【補注】吴仁傑曰：案古者漢書音讀皆有師承之，自未可遽非之也。晉羊曼與郗鑒、卞壼、蔡謨等八人號八伯，擬古之八儁，皆一時名流也，而曼爲䵬伯。顔氏家訓云「䵬者，多饒積厚之貌」，與荅布重厚之意相近。集韻荅、䵬二字同託合切，與榻音亦相近。集韻別出䵬字，引䵬伯事。案，家訓䵬字用盛洪之晉書本，而集韻䵬字用唐御製本。要之，荅布之荅乃與晉八伯名實相當，字書宜於荅字下注云「託合切，厚重貌，一作䵬」。沈欽韓曰：上文言細布，則知是麤布。其時白氎未入中國，故孟説非也。荅布即納布，宋書徐湛之傳「高祖微時，伐荻，有納布衣襖」。洪頤煊曰：史記作「榻布」，齊民要術卷七引漢書亦作「榻布千石」。

〔一九〕師古曰：大斗者，異於量米粟之斗。今俗猶有大量。【補注】先謙曰：顧炎武云，是漢時已有大斗，但用之量麄貨耳。齊召南云，案史記但云「桼千斗」，無「大」字。

〔二〇〕師古曰：麴糵以斤石稱之，輕重齊則爲合。鹽豉則斗斛量之，多少等亦爲合。合者，相配偶之言耳。今西楚荆沔之俗賣鹽豉者，鹽豉各一升則各爲裹而相隨焉，此則合也。説者不曉，乃讀爲升合之合，又改作台，競爲解説，失之遠矣。【補注】王引之曰：師古以合爲相配耦，所謂曲説者也。上文云「荅布皮革千石，桼千大斗」，下文云「鮐鮆千斤，鯫鮑千鈞」，此獨不言斗斛，不言斤石，而以相配耦爲名，有是理乎？史記貨殖傳作「千荅」，徐廣曰：「或作『台』」，器名有瓵。孫叔然云，今本作「孫叔敖」，「敖」字乃淺學人所改。瓵，瓦器，受斗六升。台當爲瓵，音貽。」案，徐説是也。爾雅「甌瓿謂之瓵」，郭注：「瓿甊小甖，長沙謂之瓵。」列女仁智傳：「臧文仲曰，斂小器，投諸台。」台與瓵同，史記或本作「台」是也。今本「台」作「荅」，乃苔字之譌，苔、台古同聲，故得通用。漢書作「合」則又台之譌也。史記高祖功臣侯表「貰齊侯呂」，徐廣曰「呂」一作「台」，漢書作「合」。師古不達，反以作「台」者爲誤，而强爲合字作解，其失甚矣。

〔二一〕師古曰：鮐，海魚也。鮆，刀魚也，飲而不食者。鮐音胎，又音菭。鮆音薺，又音才爾反。而説者妄讀鮐爲夷，非唯失於訓物，亦不知音矣。

〔二二〕師古曰：鮿，膊魚也，即今不著鹽而乾者也。鮑，今之鮑魚也。鮿音輒。膊音普各反。鮑音於業反。而説者乃讀鮑爲鮠魚之鮠，音五回反，失義遠矣。鄭康成以爲鮑於煏室乾之，亦非也。煏室乾之，即鮿耳。蓋今巴荆人所呼鰎魚者是也。音居偃反。秦始皇載鮑亂臭，則是鮑魚耳。而煏室乾者，本不臭也。煏音蒲北反。【補注】沈欽韓曰：玉篇：「鮑，鹽漬魚也；鮿亦鹽漬魚；鮑，漬魚也，今謂裛魚。」裛即鮑也。玉篇於鮿、鮑通謂淹魚，無異解也。説文「鮑，饐魚也」，饐亦裛、鮑之變，而徐鍇繫傳解饐爲陳臭，則沿俗説耳。先謙曰：史記「鮿」下有「千石」二字。

〔二三〕師古曰：三千石。【補注】先謙曰：正義「如此，乃與上物相等」。

〔二四〕師古曰：狐貂貴，故計其數，羔羊賤，故稱其量也。【補注】先謙曰：顧炎武云，變皮言石，亦互文也。齊召南云，顔説甚確，蓋非互文。

〔二五〕師古曰：果采，謂於山野采取栗實也。【補注】先謙曰：官本注「栗」作「果」，是。史記作「佗果菜千鍾」。

〔二六〕孟康曰：節，節物貴賤也。謂除估儈，其餘利比於千乘之家也。師古曰：儈者，合會二家交易者也。駔者，其首率也。駔音子朗反。儈音工外反。

〔二七〕孟康曰：貪賈，未當賣而賣，未當買而買，故得利少，而十得其三。廉賈，貴乃賣，賤乃買，故十得五也。【補注】劉敞曰：貪賈務賒貸，仍取厚利，常多亡失，故三之。廉賈，取之約，未嘗亡失，故五之。劉奉世曰：此謂子貸取息也。貪賈取利多，故三分取息一分。廉賈則五分取一耳，所謂歲萬息二千也。先謙曰：李光地云，孟説未是。貪賈以十計而三之，謂得十之三分餘也。廉賈以十計而五之，謂得息十之二分也。

蜀卓氏之先，〔一〕趙人也，用鐵冶富。秦破趙，遷卓氏之蜀，夫妻推輦行。〔二〕諸遷虜少有餘財，爭與吏，求近處，處葭萌。〔三〕唯卓氏曰：「此地陿薄。吾聞㟭山之下沃壄，下有踆鴟，至死不飢。〔四〕民工作(市)〔布〕，易賈。」乃求遠遷。致之臨邛，大憙，即鐵山鼓鑄，〔五〕運籌筭，賈滇、蜀民，〔六〕富至童八百人，〔七〕田池射獵之樂擬於人君。

〔一〕【補注】周壽昌曰：「卓」徐廣曰一作「淖」。案此即卓王孫之祖或父也，至孝武時尚有僮客八百人。

〔二〕師古曰：步車曰輦。

〔三〕師古曰：縣名也，地理志屬廣漢。葭音家。

〔四〕孟康曰：踆音蹲。水鄉多鴟，其山下有沃野灌溉。師古曰：孟説非也。踆鴟謂芋也，其根可食，以充糧，故無飢年。華陽國志曰，汶山郡都安縣有大芋如蹲鴟也。

〔五〕師古曰：即，就也。

〔六〕師古曰：行販賣於滇、蜀之間也。滇音丁賢反。

〔七〕【補注】先謙曰：史記作「千人」。

程鄭，山東遷虜也，亦冶鑄，賈魋結民，富埒卓氏。〔一〕

〔一〕師古曰：魋結，西南夷也。言程鄭行賈，求利於其人也。埒，等也。魋音直追反。結讀曰髻。【補注】先謙曰：「魋結」史記作「椎髻」，義同。下有「俱居臨邛」四字。

程、卓既衰，至成、哀間，成都羅裒訾至鉅萬。初，裒賈京師，隨身數十百萬，〔一〕爲平陵石氏持錢。〔二〕其人彊力。石氏訾次如、苴，〔三〕親信，厚資遺之，令往來巴蜀，數年間致千餘萬。哀舉其半賂遺曲陽、定陵侯，〔四〕依其權力，賒貸郡國，人莫敢負。〔五〕擅鹽井之利，期年所得自倍，〔六〕遂殖其貨。

〔一〕師古曰：言其自有數十萬，且至百萬。
〔二〕【補注】先謙曰：顧炎武云，持錢，猶今人言掌財也。
〔三〕孟康曰：平陵如氏，苴氏也。石氏勤力，故訾次二人也。師古曰：孟説非也。其人彊力，謂羅裒耳。訾次如、苴，自謂石氏之饒財也。苴音側于反。【補注】先謙曰：如、苴見下文。
〔四〕師古曰：謂王根、淳于長也。
〔五〕師古曰：貸音吐戴反。【補注】錢大昭曰：此谷永所謂「爲人起責，分利受謝」是也。
〔六〕師古曰：期音基。

宛孔氏之先，梁人也，用鐵冶爲業。秦滅魏，遷孔氏南陽，大鼓鑄，規陂田，連騎游諸侯，因通商賈之利，有游閒公子之名。〔一〕然其贏得過當，瘉於孅嗇，〔二〕家致數千金，故南陽行賈盡法孔氏之雍容。

〔一〕師古曰：閒讀曰閑，言其志寬大，不在急促。公子者，公侯貴人之子也，言其舉動性行有似之也，若今言諸郎矣。
〔二〕師古曰：瘉讀爲愈。愈，勝也。孅，細也。嗇，愛吝也。言其於利雖不汲汲苟得，然所獲贏餘多於細吝者也。孅與纖同。下云「周人既纖」，義亦類此。

魯人俗儉嗇，而丙氏尤甚，以鐵冶起，〔一〕富至鉅萬。〔二〕然家自父兄子弟約，頫有拾，卬有取，〔三〕貰貸行賈徧郡國。鄒、魯以其故，多去文學而趨利。

〔一〕【補注】先謙曰：史記作「曹邴氏」。鹽鐵論禁耕篇：「大夫曰，異時鹽鐵未籠，布衣有朐邴。」案，朐即宛朐，春秋曹國地也，在今曹州府菏澤縣西南，故史記作「曹邴」，而當時謂之朐邴也。

〔二〕【補注】王文彬曰：集解「起」屬下讀，云起富至鉅萬是也。下文「刀閒起數千萬」，史記「起」下亦有「富」字。

〔三〕師古曰：頫，古俯字也。俯仰必有所取拾，無鉅細好惡也。【補注】宋祁曰：注末「也」字上當有「者」字。蘇輿曰：頫拾卬取，言人不閒遊，物無遺利。蘇軾荅梁先詩「學如富賈，在博收，仰取俯拾無遺籌」，正用此義。「約」如下「約，非田畜所生不衣食」之「約」，言家約如此，是以行賈徧郡國。史記「弟」作「孫」。

齊俗賤奴虜，而刀閒獨愛貴之。〔一〕桀黠奴，人之所患，唯刀閒收取，使之逐魚鹽商賈之利，或連車騎交守相，然愈益任之，終得其力，起數千萬。故曰「寧爵無刀」，〔二〕言能使豪奴自饒，而盡其力也。刀閒既衰，至成、哀閒，臨菑姓偉訾五千萬。〔三〕

〔一〕師古曰：刀，姓；閒，名也。刀音貂。【補注】先謙曰：官本「刀」並作「刁」。史記同。玉篇「刀，可幺切，亦姓，俗作刁」。

〔二〕孟康曰：刀閒能畜豪奴，奴或有連車騎交守相。如自謂：「寧欲免去作民有爵邪？無將止爲刀氏作奴乎？」無，發聲助也。【補注】周壽昌曰：當時諺語未必如孟説之委曲，且如孟説，何由使豪奴自饒而盡其力乎？蓋此乃反揭語，言寧爲爵之貴無若刀之饒邪？

〔三〕師古曰：姓姓，名偉。

周人既孅，而師史尤甚，轉轂百數，〔一〕賈郡國，無所不至。雒陽街居在齊秦楚趙之中，

富家相矜以久賈，〔一〕過邑不入門。設用此等，故師史能致十千萬。〔二〕

〔一〕師古曰：轉轂，謂以車載物而逐利者。【補注】宋祁曰：「尢」舊本作「光」，姚改作「尢」。

〔二〕孟康曰：謂街巷居民無田地，皆相矜久賈在此諸國也。師古曰：此說非也。言雒陽之地居在諸國之中，要衝之所，若大街衢，故其賈人無所不至而多得利，不憚久行也。中音竹仲反。【補注】何焯曰：街居，當如孟說作街巷居民。在中，則顏注居在諸國之中爲優，然以爲要衝之所，若大街衢，疏矣。先謙曰：顧炎武云，說文「街，四通道」，鹽鐵論「二周之山川，天下名都，居五諸侯之衢，跨街衝之路」，則顏說亦自可通。

〔三〕師古曰：十千萬，即萬萬也。言其財至萬萬也。一曰至千萬者十焉。【補注】先謙曰：史記作「七千萬」。

師史既衰，至成、哀、王莽時，雒陽張長叔、薛子仲訾亦十千萬。莽皆以爲納言士，欲法武帝，然不能得其利。〔一〕

〔一〕師古曰：法武帝者，言用卜式、東郭咸陽、孔僅等爲官也。

宣曲任氏，〔一〕其先爲督道倉吏。〔二〕秦之敗也，豪桀爭取金玉，任氏獨窖倉粟。〔三〕楚漢相距滎陽，民不得耕種，米石至萬，而豪桀金玉盡歸任氏，任氏以此起富。富人奢侈，而任氏折節爲力田畜。人爭取賤賈，任氏獨取貴〔四〕善，富者數世。〔五〕然任公家約，非田畜所生不衣食，公事不畢則不得飲酒食肉。〔六〕以此爲閭里率，故富而主上重之。

〔一〕【補注】先謙曰：索隱：「上林賦云『西馳宣曲』，當在京輔，今闕其地。」

〔二〕孟康曰：若今史督租穀使上道輸在所也。師古曰：於京師四方諸道督其租耳。道者，非謂上道也。【補注】劉奉世曰：督道者，倉所在地名耳，猶後傳注漢宮闕疏所稱細柳倉也。爲倉吏，故能藏粟致富也。周壽昌曰：督道爲地名，若秦時督亢之類。先謙曰：督道，劉、周説是。倉名無考者多矣。官本注「史」作「吏」，「在所」作「所在」。

〔三〕師古曰：取倉粟而窖臧之也。窖音工孝反。

〔四〕師古曰：言其居賈之物，不計貴賤，唯在良美也。賈讀曰價。

〔五〕師古曰：折節力田，務於本業，先公後私，率道閭里，故云善富。【補注】王念孫曰：此當以「任氏獨取貴善」爲句，「富者數世」爲句。上文賈讀爲鹽，謂物之麤惡者也。唐風鴇羽傳「鹽，不攻致也」，小雅四牡傳「鹽，不堅固也」，漢書息夫躬傳「器用鹽惡」，鄧展曰「鹽，不堅牢也」。其字或作楱楛之楛，荀子勸學篇楊倞注「凡器物堅好者謂之功，濫惡者謂之楛」。議兵篇「械用兵革，窳楛不便利」。或作甘苦之苦，周官典婦功「辨其苦良」，鄭司農讀苦爲鹽，謂分別其縑帛與布紵之麤細。齊語「辨其功苦」，韋注「功，牢也。苦，脃也」。淮南時則篇「功事苦慢」（篇）高注「苦，惡也」。史記平準書「鐵器苦惡」。或作沽酒之沽，喪服傳「冠者沽功也」，鄭注「沽猶麤也」。士喪禮「弓矢之新沽功」，釋文沽竝音古。或作榮枯之枯，荀子天論篇「楛耕傷稼」，楊倞曰「楛耕，謂麤惡不精也」。韓詩外傳「楛」作「枯」。或作古今之古，士喪禮「記沽功」，今文「沽」作「古」。此傳則商賈之賈，史記同。皆以聲相近而字相通。賤賈，猶言賤惡。爭取賤賈，謂爭取賤惡之物，非謂爭取賤價也。謂人之買物皆爭取其賤而惡者，任氏獨取其貴而善者。貴善與賤惡正相對也。若以「任氏獨取貴」爲句，則與上句不對，以「善富者數世」爲句，則文不成義矣。師古以先公後私，率道閭里爲善，所謂曲説者也。此但言其所居之物，必取貴善，故富及數世耳。下文云「然任公家約，公事不畢則不得飲食酒肉，以此爲閭里率」，方敘及其先公後私，率道閭里之事，若此處先稱其善，則下文皆成贅語矣。索隱斷「任氏獨取貴善」爲句是也，唯讀賈爲價亦與師古同誤。索隱引晉灼曰「爭取賤賈金玉也」，則晉灼已誤讀賈爲價矣。先謙曰：索隱以「善」上屬，王説是也。然謂人爭取賤而惡者，於理未允，人爭取賤者是矣，肯爭取惡者乎？讀賈爲鹽，古義無徵，仍讀價爲是，不必定與貴善對文也。

〔六〕師古曰：任公，任氏之父也。言家爲此私約制也。晉灼以爲任用公家之約，此説非也。

塞之斥也，唯橋桃以致馬千匹，牛倍之，羊萬，粟以萬鐘計。〔一〕

〔一〕孟康曰：邊塞主斥候卒也。唯此一人能致富若此。師古曰：此説非也。塞斥者，言國家斥開邊塞，更令寬廣，故橋桃得恣其畜牧也。姓橋名桃。以萬鐘計者，不論斗斛千萬之數，每率舉萬鐘而計之，著其饒多也。【補注】劉攽曰：顔説未盡。塞之斥也，公私皆有費用，故橋桃得以致富，豈謂待廣地恣其畜牧哉？先謙曰：史記「桃」作「姚」，「羊萬」下有「頭」字。

吴楚兵之起，長安中列侯封君行從軍旅，齎貣子錢家，〔一〕子錢家以爲關東成敗未決，莫肯予。唯母鹽氏出捐千金貸，〔二〕其息十之。〔三〕三月，吴楚平。一歲之中，則母鹽氏息十倍，用此富關中。

〔一〕師古曰：行者須齎糧而出，於子錢家貣之也。貣謂求假之也，音吐得反。

〔二〕師古曰：貸謂假與之，音吐戴反。【補注】先謙曰：官本「母」作「毋」，是。毋與無同，蓋以無鹽爲氏也。史記作「無鹽」。

〔三〕【補注】先謙曰：索隱謂出一得十倍。

關中富商大賈，大氐盡諸田，〔一〕田牆、田蘭。韋家栗氏、安陵杜氏亦鉅萬。〔二〕前富者既衰，自元、成訖王莽，京師富人杜陵樊嘉，茂陵摯綱，平陵如氏、苴氏，長安丹王君房，豉樊少翁、王孫大卿，爲天下高訾。〔三〕樊嘉五千萬，其餘皆鉅萬矣。王孫卿以財養士，與雄桀交，王莽以爲京司市師，漢司東市令也。〔四〕

〔一〕師古曰：氏讀曰抵。抵，歸也。

〔二〕【補注】齊召南曰：史記作「安陵杜杜氏」，言安陵縣及杜縣之杜氏皆富也。

〔三〕師古曰：王君房賣丹，樊少翁及王孫大卿賣豉，亦致高訾。訾讀與資同。高訾，謂多資財。

〔四〕【補注】沈欽韓曰：黄圖廟記云長安市有九，各方二百六十六步。六市在道西，三市在道東，凡四百爲一市。

此其章章尤著者也。其餘郡國富民兼業顓利，〔一〕以貨賂自行，取重於鄉里者，不可勝數。故秦楊以田農而甲一州，〔二〕翁伯以販脂而傾縣邑，張氏以賣醬而隃侈，〔三〕質氏以洒削而鼎食，〔四〕濁氏以冒脯而連騎，〔五〕張里以馬醫而擊鍾，皆越法矣。然常循守事業，積累贏利，漸有所起。至於蜀卓，宛孔，齊之刀間，公擅山川銅鐵魚鹽市井之入，運其籌策，上爭王者之利，下錮齊民之業，〔六〕皆陷不軌奢僭之惡。又況掘冢搏掩，犯姦成富，〔七〕曲叔、稽發、雍樂成之徒，〔八〕猶復齒列，〔九〕傷化敗俗，大亂之道也。

〔一〕師古曰：顓與專同。

〔二〕孟康曰：以田地過限，從此而富，爲州中第一也。【補注】先謙曰：史記「楊」作「陽」。何焯云，田宅踰制，六條所劾，漢法嚴，安得容此，孟注非也。史記作「田農拙業，而秦陽以蓋一州」，不過言其因力田而致富，甲一州耳。以下數句例之自明。

〔三〕【補注】先謙曰：史記「翁」作「雍」，「醬」作「漿」。徐廣注，「雍」一作「翁」。

〔四〕服虔曰：治刀劍者也。如淳曰：作刀劍削者。師古曰：二説皆非也。洒，濯也。削謂刀劍室也。謂人有刀劍削故惡者，主爲洒刷之，去其垢穢，更飾令新也。洒音先禮反。削音先召反。【補注】先謙曰：史記「質」作「郅」。

〔五〕晉灼曰：今太官常以十月作沸湯燖羊胃，以末椒薑坋之，暴使燥是也。師古曰：燖音似兼反。坋音蒲頓反。【補注】沈欽韓曰：熟羊胃與脯炙也。更始時謡有「爛羊胃，騎都尉」。釋名：「脯炙，以餳蜜豉汁淹之，脯脯然也。」先謙曰：「冐」誤，官本作「胃」。

〔六〕師古曰：錮亦謂專取之也。

〔七〕師古曰：搏掩，謂搏擊掩襲，取人物者也。「搏」字或作「博」。一説搏，六博也，掩，意錢之屬也，皆戲而賭取財物。【補注】先謙曰：據史記「搏」當爲「博」，一説是。

〔八〕師古曰：姓曲名叔，姓稽名發，姓雍名樂成也。稽音工奚反。【補注】先謙曰：史記「稽」作「桓」，云「曲叔掘冢，桓發博戲，雍樂成行賈。」此未分晰。

〔九〕師古曰：身爲罪惡，尚復與良善之人齊齒並列。

游俠傳第六十二

古者天子建國，諸侯立家，自卿大夫以至于庶人各有等差，是以民服事其上，而下無覬覦。〔一〕孔子曰：「天下有道，政不在大夫。」〔二〕百官有司奉法承令，以脩所職，失職有誅，侵官有罰。夫然，故上下相順，而庶事理焉。

〔一〕師古曰：覬，幸也。覦，欲也。幸得其所欲也。覬音冀。覦音踰，又音諭。【補注】王文彬曰：語本左桓二年傳。

〔二〕師古曰：論語載孔子之言也，謂權不移於下也。【補注】先謙曰：官本注無上「也」字。

周室既微，禮樂征伐自諸侯出。桓文之後，大夫世權，陪臣執命。〔一〕陵夷至於戰國，合從連衡，力政爭彊。〔二〕繇是列國公子，魏有信陵，趙有平原，齊有孟嘗，楚有春申，〔三〕皆藉王公之勢，競爲游俠，雞鳴狗盜，無不賓禮。〔四〕而趙相虞卿棄國捐君，以周窮交魏齊之厄；〔五〕信陵無忌竊符矯命，戮將專師，以赴平原之急：〔六〕皆以取重諸侯，顯名天下。搤掔而游談者，以四豪爲稱首。〔七〕於是背公死黨之議成，守職奉上之義廢矣。

〔一〕師古曰：齊桓、晉文，周之二霸也。陪，重也。
〔二〕師古曰：力政者，棄背禮義，專任威力也。從音子容反。【補注】先謙曰：政讀曰征。
〔三〕師古曰：繇讀與由同。信陵君魏無忌，平原君趙勝，孟嘗君田文，春申君黃歇。
〔四〕師古曰：謂孟嘗君用雞鳴而得亡出關，因狗盜而取狐白裘也。【補注】宋祁曰：此注疑是孟康。
〔五〕師古曰：魏齊，虞卿之交也，將爲范睢所殺，卿救之也。
〔六〕師古曰：秦兵圍趙，趙相平原君告急於無忌，無忌因如姬以竊兵符，矯魏僖侯命代晉鄙爲將，而令朱亥鎚殺晉鄙，遂率兵救趙，秦兵以卻，而趙得全。【補注】齊召南曰：案，應作「矯安釐王命」。僖字雖與釐通，而魏稱王久矣，不得云魏僖侯也。
〔七〕師古曰：搤，捉持也。掔，古手腕字也。四豪即魏信陵以下也。搤音戹。【補注】錢大昭曰：「掔」當作「掔」，注同。

及至漢興，禁網疏闊，未之匡改也。〔一〕是故代相陳豨從車千乘，而吳濞、淮南皆招賓客以千數。外戚大臣魏其、武安之屬競逐於京師，布衣游俠劇孟、郭解之徒馳騖於閭閻，權行州域，力折公侯。衆庶榮其名跡，覬而慕之。雖其陷於刑辟，自與殺身成名，若季路、仇牧，死而不悔也。〔二〕故曾子曰：「上失其道，民散久矣。」〔三〕非明王在上，視之以好惡，齊之以禮法，民曷繇知禁而反正乎！〔四〕

〔一〕師古曰：匡，正也。
〔二〕師古曰：季路，孔子弟子也，姓仲名由，衞人也。衞有蒯聵之亂，季路聞之，故入赴難，遇孟黶石乞以戈擊之，斷纓。

季路曰：「君子死，冠不免。」結纓而死。仇牧，宋大夫也。宋萬殺閔公，仇牧聞之，趨而至，手劍而叱之。萬臂擊仇牧，碎首，齒著于門闔。言游俠之徒自許節操，同於季路、仇牧。【補注】宋祁曰：一有「也」字。邵本無。姚本刪。何焯曰：此言游俠謬託季路、仇牧，非班生以季路、仇牧爲可少也。華嶠失其本意，譏以不叙殺身成仁之爲美，疎矣。蘇輿曰：與猶謂也。言游俠自謂殺身成名，若季路、仇牧。古書謂與與多互作，其義同也。

〔三〕師古曰：論語載(孔)〔曾〕子之言也，解在刑法志。

〔四〕師古曰：視讀曰示。繇讀曰由。

古之正法：五伯，三王之罪人也；〔一〕而六國，五伯之罪人也。夫四豪者，又六國之罪人也。況於郭解之倫，以匹夫之細，竊殺生之權，其罪已不容於誅矣。觀其溫良泛愛，振窮周急，謙退不伐，亦皆有絕異之姿。惜乎不入於道德，苟放縱於末流，殺身亡宗，非不幸也！

〔一〕師古曰：伯讀曰霸。下皆類此。【補注】先謙曰：官本注在下句下。

自魏其、武安、淮南之後，天子切齒，衞、霍改節。然郡國豪桀處處各有，京師親戚冠蓋相望，亦古今常道，莫足言者。〔一〕唯成帝時，外家王氏賓客爲盛，而樓護爲帥。及王莽時，諸公之間陳遵爲雄，閭里之俠原涉爲魁。〔二〕

〔一〕【補注】蘇輿曰：莫猶無也。下文「然莫足數」同。

〔二〕師古曰：魁者，斗之所用盛而杓之本也。故言根本者皆云魁。【補注】蘇輿曰：禮檀弓鄭注「魁猶首也」。天文「北斗魁爲首，杓爲末」。廣雅釋詁「魁，主也」。顏以爲凡根本之稱，意是而微隔。班氏父子以謂史公序游俠則退處士而進奸雄，故別譔序文。然史公身離刑辱，別有孤懷，觀其與少卿書云「家貧不足以自贖，交遊莫救」云云，意可見矣。

朱家，魯人，高祖同時也。魯人皆以儒教，而朱家用俠聞。所臧活豪士以百數，其餘庸人不可勝言。然終不伐其能，飲其德，〔一〕諸所嘗施，唯恐見之。振人不贍，先從貧賤始。家亡餘財，衣不兼采，食不重味，乘不過軥牛。〔二〕專趨人之急，甚於己私。〔三〕既陰脫季布之厄，〔四〕及布尊貴，終身不見。自關以東，莫不延頸願交。楚田仲以俠聞，父事朱家，自以爲行弗及也。田仲死後，有劇孟。

〔一〕孟康曰：有德於人，而不自美也。師古曰：飲，没也，謂不稱顯。【補注】劉奉世曰：「飲其德」，「飲」字當蒙「不」字言没非義也。飲者，猶飲物自飫，言不飲有其德。宋祁曰：注文「顯」字下當有「也」字。王念孫曰：案，飲蓋欽字之譌。隸書從金從食之字多相亂。孟子盡心篇「是以言銛之也」，今本銛譌爲餂。史記作「歆」。歆，喜也。言不以德自喜也。周語「民歆而德之」，韋注「歆猶喜服也」。學記「不興其藝」，鄭注「興之言喜也，歆也」。正義引爾雅「歆、喜，興也」。今爾雅作「廞、熙，興也」。是歆爲喜也。歆、欽聲相近，歆之通作欽，猶歆之通作廞矣。見上注。小雅鼓鍾篇「鼓鍾欽欽」，毛傳「欽欽言使人樂進也」，是欽字亦有喜樂之義，故曰「不伐其能，欽其德」。又案，孟云有德於人，而不自美，非飲字之義，蓋所見本正作「欽」也。

〔二〕晉灼曰：軥，軥枙也。軥牛，小牛也。師古曰：軥，重挽也，音工豆反。晉說是也。【補注】沈欽韓曰：索隱「大牛當軛，小爲軥牛」，據此，時賤牛車。而朱家所乘并是挽軥之小牛，言其貧薄。說文：「軥，軛下曲者。」先謙曰：官本注「枙」作「扼」。

〔三〕師古曰：趨讀曰趣。趣，向也。

〔四〕【補注】先謙曰：事詳布傳。

劇孟者，洛陽人也。周人以商賈爲資，劇孟以俠顯。吳楚反時，條侯爲太尉，乘傳東，將〔一〕至河南，得劇孟，喜曰：「吳楚舉大事而不求劇孟，吾知其無能爲已。」〔二〕天下騷動，大將軍得之若一敵國云。〔三〕劇孟行大類朱家，而好博，多少年之戲。然孟母死，自遠方送喪蓋千乘。及孟死，家無十金之財。而符離王孟，亦以俠稱江淮之間。〔四〕是時，濟南瞯氏、陳周膚亦以豪聞。〔五〕景帝聞之，使使盡誅此屬。〔六〕其後，代諸白、梁韓毋辟、陽翟薛況、陝寒孺，紛紛復出焉。〔七〕

〔一〕師古曰：乘傳車而東，出爲大將也。傳音張戀反。【補注】先謙曰：史記「東」作「車」，此形近致誤。即如本書作「東」，當從「東」字斷句，「將」屬下讀，不如顏說也。

〔二〕師古曰：已，語終辭。

〔三〕【補注】宋祁曰：浙本無「軍」字。王念孫曰：浙本是也。條侯以太尉將諸軍擊吳楚，故曰大將。「將」下「軍」字，後人以意加之耳。且其時大將軍乃竇嬰，非條侯也。藝文類聚人部十七、白帖五十一、御覽兵部六、後書吳漢傳注引此竝無「軍」字。

〔四〕師古曰：符離，沛郡之縣也。

〔五〕師古曰：瞯音閑。【補注】先謙曰：史記「膚」作「庸」。周姓，陳人也。

〔六〕【補注】先謙曰：誅瞯氏見郅都傳。

〔七〕師古曰：代郡白姓非一家也，故稱諸焉。梁國人姓韓，名毋辟。陽翟屬潁川。陝即今陝州陝縣也。薛況、寒孺皆人姓名也。辟讀曰避。【補注】先謙曰：史記「寒」作「韓」。

郭解，河内軹人也，〔一〕温善相人許負外孫也。〔二〕解父任俠，〔三〕孝文時誅死。解爲人靜悍，〔四〕不飲酒。少時陰賊感槩，〔五〕不快意，所殺甚衆。以軀耤友報仇，〔六〕臧命作姦剽攻，〔七〕休乃鑄錢掘冢，〔八〕不可勝數。適有天幸，窘急常得脱，若遇赦。〔九〕

〔一〕師古曰：軹音只。【補注】先謙曰：史記云字翁伯。

〔二〕【補注】蘇輿曰：許負相周亞夫見亞夫傳。

〔三〕【補注】沈欽韓曰：説文「甹，俠也」，三輔謂輕財者爲甹，徐鍇注「任，俠也」，集韻引説文作「俜」，則任即甹也。

〔四〕師古曰：性沉靜而勇悍。【補注】齊召南曰：史記作「解爲人短小精悍」，漢書移「短小」二字於後文，又改「精」字作「靜」。王念孫曰：靜與精同。藝文類聚人部十七、御覽人事部百七十三引漢書亦作「精悍」。精與悍義相近，故以精悍連文。儒林傳「韓嬰其人精悍」，酷吏傳「嚴延年爲人短小精悍」。作靜者，聲近而字通耳，若以靜爲沉靜，則與悍字義相遠矣。

〔五〕師古曰：陰賊者，陰懷賊害之意也。感槩者，感意氣而立節槩也。【補注】先謙曰：史記「槩」作「慨」。感槩即感慨也，顔作節槩解，非。史記無「感」字，蓋脱。

〔六〕師古曰：耤，古藉字也。藉謂借助也。【補注】先謙曰：説文「耤」下云：「帝耤千畝也。古者使民如借，故謂之耤。」「藉」下云：「祭藉也。一曰草不編，狼藉。」「籍」下云：「簿書也。」古書耤、藉、借通用。本書藉、籍亦通作，往往雜糅，各依文義讀之。顔以耤爲古藉字，則非矣。

〔七〕師古曰：臧命，臧亡命之人也。剽，劫也。攻謂穿窬而盗也。剽音匹妙反。【補注】劉攽曰：攻直謂攻奪而取之耳，何因知其是穿窬也？穿窬而盜，亦不甚豪矣。然剽是用力淺小之稱，攻則用力重害，二者異耳。王念孫曰：剽字顔説是。攻字劉説是。剽攻是一事，不分盜賊，亦不分大小。

〔八〕師古曰：不報仇剽攻，則鑄錢發冢也。【補注】齊召南曰：史記作「剽攻不休」，則「休」字屬上句。漢書省去「不」字，遂屬下句。王念孫曰：案史記原文亦作「藏命作姦剽攻，休乃鑄錢掘冢」，「休」字本屬下句讀，因乃字譌作及字，後人不得其解，遂於「休」上加「不」字，而以「休」字屬上句讀，非孟堅省去「不」字，乃後人誤讀史記也。

〔九〕【補注】沈欽韓曰：若，及也。

及解年長，更折節爲儉，以德報怨，厚施而薄望。然其自喜爲俠益甚。〔一〕既已振人之命，不矜其功，〔二〕其陰賊著於心本發於睚眦如故云。〔三〕而少年慕其行，亦輒爲報讎，不使知也。

〔一〕師古曰：自好喜爲此名也。喜音許吏反。

〔二〕師古曰：振謂舉救也。矜，夸恃也。【補注】先謙曰：官本注「恃」作「持」。

〔三〕師古曰：著音直略反。心本，猶言本心也。睚音崖。眦音漬。睚眦又音五懈、士懈反。解具在杜欽傳。【補注】王念孫曰：顔斷「陰賊著於心本」爲句，而訓心本爲本心，所謂强解者也。今案，當以「陰賊著於心」爲句，「本」當依史記作「卒」，「卒」字下屬爲句。卒猶終也，言其陰賊在心而終發於睚眦也。隸書本字或作本，卒字或作卒，二形相似，故卒譌爲本。司馬相如傳「王者之卒業」，師古曰「卒」字或作「本」。墨子備高臨篇「足以勞卒，不足以害城」，今本「卒」譌作「本」，皆其證也。先謙曰：王謂「本」作「卒」，是也。然當作卒暴解，不訓終。

解姊子負解之勢，〔一〕與人飲，使之釂，非其任，彊灌之。〔二〕人怒，刺殺解姊子，去亡。〔三〕

解姊怒曰：「以翁伯時人殺吾子，賊不得！」〔四〕棄其尸道旁，弗葬，欲以辱解。解使人微知賊處。〔五〕賊窘自歸，〔六〕具以實告解。解曰：「公殺之當，吾兒不直。」遂去其賊，〔七〕罪其姊子，〔八〕收而葬之。諸公聞之，皆多解之義，〔九〕益附焉。

〔一〕師古曰：負，恃也。

〔二〕師古曰：盡爵曰釂。其人不飲，而使盡爵，乃彊灌之，故怨怒也。釂音子笑反。彊音其兩反。【補注】沈欽韓曰：史記作「嚼」，與釂同。説苑尊賢篇、善説篇並作「嚼」。荀子榮辱篇作「噍」。

〔三〕【補注】先謙曰：史記作「亡去」，是。此誤倒。

〔四〕師古曰：翁伯，解字也。【補注】先謙曰：史記作「以翁伯之義」。

〔五〕師古曰：微，伺問之也。

〔六〕師古曰：窘，困急。

〔七〕師古曰：除去其罪也。去音丘吕反。【補注】劉奉世曰：去者，遣之令去而已，何必除罪。

〔八〕【補注】先謙曰：言歸罪死者。

〔九〕師古曰：多猶重也。

解出，人皆避，有一人獨箕踞視之。解問其姓名，客欲殺之。解曰：「居邑屋不見敬，是吾德不脩也，〔一〕彼何罪！」乃陰請尉史曰：「是人吾所重，〔二〕至踐更時脱之。」〔三〕每至直更，數過，吏弗求。〔四〕怪之，問其故，〔五〕解使脱之。箕踞者乃肉袒謝罪。少年聞之，愈益慕解之行。

〔一〕師古曰：邑屋，猶今人言村舍、巷舍也。

〔二〕【補注】沈欽韓曰：漢書儀尉吏曰尉史，蓋吏繇之事掌於尉。先謙曰：官本「史」作「吏」。史記作「史」，「重」作「急」。

〔三〕師古曰：踐更，爲踐更之卒也。脱，免也。更音工衡反。脱音它活反。

〔四〕師古曰：直，當也。次當爲更也。數音所角反。

〔五〕【補注】先謙曰：箕踞者怪問吏。

洛陽人有相仇者，邑中賢豪居間以十數，終不聽。〔一〕客乃見解。解夜見仇家，仇家曲聽。〔二〕解謂仇家：「吾聞洛陽諸公在間，多不聽。今子幸而聽解，解奈何從它縣奪人邑賢大夫權乎！」乃夜去，不使人知，曰：「且毋庸，待我去，令洛陽豪居間乃聽。」〔三〕

〔一〕師古曰：居中間爲道地和輯之，而不見許也。

〔二〕師古曰：屈曲從其言。【補注】先謙曰：官本注「屈」在「曲」下。

〔三〕師古曰：庸，用也。且無用休，待洛陽豪更言之乃從其言也。

解爲人短小，恭儉，出未嘗有騎，〔一〕不敢乘車入其縣庭。〔二〕之旁郡國，爲人請求事，事可出，出之；〔三〕不可者，各令厭其意，〔四〕然後乃敢嘗酒食。諸公以此嚴重之，爭爲用。邑中少年及旁近縣豪夜半過門，常十餘車，請得解客舍養之。〔五〕

〔一〕師古曰：不以騎自隨也。

〔一〕師古曰：所屬之縣也。

〔三〕如淳曰：事可爲免出者，出之。

〔四〕師古曰：厭，滿也，音一贍反。

〔五〕師古曰：舍，止也。言解多藏亡命，喜事少年與解同志者，知亡命者多歸解，故夜將車來迎取其人居止而養之。

及徙豪茂陵也，解貧，不中訾。〔一〕吏恐，不敢不徙。衛將軍爲言「郭解家貧，不中徙」。〔二〕上曰：「解布衣，權至使將軍，此其家不貧！」〔三〕解徙，諸公送者出千餘萬。軹人楊季主子爲縣掾，鬲之，〔四〕解兄子斷楊椽頭。〔五〕解入關，關中賢豪知與不知，聞聲爭交驩。〔六〕邑人又殺楊季主，〔七〕季主家上書人又殺闕下。〔八〕上聞，乃下吏捕解。解亡，置其母家室夏陽，身至臨晉。〔九〕臨晉籍少翁素不知解，因出關。〔一〇〕籍少翁已出解，解傳太原，〔一一〕所過輒告主人處。吏逐跡至籍少翁，少翁自殺，口絕。久之得解，窮治所犯爲，〔一二〕而解所殺，皆在赦前。

〔一〕師古曰：中，充也，言訾財不充合徙之數也。中音竹仲反。其下亦同。【補注】蘇輿曰：史記絳侯世家集解引如淳云「不相中猶言不相當」，合此云「不中貲」者，言其貲少不合數也。索隱「貲不滿三百萬已上，爲不中」，下云「不中徙」猶言不合徙也。顔訓爲充，非。

〔二〕【補注】周壽昌曰：青素謹畏，不肯薦士，所言於上者獨主父偃、郭解兩人。尚有咸宣，亦因青言，上爲廄丞。

〔三〕師古曰：將軍爲之言，是爲其所使也。【補注】先謙曰：史記「軍」下有「爲言」二字。

〔四〕師古曰：鬲塞其送，不令解得之也。鬲與隔同。【補注】先謙曰：史記「鬲之」作「舉徙解」，與此義異。

〔五〕【補注】先謙曰：「椽」當爲「掾」，本書從手從木之字通作。

〔六〕師古曰：知謂先相知。

〔七〕【補注】先謙曰：史記作「已又殺楊季主」。是解所殺也，與此異。

〔八〕師古曰：於闕下殺上書人。

〔九〕【補注】先謙曰：夏陽、臨晉並馮翊縣。夏陽在今同州府韓城縣南二十里。臨晉今同州府大荔縣治。

〔一〇〕師古曰：出解於關也。

〔一一〕【補注】先謙曰：史記作「轉入太原」。

〔一二〕【補注】先謙曰：爲，作也。言犯法所作之事。

軹有儒生侍使者坐，客譽郭解，生曰：「解專以姦犯公法，何謂賢？」解客聞之，殺此生，斷舌。吏以責解，解實不知殺者，殺者亦竟莫知爲誰。吏奏解無罪。御史大夫公孫弘議曰：「解布衣爲任俠行權，以睚眦殺人，解不知，此罪甚於解知殺之。當大逆無道。」〔一〕遂族解。〔二〕

〔一〕師古曰：當謂處斷其罪。

〔二〕【補注】周壽昌曰：後書郭伋傳「高祖父解」。伋「父梵，蜀郡太守」，是解曾孫，伋則玄孫也。解雖被族誅，必有慕其俠義而藏其後人者，故至東漢復盛。

自是之後，俠者極衆，而無足數者。然關中長安樊中子，槐里趙王孫，長陵高公子，西河郭翁中，〔一〕太原魯翁孺，〔二〕臨淮兒長卿，〔三〕東陽陳君孺，〔四〕雖爲俠而恂恂有退讓君子之風。〔五〕至若北道姚氏，西道諸杜，南道仇景，東道佗羽公子，〔六〕南陽趙調之徒，盜跖而居民

閭者耳，曷足道哉！此乃鄉者朱家所羞也。〔七〕

〔一〕師古曰：中讀皆曰仲。【補注】先謙曰：史記作「公仲」，字竝同。

〔二〕【補注】先謙曰：史記「魯」作「鹵」。

〔三〕師古曰：兒音五奚反。

〔四〕【補注】先謙曰：史記「陳」作「田」，亦同字。

〔五〕師古曰：恂恂，謹信之貌也。音荀。

〔六〕師古曰：據京師而言，指其東西南北謂也。姓佗，名羽，字公子。佗，古他字。【補注】宋祁曰：注文「謂」字下當有「之道」兩字。先謙曰：史記作「趙他羽公子」，索隱「姓趙，名他羽，字公子也」。先謙曰：官本注在「徒」下。

〔七〕師古曰：鄉讀曰嚮。

萬章字子夏，長安人也。〔一〕長安熾盛，街閭各有豪俠，章在城西柳市，〔二〕號曰「城西萬子夏」。爲京兆尹門下督，從至殿中，〔三〕侍中諸侯貴人爭欲揖章，莫與京兆尹言者。章逡循甚懼。其後京兆不復從也。〔四〕

〔一〕師古曰：萬音拒。【補注】陽夏公曰：案，廣韻萬與距同，注「漢有萬章」。距字疑誤。集韻萬讀如規矩之矩。距亦有作矩讀。勵宗萬曰：案，萬字從草從禹，急就篇「萬段卿」，師古注：「萬亦楀字，木名，因樹以得姓也。詩曰『楀惟師氏』。漢有萬章。」今各本或作「萬章」，非是。

〔二〕師古曰：漢宮闕疏云細柳倉有柳市。

〔三〕師古曰：章從京兆也。

〔四〕師古曰：更不以章自隨也。

與中書令石顯相善，亦得顯權力，門車常接轂。至成帝初，石顯坐專權擅勢免官，徙歸故郡。〔一〕顯貲巨萬，當去，留床席器物數百萬直，〔二〕欲以與章，章不受。賓客或問其故，章歎曰：「吾以布衣見哀於石君，〔三〕石君家破，不能有以安也，〔四〕而愛其財物，此爲石氏之禍，萬氏反當以爲福邪！」諸公以是服而稱之。

〔一〕【補注】宋祁曰：越本無「徙」字。

〔二〕【補注】宋祁曰：「留」字下當有「其」字。

〔三〕師古曰：言爲石顯所哀憐。【補注】王念孫曰：哀者，愛也。言吾以布衣之賤見愛於石君。上文曰章與石顯相善，是其事也。吕氏春秋報更篇：「人主胡可以不務哀士？」淮南説林：「鳥飛反鄉，兔走歸窟，狐死首邱，寒蚤翔水，各哀其所生。」高注竝曰：「哀，愛也。」哀與愛聲相近而義相通，故字亦相通。樂記「肆直而慈愛者」，鄭注曰「愛」或爲「哀」。管子形勢解「見愛之交，幾於不結」，形勢篇「愛」作「哀」。

〔四〕師古曰：言力不能救。

河平中，王尊爲京兆尹，捕擊豪俠，殺章及箭張回、〔一〕酒市趙君都、賈子光，〔二〕皆長安名豪，報仇怨養刺客者也。

〔一〕服虔曰：作箭者姓張，名回。

〔二〕服虔曰：酒市中人也。【補注】先謙曰：顧炎武云，服注非也。王尊傳「長安宿豪，大猾箭張禁、酒趙放」，晉灼注

「此二人，作箭作酒之家」。今此文上有箭張回，即張禁也，君都亦即放也，名偶異耳。齊召南云，賈子光當即尊傳所云東市賈萬矣。周壽昌云，章被殺當在河平初。尊以建始四年爲京兆尹，二年即免，正河平元年也。此在河平中，微未合，箭張回尊傳作「翦張禁」，翦與箭字近而譌。

樓護字君卿，齊人。父世醫也，護少隨父爲醫長安，出入貴戚家。護誦醫經、本草、方術數十萬言，長者咸愛重之，共謂曰：「以君卿之材，何不宦學乎？」繇是辭其父，學經傳，〔一〕爲京兆吏數年，甚得名譽。

〔一〕師古曰：繇讀與由同。

是時王氏方盛，賓客滿門，五侯兄弟爭名，〔一〕其客各有所厚，不得左右，〔二〕唯護盡入其門，咸得其驩心。〔三〕結士大夫，無所不傾，其交長者，尤見親而敬，衆以是服。爲人短小精辯，論議常依名節，聽之者皆竦。〔四〕與谷永俱爲五侯上客，長安號曰「谷子雲筆札，樓君卿脣舌」，〔五〕言其見信用也。母死，送葬者致車二三千兩，閭里歌之曰：「五侯治喪樓君卿。」

〔一〕【補注】宋祁曰：邵本無「兄弟」字。

〔二〕師古曰：不相經過也。

〔三〕【補注】沈欽韓曰：西京雜記：「五侯競致奇膳，護乃合以爲鯖，世稱五侯鯖。」北堂書鈔引字林云「鯖，雜肴也」。

〔四〕【補注】蘇輿曰：文心雕龍知音篇云：「君卿脣舌，而謬欲論文，乃稱史遷著書，諮東方朔，於是桓譚之徒，相顧嗤笑，彼實博徒，輕言負誚，況乎文士，可妄談哉！」

〔五〕【補注】王念孫曰：此本作「谷子雲之筆札樓君卿之脣舌」，後人刪去兩「之」字，則句法局促不伸。御覽人事部百二十六引此無兩「之」字，亦後人依誤本漢書刪之。其人事部百四文部十一、二十二引此皆有兩「之」字。又北堂書鈔藝文部九及十、藝文類聚人部十七、雜文部四、文選陸厥荅内兄希叔詩注引此亦皆有兩「之」字。漢紀同。又白帖三十引「樓君卿之脣舌」。

久之，平阿侯舉護方正，〔一〕爲諫大夫，使郡國。護假貸，〔二〕多持幣帛，過齊，〔三〕上書求上先人冢，因會宗族故人，各以親疏與束帛，一日散百金之費。使還，奏事稱意，擢爲天水太守。數歲免，家長安中。時成都侯商爲大司馬衞將軍，罷朝，欲候護，其主簿諫：「將軍至尊，不宜入閭巷。」商不聽，遂往至護家。家狹小，官屬立車下，久住移時，天欲雨，主簿謂西曹諸掾曰：「不肯彊諫，反雨立閭巷！」商還，或白主簿語，商恨，以他職事去主簿，終身廢錮。

〔一〕師古曰：王譚也。

〔二〕師古曰：官以物假貸貧人，令護監之。貸音吐戴反。

〔三〕【補注】劉奉世曰：此謂樓護假貸於人，多齎幣帛，過齊以施親故爾。何乃謬斷其句，云監護官貸耶？劉攽説同。

後護復以薦爲廣漢太守。元始中，王莽爲安漢公，專政，莽長子宇與妻兄吕寬謀以血塗莽第門，欲懼莽令歸政。發覺，莽大怒，殺宇，而吕寬亡。寬父素與護相知，寬至廣漢過護，不以事實語也。到數日，名捕寬詔書至，〔一〕護執寬。莽大喜，徵護入爲前煇光，〔二〕封息鄉侯，列於九卿。

〔一〕師古曰：舉姓名而捕之也。

〔二〕師古曰：莽分三輔，置前煇光，後丞烈，以護爲之。煇音暉。

莽居攝，槐里大賊趙朋、霍鴻等羣起，延入前煇光界，護坐免爲庶人。其居位，爵禄賂遺所得亦緣手盡。既退居里巷，時五侯皆已死，年老失勢，賓客益衰。至王莽篡位，以舊恩召見護，封爲樓舊里附城。〔一〕而成都侯商子邑爲大司空，貴重，商故人皆敬事邑，唯護自安如舊節，邑亦父事之，不敢有闕。時請召賓客，邑居樽下，稱「賤子上壽」。〔二〕坐者百數，皆離席伏，護獨東鄉正坐，〔三〕字謂邑曰：「公子貴如何！」〔四〕

〔一〕師古曰：莽爲此爵名，效古之附庸也。

〔二〕師古曰：言以父禮事。【補注】宋祁曰：注未當有「之」字。周壽昌曰：賤子稱始此。

〔三〕師古曰：鄉讀曰嚮。

〔四〕蘇林曰：「邑字公子也。」

初，護有故人吕公，無子，歸護。護身與吕公、妻與吕嫗同食。及護家居，妻子頗厭吕公。護聞之，流涕責其妻子曰：「吕公以故舊窮老託身於我，義所當奉。」遂養吕公終身。護卒，子嗣其爵。

陳遵字孟公，杜陵人也。祖父遂，字長子，宣帝微時與有故，相隨博弈，〔一〕數負進。〔二〕及宣帝即位，用遂，稍遷至太原太守，乃賜遂璽書曰：「制詔太原太守：官尊禄厚，可以償博進矣。妻君寧時在旁，知狀。」〔三〕遂於是辭謝，因曰：「事在元平元年赦令前。」其見厚如此。元帝時，徵遂爲京兆尹，至廷尉。〔四〕

〔一〕師古曰：博，六博。弈，圍碁也。【補注】先謙曰：官本「碁」作「棋」。

〔二〕師古曰：進者，會禮之財也，謂博所賭也，解在高紀。一説進，勝也，帝博而勝，故遂有所負。【補注】朱一新曰：注一説是。下文故有「事在元平元年赦令前」之語，謂事已更赦，則向所負博進宜不必償矣。

〔三〕師古曰：史皇孫名進而此詔不諱之，蓋史家追書故有其字耳。君寧，遂妻名也。云妻知負博之狀者，著舊恩之深也。【補注】劉攽曰：顏云史家追書，妄也。詔書本字，史家何苦改之？蓋進音贐，自不犯諱也。先謙曰：顧炎武云，荀悦漢紀云：「杜陵陳遂字長子，上微時與遊戲博奕，數負遂。上即位，稍見進用。至太原太守，乃賜遂璽書曰：『制詔太原太守：官尊禄重，可以償博負矣。』」進乃悼皇考之名，宣帝不應用之，荀紀爲長。錢大昕云，博進之進，本作「賮」，與進退字文義俱別，故詔書不諱。且戾、悼二園未上尊號，當時臣民本無避諱之例，非由追書之故也。

〔四〕【補注】先謙曰：初元元年爲京兆尹，二年爲廷尉，三年卒，見公卿表。

遵少孤，與張竦伯松俱爲京兆史。竦博學通達，以廉儉自守，而遵放縱不拘，操行雖異，然相親友。哀帝之末俱著名字，爲後進冠。〔一〕並入公府，公府掾史率皆羸車小馬，不上鮮明，〔二〕而遵獨極輿馬衣服之好，門外車騎交錯。又日出醉歸，〔三〕曹事數廢。西曹以故事適之，〔四〕侍曹輒詣寺舍白遵曰：「陳卿今日以某事適。」遵曰：「滿百乃相聞。」故事，有百適者斥，滿百，西曹白請斥。大司徒馬宮大儒優士，又重遵，〔五〕謂西曹：「此人大度士，奈何以小文責之？」乃舉遵能治三輔劇縣，補郁夷令。〔六〕久之，與扶風相失，〔七〕自免去。

〔一〕如淳曰：爲後進人士之冠首也。

〔二〕【補注】王先慎曰：上讀曰尚。

〔三〕師古曰：言每日必出飲也。

〔四〕師古曰：案舊法令而罰之也。適讀曰謫。此下皆同。

〔五〕師古曰：優禮賢士，而尤敬重遵。【補注】蘇輿曰：據顏注「又」當本作「尤」。尤又聲近而誤。

〔六〕師古曰：右扶風之縣。【補注】先謙曰：在今鳳翔府隴州西五十里。

〔七〕師古曰：意不相得也。【補注】錢大昕曰：馮翊、扶風皆官名，後因以爲郡名耳。韓延壽傳：「民有骨肉爭訟，咎在馮翊，當先退。」薛宣傳「馮翊敬重令」，朱博傳「馮翊欲洒卿恥，抆拭用禁」。楊惲傳：「聞君侯訟韓馮翊，當得活乎？」蕭育傳：「漆令郭舜殿，見責問，育爲之請，扶風怒曰：『君課弟六，裁自脫，何暇欲爲左右言？』」

槐里大賊趙朋、霍鴻等起，遵爲校尉，擊朋、鴻有功，封嘉威侯。居長安中，列侯近臣貴戚皆貴重之。牧守當之官，及郡國豪桀至京師者，莫不相因到遵門。

遵耆酒，〔一〕每大飲，賓客滿堂，輒關門，取客車轄投井中，雖有急，終不得去。〔二〕嘗有部刺史奏事，過遵，值其方飲，刺史大窮，候遵霑醉時，突入見遵母，〔三〕叩頭自白當對尚書有期會狀，〔四〕母乃令從從閤出去。〔五〕遵大率常醉，然事亦不廢。

〔一〕師古曰：耆讀曰嗜。

〔二〕師古曰：既關閉門，又投車轄也。而説者便欲改轄字爲錧，云門之錧籥，妄穿鑿耳。錧自主人所執，何煩投井也。

〔三〕師古曰：霑濕言其大醉也。霑音竹占反。

〔四〕【補注】沈欽韓曰：唐職制律「事有期會而違者，一日笞三十」，疏義「事有期會，謂若朝集使計帳使之類」。案，朝集使正如漢之刺史，每歲詣京師奏事也。

〔五〕師古曰：以其前門關閉，故從後閤出之也。【補注】先謙曰：下「從」字誤，官本作「後」。

長八尺餘，長頭大鼻，容貌甚偉。略涉傳記，贍於文辭。性善書，與人尺牘，〔一〕主皆藏去以爲榮。〔二〕請求不敢逆，所到，衣冠懷之，唯恐在後。〔三〕時列侯有與遵同姓字者，每至人門，曰陳孟公，坐中莫不震動，既至而非，因號其人曰陳驚坐云。

〔一〕【補注】沈欽韓曰：朱長文墨池編釋夢英十八體書：「芝英篆者，陳遵所作。」

〔二〕師古曰：去亦藏也，音丘呂反，又音舉。【補注】先謙曰：去即弆字，説見蘇武傳。

〔三〕師古曰：懷，來也，謂招來而禮之。【補注】周壽昌曰：懷，想也，猶想望風采。顔注滯。

王莽素奇遵材，在位多稱譽者，繇是起爲河南太守。〔一〕既至官，當遣從史西，召善書吏十人於前，治私書謝京師故人。遵馮几，〔二〕口占書吏，且省官事，〔三〕書數百封，親疏各有意，河南大驚。數月免。

〔一〕師古曰：繇讀與由同。

〔二〕師古曰：馮讀曰憑。

〔三〕師古曰：占，隱度也。口隱其辭以授吏也。占音之贍反。

初，遵爲河南太守，而弟級爲荆州牧，當之官，俱過長安富人故淮陽王外家左氏飲食作樂。後司直陳崇聞之，劾奏「遵兄弟幸得蒙恩超等歷位，遵爵列侯，備郡守，級州牧奉使，皆以舉直察枉宣揚聖化爲職，不正身自慎。始遵初除，乘藩車入閭巷，〔一〕過寡婦左阿君置酒謌謳，遵起舞跳梁，頓仆坐上，暮因留宿，爲侍婢扶臥。遵知飲酒飫宴有節，〔二〕禮不入寡婦之門，而湛酒溷肴，〔三〕亂男女之别，輕辱爵位，羞汙印韍，〔四〕惡不可忍聞。臣請皆免。」遵既免，歸長安，賓客愈盛，飲食自若。〔五〕

〔一〕師古曰：藩車，車之有屏蔽者。

〔二〕師古曰：宴食曰飫。飫音於庶反。

〔三〕師古曰：湛讀曰沈，又音耽。

〔四〕師古曰：此韍謂印之組也。

〔五〕師古曰：言自如其故。

久之，復爲九江及河内都尉，凡三爲二千石。而張竦亦至丹陽太守，封淑德侯。後俱免官，以列侯歸長安。竦居貧，無賓客，時時好事者從之質疑問事，論道經書而已。〔一〕而遵晝夜呼號，〔二〕車騎滿門，酒肉相屬。〔三〕

〔一〕師古曰：質，正也。
〔二〕師古曰：呼音火故反。
〔三〕師古曰：屬，連續也。屬音之欲反。

先是黃門郎楊雄作酒箴以諷諫成帝，其文爲酒客難法度士，譬之於物，曰：「子猶瓶矣。〔一〕觀瓶之居，居井之眉，〔二〕處高臨深，動常近危。酒醪不入口，臧水滿懷，不得左右，牽於纆徽。一旦叀礙，爲瓽所轠，〔三〕身提黃泉，骨肉爲泥。〔四〕自用如此，不如鴟夷。〔五〕鴟夷滑稽，腹如大壺，〔六〕盡日盛酒，人復借酤。〔七〕常爲國器，託於屬車，〔八〕出入兩宮，經營公家。繇是言之，酒何過乎！」〔九〕遵大喜之，〔一〇〕常謂張竦：「吾與爾猶是矣。足下諷誦經書，苦身自約，〔一一〕不敢差跌，〔一二〕而我放意自恣，浮湛俗間，〔一三〕官爵功名，不減於子，而差獨樂，顧不優邪！」〔一四〕竦曰：「人各有性，長短自裁。子欲爲我亦不能，吾而效子亦敗矣。雖然，學我者易持，效子者難將，吾常道也。」

〔一〕【補注】先謙曰：謂汲水之瓶。
〔二〕師古曰：眉，井邊地，若人目上之有眉。
〔三〕師古曰：纆徽，井索也。叀，縣也。瓽，井以甎爲甃者也。轠，擊也。言瓶忽縣礙不得下，而爲井瓽所擊，則破碎也。叀音上絹反。瓽音丁浪反。轠音雷。諸家之説，或以叀爲疐，或音衞，又以瓽爲甖，皆失之。甃音側救反。
〔四〕師古曰：提，擲也，擲入黃泉之中也。提音徒計反。
〔五〕師古曰：鴟夷，韋囊以盛酒，即今鴟夷勝也。【補注】先謙曰：官本注「勝」作「滕」，引宋祁曰，注文「滕」當作「幐」，浙本作「袋」。

〔六〕師古曰：滑稽，圜轉縱捨無窮之狀。滑音骨。稽音雞。【補注】沈欽韓曰：御覽七百六十一崔浩漢記音義曰：「滑稽，酒器也。轉注吐酒，終日不已，若今之陽燧尊。」王先慎曰：「腹如大壺」當作「腹大如壺」，傳寫誤倒。北堂書鈔一百四十六、藝文類聚七十二、初學記二十六、御覽七百五十八引並作「腹大如壺」，是其證。先謙曰：滑稽，蓋若今俗所云酒過龍。

〔七〕師古曰：盡猶竟日也。

〔八〕師古曰：天子屬車，常載酒食，故有鴟夷也。屬音之欲反。【補注】沈欽韓曰：藝文類聚東方朔別傳曰：「漢武帝幸甘泉，至長平坂上馳道，有蟲赤如牛肝。東方朔曰：『是地必秦之故獄處，積憂者得酒而忘。』以酒澆之果消。上曰：『東方生真先生也。』賜帛百匹。自此後屬車上盛酒。」

〔九〕師古曰：繇讀與由同。其下類此。

〔一〇〕師古曰：喜，好愛也，音許吏反。

〔一一〕師古曰：約猶束也。

〔一二〕師古曰：跌音徒結反。

〔一三〕師古曰：湛讀曰沈。

〔一四〕師古曰：顧，念也。

及王莽敗，二人俱客於池陽，〔一〕竦爲賊兵所殺。〔二〕更始至長安，大臣薦遵爲大司馬護軍，與歸德侯劉颯俱使匈奴。〔三〕單于欲脅詘遵，遵陳利害，爲言曲直，單于大奇之，遣還。會更始敗，遵留朔方，爲賊所敗，時醉見殺。

〔一〕師古曰：左馮翊之縣也。

〔二〕李奇曰：竦知有賊當去，會反支日，不去，因爲賊所殺。桓譚曰爲通人之蔽也。【補注】沈欽韓曰：王符潛夫論，明帝時，公車以反支日不受章奏。章懷注范書引陰陽書詳之。王制正義云「俗禁者，若前漢張竦行避反支」。先謙曰：官本注「譚」下「曰」作「以」，是。

〔三〕鄧展曰：颯音立。【補注】洪頤煊曰：恩澤侯表，陽城繆侯劉德，居攝元年侯颯嗣，王莽敗，絶。當即此劉颯。此歸德侯，蓋更始所封也。後漢南匈奴傳光武六年又令歸德侯劉颯使匈奴。

原涉字巨先。祖父武帝時以豪桀自陽翟徙茂陵。〔一〕涉父哀帝時爲南陽太守。天下殷富，大郡二千石死官，賦斂送葬皆千萬以上，妻子通共受之，以定產業。時又少行三年喪者。及涉父死，讓還南陽賻送，行喪冢廬三年，繇是顯名京師。禮畢，扶風謁請爲議曹，〔二〕衣冠慕之輻輳。爲大司徒史丹舉能治劇，爲谷口令，〔三〕時年二十餘。谷口聞其名，不言而治。

〔一〕師古曰：陽翟，潁川之縣也。

〔二〕師古曰：禮畢，行喪終服也。

〔三〕師古曰：左馮翊之縣，今之雲陽谷口是其處也。【補注】劉攽曰：史丹在成帝時爲大將軍，後以光祿大夫養病，未嘗爲司徒，又不到哀帝世。此自原涉爲大司徒史耳，後人妄加「丹」字。劉敞説同。齊召南曰：案，劉攽注：史丹在成帝時爲大將軍。「大」字係「左」字之誤。

先是涉季父爲茂陵秦氏所殺，涉居谷口半歲所，〔一〕自劾去官，欲報仇。谷口豪桀爲殺秦氏，亡命歲餘，逢赦出。郡國諸豪及長安、五陵諸爲氣節者皆歸慕之。〔二〕涉遂傾身與相待，人無賢不肖闐門，〔三〕在所閭里盡滿客。或譏涉曰：「子本吏二千石之世，結髮自修，以行喪推財禮讓爲名，正復讎取仇，〔四〕猶不失仁義，何故遂自放縱，爲輕俠之徒乎？」涉應曰：「子獨不見家人寡婦邪？始自約敕之時，意乃慕宋伯姬及陳孝婦，〔五〕不幸壹爲盜賊所汙，遂行淫失，〔六〕知其非禮，然不能自還。吾猶此矣！」〔七〕

〔一〕【補注】先謙曰：所猶許。

〔二〕師古曰：五陵，謂長陵、安陵、陽陵、茂陵、平陵也。班固西都賦曰「南望杜、霸，北眺五陵」，是知霸陵、杜陵非此五陵之數也。而説者以爲高祖以下至茂陵爲五陵，失其本意。

〔三〕師古曰：闐字與窴同，音大千反。

〔四〕【補注】先謙曰：正猶即也，説詳終軍傳。

〔五〕師古曰：伯姬，魯宣公女，嫁於宋恭公。恭公卒，伯姬寡居。至景公時，伯姬之宮夜火，左右曰：「夫人少避火。」伯姬曰：「婦人之義，保傅不具，夜不下堂。」遂逮於火而死。陳孝婦者，其夫當行，戒屬孝婦曰：「幸有老母，吾若不來，汝善養吾母。」孝婦曰：「諾。」夫果死，孝婦養姑愈固。其父母將取嫁之，孝婦固欲自殺，父母懼而不取，遂使養姑。淮陽太守以聞，朝廷高其義，賜黄金四十斤，復之終身。號曰孝婦。【補注】沈欽韓曰：陳孝婦見列女貞順傳，文帝時人。先謙曰：顔注本穀梁襄三十年傳文。

〔六〕師古曰：失讀曰泆。

〔七〕師古曰：還讀曰旋，謂反歸故操。【補注】先謙曰：官本注未有「也」字。

涉自以爲前讓南陽賻送，身得其名，而令先人墳墓儉約，非孝也。乃大治起冢舍，周閣重門。〔一〕初，武帝時，京兆尹曹氏葬茂陵，民謂其道爲京兆仟。涉慕之，乃買地開道，立表署曰南陽仟，人不肯從，謂之原氏仟。費用皆卬富人長者，〔二〕然身衣服車馬纔具，妻子內困。專以振施貧窮赴人之急爲務。人嘗置酒請涉，涉入里門，客有道涉所知母病避疾在里宅者。〔三〕涉即往候，叩門。家哭，涉因入弔，問以喪事。家無所有，涉曰：「但絜埽除沐浴，待涉。」還至主人，〔四〕對賓客歎息曰：「人親臥地不收，涉何心鄉此！〔五〕願徹去酒食。」賓客爭問所當得，涉乃側席而坐，〔六〕削牘爲疏，〔七〕具記衣被棺木，下至飯含之物，分付諸客。〔八〕諸客奔走市買，至日昳皆會。〔九〕涉親閱視已，謂主人：「願受賜矣。」既共飲食，涉獨不飽，〔一〇〕乃載棺物，從賓客往至喪家，爲棺斂勞俠畢葬。〔一一〕其周急待人如此。後人有毀涉者曰「姦人之雄也」，喪家子即時刺殺言者。

〔一〕【補注】何焯曰：涉能知守身爲孝，則無此得已不已之舉。先謙曰：官本「閣」作「閤」。

〔二〕師古曰：卬音牛向反。

〔三〕師古曰：在此里之中宅上。【補注】先謙曰：道，言也。官本注未有「也」字。

〔四〕【補注】先謙曰：主人，置酒家。

〔五〕師古曰：鄉讀曰向。

〔六〕師古曰：禮，有憂者側席而坐。今涉卹人之喪，故側席。

〔七〕師古曰：牘，木簡也。疏音所慮反。

〔八〕師古曰：飯音扶晚反。含音胡紺反。【補注】周壽昌曰：「分付」二字始見。

〔九〕師古曰：眣音徒結反。【補注】宋祁曰：注文「眣」字下當有「日側也」三字。

〔一〇〕【補注】先謙曰：食於有喪者之側，不飽。涉取此意也。

〔一一〕師古曰：勞倈，謂慰勉賓客也。棺音工喚反。斂音力贍反。勞音郎到反。倈音郎代反。

賓客多犯法，罪過數上聞。王莽數收繫欲殺，輒復赦出之。涉懼，求爲卿府掾史，欲以避客。〔一〕文母太后喪時，守復土校尉。〔二〕已爲中郎，后免官。〔三〕涉欲上冢，不欲會賓客，密獨與故人期會。涉單車敺上茂陵，〔四〕投暮，入其里宅，因自匿不見人。遣奴至市買肉，奴乘涉氣與屠爭言，〔五〕斫傷屠者，亡。是時，茂陵守令尹公〔六〕新視事，涉未謁也，聞之大怒。知涉名豪，欲以示衆厲俗，遣兩吏脅守涉。至日中，奴不出，吏欲便殺涉去。涉迫窘不知所爲。會涉所與期上冢者車數十乘到，皆諸豪也，共說尹公。尹公不聽，諸豪則曰：「原巨先奴犯法不得，使肉袒自縛，箭貫耳，詣廷門謝罪，於君威亦足矣。」尹公許之。涉如言謝，復服遣去。〔七〕

〔一〕【補注】宋祁曰：「避」字下當有「賓」字。

〔二〕蘇林曰：文母太后，元后也。

〔三〕【補注】宋祁曰：「后」字當作「後」。

〔四〕師古曰：敺與驅同。

〔五〕【補注】宋祁曰：「與屠」字下當有「者」字。

〔六〕師古曰：守茂陵令，未真爲之。

〔七〕師古曰：令涉如故著衣服也。復音扶目反。

初，涉與新豐富人祁太伯爲友，太伯同母弟王游公素嫉涉，時爲縣門下掾，説尹公曰：「君以守令辱原涉如是，一旦真令至，君復單車歸爲府吏，涉刺客如雲，殺人皆不知主名，可爲寒心。涉治冢舍，奢僭踰制，罪惡暴著，主上知之。今爲君計，莫若墮壞涉冢舍，條奏其舊惡，〔一〕君必得真令。如此，涉亦不敢怨矣。」尹公如其計，莽果以爲真令。涉繇此怨王游公，選賓客，遣長子初從車二十乘〔二〕劫王游公家。游公母即祁太伯母也，諸客見之皆拜，傳曰〔三〕「無驚祁夫人」。遂殺游公父及子，斷兩頭去。〔四〕

〔一〕師古曰：墮，毁也，音火規反。

〔二〕【補注】先謙曰：初，其長子名。

〔三〕【補注】先謙曰：轉相告呼也。

〔四〕師古曰：殺游公及其父。【補注】劉攽曰：殺游公父及子，謂游公及游公之子耳。周壽昌曰：游公雖與太伯同母，其父自姓王。但曰「無驚祁夫人」，明不寬游公之父也，宜仍從顔注。

涉性略似郭解，外温仁謙遜，而内隱〔一〕好殺。〔二〕睚眦於塵中，獨死者甚多。〔三〕王莽末，東方兵起，諸王子弟多薦涉能得士死，可用。〔四〕莽乃召見，責以罪惡，赦貫，〔五〕拜鎮戎大尹，天水太守。〔六〕涉至官無幾，長安敗，〔七〕郡縣諸假號起兵攻殺二千石長吏以應漢。諸假號素聞涉名，爭問原尹何在，拜謁之。時莽州牧使者依附涉者皆得活。傳送致涉長安，更始西屏將軍中屠建請涉與相見，〔八〕大重之。故茂陵令尹公壞涉冢舍者爲建主簿，涉本不怨也。涉從建所出，尹公故遮拜涉，謂曰：「易世矣，宜勿復相怨！」涉曰：「尹君，何壹魚肉涉也！」〔九〕涉用是怒，使客刺殺主簿。

〔一〕師古曰：隱，匿其情也。

〔二〕【補注】先謙曰：二字屬上讀。

〔三〕【補注】王念孫曰：「獨死」二字義不可通，「獨」當爲「觸」草書之誤也。塵中，猶言塵市中也。言涉於塵市中數以睚眦之怨而殺人，故曰睚眦於塵中，觸死者甚多。郭解傳云「少時陰賊感槩，不快意所殺甚衆」，義亦與此同。漢紀孝哀紀作「獨死」，亦後人以誤本漢書改之。孝武紀云「郭解任俠，睚眦觸死於塵中者甚衆」，即用此篇之文，故知孝哀紀「獨」字爲後人所改。後書王允傳「是時宦者橫暴，睚眦觸死」，注引此文云「睚眦於塵中，觸死者甚多」，文選西京賦注所引同，足證今本之誤。

〔四〕【補注】先謙曰：官本「士死」作「死士」，引宋祁曰，越本作「士死」。

〔五〕師古曰：貰謂寬其罪。

〔六〕【補注】錢大昕曰：王莽改天水曰鎮戎，太守爲大尹。既云鎮戎大尹，不當更云天水太守，疑本注文，後人誤入正文。沈欽韓曰：後書馬援傳：「莽從弟衞將軍林辟援及原涉爲掾，薦之於莽。莽以涉爲鎮戎大尹。」鎮戎即王莽所改天水名。疑校書者注天水太守於旁，而誤入正文也。袁宏紀作「潁川太守」，訛。

〔七〕師古曰：無幾，言無多時也。幾音居豈反。

〔八〕【補注】先謙曰：官本「屠」作「徒」。

〔九〕師古曰：言以涉爲魚肉，不以人遇之。

涉欲亡去，申屠建內恨恥之，陽言：「吾欲與原巨先共鎮三輔，豈以一吏易之哉！」賓客通言，令涉自繫獄謝，建許之。賓客車數十乘〔一〕共送涉至獄。建遣兵道徼取涉於車上，〔二〕送車分散馳，遂斬涉，縣之長安市。〔三〕

〔一〕【補注】宋祁曰：「十」越本作「千」。

〔二〕師古曰：徼，要也，音工堯反。

〔三〕師古曰：縣其首。

自哀、平間，郡國處處有豪桀，然莫足數。其名聞州郡者，霸陵杜君敖，池陽韓幼孺，馬領繡君賓，西河漕中叔，皆有謙退之風。〔一〕王莽居攝，誅鉏豪俠，名捕漕中叔，不能得。〔二〕素善强弩將軍孫建，莽疑建藏匿，泛以問建。〔三〕建曰：「臣名善之，誅臣足以塞責。」莽性果賊，無所容忍，然重建，不竟問，遂不得也。中叔子少游，復以俠聞於世云。

〔一〕師古曰：馬領，北地之縣。繡、漕，皆姓也。漕音才到反。中讀曰仲。【補注】周壽昌曰：王莽禁二名，此應皆其字。然如貨殖傳曲叔、稽發、雍樂成又以名與字雜書。先謙曰：馬領在今慶陽府環縣東南。

〔二〕師古曰：指其名而捕之。

〔三〕師古曰：泛者，以常語問之，不切責也。泛音敷劍反。【補注】先謙曰：官本「藏」作「臧」，是。

佞幸傳第六十三

漢興，佞幸寵臣，高祖時則有籍孺，孝惠有閎孺。此兩人非有材能，但以婉媚貴幸，〔一〕與上臥起，公卿皆因關說。〔二〕故孝惠時，郎侍中皆冠鵔鸃，貝帶，〔三〕傅脂粉，化閎、籍之屬也。兩人徙家安陵。其後寵臣，孝文時士人則鄧通，宦者則趙談、北宮伯子；〔四〕孝武時士人則韓嫣，〔五〕宦者則李延年；孝元時宦者則弘恭、石顯；孝成時，士人則張放、淳于長；孝哀時則有董賢。孝景、昭、宣時皆無寵臣。景帝唯有郎中令周仁，昭帝時，駙馬都尉秺侯金賞〔六〕嗣父車騎將軍日磾爵爲侯，二人之寵取過庸，不篤。〔七〕宣帝時，侍中中郎將張彭祖少與帝微時同席研書，及帝即尊位，彭祖以舊恩封陽都侯，出常參乘，號爲愛幸。其人謹敕，無所虧損，〔八〕爲其小妻所毒薨，國除。〔九〕

〔一〕師古曰：婉，順也。媚，悦也。【補注】先謙曰：史記「媚」作「佞」。

〔二〕師古曰：關説者，言由之而納説，亦如行者之有關津。【補注】宋祁曰：注未當有「也」字。先謙曰：關，通也。顔注比之關津，過泥。

〔三〕師古曰：以鵔鸃毛羽飾冠，海貝飾帶。鵔鸃即鷩鳥也。鵔音峻。鸃音儀。説在司馬相如傳。【補注】宋祁曰：注文「鵔鸃」下疑有「鳥」字。

〔四〕師古曰：姓北（官）〔宫〕，名伯子。【補注】先謙曰：官本注末有「也」字。

〔五〕師古曰：嫣音偃。

〔六〕師古曰：秺音丁護反。【補注】先謙曰：仁、賞皆有傳。

〔七〕師古曰：纔過於常人耳，不能大厚也。

〔八〕師古曰：敕，整也。

〔九〕【補注】蘇輿曰：漢世謂妾爲小妻，枚乘傳「取皋母爲小妻」。三國時猶然。魏志文德郭皇后傳「后姊子武孟還鄉里，求小妻，后止之」。亦稱傍妻，見本書元后傳。

鄧通，蜀郡南安人也，〔一〕以濯船爲黄頭郎。〔二〕文帝嘗夢欲上天，不能，有一黄頭郎推上天，〔三〕顧見其衣尻帶後穿。〔四〕覺而之漸臺，〔五〕以夢中陰目求推者郎，〔六〕見鄧通，其衣後穿，夢中所見也。召問其名姓，姓鄧，名通。鄧猶登也，〔七〕文帝甚説，〔八〕尊幸之，日日異。〔九〕通亦愿謹，不好外交，〔一〇〕雖賜洗沐，不欲出。於是文帝賞賜通鉅萬以十數，〔一一〕官至上大夫。〔一二〕

〔一〕【補注】錢大昕曰：地理志南安屬犍爲郡，不屬蜀郡。犍爲，武帝所置，漢初蓋屬蜀也。先謙曰：在今嘉定府夾江縣西北二十里。

〔二〕師古曰：濯船，能持濯行船也。土勝水，其色黄，故刺船之郎皆著黄帽，因號曰黄頭郎也。濯讀曰擢，音直孝反。

【補注】先謙曰：濯舩即櫂船也。説文無櫂字，新附有之，云「所以進船也」。俗亦作棹。史、漢通用濯。劉屈氂傳注「長曰輯，短曰濯」。輯即楫也。司馬相如傳「濯鷁牛首」。文選上林賦「濯」作「櫂」，注引韋昭曰「櫂，今棹也」。楫字蓋起於漢魏間。集解引徐廣云「著黃帽也」，又引漢書音義云「能持櫂行舩也。土，水之母，故施黃旄於船頭，因以名其郎曰黃頭郎」。顏兩取之，而加潤飾。

〔三〕【補注】王念孫曰：案，「推」下有「之」字，而今本脱之，則文義不暢。御覽人事部十七及四十引此竝作「推之上天」，史記、漢紀同。

〔四〕師古曰：衣尻帶後，謂衣當尻上而居革帶之下處也。【補注】宋祁曰：注末「也」字當删。先謙曰：史記「尻」作「裻」。索隱：「裻音篤，衫襦之横者。」

〔五〕師古曰：覺謂寢寐之寤也。未央殿西南有蒼池，池中有漸臺。覺音工孝反。

〔六〕師古曰：默而視之，求所夢者。【補注】先謙曰：官本「目」作「自」。史記同。

〔七〕【補注】先謙曰：史記無此四字。索隱：「漢書云，上曰：『鄧猶登也。』悦之。」是小司馬所見漢書與今本異。

〔八〕師古曰：（記）〔説〕讀曰悦。

〔九〕【補注】先謙曰：史記不重「日」字，疑此衍一字。

〔一〇〕師古曰：專謹曰愿，音願，又音原。

〔一一〕師古曰：每賜輒鉅萬，如此者十數。【補注】劉攽曰：積前後賞賜盈鉅萬者以十數爾，不謂一賜則鉅萬也。

〔一二〕【補注】先謙曰：百官表有太中大夫、中大夫，無上大夫。據石奮傳奮爲太中大夫二千石，以上大夫禄歸老於家。是上大夫即太中大夫也。下文上大夫義同。

文帝時間如通家游戲，〔一〕然通無他伎能，不能有所薦達，獨自謹身以媚上而已。上使善相人者相通，曰：「當貧餓死。」上曰：「能富通者在我，何説貧？」於是賜通蜀嚴道銅山，得自鑄錢。〔二〕鄧氏錢布天下，其富如此。

〔一〕師古曰：閒謂投隙私行，不公顯也。如，往也。

〔二〕師古曰：嚴道屬蜀郡。縣有蠻夷曰道。【補注】沈欽韓曰：明志：「雅州滎經縣東北有銅山，即鄧通鑄鐵處。」西京雜記：「文字肉好皆與天子錢同。」

文帝嘗病癰，鄧通常爲上嗽吮之。〔一〕上不樂，從容問曰：「天下誰最愛我者乎？」通曰：「宜莫若太子。」太子入問疾，上使太子齰癰。〔二〕太子嗽癰而色難之。〔三〕已而聞通嘗爲上齰，〔四〕太子慙，繇是心恨通。〔五〕

〔一〕師古曰：嗽音山角反。吮音自兖反。【補注】王鳴盛曰：嗽字今吴中尚有山角反之音，呼若朿，常熟呼角爲禄，皆古音也。先謙曰：史記「嗽」作「唶」。下「齰」亦作「唶」。

〔二〕師古曰：齰，齧也，齧出其膿血。齰音仕客反。【補注】宋祁曰：注文「血」字下疑有「也」字。

〔三〕【補注】先謙曰：官本「嗽」作「齰」。

〔四〕【補注】先謙曰：官本「齰」下有「之」字。

〔五〕師古曰：繇讀與由同。其下類此。【補注】蘇輿曰：潛夫論賢難篇：「鄧通欲稱太子之孝，則因對曰：『莫若太子之愛陛下也。』」又云：「鄧通行所以盡心力而無害人，其言所以譽太子而昭孝慈也。太子自不能盡其稱，則反結怨而歸咎焉。」輿案，通舉太子以極形己之愛上耳。以爲欲稱太子之孝，或未必然。

及文帝崩，景帝立，鄧通免，家居。居無何，人有告通盜出徼外鑄錢，〔一〕下吏驗問，頗有，遂〔二〕竟案，盡没入之，通家尚負責數鉅萬。〔三〕長公主賜鄧通，〔四〕吏輒隨没入之，一簪不得著身。〔五〕於是長公主乃令假衣食。〔六〕竟不得名一錢，寄死人家。

〔一〕師古曰：徼猶塞也。東北謂之塞，西南謂之徼。塞者，以障塞爲名。徼者，取徼遮之義也。徼音工釣反。【補注】先謙曰：通鑑胡注，「匈奴傳，侯應上議曰：孝武攘匈奴於幕北，建塞徼，起亭隧」，是北方之塞亦曰徼也。朝鮮傳曰「朝鮮屬遼東外徼」，是東方之塞亦曰徼也。師古迫未深考歟。直言徼，以要遮爲義，豈不簡而明乎？

〔二〕師古曰：遂，成也。成其罪狀。【補注】劉攽曰：「遂」字屬下句。先謙曰：劉説是也。史記作「頗有之」，下文無「之」字。

〔三〕張晏曰：顧人采銅鑄錢，未還庸直，而會没入故也。師古曰：此説非也。積其前後所犯合没官者數多，除其見在財物以外，尚有負官數鉅萬，故云「吏輒隨没入之」耳，非負顧庸之私直。

〔四〕師古曰：即館陶長公主，文帝之女也。

〔五〕【補注】蘇輿曰：潛夫論遏利篇：「鄧通死無簪，天子不能違天富無功。」

〔六〕晉灼曰：使假貸而私爲償之也。師古曰：此説非也。公主給其衣食也，而號云假借之耳，非通自有也。恐吏没入，故託云然。此所謂不得名一錢。【補注】宋祁曰：注文「公」字上疑有「長」字。「給」字上疑有「且」字。「食也」，「也」字當刪。

趙談者，以星氣幸，北宮伯子長者愛人，故親近，然皆不比鄧通。

韓嫣字王孫，弓高侯穨當之孫也。武帝爲膠東王時，嫣與上學書相愛。及上爲太子，愈

益親嫣。嫣善騎射，〔一〕聰慧。上即位，欲事伐胡，而嫣先習兵，〔二〕以故益尊貴，官至上大夫，賞賜儗鄧通。〔三〕

〔一〕【補注】沈欽韓曰：西京雜記：「韓嫣好彈，常以金爲丸，所失者，日十有餘，長安爲之語曰：『苦飢寒，逐金丸。』京師兒童每聞嫣出彈，輒隋之望丸所落拾焉。」

〔二〕師古曰：言舊自便習。【補注】宋祁曰：注文「自」字疑作「已」字，注末當有「也」字。

〔三〕師古曰：儗，比也。

始時，嫣常與上共臥起。江都王入朝，〔一〕從上獵上林中。天子車駕蹕道未行，〔二〕先使嫣乘副車，從數十百騎馳視獸。江都王望見，以爲天子，辟從者，伏謁道旁。〔三〕嫣驅不見。既過，江都王怒，爲皇太后泣，請得歸國〔四〕入宿衞，比韓嫣。太后繇此銜嫣。

〔一〕【補注】先謙曰：江都王非武帝弟。

〔二〕師古曰：已稱蹕，止行人訖，而天子未出也。【補注】先謙曰：官本「道」作「通」。

〔三〕師古曰：辟去其從者，而身獨伏謁也。辟音闢。

〔四〕師古曰：還爵封於天子也。

嫣侍，出入永巷不禁，〔一〕以姦聞皇太后。太后怒，使使賜嫣死。上爲謝，終不能得，嫣遂死。

〔一〕師古曰：言上恣其出入也。【補注】先謙曰：猶言出入掖廷也。百官表「武帝太初元年，改永巷爲掖廷」。

嫣弟說，亦愛幸，〔一〕以軍功封案道侯，巫蠱時爲戾太子所殺。子增封龍雒侯，〔二〕大司馬車騎將軍，自有傳。〔三〕

〔一〕師古曰：說讀曰悅。

〔二〕師古曰：「雒」字或作「額」。

〔三〕師古曰：在韓信傳末。【補注】錢大昕曰：說、增父子已附韓王信傳，說以愛幸故，又牽連書於嫣傳，不必更及其子也。

李延年，中山人，身及父母兄弟皆故倡也。〔一〕延年坐法腐刑，給事狗監中。〔二〕女弟得幸於上，號李夫人，列外戚傳。延年善歌，爲新變聲。〔三〕是時上方興天地諸祠，〔四〕欲造樂，令司馬相如等作詩頌。延年輒丞意弦歌所造詩，爲之新聲曲。〔五〕而李夫人產昌邑王，延年繇是貴爲協律都尉，佩二千石印綬，而與上臥起，〔六〕其愛幸埒韓嫣。〔七〕久之，延年弟季與中人亂，〔八〕出入驕恣。及李夫人卒後，其愛弛，〔九〕上遂誅延年兄弟宗族。

〔一〕師古曰：樂人也。

〔二〕師古曰：掌天子之狗，於其中供事也。

〔三〕【補注】先謙曰：史記作「爲變新聲」，是也。

〔四〕【補注】先謙曰：官本引宋氏校本云，浙本無「新」字，「越」本無「諸」字。

〔五〕【補注】先謙曰：官本「丞」作「承」，引宋氏校本云，景德本「承」作「丞」，又，一本無「新」字。先謙案，爲與謂同。

〔六〕【補注】沈欽韓曰：御覽五百十七引漢書曰：「李延年善歌，帝幸之，時人語曰：『一雌復一雄，雙飛入紫宮。』」案，書中無是語，當亦漢雜事之類。

〔七〕師古曰：埒，等齊。【補注】宋祁曰：注末當有「也」字。

〔八〕【補注】先謙曰：史記作「久之，寖與中人亂」。徐廣注引一本與此同。

〔九〕師古曰：弛，解也，音式爾反。【補注】先謙曰：官本「弛」並作「弛」。

是後寵臣，大氏外戚之家也。〔一〕衛青、霍去病皆愛幸，然亦以功能自進。

〔一〕師古曰：氐，歸也，音丁禮反。

石顯字君房，濟南人；弘恭，沛人也。皆少坐法腐刑，爲中黄門，以選爲中尚書。宣帝時任中書官，〔一〕恭明習法令故事，善爲請奏，能稱其職。恭爲令，顯爲僕射。元帝即位數年，恭死，顯代爲中書令。

〔一〕【補注】宋祁曰：「任中」字下當有「尚」字。

是時，元帝被疾，不親政事，〔一〕方隆好於音樂，以顯久典事，中人無外黨，〔二〕精專可信任，遂委以政。事無小大，因顯白決，貴幸傾朝，百僚皆敬事顯。顯爲人巧慧習事，能探得人主微指，内深賊，持詭辯以中傷人，〔三〕忤恨睚眦，輒被以危法。〔四〕初元中，前將軍蕭望之及光禄大夫周堪、宗正劉更生皆給事中。望之領尚書事，知顯專權邪辟，〔五〕建白以爲「尚書百官之本，國家樞機，〔六〕宜以通明公正處之。武帝游宴後庭，故用宦者，非古制也。宜罷中書宦官，應古不近刑人」。〔七〕元帝不聽，繇是大與顯忤。後皆害焉，望之自殺，堪、更生廢錮，不得復進用，語在望之傳。後太中大夫張猛、魏郡太守京房、御史中丞陳咸、待詔賈捐之皆嘗奏封事，或召見，言顯短。顯求索其罪，房、捐之棄市，猛自殺於公車，咸抵罪，髡爲城旦。及鄭令蘇建得顯私書奏之，後以它事論死。自是公卿以下畏顯，重足一跡。〔八〕

〔一〕【補注】宋祁曰：浙本無「事」字。
〔二〕師古曰：少骨肉之親，無婚姻之家也。
〔三〕師古曰：詭，違也，違道之辯。【補注】宋祁曰：注末當有「也」字。
〔四〕師古曰：被，加也，音皮義反。
〔五〕師古曰：辟讀曰僻。【補注】先謙曰：官本「僻」作「闢」。
〔六〕師古曰：立此議而白之。
〔七〕師古曰：禮「刑人不在君側」，故曰應古。
〔八〕師古曰：言極恐懼，不敢自寬縱。

顯與中書僕射牢梁、少府五鹿充宗結爲黨友，諸附倚者皆得寵位。〔一〕民歌之曰：「牢邪石邪，五鹿客邪！印何纍纍，綬若若邪！」〔二〕言其兼官據勢也。

〔一〕師古曰：倚，依也，音於綺反。
〔二〕師古曰：纍纍，重積也。若若，長貌。纍音力追反。

顯見左將軍馮奉世父子爲公卿著名，女又爲昭儀在内，顯心欲附之，薦言昭儀兄謁者逡〔一〕修敕宜侍帷幄。〔二〕天子召見，欲以爲侍中，逡請間言事。上聞逡言顯顓權，〔三〕天子大怒，罷逡歸郎官。〔四〕其後御史大夫缺，羣臣皆舉逡兄大鴻臚野王行能第一，天子以問顯，顯曰：「九卿無出野王者。然野王親昭儀兄，臣恐後世必以陛下度越衆賢，〔五〕私後宮親以爲三公。」上曰：「善，吾不見是。」〔六〕乃下詔嘉美野王，廢而不用，語在野王傳。

〔一〕師古曰：逡音千旬反。

〔二〕師古曰：敕，整也。

〔三〕師古曰：顓與專同。其下類此。【補注】先謙曰：「聞」字不可通，疑是「問」之訛。

〔四〕【補注】劉攽曰：「郎」疑作「故」。

〔五〕師古曰：度，過也。

〔六〕師古曰：言不見此理。

顯内自知擅權事柄在掌握，恐天子一旦納用左右耳目，有以間己，〔一〕乃時歸誠，取一信以爲驗。〔二〕顯嘗使至諸官有所徵發，顯先自白，恐後漏盡宮門閉，請使詔吏開門。上許之。顯故投夜還，稱詔開門入。後果有上書告顯顓命矯詔開宮門，天子聞之，笑以其書示顯。顯因泣曰：「陛下過私小臣，屬任以事，〔三〕羣下無不嫉妒欲陷害臣者，事類如此非一，唯獨明主知之。愚臣微賤，誠不能以一軀稱快萬衆，〔四〕任天下之怨，〔五〕臣願歸樞機職，受後宮掃除

之役，死無所恨，唯陛下哀憐財幸，〔六〕以此全活小臣。」天子以爲然而憐之，數勞勉顯，加厚賞賜，賞賜及賂遺訾一萬萬。〔七〕

〔一〕師古曰：閒音工莧反。
〔二〕【補注】先謙曰：官本「信」作「言」，是。
〔三〕師古曰：過猶誤也。屬，委也。屬音之欲反。
〔四〕師古曰：稱音尺孕反。
〔五〕師古曰：任猶當也。
〔六〕師古曰：財與裁同。
〔七〕師古曰：賂遺，謂百官羣下所遺也。訾讀與貲同。【補注】先謙曰：官本不重「賞賜」二字，此誤衍。

初，顯聞衆人匈匈，言己殺前將軍蕭望之。望之當世名儒，顯恐天下學士姍己，〔一〕病之。是時，明經著節士琅邪貢禹爲諫大夫，顯使人致意，深自結納。顯因薦禹天子，歷位九卿，至御史大夫，禮事之甚備。議者於是稱顯，以爲不妒譖望之矣。顯之設變詐以自解免取信人主者，皆此類也。

〔一〕師古曰：姍，古訕字。訕，謗也，音所諫反。

元帝晚節寢疾，〔一〕定陶恭王愛幸，顯擁祐太子頗有力。〔二〕元帝崩，成帝初即位，遷顯爲長信中太僕，秩中二千石。顯失倚，離權數月，丞相御史條奏顯舊惡，及其黨牢梁、陳順皆免官。顯與妻子徙歸故郡，〔三〕憂滿不食，道病死。〔四〕諸所交結，以顯爲官，皆廢罷。少府五鹿充宗左遷玄菟太守，御史中丞伊嘉爲鴈門都尉。長安謠曰：「伊徙鴈，鹿徙菟，去牢與陳實無賈。」〔五〕

〔一〕師古曰：晩節，猶言末時也。

〔二〕【補注】先謙曰：官本「力」作「功」。

〔三〕【補注】錢大昭曰：前代宦者往往有妻。後漢劉瑜傳云：「常侍、黄門，亦廣妻娶，怨毒之氣，結成妖眚。」周舉傳云：「豎宦之人，亦復虛以形勢，威侮良家，取女閉之，至有白首殁無配偶，逆於天心。」元魏時，御史蕭忻疏云：「高軒和鸞者，閹官之嫠婦；胡馬鳴珂者，黄門之養息。」唐書載高力士娶李元晤女，李輔國娶元擢女。吳文碑亦有妻有子。朱子語類云：「梁師成妻死，蘇叔黨、范温衰絰臨喪。」奄人倚勢，作合良家，後先一轍。

〔四〕師古曰：滿讀曰懣，音悶。

〔五〕師古曰：賈讀曰價。【補注】蘇輿曰：言去牢陳之功，無賈以當之也。

淳于長字子[illegible]，〔一〕魏郡元城人也。少以太后姊子爲黄門郎，未進〔二〕幸。會大將軍王鳳病，長侍病，晨夜扶丞左右，甚有甥舅之恩。鳳且終，以長屬託太后及帝。〔三〕帝嘉長義，拜爲列校尉諸曹，遷水衡都尉侍中，至衞尉九卿。

〔一〕【補注】宋祁曰：「[illegible]」越本作「鴻」，校本作「孺」。

〔二〕【補注】宋祁曰：「進」字上當有「得」字。先謙曰：注當在「幸」字下。

〔三〕師古曰：屬音之欲反。

久之，趙飛燕貴幸，上欲立以爲皇后，太后以其所出微，難之。長主往來通語東宮。〔一〕歲餘，趙皇后得立，上甚德之，乃追顯長前功，下詔曰：「前將作大匠解萬年奏請營作昌陵，罷弊海內，〔二〕侍中衛尉長數白宜止徙家反故處，〔三〕朕以長言下公卿，議者皆合長計。首建至策，民以康寧。〔四〕其賜長爵關內侯。」後遂封爲定陵侯，大見信用，貴傾公卿。外交諸侯牧守，賂遺賞賜亦絫鉅萬。〔五〕多畜妻妾，淫於聲色，不奉法度。

〔一〕師古曰：主猶專。

〔二〕師古曰：罷(請)〔讀〕曰疲。

〔三〕師古曰：陵置邑，徙人以實之。長奏令止所徙之家各還本處。

〔四〕師古曰：康，安也。

〔五〕師古曰：絫，古累字也。其下亦同。

初，許皇坐執左道〔一〕廢處長定宮，而后姊孊爲龍額思侯夫人，〔二〕寡居。長與孊私通，因取爲小妻。許后因孊賂遺長，欲求復爲倢伃。長受許后金錢乘輿服御物前後千餘萬，詐許爲白上，立以爲左皇后。孊每入長定宮，輒與孊書，戲侮許后，嫚易無不言。〔三〕交通書記，賂遺連年。是時，帝舅曲陽侯王根爲大司馬票騎將軍，輔政數歲，久病，數乞骸骨。長以外親居九卿位，次第當代根。根兄子新都侯王莽心害長寵，私聞長取許孊，受長定宮賂遺。莽侍曲陽侯疾，因言：「長見將軍久病，意喜，自以當代輔政，至對衣冠議語署置。」〔四〕具言其罪

過。根怒曰：「即如是，何不白也？」莽曰：「未知將軍意，故未敢言。」根曰：「趣白東
宮。」〔五〕莽求見太后，具言長驕佚，〔六〕欲代曲陽侯，對莽母上車，〔七〕私與長定貴人姊通，受取
其衣物。太后亦怒曰：「兒至如此！往白之帝！」莽白上，上乃免長官，遣就國。
〔一〕【補注】錢大昭曰：「坐」字上脱「后」字。先謙曰：官本有「后」字。
〔二〕晉灼曰：嬚音靡。【補注】錢大昕曰：韓寶嗣父增爲龍頟侯，謚曰思。
〔三〕師古曰：嫚，褻汙也。易，輕也。易音弋豉反。
〔四〕師古曰：自謂當輔政，故豫言某人爲某官，某人爲某事。
〔五〕師古曰：趣讀曰促。
〔六〕師古曰：佚讀與逸同。
〔七〕師古曰：莽母於長，舅之妻也，上車當於異處。便於前上，言不敬。

初，長爲侍中，奉兩宮使，親密。〔一〕紅陽侯立獨不得爲大司馬輔政，立自疑爲長毀譖，常怨毒長。上知之。及長當就國也，立嗣子融從長請車騎，〔二〕長以珍寶因融重遺立，立因爲長言。於是天子疑焉，下有司案驗。吏捕融，立令融自殺以滅口。上愈疑其有大姦，遂逮長繫洛陽詔獄窮治。長具服戲侮長定宮，〔三〕謀立左皇后，罪至大逆，死獄中。妻子當坐者徙合浦，母若歸故郡。〔四〕紅陽侯立就國。將軍卿大夫郡守坐長免罷者數十人。莽遂代根爲大司馬。久之，還長母及子酺於長安。〔五〕後酺有罪，莽復殺之，徙其家屬故郡。〔六〕

〔一〕師古曰：言爲使者傳言語於太后及帝，欲立趙飛燕之類。

〔二〕師古曰：嗣子謂嫡長子，當爲嗣者也。

〔三〕師古曰：毋，古侮字。

〔四〕師古曰：若者，其母名。

〔五〕師古曰：酺音蒲。

〔六〕【補注】先謙曰：官本「屬」下有「歸」字，是。

始長以外親親近，〔一〕其愛幸不及富平侯張放。放常與上臥起，俱爲微行出入。〔二〕

〔一〕師古曰：親近，謂近幸於天子。近音其靳反。

〔二〕【補注】何焯曰：放事附見張湯傳後，不入佞幸者，以張純復顯於建武中也。然不掩其惡，所以不失爲良史。

董賢字聖卿，雲陽人也。父恭，爲御史，任賢爲太子舍人。哀帝立，賢隨太子官爲郎。〔一〕二歲餘，賢傳漏在殿下，〔二〕爲人美麗自喜，〔三〕哀帝望見，説其儀貌，〔四〕識而問之，曰：「是舍人董賢邪？」因引上與語，拜爲黄門郎，繇是始幸。問及其父爲雲中侯，即日徵爲霸陵令，遷光禄大夫。賢寵愛日甚，爲駙馬都尉侍中，出則參乘，入御左右，旬月間賞賜絫鉅萬，貴震朝廷。常與上臥起。嘗晝寢，偏藉上褎，〔五〕上欲起，賢未覺，〔六〕不欲動賢，乃斷褎而起。其恩愛至此。賢亦性柔和便辟，善爲媚以自固。每賜洗沐，不肯出，常留中視醫藥。〔七〕上以賢難歸，詔令賢妻得通引籍殿中，止賢廬，〔八〕若吏妻子居官寺舍。〔九〕又詔賢女弟以爲昭儀，〔一〇〕位次皇后，更名其舍爲椒風，以配椒房云。〔一一〕昭儀及賢與妻旦夕上下，並侍左右。賞賜昭儀及賢妻亦各千萬數。遷賢父爲少府，賜爵關内侯，食邑，復徙爲衛尉。又以賢妻父爲將作大匠，弟爲執金吾。詔將作大匠爲賢起大第北闕下，重殿洞門，〔一二〕木土之功窮極技巧，柱檻衣以綈錦。〔一三〕下至賢家僮僕皆受上賜，及武庫禁兵，上方珍寶。其選物上弟盡在董氏，〔一四〕而乘輿所服乃其副也。及至東園祕器，珠襦玉柙，豫以賜賢，無不備具。〔一五〕又令將作爲賢起冢塋義陵旁，内爲便房，剛柏題湊，〔一六〕外爲徼道，周垣數里，門闕罘罳甚盛。

〔一〕師古曰：東宫官屬，隨例遷也。

〔二〕師古曰：傳漏，奏時刻。

〔三〕師古曰：喜音許吏反。

〔四〕師古曰：説讀曰悦。

〔五〕師古曰：藉謂身臥其上也。褏，古袖字。【補注】宋祁曰：「褏」字上當有「衣」字。先謙曰：官本「藉」作「籍」，通用字。

〔六〕師古曰：覺，寐之寤也，音工效反。

〔七〕【補注】先謙曰：官本「嘗」作「常」，是。

〔八〕師古曰：廬謂殿中所宿止處也。

〔九〕【補注】先謙曰：若，及也。因賢妻故，並吏妻子皆得居官寺舍。

〔一〇〕【補注】錢大昭曰：「詔」南監本、閩本竝作「召」。先謙曰：官本作「召」。

〔一一〕師古曰：皇后殿稱椒房。欲配其名，故曰椒風。

〔一二〕師古曰：重殿，謂有前後殿；洞門，謂門門相當也。皆僭天子之制度者也。【補注】沈欽韓曰：西京雜記：「重五殿，洞六門。柱壁皆畫雲氣、華藹、山靈、水怪。或衣以綈錦，或飾以金玉。南門三重，署曰南中門，南上門，南便門。東、西各三門，隨方面題署亦如之。樓閣臺榭轉相連注，山池玩好，窮盡雕麗。」

〔一三〕師古曰：檻謂軒闌之板也。綈，厚繒也，音徒奚反。

〔一四〕【補注】先謙曰：上弟，猶上等。

〔一五〕師古曰：東園，署名也。漢舊儀云東園祕器作棺梓，素木長二丈，崇廣四尺。珠襦，以珠爲襦，如鎧狀，連縫之，以黄金爲鏤，要以下，玉爲柙，至足亦縫以黄金爲縷。【補注】宋祁曰：「柙」字下當有「皆」字。

〔一六〕孟康曰：堅剛之柏也。師古曰：題湊解在霍光傳。

上欲侯賢而未有緣。會待詔孫寵、息夫躬等告東平王雲后謁祠祀祝詛，〔一〕下有司治，皆伏其辜。上於是令躬、寵爲因賢告東平事者，乃以其功下詔封賢爲高安侯，躬宜陵侯，寵方陽侯，食邑各千户。頃之，復益封賢二千户。丞相王嘉内疑東平事冤，甚惡躬等，數諫爭，以賢爲亂國制度，嘉竟坐言事下獄死。

〔一〕師古曰：謁者，后之名。

上初即位，祖母傅太后、母丁太后皆在，兩家先貴。傅太后從弟喜先爲大司馬輔政，數諫，失太后指，免官。上舅丁明代爲大司馬，亦任職，頗害賢寵，及丞相王嘉死，明甚憐之。上寖重賢，欲極其位，〔一〕而恨明如此，遂册免明曰：「前東平王雲貪欲上位，祠祭詛詛，雲后舅伍宏以醫待詔，與校祕書郎楊閎結謀反逆，禍甚迫切。賴宗廟神靈，董賢等以聞，咸伏其辜。將軍從弟侍中奉車都尉吳、族父左曹屯騎校尉宣皆知宏及栩丹諸侯王后親，〔二〕而宣除用丹爲御屬，〔三〕吳與宏交通厚善，數稱薦宏。宏以附吳得興其惡心，因醫技進，幾危社稷，〔四〕朕以恭皇后故，不忍有云。〔五〕將軍位尊任重，既不能明威立義，折消未萌，〔六〕又不深疾雲、宏之惡，而懷非君上，阿爲宣、吳，〔七〕反痛恨雲等揚言爲羣下所冤，又親見言伍宏善醫，死可惜也，〔八〕賢等獲封極幸。嫉妒忠良，非毀有功，於戲傷哉！〔九〕蓋『君親無將，將而誅之』。〔一〇〕是以季友鴆叔牙，春秋賢之；趙盾不討賊，謂之弒君。〔一一〕朕閔將軍陷于重刑，故以書飭。〔一二〕將軍遂非不改，復與丞相嘉相比，〔一三〕令嘉有依，得以罔上。有司致法將軍請獄治，朕惟噬膚之恩未忍，〔一四〕其上票騎將軍印綬，罷歸就第。」遂以賢代明爲大司馬衞將軍，册曰：「朕承天序，惟稽古建爾于公，以爲漢輔。往悉爾心，統辟元戎，〔一五〕折衝綏遠，匡正庶事，允執其中。天下之衆，受制於朕，以將爲命，以兵爲威，可不慎與！」〔一六〕是時賢年二十二，雖爲三公，常給事中，領尚書，百官因賢奏事。以父恭不宜在卿位，徙爲光禄大夫，秩中二千石。弟寬信代賢爲駙馬都尉，董氏親屬皆侍中諸曹奉朝請，寵在丁、傅之右矣。〔一七〕

〔一〕師古曰：甯，益也。

〔二〕師古曰：栩，姓也，音許羽反。【補注】宋祁曰：「知」字上當有「中」字。

〔三〕【補注】沈欽韓曰：續志「御屬主爲公御」。

〔四〕師古曰：幾音巨依反。

〔五〕師古曰：恭皇后，謂丁后，即哀帝母。

〔六〕師古曰：未萌，謂禍難之未生者。

〔七〕師古曰：以君上爲非，懷此心也。

〔八〕師古曰：見，見天子也。

〔九〕師古曰：於讀曰烏。戲讀曰呼。

〔一〇〕師古曰：將謂將爲逆亂也。

〔一一〕師古曰：季友，魯桓公少子，莊公母弟也。叔牙亦桓公子。莊公有疾，叔牙欲立其同母兄慶父，故季友使鍼季酖之。公羊傳曰：「季子殺兄何善爾？誅不得避兄弟，君臣之義也。」趙盾，晉大夫趙宣子也，靈公欲殺之。宣子將出奔，而趙穿攻靈公於桃園，宣子未出山而復。太史書曰：「趙盾弒其君。」宣子曰：「不然。」曰：「子爲正卿，亡不越境，反不討賊，非子而誰？」孔子曰：「董狐，古之良史也，書法不隱。趙宣子，古之良大夫也，爲法受惡。」【補注】先謙曰：官本「山」作「境」，是。

〔一二〕師古曰：飭與敕同。

〔一三〕師古曰：比謂比周也，音頻寐反。

〔一四〕孟康曰：易曰「噬膚滅鼻」。噬，食也。膚，膏也。喻爵禄恩澤加之，不忍誅也。師古曰：孟説非也。易噬嗑卦九二爻辭曰「噬膚滅鼻」。噬膚〔者〕，言自齧其肌膚。詔云，爲明是恭后之親，有肌膚之愛，是以不忍加法，故引噬膚之言也。【補注】先謙曰：顧炎武云，噬膚之恩，是取易睽六五「厥宗噬膚」，言貴戚之卿，恩未忍絶。先謙案，官本「云」作「曰」。

〔一五〕師古曰：悉，盡也。統，領也。辟，君也。元戎，大衆也。言爲元戎之主而統之也。辟音必亦反。

〔一六〕師古曰：與讀曰歟。

〔一七〕師古曰：右，上也。

明年，匈奴單于來朝，宴見，羣臣在前。〔一〕單于怪賢年少，以問譯，〔二〕上令譯報曰：「大司馬年少，以大賢居位。」單于乃起拜，賀漢得賢臣。

〔一〕【補注】宋祁曰：「臣」字下當有「賢」字。

〔二〕師古曰：傳語之人也。

初，丞相孔光爲御史大夫，時賢父恭爲御史，事光。及賢爲大司馬，與光併爲三公，上故令賢〔私〕過光。光雅恭謹，知上欲尊寵賢，及聞賢當來也，光警戒衣冠出門待，望見賢車乃卻入。賢至中門，光入閤，〔一〕既下車，乃出拜謁，送迎甚謹，不敢以賓客均敵之禮。〔二〕賢歸，上聞之喜，立拜光兩兄子爲諫大夫常侍。〔三〕賢繇是權與人主侔矣。〔四〕

〔一〕【補注】宋祁曰：「入」字上當有「又」字。

〔二〕【補注】先謙曰：官本「均」作「鈞」。

〔三〕【補注】先謙曰：中常侍加官得入禁中，亦稱常侍，見司馬相如、東方朔傳。

〔四〕師古曰：侔，等也。

是時，成帝外家王氏衰廢，唯平阿侯譚子去疾，哀帝爲太子時爲庶子得幸，及即位，爲侍中騎都尉。上以王氏亡在位者，遂用舊恩親近去疾，復進其弟閎爲中常侍。閎妻父蕭咸，前將軍望之子也，久爲郡守，〔一〕病免，爲中郎將。兄弟並列，〔二〕賢父恭慕之，欲與結婚姻。閎爲賢弟駙馬都尉寬信求咸女爲婦，咸惶恐不敢當，私謂閎曰：「董公爲大司馬，册文言『允執其中』，此乃堯禪舜之文，非三公故事，長老見者，莫不心懼。此豈家人子所能堪邪！」〔三〕閎性有知略，聞咸言，心亦悟。乃還報恭，深達咸自謙薄之意。恭歎曰：「我家何用負天下，而爲人所畏如是！」意不說。〔四〕後上置酒麒麟殿，〔五〕賢父子親屬宴飲，〔六〕王閎兄弟侍中中常侍皆在側。上有酒所，〔七〕從容視賢笑，〔八〕曰：「吾欲法堯禪舜，何如？」閎進曰：「天下乃高皇帝天下，非陛下之有也。陛下承宗廟，當傳子孫於亡窮。統業至重，天子亡戲言！」上默然不說，〔九〕左右皆恐。於是遣閎出，後不得復侍宴。

〔一〕【補注】劉攽曰：多「久」字。

〔二〕【補注】先謙曰：案望之傳，子育，哀帝時爲南郡太守，病免。起家復爲光禄大夫執金吾。此兄弟並列謂育、咸。

〔三〕師古曰：家人，猶言庶人也，蓋咸自謂。

〔四〕師古曰：説讀曰悦。

〔五〕師古曰：在未央宫。

〔六〕【補注】王念孫曰：案，「賢」上脱「與」字，則上下句義不相屬。御覽人事部九十三引此正作「與賢父子親屬宴飲」。漢紀同。

〔七〕師古曰：言酒在體中。【補注】先謙曰：酒所，猶酒意。疏黄傳「宜從丈人所」，鄧注「宜令意自從丈人所出」，薛宣傳「自從其所」，顏注「若自出其意」，皆是。此注失之。

〔八〕師古曰：從音千容反。【補注】宋祁曰：「賢」字下當有「而」字。

〔九〕師古曰：説讀曰悅。

賢第新成，功堅，〔一〕其外大門無故自壞，賢心惡之。後數月，哀帝崩。太皇太后召大司馬賢，引見東箱，問以喪事調度。賢内憂，不能對，免冠謝。太后曰：「新都侯莽前以大司馬奉送先帝大行，曉習故事，吾令莽佐君。」賢頓首幸甚。〔二〕太后遣使者召莽。既至，以太后指使尚書劾賢帝病不親醫藥，禁止賢不得入出宫殿司馬中。〔三〕賢不知所爲，詣闕免冠徒跣謝。莽使謁者以太后詔即闕下册賢〔四〕曰：「間者以來，陰陽不調，菑害並臻，〔五〕元元蒙辜。〔六〕夫三公，鼎足之輔也，高安侯賢未更事理，〔七〕爲大司馬不合衆心，非所以折衝綏遠也。其收大司馬印綬，罷歸第。」即日賢與妻皆自殺，家惶恐夜葬。〔八〕莽疑其詐死，有司奏請發賢棺，至獄診視。〔九〕莽復風大司徒光奏「賢〔一〇〕質性巧佞，翼姦以獲封侯，〔一一〕父子專朝，兄弟並寵，多受賞賜，治第宅，造冢壙，放效無極，不異王制，〔一二〕費以萬萬計，國家爲空虛。父子驕蹇。至不爲使者禮，〔一三〕受賜不拜，罪惡暴著。賢自殺伏辜，死後父恭等不悔過，〔一四〕乃復以沙畫棺〔一五〕四時之色，左蒼龍，右白虎，上著金銀日月，玉衣珠璧以棺，〔一六〕至尊無以加。恭等幸得免於誅，不宜在中土。臣請收没入財物縣官。諸以賢爲官者皆免。」父恭、弟寬信與家屬徙合浦，母別歸故郡鉅鹿。長安中小民讙譁，鄉其弟哭，幾獲盜之。〔一七〕縣官斥賣董氏財凡四十三萬萬。賢既見發，贏診其尸，〔一八〕因埋獄中。

〔一〕師古曰：言盡功力而作之，極堅牢也。「功」字或作「攻」。攻，治也，言作治之甚堅牢。

〔二〕【補注】宋祁曰：「首」字下當有「曰」字。

〔三〕【補注】宋祁曰：「入出」當作「出入」，「中」字上當有「門」字。

〔四〕師古曰：即，就也。

〔五〕師古曰：菑，古災字。

〔六〕師古曰：蒙，被也。

〔七〕師古曰：更，歷也，音工衡反。

〔八〕【補注】何焯曰：周禮司烜氏注「司烜掌明竁，則罪人夜葬歟」，疏云「以司烜主明火，掌夜事。既令掌之，則罪人夜葬可知，故曾子問云，見星而行者，惟罪人。是夜葬之事也」。沈欽韓曰：荀子禮論「罪人之喪，不得晝行，以昏殣」。王文彬曰：夜葬者，蓋賢家惶恐之甚，慮有它故，乘夜潛葬之。故莽以詐爲疑，以罪葬例之不合。

〔九〕師古曰：謂發冢取其棺柩也。診，驗也，音軫。

〔一〇〕師古曰：風讀曰諷。光，孔光也。

〔一一〕師古曰：翼，進也。【補注】王文彬曰：翼姦，謂與姦人相比黨。

〔一二〕師古曰：放，依也，音甫往反。

〔一三〕師古曰：言不敬天子之使。

〔一四〕【補注】先謙曰：官本無「等」字。

〔一五〕師古曰：以硃砂塗之，而又雕畫也。

〔一六〕師古曰：以此物棺斂也。棺音工喚反。

〔一七〕師古曰：陽往哭之，實欲竊盜也。鄉讀曰嚮。幾讀曰冀。【補注】先謙曰：官本「弟」作「第」。

〔一八〕師古曰：羸，露形也，音郎果反。【補注】先謙曰：官本「診」作「訮」，同。

賢所厚吏沛朱詡自劾去大司馬府，買棺衣收賢尸葬之。王莽聞之而大怒，以它罪擊殺詡。〔一〕詡子浮建武中貴顯，至大司馬，司空，封侯。〔二〕而王閎王莽時爲牧守，〔三〕所居見紀，莽敗乃去官。世祖下詔曰：「武王克殷，表商容之閭。〔四〕閎修善謹敕，兵起，吏民獨不爭其首。今以閎子補吏。」至墨綬卒官，蕭咸外孫云。〔五〕

〔一〕【補注】先謙曰：官本無「而」字。

〔二〕【補注】劉攽曰：案，後漢傳浮祇爲大司空，未嘗爲司馬，明多兩字。錢大昕曰：豈以其嘗爲大司馬主簿相涉而誤歟？

〔三〕【補注】沈欽韓曰：御覽七百十六漢名臣奏曰：「王莽斥出王閎，太后憐之，閎伏泣失聲，太后親自手巾拭閎泣。」

〔四〕師古曰：商容，殷賢人。

〔五〕【補注】宋祁曰：「咸」字下當有「之」字。

贊曰：柔曼之傾意，〔一〕非獨女德，蓋亦有男色焉。觀籍、閎、鄧、韓之徒非一，〔二〕而董賢之寵尤盛，父子並爲公卿，可謂貴重人臣無二矣。然進不繇道，〔三〕位過其任，莫能有終，所謂愛之適足以害之者也。漢世衰於元、成，壞於哀、平。哀、平之際，國多釁矣。〔四〕主疾無嗣，弄臣爲輔，鼎足不彊，棟幹微撓。〔五〕一朝帝崩，姦臣擅命，董賢縊死，丁、傅流放，辜及母

后，奪位幽廢，〔六〕咎在親便嬖，所任非仁賢。故仲尼著「損者三友」，〔七〕王者不私人以官，殆爲此也。〔八〕

〔一〕師古曰：曼，澤也，言其質柔而色理光澤也。

〔二〕【補注】先謙曰：官本「藉」作「籍」。

〔三〕師古曰：言本不以德進。繇讀與由同。

〔四〕師古曰：釁謂間隙也。

〔五〕師古曰：撓，弱也，音女教反。

〔六〕師古曰：謂貶皇太后趙氏爲孝成皇后，退居北宮，哀皇后傅氏退居桂宮。

〔七〕師古曰：論語稱孔子曰：「損者三友：友便辟，友善柔，友便佞，損矣。」

〔八〕師古曰：殆，近也。

匈奴傳第六十四上

匈奴，其先夏后氏之苗裔，曰淳維。〔一〕唐虞以上有山戎、獫允、薰粥，〔二〕居于北邊，隨草畜牧而轉移。其畜之所多則馬、牛、羊，其奇畜則槖佗、驢、蠃、駃騠、騊駼、驒奚。〔三〕逐水草遷徙，無城郭常居耕田之業，然亦各有分地。〔四〕無文書，以言語爲約束。兒能騎羊，引弓射鳥鼠，〔五〕少長則射狐菟〔六〕肉食。〔七〕士力能彎弓，盡爲甲騎。其俗，寬則隨畜田獵禽獸爲生業，急則人習戰攻以侵伐，〔八〕其天性也。其長兵則弓矢，短兵則刀鋋。〔九〕利則進，不利則退，不羞遁走。苟利所在，不知禮義。自君王以下，咸食畜肉，衣其皮革，被旃裘。壯者食肥美，老者飲食其餘。貴壯健，賤老弱。父死，妻其後母；兄弟死，皆取其妻妻之。其俗有名不諱而無字。〔一〇〕

〔一〕師古曰：以殷時始奔北邊。【補注】先謙曰：索隱引樂(彥)〔產〕括地譜云「夏桀無道，湯放之鳴條，三年而死。其子獯粥妻桀之衆妾，避居北野，隨畜移徙，中國謂之匈奴」。其言夏后苗裔，或當然也。故應劭風俗通曰「殷時曰獯粥，改曰匈奴」。又晉灼曰「堯時曰葷粥，周曰獫狁，秦曰匈奴」。韋昭云「漢曰匈奴，葷粥其別名」。則淳維是其始祖，蓋與獯粥是一也。

〔二〕師古曰：皆匈奴别號。獫音險。粥音（戈）〔弋〕六反。

〔三〕師古曰：橐佗，言能負橐囊而馱物也。驘，驢種而馬生也。駃騠，俊馬也，生七日而超其母。騊駼，馬類也，生北海。驒奚，駏驉類也。佗音徒何反。駃音決。騠音提。騊音桃。駼音塗。驒音顛。【補注】先謙曰：官本「俊」作「駿」。

〔四〕師古曰：分音扶問反。其下亦同。

〔五〕師古曰：言其幼小則能射。

〔六〕師古曰：少長言漸大。

〔七〕師古曰：言無米粟，唯食肉。【補注】王念孫曰：師古説非也。肉食二字若承上文少長言之，則肉食固匈奴之俗，自幼時已然，不待少長也。若不承少長言之，則肉食二字與上下文皆不相屬。今案「肉食」當爲「用食」字之誤也。隸書肉字作月，用字作用，二形相似，故「用」譌爲「肉」。用猶以也，言射狐菟以食也。史記作「少長則射狐兔用爲食」，是其明證也。以訓爲用，故用亦訓爲以，此言匈奴習於騎射，自爲兒時，已能騎羊射鳥鼠，少長則射狐兔，及長而爲士，則力能彎弓者，盡爲甲騎，非記其飲食之事也。下文云「自君王以下，咸食畜肉」，乃始言食肉耳。

〔八〕師古曰：人人皆習之。

〔九〕師古曰：鋋，鐵把小矛也，音蟬。

〔一〇〕【補注】周壽昌曰：史記作「無姓字」，集解「單于姓攣鞮氏」。本文下云「世姓官號，可得而記」。則不能謂無姓也。

夏道衰，而公劉失其稷官，變於西戎，〔一〕邑於豳。〔二〕其後三百有餘歲，〔三〕戎狄攻太王亶父，〔四〕亶父亡走於岐下，〔五〕豳人悉從亶父而邑焉，作周。〔六〕其後百有餘歲，周西伯昌伐畎夷。〔七〕後十有餘年，武王伐紂而營雒邑，復居於酆鎬，放逐戎夷涇、洛之北，〔八〕以時入貢，名曰荒服。其後二百有餘年，〔九〕周道衰，而周穆王伐畎戎，〔一〇〕得四白狼四白鹿以歸。自是之後，荒服不至。於是作吕刑之辟。〔一一〕至穆王之孫懿王時，王室遂衰，戎狄交侵，暴虐中國。中國被其苦，詩人始作，〔一二〕疾而歌之，曰：「靡室靡家，獫允之故」；「豈不日戒，獫允孔棘」。〔一三〕至懿王曾孫宣王，興師命將以征伐之，詩人美大其功，曰：「薄伐獫狁，至於太原」；〔一四〕「出車彭彭」，「城彼朔方」。〔一五〕是時四夷賓服，稱爲中興。〔一六〕

〔一〕師古曰：公劉，后稷之曾孫也。變，化也，謂行化於其俗。

〔二〕師古曰：即今之豳州是其地也。

〔三〕【補注】沈欽韓曰：困學紀聞王逨曰「自后稷五傳而得公劉，自亶父三傳而滅商，則公劉在夏之中衰，亶父在商之末世，不啻五六百年，曰三百歲，未知何據」。案班承史遷舊文，而不知其繆。

〔四〕師古曰：自公劉至亶父凡九君也。父讀曰甫。

〔五〕師古曰：岐山之下。

〔六〕師古曰：始作周國也。

〔七〕師古曰：西伯昌即文王也。畎音工犬反。畎夷即畎戎也，又曰昆夷。昆字或作混，又作緄，二字並音工本反。昆、緄、畎聲相近耳。亦曰犬戎也。山海經云：「黄帝生苗龍，苗龍生融吾，融吾生弄明，弄明生白犬。白犬有二，牝牡，是爲犬戎。」許氏説文解字曰「赤狄本犬種也」，故字從犬。【補注】先謙曰：索隱「弄明」作「并明」。

〔八〕師古曰：此洛即漆沮水也，本出上郡雕陰泰冒山，而東南入于渭。【補注】宋祁曰：注文「冒」亦作「昌」，越本作「冒」。先謙曰：作「昌」是也。索隱亦作「昌」。

〔九〕【補注】沈欽韓曰：竹書紀年「穆王十二年伐犬戎」。從成王數至此年纔九十四年。

〔一〇〕師古曰：穆王，成王孫，康王子也。

〔一一〕師古曰：即尚書呂刑篇是也。辟，法也，音闢。

〔一二〕【補注】沈欽韓曰：紀年「懿王十三年，翟人侵岐。二十一年，虢公帥師北伐犬戎，敗逋」。事與此合。先謙曰：史記周紀云「懿王之時，王室遂衰，詩人作刺」。白虎通引采薇之詩以爲「師出踰時，怨思而作」。人表「懿王」下班注「詩作」。易林睽之小過云「采薇出車，魚麗思初，上下促急，君子懷憂」。是三家采薇詩義，與毛傳以爲文王詩者不同。

〔一三〕師古曰：小雅采薇之詩也。孔，甚也。棘，急也。言征役踰時，靡有室家夫婦之道者，以有玁允之難故也。豈不日日相警戒乎？玁允之難甚急。【補注】先謙曰：毛詩釋文「曰戒音越，又人栗反」。鄭箋云「豈不曰相警戒乎？誠曰相警戒也」。是鄭讀「曰」字，此作「日戒」，明三家詩是「日」字，毛或作「曰」也。唐石經改毛詩「曰」作「日」，又誤。

〔一四〕師古曰：小雅六月之詩也。薄伐，言逐出之。

〔一五〕師古曰：小雅出車之詩也。彭彭，盛也。朔方，北方也。言玁允既去，北方安靜，乃築城以守。

〔一六〕【補注】先謙曰：自「至穆王之孫」至此，班氏所增。

至於幽王，用寵姬褒姒之故，與申后有隙。〔一〕申侯怒而與畎戎共攻殺幽王於麗山之下，〔二〕遂取周之地鹵獲，〔三〕而居於涇渭之間，侵暴中國。秦襄公救周，於是周平王去酆鎬而東徙於雒邑。〔四〕當時秦襄公伐戎至郊，〔五〕始列爲諸侯。後六十有五年，而山戎越燕而伐齊，齊釐公與戰於齊郊。〔六〕後四十四年，而山戎伐燕，燕告急齊，〔七〕齊桓公北伐山戎，山戎走。後二十餘年，而戎翟至雒邑，伐周襄王，〔八〕襄王出奔於鄭之氾邑。〔九〕初，襄王欲伐鄭，故取翟女爲后，與翟共伐鄭。已而黜翟后，翟后怨，而襄王繼母曰惠后，有子帶，欲立之，於是惠后與翟后、子帶爲內應，〔一〇〕開戎翟，戎翟以故得入，破逐襄王，而立子帶爲王。於是戎翟或居於陸渾，〔一一〕東至於衛，侵盜尤甚。〔一二〕周襄王既居外四年，乃使使告急於晉。晉文公初立，欲修霸業，乃興師伐戎翟，誅子帶，迎內襄王於洛邑。

〔一〕師古曰：幽王，宣王之子。【補注】先謙曰：「后」字誤，官本作「申侯」。

〔二〕師古曰：麗讀曰驪。【補注】先謙曰：史記作「驪」。韋昭云「戎後來居此山，故號曰驪戎」。

〔三〕【補注】先謙曰：史記作「焦穫」。括地志云「焦穫亦名瓠口，亦曰瓠中，在雍州涇陽縣城北十數里」。此「鹵獲」乃誤文。

〔四〕師古曰：平王，幽王之子。

〔五〕師古曰：郊，古岐字。【補注】劉敞曰：「當」字下疑有「是」字。先謙曰：劉說是也。此脫文，史記作「當是之時」。

〔六〕師古曰：釐讀曰僖。

〔七〕【補注】王念孫曰：「齊」上脫「於」字。御覽四夷部二十一引此有「於」字，史記同。

〔八〕師古曰：襄王，惠王之子。

〔九〕蘇林曰：氾音凡，今潁川襄城是也。師古曰：以襄王嘗處之，因號襄城。

〔一〇〕【補注】周壽昌曰：内應字始此。

〔一一〕師古曰：今伊闕南陸渾山川是其地。

〔一二〕【補注】先謙曰：史記作「侵盜暴虐中國，中國疾之。故詩人歌之曰『戎狄是膺』，『薄伐獫狁，至於太原』，『出車彭彭，城彼朔方』」。以爲襄王時詩，與班義異。

當是時，秦晉爲强國。晉文公攘戎翟，居於西河圜、洛之間，〔一〕號曰赤翟、白翟。〔二〕而秦穆公得由余，西戎八國服於秦。故隴以西有綿諸、畎戎、狄獂之戎，〔三〕在岐、梁、涇、漆之北有義渠、大荔、烏氏、朐衍之戎，〔四〕而晉北有林胡、樓煩之戎，〔五〕燕北有東胡、山戎。〔六〕各分散谿谷，自有君長，往往而聚者百有餘戎，然莫能相壹。

〔一〕晉灼曰：圜音嚚。三倉作圁。地理志「圜水出上郡白土縣西，東流入河」。師古曰：圜水即今銀州銀水是也。書本作圁，晉説是也。後轉寫者誤爲圜耳。洛水亦謂漆沮。【補注】沈欽韓曰：一統志「圁水在葭州北，自邊外流入，下流入黃河」。通志有「禿尾河自建安堡北塞外流入，又東南逕高家堡，西合永利河、蒺藜川，又東南合開光川，又東南入河，蓋即圁水也。洛河在慶陽府安化縣東北二百五十里」。案：洛水今發源榆林府定邊縣東南冢嶺下，東南流入延安府保安縣界，去安化東北二百五六十里。舊志所記里數與元和志、寰宇記皆同。先謙曰：史記「西河」作「河内」。

〔二〕師古曰：春秋所書晉師滅赤狄潞氏，郤缺獲白狄子者。

〔三〕師古曰：皆在天水界，即綿諸道及獂道是也。獂音（完）〔桓〕。

〔四〕師古曰：此漆水在新平。荔音隸。氏音支。朐音許于反。

〔五〕【補注】先謙曰：（集解）〔索隱〕引如淳曰「林胡即儋林，爲李牧所滅」。索隱「樓煩縣屬鴈門。應劭云故樓煩胡」。正義「林胡，括地志云朔州，春秋時北地也。嵐州，樓煩胡地也」。先謙案：朔州，今朔平府朔州治。嵐州，今太原府嵐縣治。

〔六〕服虔曰：烏桓之先也，後爲鮮卑。

自是之後百有餘年，〔一〕晉悼公使魏絳和戎翟，戎翟朝晉。後百有餘年，趙襄子踰句注而破之，並代以臨胡貉。〔二〕後與韓魏共滅知伯，分晉地而有之，則趙有代、句注以北，而魏有西河、上郡，以與戎界邊。其後，義渠之戎築城郭以自守，而秦稍蠶食之，至於惠王，遂拔義渠二十五城。惠王伐魏，魏盡入西河及上郡於秦。秦昭王時，義渠戎王與宣太后亂，有二子。〔三〕宣太后詐而殺義渠戎王於甘泉，遂起兵伐滅義渠。於是秦有隴西、北地、上郡，築長城以距胡。〔四〕而趙武靈王亦變俗胡服，習騎射，北破林胡、樓煩，〔五〕自代並陰山下至高闕爲塞，〔六〕而置雲中、鴈門、代郡。其後燕有賢將秦開，爲質於胡，胡甚信之。歸而襲破東胡，卻千餘里。〔七〕與荆軻刺秦王秦舞陽者，開之孫也。燕亦築長城自造陽至襄平，〔八〕置上谷、漁陽、右北平、遼西、遼東郡以距胡。當是時，冠帶戰國七，而三國邊於匈奴。〔九〕其後趙將李牧時，匈奴不敢入趙邊。後秦滅六國，而始皇帝使蒙恬將數十萬之物〔一〇〕北擊胡，悉收河南地，因河爲塞，築四十四縣城臨河，徙適戍以充之。〔一一〕而通直道，自九原至雲陽，〔一二〕因邊山險，塹谿谷，可繕者繕之，〔一三〕起臨洮至遼東萬餘里。〔一四〕又度河據陽山北假中。〔一五〕

〔一〕【補注】沈欽韓曰：困學紀聞「魯文公三年，秦霸西戎。襄公四年，魏絳和戎，裁五十餘歲」。

〔二〕師古曰：貉音莫伯反。【補注】先謙曰：索隱「貉即濊也」。

〔三〕師古曰：即昭王母也。

〔四〕【補注】蘇輿曰：據此秦在昭王時已築長城，始皇特立萬里之名耳。後人以長城始於始皇，非也。中國自春秋以後各有長城。詳見顧氏日知録三十一。

〔五〕【補注】先謙曰：史記亦有「築長城」三字。此趙之長城。

〔六〕師古曰：並音步浪反。高闕，解在衞青霍去病傳。【補注】宋祁曰：邵本「樓煩陰山」爲句。先謙曰：索隱「徐廣云，西安陽縣北有陰山，陰山在河南，陽山北也」。正義「括地志，陰山在朔州北塞外突厥界。朔方臨戎縣北有連山，險於長城。其山中斷，兩峯俱峻，土俗名爲高闕也」。先謙案：臨戎縣今鄂爾多斯右翼後旗，故漢朔方縣西，黄河向北流之東岸。官本注無「霍去病」三字。

〔七〕師古曰：卻，退也，音丘略反。【補注】先謙曰：官本「東胡」下再有「東胡」二字，史記同。

〔八〕師古曰：造陽，地名，在上谷界。襄平即遼東所治也。【補注】沈欽韓曰：通典「造陽在今嬀州北」。唐嬀州，今宣化府懷來縣治。漢襄平在今奉天府遼陽州北七十里。

〔九〕如淳曰：燕、趙、秦。

〔一〇〕【補注】錢大昭曰：「物」，南監本、閩本作「衆」。先謙曰：官本作「衆」，史記同。無「數」字。

〔一一〕師古曰：適讀曰謫。有罪謫合徙戍者，令徙居之。

〔一二〕【補注】先謙曰：正義「括地志，秦故道在慶州華池縣西四十五里。子午山自九原至雲陽千八百里」。先謙案：隋華池縣在今慶陽府合水東北百二十里，縣東有子午山，舊名翟道山。九原，漢五原縣。雲陽，扶風縣。

〔一三〕師古曰：繕，補也。

〔一四〕【補注】先謙曰：臨洮，隴西縣。正義「括地志，即今岷州。秦長城首起岷州西十二里，延袤萬餘里，東入遼水」。

先謙案，岷州今鞏昌府岷州治。

〔一五〕師古曰：北假，地名。【補注】先謙曰：正義「括地志，漢五原郡河目縣故城，在北假中，北假在河北」。案河目縣在今吴喇忒西北。

當是時，東胡强而月氏盛。〔一〕匈奴單于曰頭曼，〔二〕頭曼不勝秦，北徙。十有餘年而蒙恬死，諸侯畔秦，中國擾亂，諸秦所徙適邊者皆復去，〔三〕於是匈奴得寬，復稍度河南與中國界於故塞。

〔一〕師古曰：氏音支。

〔二〕師古曰：曼音莫安反。

〔三〕師古曰：適音謫。

單于有太子，名曰冒頓。後有愛閼氏，生少子，〔一〕頭曼欲廢冒頓而立少子，乃使冒頓質於月氏。冒頓既質，而頭曼急擊月氏。月氏欲殺冒頓，冒頓盜其善馬，騎亡歸。頭曼以爲壯，令將萬騎。冒頓乃作鳴鏑，〔二〕習勒其騎射，〔三〕令曰：「鳴鏑所射而不悉射者斬。」行獵獸，有不射鳴鏑所射輒斬之。已而，冒頓以鳴鏑自射善馬，左右或莫敢射，冒頓立斬之。居頃之，復以鳴鏑自射其愛妻，左右或頗恐，不敢射，復斬之。頃之，冒頓出獵，以鳴鏑射單于善馬，左右皆射之。於是冒頓知其左右可用。從其父單于頭曼獵，以鳴鏑射頭曼，其左右皆隨鳴鏑而射殺頭曼，盡誅其後母與弟及大臣不聽從者。於是冒頓自立爲單于。〔四〕

〔一〕師古曰：閼氏，匈奴皇后號也。閼音於連反。氏音支。【補注】宋祁曰：冒音墨，頓音毒，無別訓。姚令威云：「僕閱董仲舒傳，冒音莫克反，又如字。司馬遷傳亦音莫克反。」劉攽曰：匈奴單于號其妻爲閼氏爾。顏便以皇后解之，太俚俗也。

〔二〕應劭曰：髐箭也。師古曰：鏑音嫡。髐音呼交反。【補注】王念孫曰：案「作」下原有「爲」字，後人以爲即是作，故删去「爲」字，不知古書言作爲者多矣。通鑑漢紀三已脱「爲」字。文選左思詠史詩注、曹植名都篇注、陸機從軍行注、張協七命注、邱遲與陳伯之書注、顏延之陽給事誄注，六引漢書皆作「作爲鳴鏑」，史記同。

〔三〕師古曰：勒其所部騎，皆習射也。

〔四〕【補注】先謙曰：集解「徐廣云秦二世元年壬辰歲立」。

冒頓既立，時東胡强，聞冒頓殺父自立，乃使使謂冒頓曰：「欲得頭曼時號千里馬。」冒頓問羣臣，羣臣皆曰：「此匈奴寶馬也，勿予。」冒頓曰：「奈何與人鄰國愛一馬乎？」遂與之。頃之，東胡以爲冒頓畏之，使使謂冒頓曰：「欲得單于一閼氏。」冒頓復問左右，左右皆怒曰：「東胡無道，乃求閼氏！請擊之。」冒頓曰：「奈何與人鄰國愛一女子乎？」遂取所愛閼氏予東胡。東胡王愈驕，西侵。與匈奴中間有棄地莫居千餘里，各居其邊爲甌脱。〔一〕東胡使使謂冒頓曰：「匈奴所與我界甌脱外棄地，匈奴不能至也，吾欲有之。」冒頓問羣臣，或曰：「此棄地，予之。」於是冒頓大怒，曰：「地者，國之本也，奈何予人！」諸言與者，皆斬之。冒頓上馬，令國中有後者斬，遂東襲擊東胡。東胡初輕冒頓，不爲備。及冒頓以兵至，大破滅東胡王，虜其民衆畜産。既歸，西擊走月氏，南并樓煩、白羊河南王，〔二〕悉復收秦所使蒙恬所奪匈奴地者，與漢關故河南塞，至朝那、膚施，〔四〕遂侵燕、代。是時漢方與項羽相距，中國罷於兵革，〔五〕以故冒頓得自强，控弦之士三十餘萬。〔六〕

〔一〕【補注】沈欽韓曰：顔籀匡謬正俗以閼氏爲專言正妻。案此傳是匈奴妻妾並稱閼氏。大抵胡俗，烏孫，左夫人、右夫人。元亦有第二皇后、第三皇后，皇后則稱大斡耳朵，元太祖、世祖有四斡耳朵。匈奴正妻則稱大閼氏。

〔二〕服虔曰：甌脱，作土室以伺也。師古曰：境上候望之處，若今之伏宿處也。甌音一侯反。脱音土活反。【補注】錢大昭曰：「甌脱」，蘇武傳作「區脱」。先謙曰：官本注「處」作「舍」。

〔三〕師古曰：二王之居在河南。

〔四〕師古曰：朝那屬安定。膚施屬上郡。【補注】先謙曰：朝那在今平涼府平涼縣西北，膚施在今綏德州東南五十里。

〔五〕師古曰：罷讀曰疲。

〔六〕師古曰：控，引也。控弦，言能引弓者。

自淳維以至頭曼千有餘歲，時大時小，別散分離，尚矣，〔一〕其世傳不可得而次。然至冒頓，而匈奴最强大，盡服從北夷，而南與諸夏爲敵國，其世信官號〔二〕可得而記云。

〔一〕師古曰：尚，久遠。

〔二〕【補注】錢大昭曰：「信」當作「姓」。先謙曰：官本作「姓」。

單于姓攣鞮氏，〔一〕其國稱之曰「撐犁孤塗單于」。〔二〕匈奴謂天爲「撐犁」，謂子爲「孤塗」，單于者，廣大之貌也，言其象天單于然也。置左右賢王，左右谷蠡，〔三〕左右大將，左右大都尉，左右大當户，左右骨都侯。〔四〕匈奴謂賢曰「屠耆」，故常以太子爲左屠耆王。自左右賢王以下至當户，大者萬餘騎，小者數千，凡二十四長，立號曰「萬騎」。其大臣皆世官。呼衍氏，蘭氏，〔五〕其後有須卜氏，此三姓，其貴種也。諸左王將居東方，直上谷以東，〔六〕接穢貉、朝鮮；右王將居西方，直上郡以西，接氐羌；〔七〕而單于庭直代、雲中。〔八〕各有分地，逐水草移徙。而左右賢王、左右谷蠡最大國，〔九〕左右骨都侯輔政。諸二十四長，亦各自置千長、百長、什長、裨小王、〔一〇〕相、都尉、當户、且渠之屬。〔一一〕

〔一〕師古曰：孿音力全反。鞮音丁奚反。

〔二〕蘇林曰：撐音掌距之掌。師古曰：音丈庚反。

〔三〕師古曰：谷音鹿。蠡音盧奚反。【補注】先謙曰：「谷蠡」下，史記有「王」字。

〔四〕【補注】先謙曰：骨都，異姓大臣。

〔五〕師古曰：呼衍，即今鮮卑姓呼延者是也。蘭姓今亦有之。

〔六〕師古曰：直，當也。其下亦同也。【補注】劉攽曰：「以東」屬下句。

〔七〕【補注】先謙曰：「西接」下，史記有「月氏」二字。

〔八〕【補注】先謙曰：匈奴謂所都處爲庭。

〔九〕【補注】劉攽曰：衍「國」字。先謙曰：史記亦作「最爲大國」。

〔一〇〕師古曰：裨音頻移反。【補注】宋祁曰：「百長」下舊本有「行長」二字。先謙曰：舊本衍文，史記無。

〔一一〕師古曰：且音子餘反。今之沮渠姓，蓋本因此官。

歲正月，諸長小會單于庭，祠。〔一〕五月，大會龍城，〔二〕祭其先、天地、鬼神。秋，馬肥，大會蹛林，課校人畜計。〔三〕其法，拔刃尺者死，坐盜者没入其家；有罪，小者軋，〔四〕大者死。獄久者不滿十日，一國之囚不過數人。而單于朝出營，拜日之始生，夕拜月。其坐，長左而北向。〔五〕日上戊己。〔六〕其送死，有棺槨金銀衣裳，〔七〕而無封樹喪服；〔八〕近幸臣妾從死者，多至數十百人。〔九〕舉事常隨月，盛壯以攻戰，〔一〇〕月虧則退兵。其攻戰，斬首虜賜一巵酒，而所得鹵獲因以予之，得人以爲奴婢。故其戰，人人自爲趨利，〔一一〕善爲誘兵以包敵。〔一二〕故其逐利，如鳥之集；其困敗，瓦解雲散矣。戰而扶轝死者，盡得死者家財。〔一三〕

〔一〕【補注】先謙曰：言小，以配下「大會」之文。官本作「少」，史記作「小」，明「少」字非也。

〔二〕【補注】沈欽韓曰：後書「會五月龍城」。索隱「崔浩云，西方胡皆事龍神，故名大會處爲龍城」。案晉載記「慕容皝使陽裕、唐柱等築龍城，構宮廟」，猶循舊俗也。

〔三〕服虔曰：蹛音帶，匈奴秋社，八月中皆會祭處也。師古曰：蹛者，繞林木而祭也。鮮卑之俗，自古相傳，秋天之祭，無林木者尚豎柳枝，衆騎馳遶三周乃止。此其遺法。計者，人畜之數。【補注】何焯曰：案金源有射柳，但不於秋，而於夏五月。沈欽韓曰：索隱「鄭氏曰蹛林，地名也」。晉灼曰：李陵與蘇武書云「相競趍蹛林」。案，遼史國語解云「蹛林，即松林故地」。然則胡語名林木爲蹛也。新唐書「太宗以鐵勒部思結爲蹛林州，隸燕然都護府」。先謙曰：官本注無「皆」字。正義以「計」字下屬，誤。

〔四〕服虔曰：刃刻其面也。如淳曰：軋，檛杖也。師古曰：二説皆非也。軋謂輾轢其骨節，若今之厭踝者也。軋音於黠反。輾音女展反。【補注】何焯曰：軋之義似當從如說。先謙曰：官本「檛」作「撾」。

〔五〕師古曰：左者，以左爲尊。

〔六〕【補注】錢大昭曰：以戊己日爲吉也。周壽昌曰：上、尚字同。戊己在天幹居五六，匈奴似亦取天地中合之義。

〔七〕【補注】先謙曰：史記「裳」作「衺」。

〔八〕【補注】先謙曰：集解「張華曰，匈奴名冢曰豆落」。

〔九〕師古曰：或數十人，或百人。【補注】先謙曰：史記「十」作「千」，正義引顔此注，蓋史誤已久。

〔一〇〕【補注】沈欽韓曰：隋書突厥傳「候月將滿，輒爲寇抄」。先謙曰：史記作「舉事而候星月，月盛壯，則攻戰」。疑「星」字衍。

〔一一〕師古曰：趨讀曰趣。趣，向也。

〔一二〕師古曰：包裹取之。【補注】先謙曰：史記「包」作「冒」。上言善誘，則包義爲長。

〔一三〕【補注】先謙曰：史記「轝」作「輿」。扶侍其傷而輿歸其屍也。

後北服渾窳、屈射、丁零、隔昆龍新犂之國。〔一〕於是匈奴貴人大臣皆服，以冒頓爲賢。

〔一〕師古曰：五小國也。渾音胡昆反。窳音(戈)〔弋〕主反。犂音犁。【補注】王念孫曰：五小國者：一渾窳、二屈射、三丁零、四隔昆、五新犂，「龍」字蓋涉上文龍城而衍。史記、漢紀皆無「龍」字。沈欽韓曰：魏志注，魚豢魏略「匈奴北有渾窳國、屈射國、隔昆國、新犂國」，亦無「龍」字。先謙曰：史記「渾窳」作「渾庾」，「丁零」作「丁靈」，後又作「丁令」，「隔昆」作「鬲昆」，「新犂」作「薪犁」。

是時，漢初定，徙韓王信於代，都馬邑。匈奴大攻圍馬邑，韓信降匈奴。匈奴得信，因引兵南踰句注，攻太原至晉陽下。高帝自將兵往擊之。會冬大寒雨雪，〔一〕卒之墮指者十二三，於是冒頓陽敗走，誘漢兵。漢兵逐擊冒頓，冒頓匿其精兵，見其羸弱，於是漢悉兵，多步兵，三十二萬，北逐之。高帝先至平城，步兵未盡到，冒頓縱精兵三十餘萬騎，〔二〕圍高帝於白登，七日，〔三〕漢兵中外不得相救餉。匈奴騎，其西方盡白，東方盡駹，北方盡驪，南方盡騂馬。〔四〕高帝乃使使間厚遺閼氏，〔五〕閼氏乃謂冒頓曰：「兩主不相困。今得漢地，單于終非能居之。且漢主有神，單于察之。」冒頓與韓信將王黄、趙利期，而兵久不來，疑其與漢有謀，亦取閼氏之言，乃開圍一角。於是高皇帝令士皆持滿傅矢外鄉，從解角直出，〔六〕得與大軍合，而冒頓遂引兵去。漢亦引兵罷，使劉敬結和親之約。

〔一〕師古曰：雨音于具反。

〔二〕【補注】先謙曰：史記作四十萬騎。

〔三〕師古曰：白登在平城東南，去平城十餘里。【補注】先謙曰：詳婁敬傳。

〔四〕師古曰：駹，青馬也。驪，深黑；騂，赤馬也。駹音尨。騂音先營反。【補注】沈欽韓曰：釋畜「馬面顙皆白爲駹」，駹非青馬，故史記云青駹馬。

〔五〕師古曰：求間隙而私遺之。【補注】沈欽韓曰：此蓋單于用事之正妻。文苑英華有謝觀漢以木女解平城圍賦云「舉國興師，婁敬之言莫聽，七日不食，陳平之計方行，於時命雕木之工，狀佳人之美」云云。其奇計蓋如此。

〔六〕師古曰：傅讀曰附。鄉讀曰嚮。言滿引弓弩，注矢外捍，從解圍之隅，直角以出去。【補注】先謙曰：官本注「直角」作「角直」，是。

是後韓信爲匈奴將，及趙利、王黄等數背約，侵盜代、鴈門、雲中。〔一〕居無幾何，陳豨反，〔二〕與韓信合謀擊代。漢使樊噲往擊之，復收代、鴈門、雲中郡縣，不出塞。是時匈奴以漢將數率衆往降，〔三〕故冒頓常往來侵盜代地。於是高祖患之，乃使劉敬奉宗室女翁主爲單于閼氏，〔四〕歲奉匈奴絮繒酒食物各有數，約爲兄弟以和親，冒頓乃少止。後燕王盧綰復反，率其黨且萬人降匈奴，〔五〕往來苦上谷以東，終高祖世。

〔一〕【補注】先謙曰：史記無「鴈門」二字。
〔二〕師古曰：無幾何，言無多時也。幾音居豈反。
〔三〕師古曰：即謂韓信、陳豨之屬耳。
〔四〕師古曰：諸王女曰翁主，言其父自主婚。
〔五〕【補注】先謙曰：史記作「率其黨數千人」。

孝惠、高后時，冒頓寖驕，〔一〕乃爲書，使使遺高后曰：「孤僨之君，〔二〕生於沮澤之中，〔三〕長於平野牛馬之域，數至邊境，願遊中國。陛下獨立，孤僨獨居。兩主不樂，無以自虞，〔四〕願以所有，易其所無。」高后大怒，召丞相平及樊噲、季布等議，斬其使者，〔五〕發兵而擊之。樊噲曰：「臣願得十萬衆，橫行匈奴中。」問季布，布曰：「噲可斬也！前陳豨反於代，漢兵三十二萬，〔六〕噲爲上將軍，時匈奴圍高帝於平城，噲不能解圍。天下歌之曰：『平城之下亦誠苦！七日不食，不能彀弩。』〔七〕今歌唫之聲未絶，傷痍者甫起，〔八〕而噲欲搖動天下，妄言以十萬衆橫行，是面謾也。〔九〕且夷狄譬如禽獸，得其善言不足喜，惡言不足怒也。」高后曰：

「善。」令大謁者張澤報書曰：「單于不忘弊邑，賜之以書，弊邑恐懼。退日自圖，〔一〇〕年老氣衰，髮齒墮落，行步失度，單于過聽，不足以自汙。〔一一〕弊邑無罪，宜在見赦。竊有御車二乘，馬二駟，以奉常駕。」冒頓得書，復使使來謝曰：「未嘗聞中國禮義，〔一二〕陛下幸而赦之。」因獻馬，遂和親。

〔一〕師古曰：寖，漸也。【補注】先謙曰：惟高后紀六年，書「匈奴寇狄道，攻阿陽」；七年，書「寇狄道，略二千餘人」兩事。

〔二〕如淳曰：僨，仆也。猶言不能自立也。師古曰：僨音方問反。【補注】先謙曰：顧炎武云：「僨如左傳『張脉僨興』之僨。倉公傳所謂『病得之欲男子而不可得也。』」如說非。

〔三〕師古曰：沮，浸溼之地，音子豫反。

〔四〕師古曰：虞與娛同。

〔五〕【補注】宋祁曰：越本無「平」字。

〔六〕【補注】齊召南曰：案韓王信反，誘匈奴攻漢，而圍高帝於平城。高祖七年事也。若陳豨之反於代，事在十年，與平城之圍了不相涉，季布面折樊噲，不應誤記後事爲前事，疑「陳豨」二字，傳寫之譌。

〔七〕師古曰：彀，張也，音工豆反。

〔八〕師古曰：唫，古吟字。痍，創也。甫，始也。痍音夷。

〔九〕師古曰：謾，欺誑也，音慢，又音莫連反。

〔一〇〕師古曰：圖，謀也。

〔一一〕師古曰：過，誤也。

〔一二〕【補注】宋祁曰：晏本無「嘗」字。

至孝文即位，復修和親。其三年夏，匈奴右賢王入居河南地爲寇，〔一〕於是文帝下詔曰：「漢與匈奴約爲昆弟，無侵害邊境，所以輸遺匈奴甚厚。今右賢王離其國，將衆居河南地，非常故。〔二〕往來入塞，捕殺吏卒，敺侵上郡保塞蠻夷，令不得居其故。〔三〕陵轢邊吏，入盜，甚驁無道，〔四〕非約也。其發邊吏車騎八萬詣高奴，〔五〕遣丞相灌嬰將擊右賢王。」右賢王走出塞，文帝幸太原。是時，濟北王反，〔六〕文帝歸，罷丞相擊胡之兵。

〔一〕【補注】何焯曰：前此匈奴復得陽山北假地，至是入居河南，故十四年大入，遂至彭陽也。先謙曰：在北河之南，蒙恬、衞青所取，皆即此地。

〔二〕師古曰：言異於常，非舊事。

〔三〕師古曰：敺與驅同。保塞蠻夷，謂本來屬漢而居邊塞自保守。

〔四〕師古曰：轢音來各反。驁與傲同。

〔五〕師古曰：上郡之縣也。

〔六〕【補注】先謙曰：濟北王興居。

其明年，單于遺漢書曰：「天所立匈奴大單于敬問皇帝無恙。前時皇帝言和親事，稱書意合驩。〔一〕漢邊吏侵侮右賢王，右賢王不請，〔二〕聽後義盧侯難支等計，與漢吏相恨，〔三〕絕二主之約，離昆弟之親。皇帝讓書再至，發使以書報，不來，漢使不至。〔四〕漢以其故不和，鄰國不附。今以少吏之敗約，〔五〕故罰右賢王，使至西方求月氏擊之。以天之福，吏卒良，馬力强，以滅夷月氏，〔六〕盡斬殺降下定之。樓蘭、烏孫、呼揭及其旁二十六國〔七〕皆已爲匈奴。〔八〕諸引弓之民并爲一家，北州以定。願寢兵休士養馬，除前事，復故約，〔九〕以安邊民，以應古始，使少者得成其長，老者得安其處，世世平樂。未得皇帝之志，〔一〇〕故使郎中係雩淺奉書請，〔一一〕獻橐佗一，騎馬二，駕二駟。〔一二〕皇帝即不欲匈奴近塞，則且詔吏民遠舍。〔一三〕使者至，即遣之。」〔一四〕六月中，來至新望之地。〔一五〕書至，漢議擊與和親孰便，公卿皆曰：「單于新破月氏，乘勝，不可擊也。且得匈奴地，澤鹵非可居也。和親甚便。」漢許之。

〔一〕師古曰：稱，副也。言與所遺書意相副，而共結驩親。

〔二〕師古曰：不告單于也。

〔三〕【補注】先謙曰：史記「支」作「氏」，「恨」作「距」。王念孫云「恨讀爲很，謂相爭鬭也。詳見劉向傳」。

〔四〕師古曰：讓書，有責讓之言也。謂匈奴再得漢書，而發使將書以報漢，漢留其使不得來還，而漢又更不發使至匈奴也。

〔五〕師古曰：少吏猶言小吏。【補注】先謙曰：史記作「小」。

〔六〕師古曰：夷，平也。

〔七〕【補注】先謙曰：史記「之」在「定」上，是。

〔八〕師古曰：皆入匈奴國也。揭音丘列反。

〔九〕師古曰：復音扶目反。

〔一〇〕【補注】先謙曰：言未知漢意如何。

〔一一〕師古曰：虖音火姑反。【補注】先謙曰：史記「虖」作「雩」，下同。「請」字下屬。

〔一二〕師古曰：騎馬，堪爲騎也。駕，可駕車也。二駟，八匹。

〔一三〕師古曰：舍，居止也。

〔一四〕【補注】先謙曰：請勿羈留。

〔一五〕服虔曰：漢界上塞下之地。【補注】先謙曰：史記「新」作「薪」。索隱「令匈奴使至於此」。

孝文前六年，遺匈奴書曰：「皇帝敬問匈奴大單于無恙。使係虖淺遺朕書，云『願寢兵休事，〔一〕除前事，復故約，以安邊民，世世平樂』，朕甚嘉之。此古聖王之志也。漢與匈奴約爲兄弟，所以遺單于甚厚。背約離兄弟之親者，常在匈奴。然右賢王事已在赦前，勿深誅。單于若稱書意，明告諸吏，使無負約，有信，敬如單于書。使者言單于自將并國有功，甚苦兵事。服繡袷綺衣、長襦、錦袍各一，〔二〕比疏一，〔三〕黃金飭具帶一，黃金犀毗一，〔四〕繡十匹，錦二十匹，赤綈、綠繒各四十匹，〔五〕使中大夫意、謁者令肩遺單于。」

〔一〕【補注】先謙曰：官本「事」作「士」，是。

〔二〕師古曰：服者，言天子自所服也。袷者，衣無絮也。繡袷綺衣，以繡爲表，綺爲裏也。袷音工洽反。【補注】先謙曰：「綺衣」下，史記作「繡袷、長襦、錦袷袍」。凡三事。

〔三〕師古曰：辮髮之飾也，以金爲之。比音頻寐反。疏字或作余。【補注】沈欽韓曰：廣雅「梳、枇、笸，櫛也」。案張揖訓多混同。釋名「梳言其齒疏也。比言細相比也」。魏志管輅傳「清河令徐季龍取十三種物，著大篋中，使輅射，遂一一名之，惟以梳爲枇耳」。顔説未聞。先謙曰：索隱「蒼頡篇，靡者爲比，麄者爲梳」。史記作「比余」。官本注「飭」作「飾」。

〔四〕孟康曰：要中大帶也。張晏曰：鮮卑郭洛帶，瑞獸名也，東胡好服之。師古曰：犀毗，胡帶之鉤也。亦曰鮮卑，亦謂師比，總一物也，語有輕重耳。【補注】沈欽韓曰：趙策「武靈王賜周紹胡服衣冠，具帶黄金師比」。鮑彪云，帶飾之佩也，猶具劍。案「具」當作「貝」，淮南主術訓「趙武靈王具帶鵕䴊而朝，趙國化之」。佞幸傳「孝惠時，郎中皆冠鵕鸃，貝帶」。「䴊」蓋「鸃」之譌。高誘注：「以大貝飾帶，胡服。鵕䴊讀曰私鈚頭，二字三音，曰郭洛帶。」案誘此注當有脱文，云私鈚頭者，即指師比言之。其云郭洛帶，一名鮮卑帶，與張晏説合。東觀記「詔賜鄧遵金剛鮮卑緄帶一具」。魏志注「典略文帝嘗賜劉楨郭洛帶」。班固與竇憲牋云「賜犀比金頭帶」。又延篤國策注云「胡革帶鉤爲師比」。蓋賜帶必連鉤，故徐廣云「犀毗，或無『一』字」。先謙曰：史記「飭」作「飾」，此誤。「犀毗」，史記作「胥紕」。「具」疑當作「貝」。

〔五〕師古曰：繒者，帛之總稱。綈，厚繒也，音徒奚反。

後頃之，冒頓死，子稽粥立，〔一〕號曰老上單于。

〔一〕師古曰：稽音雞。粥音育。

老上稽粥單于初立，文帝復遣宗人女翁主爲單于閼氏，〔一〕使宦者燕人中行説傅翁主。〔二〕説不欲行，漢强使之。説曰：「必我也，爲漢患者。」〔三〕中行説既至，因降單于，單于愛幸之。

〔一〕師古曰：宗人女，亦諸侯王之女。【補注】先謙曰：「翁」史記作「公」。此本以翁主蒙公主之名，曰翁主，著其實也。

〔二〕師古曰：姓中行，名說也。行音胡郎反。說讀曰悅。

〔三〕師古曰：言我必於漢生患。【補注】先謙曰：史記作「必我行也」，班删「行」字，而語意正同顏注不合。

初，單于好漢繒絮食物，中行說曰：「匈奴人衆不能當漢之一郡，然所以强之者，〔一〕以衣食異，無卬於漢。〔二〕今單于變俗好漢物，漢物不過什二，則匈奴盡歸於漢矣。〔三〕其得漢絮繒，以馳草棘中，衣袴皆裂弊，以視不如旃裘堅善也；〔四〕得漢食物皆去之，〔五〕以視不如重酪之便美也。」〔六〕於是說教單于左右疏記，以計識其人衆畜牧。〔七〕

〔一〕【補注】先謙曰：史記無「之」字，是。

〔二〕師古曰：卬音牛向反。

〔三〕師古曰：言漢費物十分之二，則盡得匈奴之衆也。

〔四〕師古曰：視讀曰示。下皆類此。

〔五〕師古曰：去，弃也，音丘呂反。

〔六〕師古曰：重，乳汁也。重音竹用反，字本作湩，其音則同。【補注】先謙曰：史記作湩。

〔七〕師古曰：說者，舉中行說之名也。疏，分條之也。識亦記，音式志反。【補注】劉攽曰：說當作施銳音。

漢遺單于書，以尺一牘，辭曰「皇帝敬問匈奴大單于無恙」，所以遺物及言語云云。〔一〕中行說令單于以尺二寸牘，及印封皆令廣長大，倨驁其辭〔二〕曰「天地所生日月所置匈奴大單于敬問漢皇帝無恙」，所以遺物言語亦云云。

〔一〕【補注】先謙曰：史記無「以」字。

〔二〕師古曰：倨，慢也。驁與傲同。

漢使或言匈奴俗賤老，中行說窮漢使曰：「而漢俗屯戍從軍當發者，其親豈不自奪温厚肥美齎送飲食行者乎？」〔一〕漢使曰：「然。」說曰：「匈奴明以攻戰爲事，老弱不能鬬，故以其肥美飲食壯健以自衞，如此父子各得相保，何以言匈奴輕老也？」漢使曰：「匈奴父子同穹廬臥。〔二〕父死，妻其後母；兄弟死，盡妻其妻。無冠帶之節，闕庭之禮。」〔三〕中行說曰：「匈奴之俗，食畜肉，飲其汁，衣其皮；畜食草飲水，隨時轉移。故其急則人習騎射，寬則人樂無事。約束徑，易行；君臣簡，可久。〔四〕一國之政猶一體也。父兄死，則妻其妻，惡種姓之失也。故匈奴雖亂，必立宗種。今中國雖陽不取其父兄之妻，親屬益疏則相殺，至到易姓，皆從此類也。〔五〕且禮義之敝，上下交怨，而室屋之極，生力屈焉。〔六〕夫力耕桑以求衣食，〔七〕築城郭以自備，故其民急則不習戰攻，緩則罷於作業。〔八〕嗟土室之人，顧無喋喋佔佔，冠固何當！」〔九〕自是之後，漢使欲辯論者，中行說輒曰：「漢使毋多言，顧漢所輸匈奴繒絮米蘗，令其量中，必善美而已，〔一〇〕何以言爲乎？且所給備善則已，不備善而苦惡，則候秋孰，以騎馳蹂乃稼穡也。」〔一一〕日夜教單于候利害處。〔一二〕

〔一〕師古曰：而，汝也。飲音於禁反。食音似。其下亦同。【補注】先謙曰：史記「親」上有「老」字，則文義更顯。

〔二〕師古曰：穹廬，旃帳也。其形穹隆，故曰穹廬。

〔三〕【補注】先謙曰：史記「節」作「飾」，是。

〔四〕師古曰：徑，直也。簡，率也。

〔五〕【補注】先謙曰：官本「到」作「制」，引宋祁曰，「至制」舊本、越本作「至到」，史記作「至乃」。

〔六〕師古曰：言忠信衰薄，彊爲禮義，故其（未）〔末〕流，怨恨彌起。棟宇之作，土木競勝，勞役既重，所以力屈。屈，盡也，音其勿反。

〔七〕師古曰：力謂竭力也。

〔八〕師古曰：罷讀曰疲。

〔九〕師古曰：嗟者，歎愍之言也。喋喋，利口也。佔佔，衣裳貌也。言漢人且當思念，無爲喋喋佔佔耳。雖自謂著冠，何所當益也。喋音牒。佔音昌占反。【補注】先謙曰：土室之人，斥漢使也。使以冠帶爲言，故説言「冠固何當」！

〔一〇〕師古曰：顧，念也。中猶滿也。量中者，滿其數也。中音竹仲反。

〔一一〕師古曰：苦猶麤也。蹂，踐也。乃，汝也。蹂音人九反。

〔一二〕【補注】先謙曰：文紀十一年，寇狄道。

孝文十四年，匈奴單于十四萬騎入朝那蕭關，殺北地都尉卬，虜人民畜産甚多，遂至彭陽。〔一〕使騎兵入燒回中宮，〔二〕候騎至雍甘泉。〔三〕於是文帝以中尉周舍、郎中令張武爲將軍，發車千乘，十萬騎，軍長安旁以備胡寇。而拜昌侯盧卿爲上郡將軍，〔四〕寧侯魏遬爲北地將軍，〔五〕隆慮侯周竈爲隴西將軍，〔六〕東陽侯張相如爲大將軍，成侯董赤爲將軍，〔七〕大發車騎往擊胡。單于留塞内月餘，漢逐出塞即還，不能有所殺。匈奴日以驕，歲入邊，殺略人民甚衆，雲中、遼東最甚，郡萬餘人。〔八〕漢甚患之，乃使使遺匈奴書，單于亦使當户報謝，復言和親事。

〔一〕服虔曰：安定縣也。師古曰：即今彭原縣是。【補注】先謙曰：今涇州鎮原縣東。

〔二〕師古曰：回中，地在安定，其中有宫也。【補注】齊召南曰：案回中宫秦時所築，始皇二十九年巡隴西，過回中宫，即此。括地志「秦回中宫在岐州雍縣西四十里」。武帝元封四年，幸雍，通回中道，遂北出蕭關。又以下文證之，則在雍明矣。先謙曰：史記「騎」作「奇」。雍縣在今鳳翔府鳳翔縣南。

〔三〕【補注】先謙曰：正義「括地志，漢甘泉在雍州雲陽西北八十里」。

〔四〕【補注】先謙曰：索隱「表『盧』作『㫍』，古今字異」。案今表作「旅」。又㫍誤字。

〔五〕師古曰：遫，古速字。

〔六〕師古曰：盧音廬。【補注】先謙曰：上郡、北地、隴西並以屯地名之。

〔七〕師古曰：文紀言建成侯，此言成侯，紀傳不同，當有誤。【補注】朱一新曰：赤，成侯渫之子，見功臣表。史功臣表、匈奴傳亦皆作成侯。索隱「成，縣名，屬涿郡」。則此傳無「建」字，是。文紀誤。先謙曰：史記云前將軍時爲將軍者，尚有欒布。班氏删之，説見文紀。

〔八〕【補注】先謙曰：史記「郡」上多「至代」二字。

孝文後二年，使使（遺）〔遺〕匈奴書曰：「皇帝敬問匈奴大單于無恙。使當户且渠雕渠難、郎中韓遼遺朕馬二匹，已至，敬受。〔一〕先帝制：〔二〕長城以北引弓之國受令單于，長城以内冠帶之室朕亦制之，使萬民耕織，射獵衣食，父子毋離，臣主相安，居無暴虐。〔三〕今聞渫惡民貪降其趨，〔四〕背義絶約，忘萬民之命，離兩主之驩，然其事已在前矣。書云『二國已和親，兩主驩説，〔五〕寢兵休卒養馬，〔六〕世世昌樂，翕然更始』，朕甚嘉之。聖者日新，改作更始，使老者得息，幼者得長，各保其首領，而終其天年。朕與單于俱由此道，〔七〕順天恤民，世世相傳，施之無窮，天下莫不咸嘉。使漢與匈奴鄰敵之國，〔八〕匈奴處北地，寒，殺氣早降，故詔吏遺單于秫糵金帛綿絮它物歲有數。〔九〕今天下大安，萬民熙熙，〔一〇〕獨朕與單于爲之父母。朕追念前事，薄物細故，謀臣計失，皆不足以離昆弟之驩。〔一一〕朕聞天不頗覆，地不偏載。〔一二〕朕與單于皆捐細故，俱蹈大道也，〔一三〕墮壞前惡，以圖長久，〔一四〕使兩國之民若一家子。元元萬民，下及魚鱉，上及飛鳥，跂行喙息蠕動之類，〔一五〕莫不就安利，避危殆。故來者不止，天之道也。俱去前事，〔一六〕朕釋逃虜民，〔一七〕單于毋言章尼等。〔一八〕朕聞古之帝王，約分明而不食言。〔一九〕單于留志，天下大安，〔二〇〕和親之後，漢過不先。〔二一〕單于其察之。」

〔一〕師古曰：當户且渠者，一人爲二官。雕渠難者，其姓名。【補注】先謙曰：史記「且渠」作「且居」。

〔二〕【補注】先謙曰：言高祖制詔如此。

〔三〕【補注】先謙曰：官本「居」作「俱」，是。史記作「俱無暴逆」。

〔四〕晉灼曰：渫音渫水之渫。邪惡不正之民。師古曰：渫音先列反。降，下也，謂下意於利也。趨讀曰趣。【補注】先謙曰：史記作「貪降其進取之利」。

〔五〕師古曰：説讀曰悦。

〔六〕師古曰：寢，息也。

〔七〕師古曰：由，從也，用也。

〔八〕【補注】劉奉世曰：「鄰」上宜有「有」字。不然衍「使」字。王念孫曰：劉説非也。「天下莫不咸嘉使」本作「天下莫不咸便」。便，安也。言順天恤民，天下咸安之也。「漢與匈奴鄰敵之國」，乃起下之詞，非承上之詞，便與使形相近，因誤爲使，後人不得其解，遂於「咸」下增「嘉」字，讀「天下莫不咸嘉」爲句，而以「使」字下屬爲句，義不可通，故劉疑「使」爲衍文，而不知其爲「便」字之誤也。史記作「天下莫不咸便」，是其證。

〔九〕【補注】先謙曰：史記「綿」作「絲」。

〔一〇〕師古曰：和樂貌。

〔一一〕師古曰：細故，小事也。

〔一二〕師古曰：頗亦偏也，音普何反。

〔一三〕師古曰：捐，棄也。【補注】劉敞曰：衍「也」字。

〔一四〕師古曰：墮，毁也。圖，謀也。墮音火規反。

〔一五〕師古曰：跂行，凡有足而行者也。喙息，凡以口出氣者也。蝡蝡，動貌。跂音岐。喙音許穢反。蝡音人兗反。【補注】王念孫曰：跂，行貌也。喙，息貌也。謂跂跂而行，喙喙而息，蝡蝡而動也。禮樂志郊祀歌「跂行畢逮」，公孫弘傳「跂行喙息，咸得其宜」，義並與此同。説文「蝡，動也」。跂，行也。文選洞簫賦注、七發注並引説文云「跂，行也，凡生類之行，皆曰跂」。較今本多一句。東方朔傳「跂跂脈脈善緣壁」。跂與蚑通。方言「喙，息也。自關而西，秦晉之間或曰喙」。廣雅「喘，喙息也」。喙息猶言喘息。新語道基篇「跂行喘息，蜎飛蝡動之類」，王褒洞簫賦「蟋蟀、蚸蠖，蚑行喘息」，是其證也。逸周書周祝篇「跂動噦息」，淮南俶真篇「蠉飛蝡動，跂行噲息」，噦、噲竝與喙通。喙訓爲息，故病而短氣亦謂之喙。晉語「余病喙矣」，韋注「喙短氣貌」是也。懼而短氣，亦謂之喙。宋玉高唐賦「虎豹豺兕，失氣恐喙」是也。師古以跂爲足，喙爲口，則與蝡動之文不類矣。先謙曰：官本注「岐」作「啓」，無兩「也」字及末兩「音」字。引宋祁曰，注文「啓」字，越本作「岐」字。

〔一六〕師古曰：去，除也，音丘呂反。

〔一七〕師古曰：謂漢人逃入匈奴者，(令)〔令〕不追。【補注】劉奉世曰：逃去者、虜去者，爲二事。

〔一八〕師古曰：背單于降漢者。

〔一九〕師古曰：凡云食言者，終爲不信，棄其前言，如食而盡。【補注】先謙曰：官本無「凡云」二字。

〔二〇〕師古曰：留志謂計念和親。

〔二一〕師古曰：言更不負約。

單于既約和親，於是制詔御史：「匈奴大單于遺朕書，和親已定，亡人不足以益衆廣地，匈奴無入塞，漢無出塞，犯今約者殺之，〔一〕可以久親，後無咎，俱便。朕已許。其布告天下，使明知之。」〔二〕

〔一〕【補注】先謙曰：官本「今」作「令」，是。史記作「令」。

〔二〕【補注】先謙曰：此與文紀所載詔文，詳略互見。

後四年，老上單于死，子軍臣單于立，〔一〕而中行説復事之。漢復與匈奴和親。

〔一〕【補注】先謙曰：集解「徐廣云，後元三年立」。

軍臣單于立歲餘，〔一〕匈奴復絶和親，大入上郡、雲中各三萬騎，所殺略甚衆。於是漢使三將軍軍屯北地，代屯句注，趙屯飛狐口，〔二〕緣邊亦各堅守以備胡寇。又置三將軍，軍長安西細柳、渭北棘門、霸上以備胡。〔三〕胡騎入代句注邊，烽火通於甘泉、長安。數月，漢兵至邊，匈奴亦遠塞，〔四〕漢兵亦罷。後歲餘，文帝崩，景帝立，〔五〕而趙王遂乃陰使於匈奴。吴楚反，欲與趙合謀入邊。漢圍破趙，匈奴亦止。自是後，景帝復與匈奴和親，通關市，給遺單于，遣翁主如故約。終景帝世，時時小入盗邊，無大寇。〔六〕

〔一〕【補注】先謙曰：文帝後六年。

〔二〕師古曰：險阸之處，在代郡之南，南衝燕趙之中。【補注】先謙曰：句注山在鴈門陰館，今代州西北。飛狐口在代郡常山關，今蔚州南。

〔三〕【補注】先謙曰：三將軍周亞夫、徐厲、劉禮。

〔四〕師古曰：遠，離也，音于萬反。

〔五〕【補注】先謙曰：元年四月，遣御史大夫陶青和親。二年，復與和親。並見紀。

〔六〕【補注】先謙曰：帝紀五年，遣公主。中二年，入燕。六年，入鴈門，至武泉，入上郡。後二年，入鴈門。

武帝即位，明和親約束，厚遇關市，饒給之。匈奴自單于以下皆親漢，往來長城下。

漢使馬邑人聶翁壹〔一〕間闌出物與匈奴交易，〔二〕陽爲賣馬邑城以誘單于。〔三〕單于信之，而貪馬邑財物，乃以十萬騎入武州塞。〔四〕漢伏兵三十餘萬馬邑旁，御史大夫韓安國爲護軍將軍，護四將軍以伏單于。〔五〕單于既入漢塞，未至馬邑百餘里，見畜布野而無人牧者，怪之，乃攻亭。時鴈門尉史行徼，見寇，保此亭，〔六〕單于得，欲刺之。尉史知漢謀，乃下，〔七〕具告單于。〔八〕單于大驚，曰：「吾固疑之。」乃引兵還。出曰：「吾得尉史，天也。」〔九〕以尉史爲天王。〔一〇〕漢兵約單于入馬邑而縱兵，〔一一〕單于不至，以故無所得。將軍王恢部出代擊胡輜重，〔一二〕聞單于還，兵多，不敢出。漢以恢本建造兵謀而不進，誅恢。自是後，匈奴絶和親，攻當路塞，〔一三〕往往入盜於邊，不可勝數。然匈奴貪，尚樂關市，耆漢財物，〔一四〕漢亦通關市不絶以中之。〔一五〕

〔一〕師古曰：姓聶名壹。翁者，老人之稱也。【補注】周壽昌曰：聶翁壹，敘傳云以財雄邊。又云北方多以壹爲字者。顔注非。

〔二〕孟康曰：私出塞交易。

〔三〕【補注】先謙曰：元光二年。

〔四〕【補注】先謙曰：索隱「蘇林云在鴈門也」。

〔五〕師古曰：伏兵而待單于也。

〔六〕師古曰：漢律，近塞郡皆置尉，百里一人，士史、尉史各二人，巡行徼塞也。行音下孟反。

〔七〕師古曰：尉史在亭樓上，虜欲以矛戟刺之，懼，乃自下以謀告。

〔八〕【補注】劉攽曰：「乃下具告單于」作一句。

〔九〕【補注】先謙曰：史記此句下，有「天使若言」四字。

〔一〇〕【補注】周壽昌曰：匈奴以天爲重，猶云天所封之王也。

〔一一〕師古曰：放兵以擊單于。【補注】王念孫曰：案：「縱」下「兵」字，後人以意加之也。史記作「漢兵約單于入馬邑而縱」，縱謂縱兵擊之也。史漢中多謂縱兵爲縱。史記高祖紀「高祖與項羽決勝垓下，孔將軍、費將軍縱」。李廣傳「中貴人將騎數十縱」，漢書「縱」作「從」，師古誤訓從爲隨。辯見前「將數十騎從」下。又曰「聞鼓聲而縱，聞金聲而止」。朝鮮傳「率遼東兵先縱」。以上二條，漢書同。本書王莽傳「今年刑在東方，誅貉之部先縱焉」。皆其證也。「縱」下本無「兵」字，故師古釋之曰「放兵以擊單于」若本作「縱兵」，則無煩訓釋矣。韓長孺傳「約單于入馬邑，縱兵」。師古無注。後人加「兵」字，何弗思之甚也。

〔一二〕師古曰：重音直用反。【補注】先謙曰：部猶言主領也。

〔一三〕師古曰：塞之當行道處者。

〔一四〕師古曰：耆讀曰嗜。

〔一五〕師古曰：以關市中其意。中音竹仲反。

自馬邑軍後五歲之秋，〔一〕漢使四將各萬騎擊胡關市下。將軍衞青出上谷，至龍城，得胡首虜七百人。公孫賀出雲中，無所得。公孫敖出代郡，爲胡所敗七千。〔二〕李廣出鴈門，爲胡所敗，匈奴生得廣，廣道亡歸。〔三〕漢囚敖、廣，敖、廣贖爲庶人。其冬，匈奴數千人盜邊，漁陽尤甚。漢使將軍韓安國屯漁陽，備胡。〔四〕其明年〔五〕秋，匈奴二萬騎入漢，殺遼西太守，略二千餘人。又敗漁陽太守軍千餘人，〔六〕圍將軍安國。〔七〕安國時千餘騎亦且盡，會燕救之，至，〔八〕匈奴乃去，又入鴈門殺略千餘人。於是漢使將軍衞青將三萬騎出鴈門，李息出代郡，擊胡，得首虜數千。其明年，衞青復出雲中以西至隴西，擊胡之樓煩、白羊王於河南，得胡首虜數千，羊百餘萬。於是漢遂取河南地，築朔方，〔九〕復繕故秦時蒙恬所爲塞，因河而爲固。漢亦棄上谷之斗辟縣造陽地以予胡。〔一〇〕是歲，元朔二年也。

〔一〕【補注】先謙曰：武紀「元光六年春，匈奴入上谷，殺略吏民，即書遣衞青」云云。「秋」字誤，當作「春」。

〔二〕【補注】先謙曰：史記「七千」下有「有餘」二字，語較圓。

〔三〕師古曰：於道上亡還。

〔四〕【補注】先謙曰：「數千人盜邊」，史記作「數入盜邊」。武紀「秋，匈奴盜邊，遣韓安國屯漁陽」。「其冬」當作「其秋」，時未正曆冬不在歲末也。

〔五〕【補注】先謙曰：元朔元年。

〔六〕【補注】先謙曰：武紀作「敗都尉」，與此異。

〔七〕師古曰：即韓安國也。

〔八〕【補注】劉攽曰：衍「之」字。

〔九〕【補注】何焯曰：大軍擊其西，出匈奴不意。漢都長安，既取河南地，則無烽火通甘泉之患。先謙曰：武紀「置朔方五原郡」。

〔一〇〕孟康曰：縣斗辟曲近胡。師古曰：斗，絶也。縣之斗曲入匈奴界者，其中造陽地也。辟讀曰僻。【補注】齊召南曰：案造陽地當在上谷最北，即前文所云「燕亦築長城，自造陽至襄平」者也。據後文則造陽之北凡九百里，後世如開平小興州等地，疑即古之造陽。

其後冬，軍臣單于死，其弟左谷蠡王伊稺斜自立爲單于，攻敗軍臣單于太子於單，於單亡降漢，漢封於單爲陟安侯，〔一〕數月死。

〔一〕【補注】先謙曰：史記「陟」作「涉」，本表同，「陟」字誤。

伊稺斜單于既立，其夏，匈奴數萬騎入代郡，殺太守共友，〔一〕略千餘人。秋，又入鴈門，殺略千餘人。〔一〕其明年，〔二〕又入代郡、定襄、上郡，各三萬騎，殺略數千人。匈奴右賢王怨漢奪之河南地而築朔方，數寇盜邊，及入河南，侵擾朔方，殺略吏民甚衆。

〔一〕師古曰：共友，太守姓名也。共讀曰龔。【補注】先謙曰：「共友」，史記作「恭友」。

〔二〕【補注】先謙曰：據武紀，入鴈門，亦在夏。

〔三〕【補注】先謙曰：四年冬。

其明年春，〔一〕漢遣衞青將六將軍十餘萬人出朔方高闕。〔二〕右賢王以爲漢兵不能至，飲酒醉。漢兵出塞六七百里，夜圍右賢王。右賢王大驚，脱身逃走，精騎往往隨後去。漢將軍得右賢王人衆男女萬五千人，裨小王十餘人。其秋，匈奴萬騎入代郡，殺都尉朱央，〔三〕略千餘人。

〔一〕【補注】先謙曰：五年。

〔二〕【補注】何焯曰：再西。衞青傳云「大行李息、岸頭侯張次公爲將軍，俱出右北平」，以牽綴其東。

〔三〕【補注】先謙曰：「央」史記作「英」。

其明年春，〔一〕漢復遣大將軍衞青將六將軍，十餘萬騎，仍再出定襄數百里〔二〕擊匈奴，得首虜前後萬九千餘級，而漢亦亡兩將軍，三千餘騎。右將軍建得以身脱，〔三〕而前將軍翕侯趙信兵不利，降匈奴。趙信者，故胡小王，降漢，漢封爲翕侯，以前將軍與右將軍并軍，介獨遇單于兵，故盡没。〔四〕單于既得翕侯，以爲自次王，〔五〕用其姊妻之，與謀漢。信教單于益北絶幕，〔六〕以誘罷漢兵，徼極而取之，〔七〕毋近塞。〔八〕單于從之。其明年，〔九〕胡數萬騎入上谷，殺數百人。

〔一〕【補注】先謙曰：六年。

〔二〕師古曰：仍，頻也。【補注】何焯曰：直單于庭北出。

〔三〕【補注】周壽昌曰：蘇建也。

〔四〕晉灼曰：介音戛。師古曰：介，特也。本雖并軍，至遇單于時特也。介讀如本字。【補注】王念孫曰：介即獨也。廣雅「介，獨也」。既言獨，不必又言介，且既與右將軍并軍，何以獨遇單于？今案：「并軍介」當依史記作「并軍分行」，謂始而并軍，繼而分行，故獨遇單于兵而盡没也。分誤爲介，介本作亇，分俗作兮，二形相似，故分誤爲介。杜周傳「執進退之分」，師古曰「分字或作介」。莊三十年穀梁傳「周之分子也」，釋文「分本或作介」。莊子漁父篇「遠哉其分乎道也」，釋文「分本又作介」。又脱去行字。師古以介獨二字連讀，非也。

〔五〕師古曰：自次者，尊重次於單于。

〔六〕師古曰：直度曰絶。

〔七〕師古曰：罷讀曰疲。徼，要也。誘令疲，要其困極，然後取之。徼音工堯反。

〔八〕師古曰：不近塞居，所以疲勞漢兵也。

〔九〕【補注】先謙曰：元狩元年夏。

明年春，〔一〕漢使票騎將軍去病將萬騎出隴西，過焉耆山千餘里，〔二〕得胡首虜八千餘級，得休屠王祭天金人。〔三〕其夏，票騎將軍復與合騎侯數萬騎出隴西、北地二千里，過居延，攻祁連山，得胡首虜三萬餘級，裨小王以下十餘人。是時，匈奴亦來入代郡、鴈門，殺略數百人。漢使博望侯及李將軍廣出右北平，擊匈奴左賢王。〔四〕左賢王圍李廣，廣軍四千人死者過半，殺虜亦過當。會博望侯軍救至，李將軍得脱，盡亡其軍。〔五〕合騎侯後票騎將軍期，及博望侯皆當死，贖爲庶人。

〔一〕【補注】先謙曰：二年。

〔二〕【補注】何焯曰：遣票騎擊其西，春小嘗之，夏大發兵。沈欽韓曰：耆與支同。元和志「甘州删丹縣焉支山，一名删丹山，在縣南五十里，東西百餘里，南北二十里，水草茂美」。先謙曰：删丹，漢爲張掖縣，今甘州府山丹縣治。

〔三〕孟康曰：匈奴祭天處，本在雲陽甘泉山下，秦擊奪其地，後徙之休屠王右地，故休屠有祭天金人象也。師古曰：作金人以爲天神之主而祭之，即今佛像是其遺法。【補注】沈欽韓曰：始皇紀「十年，迎太后復居甘泉宮。十五年，韓非死雲陽」。正義「括地志，雲陽城在雍州雲陽縣西八十里，秦始皇甘泉宮在焉」。則雲陽爲秦地久矣。三十二年，使蒙恬略取河南地，即漢之朔方郡耳，寧得以前與秦逼處數十里間乎？地理志「左馮翊雲陽縣有休屠、金人祠及徑路神祠、越巫貼祠」。此因霍去病得休屠金人，置諸雲陽，郊祀志「作甘泉宮，以致天神」是也。本以得金人而有其祠，説者反謂匈奴祭天之處，傎矣。正義引括地志、宋敏求長安志皆承其誤。先謙曰：史記「八千」上有「萬」字。

〔四〕【補注】何焯曰：兩將軍擊其東。

〔五〕【補注】劉奉世曰：既云「死者過半」，又云「盡亡其軍」，與武紀、本傳無同者，必有一誤。先謙曰：史記作「漢亡失數千人」，李廣傳云「廣軍幾没，以自當無賞」。武紀云「廣殺匈奴三千餘人，盡亡其軍四千人，獨身脱還」。合證之，廣軍四千，死者二千餘，故云過半，殺匈奴三千餘，故云過當。及獨身脱還，其軍盡亡失，蓋或降或逃故耳。故傳云「廣軍幾没，以自當無賞」也。情事固無不合。

其秋，單于怒昆邪王、休屠王居西方爲漢所殺虜數萬人，欲召誅之。昆邪、休屠王恐，謀降漢，漢使票騎將軍迎之。昆邪王殺休屠王，並將其衆降漢，凡四萬餘人，〔一〕號十萬。於是漢已得昆邪，〔二〕則隴西、北地、河西益少胡寇，徙關東貧民處所奪匈奴河南地新秦中以實之，〔三〕西減北地以西戍卒半。〔四〕明年春，〔五〕匈奴入右北平、定襄各數萬騎，殺略千餘人。

〔一〕【補注】何焯曰：票騎再西，前斬三萬級，此復降四萬人，右王不能軍矣。後出代攻左王，得首虜亦七萬餘人，左王不能軍矣。冒頓之盛，控弦之士三十餘萬，於是幾耗其種之半。

〔二〕【補注】先謙曰：武紀以其地爲武威、酒泉郡。

〔三〕師古曰：新秦，解在食貨志。

〔四〕【補注】劉敞曰：「西」當作「而」。

〔五〕【補注】先謙曰：二年。

其年春，〔一〕漢謀以爲「翕侯信爲單于計，居幕北，以爲漢兵不能至」。乃粟馬，〔二〕發十萬騎，私負從馬凡十四萬匹，〔三〕糧重不與焉。〔四〕令大將軍青、票騎將軍去病中分軍，大將軍出定襄，票騎將軍出代，咸約絶幕擊匈奴。〔五〕單于聞之，遠其輜重，〔六〕以精兵待於幕北。與漢大將軍接戰一日，會暮，大風起，漢兵縱左右翼圍單于。單于自度戰不能與漢兵，〔七〕遂獨與壯騎數百潰漢圍西北遁走。漢兵夜追之不得，行捕斬首虜凡萬九千級，〔八〕北至窴顔山趙信城而還。〔九〕

〔一〕【補注】朱一新曰：「其年春」，霍去病傳作「其明年」。考之武紀、去病傳是也。此脱「明」字。先謙曰：四年也。史記亦有「明」字。

〔二〕師古曰：以粟秣馬也。

〔三〕師古曰：私負衣裝者及私將馬從者，皆非公家發與之限。【補注】王念孫曰：私負從馬，即謂私負衣裝而從之馬，顔分爲二事，非。

〔四〕師古曰：負戴糧食者。重音直用反。與讀曰豫。

〔五〕師古曰：約謂爲其要。【補注】何焯曰：昆邪來降，則西方無復匈奴。故兩軍皆東，大將軍遇單于，票騎值左賢王也。先謙曰：官本注「其」作「期」，是。

〔六〕師古曰：徙其輜重，令遠去。

〔七〕師古曰：與猶如也。度音徒各反。【補注】周壽昌曰：左傳「一與一，誰能懼彼」，注「與，敵也」。

〔八〕師古曰：且行且捕斬之。

〔九〕孟康曰：趙信所作，因以名城。師古曰：寘音徒千反。

單于之走，其兵往往與漢軍相亂而隨單于，單于久不與其大衆相得，右谷蠡王以爲單于死，乃自立爲單于。真單于復得其衆，右谷蠡乃去號，復其故位。

票騎之出代二千餘里，與左王接戰，漢兵得胡首虜凡七萬餘人，左王將皆遁走。票騎封於狼居胥山，禪姑衍，臨翰海而還。

是後匈奴遠遁，而幕南無王庭。漢度河自朔方以西至令居，〔一〕往往通渠置田官，吏卒五六萬人，稍蠶食，地接匈奴以北。〔二〕

〔一〕師古曰：令音零，下亦類此。

〔二〕師古曰：其地相接不絶。

初，漢兩將大出圍單于，所殺虜八九萬，而漢士物故者亦萬數，〔一〕漢馬死者十餘萬匹。匈奴雖病，遠去，而漢馬亦少，無以復往。單于用趙信計，遣使好辭請和親。天子下其議，或言和親，或言遂臣之。丞相長史任敞曰：「匈奴新困，宜使爲外臣，朝請於邊。」〔二〕漢使敞使於單于。單于聞敞計，大怒，留之不遣。先是漢亦有所降匈奴使者，單于亦輒留漢使相當。漢方復收士馬，會票騎將軍去病死，〔三〕於是漢久不北擊胡。

〔一〕師古曰：物故謂死也。【補注】先謙曰：「萬數」，史記作「數萬」。武紀「兩軍士戰死者數萬人」。此傳誤也。

〔二〕師古曰：請音材性反。【補注】先謙曰：官本無「音」字。

〔三〕【補注】先謙曰：元狩六年。

數歲，伊穉斜單于立十三年死，子烏維立爲單于。是歲，元鼎三年也。烏維單于立，而漢武帝始出巡狩郡縣。其後漢方南誅兩越，不擊匈奴，匈奴亦不入邊。〔一〕

〔一〕【補注】先謙曰：元鼎五年，匈奴入五原，殺太守。此傳微有未合。

烏維立三年，漢已滅兩越，〔一〕遣故太僕公孫賀將萬五千騎出九原二千餘里，至浮苴井，〔二〕從票侯趙破奴萬餘騎出令居數千里，至匈奴河水，〔三〕皆不見匈奴一人而還。

〔一〕【補注】先謙曰：據武紀遣公孫賀等在元鼎六年秋，滅南越在六年春，滅東越在明年春，六年尚未滅也。此「兩」爲「南」之誤，史記亦誤。
〔二〕師古曰：苴音子餘反。武紀「苴」字作「沮」，其音同。【補注】先謙曰：集解「臣瓚云，去九原二千里，見漢輿地圖」。
〔三〕臣瓚曰：水名也，去令居千里。【補注】劉敞曰：趙破奴傳但云至匈河，此衍「奴」字。劉攽說同。

是時，天子巡邊，〔一〕親至朔方，勒兵十八萬騎以見武節，〔二〕而使郭吉風告單于。〔三〕既至匈奴，匈奴主客問所使，〔四〕郭吉卑體好言曰：「吾見單于而口言。」單于見吉，吉曰：「南越王頭已縣於漢北闕下，今單于即能前與漢戰，〔五〕天子自將兵待邊；即不能，亟南面而臣於漢。〔六〕何但遠走，亡匿於幕北寒苦無水草之地爲？」〔七〕語卒，單于大怒，立斬主客見者，而留郭吉不歸，遷辱之北海上。而單于終不肯爲寇於漢邊，休養士馬，習射獵，數使使好辭甘言求和親。

〔一〕【補注】先謙曰：元封元年。
〔二〕師古曰：見，示也。
〔三〕師古曰：風讀曰諷。
〔四〕師古曰：主客，主接諸客者也。問以何事而來。【補注】周壽昌曰：主客應是匈奴官名，猶漢之典客，漢舊儀云「主客尚書主外國事」，匈奴亦設此官。
〔五〕【補注】先謙曰：史記「能」在「即」上，是也。官本脱「前」字。
〔六〕師古曰：亟，急也，音居力反。

〔七〕師古曰：但，空也。

漢使王烏等闚匈奴。匈奴法，漢使不去節，不以墨黥其面，不得入穹廬。〔一〕王烏，北地人，習胡俗，去其節，黥面入廬。單于愛之，陽許曰：「吾爲遣其太子入質於漢，以求和親。」〔二〕

〔一〕師古曰：以墨黥面也。【補注】王文彬曰：注複述無謂，疑有脱誤。荀子正論篇注「黥，以墨涅面」。顏注黥或涅之譌。

〔二〕師古曰：言爲王烏故，遣太子入質。【補注】王念孫曰：爲，猶將也。言吾將遣太子入質也。下文漢使王烏等如匈奴，匈奴紿王烏曰「吾欲入漢見天子，面相結爲兄弟」。彼言欲，猶此言爲矣。古者爲與將同義。盧綰傳「綰妻與其子亡降，會高后病，不能見，舍燕邸，爲欲置酒見之」。言高后將欲置酒見之也。霍去病傳「去病始爲出定襄當單于。捕虜，虜言單于東，乃更令去病出代郡」。言始將出定襄，後更出代郡也。史記竝同。孟子梁惠王篇「克告於君，君爲來見也」，趙注「君將欲來」。然則吾爲遣太子，即吾將遣太子也。師古不曉爲字之義，乃云「言爲王烏故，遣太子入質」。失之矣。

漢使楊信使於匈奴。是時漢東拔濊貉、朝鮮以爲郡，〔一〕而西置酒泉郡以隔絶胡與羌通之路。又西通月氏、大夏，以翁主妻烏孫王，以分匈奴西方之援國。又北益廣田至眩雷爲塞，〔二〕而匈奴終不敢以爲言。是歲，翕侯信死，漢用事者以匈奴已弱，可臣從也。楊信爲人剛直屈强，素非貴臣也，〔三〕單于不親。欲召入，不肯去節，乃坐穹廬外見楊信。楊信説單于曰：「即欲和親，以單于太子爲質於漢。」單于曰：「非故約，故約漢常遣翁主，給繒絮食物有品，以和親，〔四〕而匈奴亦不復擾邊，今乃欲反古，〔五〕令吾太子爲質，無幾矣。」〔六〕匈奴俗，見漢使非中貴人，其儒生，以爲欲說，折其辭辯；〔七〕少年，以爲欲刺，折其氣。每漢兵入匈奴，匈奴輒報償。〔八〕漢留匈奴使，匈奴亦留漢使，必得當乃止。

〔一〕師古曰：濊與穢同，亦或作薉。【補注】先謙曰：滅朝鮮在元封三年。

〔二〕服虔曰：眩雷，地在烏孫北也。眩音州縣之縣。【補注】齊召南曰：案地理志「西河郡增山縣有道西出眩雷塞，北部都尉治」。則眩雷塞在西河郡之西北邊，不得遠在烏孫國也。

〔三〕師古曰：屈音其勿反。强音其兩反。

〔四〕師古曰：品謂等差也。

〔五〕師古曰：反，違也。

〔六〕師古曰：言遣太子爲質，則匈奴國中所餘者無幾，皆當盡也。幾音居豈反。【補注】先謙曰：正義「無幾，言無所冀望也」，似較顏注爲長。周壽昌云言無冀和好矣。於義亦通。

〔七〕【補注】先謙曰：史記無「辭」字，與下對文，較合。

〔八〕【補注】先謙曰：史記「兵」作「使」，是謂有使必荅也。時無兵事，知作「兵」者非。

楊信既歸，漢使王烏等如匈奴。匈奴復讇以甘言，〔一〕欲多得漢財物，紿王烏曰：「吾欲入漢〔二〕見天子，面相結爲兄弟。」王烏歸報漢，漢爲單于築邸於長安。匈奴曰：「非得漢貴人使，吾不與誠語。」〔三〕匈奴使其貴人至漢，病，服藥欲愈之，不幸而死。〔四〕漢使路充國佩二千石印綬，使送其喪，厚幣直數千金。單于以爲漢殺吾貴使者，乃留路充國不歸。諸所言者，單于特空紿王烏，〔五〕殊無意入漢，遣太子來質。於是匈奴數使奇兵侵犯漢邊。漢乃拜郭昌爲拔胡將軍，及浞野侯屯朔方以東，備胡。〔六〕

〔一〕師古曰：調古諂字。

〔二〕師古曰：紿，詐也。

〔三〕師古曰：誠，實也。

〔四〕【補注】先謙曰：武紀「元封四年秋，以匈奴弱，可遂臣服，乃遣使諂之，單于使來，死京師」。即此事也。

〔五〕師古曰：特，但也。

〔六〕師古曰：浞野侯，趙破奴也。浞音仕角反。

烏維單于立十歲死，子詹師廬立，〔一〕年少，號爲兒單于。是歲，元封六年也。自是後，單于益西北，左方兵直雲中，右方兵直酒泉、敦煌。

〔一〕【補注】先謙曰：史記「詹」作「烏」。

兒單于立，漢使兩使，一人弔單于，一人弔右賢王，欲以乖其國。使者入匈奴，匈奴悉將致單于。單于怒而悉留漢使。漢使留匈奴者前後十餘輩，而匈奴使來漢，亦輒留之相當。

是歲，〔一〕漢使貳師將軍西伐大宛，而令因杅將軍築受降城。〔二〕其冬，匈奴大雨雪，〔三〕畜多飢寒死，而單于年少，〔四〕好殺伐，國中多不安。左大都尉欲殺單于，使人間告漢〔五〕曰：

「我欲殺單于降漢，漢遠，漢即來兵近我，我即發。」〔六〕初漢聞此言，故築受降城，猶以爲遠。

〔一〕【補注】先謙曰：太初元年。

〔二〕師古曰：杅音于。【補注】沈欽韓曰：一統志「漢受降城在吴喇忒旗北，吴喇忒三旗在歸化城西三百六十里」。

〔三〕師古曰：雨音于具反。

〔四〕【補注】劉攽曰：「而」改「兒」。先謙曰：史記作「兒」。

〔五〕師古曰：私來報。

〔六〕師古曰：來兵，言以兵來也。【補注】先謙曰：史記作「即兵來迎我」。

其明年春，〔一〕漢使浞野侯破奴將二萬騎出朔方北二千餘里，〔二〕期至浚稽山而還。〔三〕浞野侯既至期，左大都尉欲發而覺，單于誅之，發兵擊浞野侯。浞野侯行捕首虜數千人。還，未至受降城四百里，匈奴八萬騎圍之。浞野侯夜出自求水，匈奴生得浞野侯，因急擊其軍。軍吏畏亡將而誅，莫相勸而歸，〔四〕軍遂没於匈奴。單于大喜，遂遣兵攻受降城，不能下，乃侵入邊而去。明年，單于欲自攻受降城，未到，病死。

〔一〕【補注】先謙曰：二年。

〔二〕師古曰：以迎左大都尉。

〔三〕師古曰：浚音俊。稽音雞。在武威北。

〔四〕【補注】王念孫曰：此言浞野侯已爲匈奴所獲，軍吏皆恐失將而誅，故莫相勸歸也。「勸」下不當有「而」字，蓋涉上句而衍，史記無。

兒單于立三歲而死，子少，匈奴乃立其季父烏維單于弟右賢王句黎湖爲單于。〔一〕是歲，太初三年也。

〔一〕師古曰：句音鉤。【補注】先謙曰：史記作「呴犁湖」。

句黎湖單于立，漢使光禄徐自爲出五原塞數百里，遠者千里，築城障列亭至盧朐，〔一〕而使游擊將軍韓說、長平侯衛伉屯其旁，〔二〕使强弩都尉路博德築居延澤上。〔三〕

〔一〕師古曰：盧朐，山名也。朐音劬。【補注】先謙曰：正義「括地志，五原郡稒陽縣北，出石門鄣得光禄城，又西北得支就縣，又西北得頭曼城，又西北得牢城河，又西北得宿虜城」。案即「築城鄣列亭至盧朐」也。

〔二〕師古曰：說讀曰悅。伉音抗，即衛青子。

〔三〕【補注】沈欽韓曰：元和志「居延海在甘州張掖縣東北一千六百里，即居延澤」。

其秋，匈奴大入雲中、定襄、五原、朔方，〔一〕殺略數千人，敗數二千石而去，行壞光禄所築亭障。又使右賢王入酒泉、張掖，略數千人。會任文擊救，〔二〕盡復失其所得而去。聞貳師將軍破大宛，斬其王還，單于欲遮之，不敢，〔三〕其冬病死。

〔一〕【補注】先謙曰：史記無五原、朔方，武紀亦無，四字疑衍。

〔二〕服虔曰：任文，漢將也。師古曰：擊救者，擊匈奴而自救漢人。【補注】沈欽韓曰：西域傳「軍正任文將兵屯玉門關」，故得援酒泉、張掖。

〔三〕【補注】先謙曰：「敢」，史記作「能」。漢破大宛在四年。

句黎湖單于立一歲死，其弟左大都尉且鞮侯立爲單于。〔一〕

〔一〕師古曰：且音子余反。鞮音丁奚反。

漢既誅大宛，威震外國，天子意欲遂困胡，乃下詔曰：「高皇帝遺朕平城之憂，〔一〕高后時單于書絶悖逆。昔齊襄公復九世之讎，春秋大之。」〔二〕是歲，太初四年也。

〔一〕師古曰：遺，留也。

〔二〕師古曰：公羊傳「莊四年春，齊襄公滅紀，復讎也。襄公之九世祖，昔爲紀侯所譖而亨殺于周，故襄公滅紀也。九世猶可以復讎乎？曰：雖百世可也」。

且鞮侯單于初立，恐漢襲之，盡歸漢使之不降者路充國等於漢。〔一〕單于乃自謂「我兒子，安敢望漢天子！漢天子，我丈人行」。〔二〕漢遣中郎將蘇武厚幣賂遺單于，單于益驕，禮甚倨，非漢所望也。明年，浞野侯破奴得亡歸漢。

〔一〕【補注】先謙曰：武紀「天漢元年，匈奴歸漢使者，使使來獻」。

〔二〕師古曰：丈人，尊老之稱也。行音胡浪反。

其明年，〔一〕漢使貳師將軍將三萬騎出酒泉，擊右賢王於天山，得首虜萬餘級而還。匈奴大圍貳師，幾不得脱。〔二〕漢兵物故什六七。〔三〕漢又使因杅將軍出西河，與强弩都尉會涿邪山，〔四〕亡所得。使騎都尉李陵將步兵五千人出居延北千餘里，與單于會，合戰，陵所殺傷萬餘人，兵食盡，欲歸，單于圍陵，陵降匈奴，其兵得脱歸漢者四百人。單于乃貴陵，以其女妻之。

〔一〕【補注】先謙曰：武紀在天漢二年。「浞野侯」上之「明年」二字蓋衍。

〔二〕師古曰：幾音鉅依反。

〔三〕師古曰：物故謂死也。

〔四〕【補注】先謙曰：史記作「涿涂山」。

後二歲，〔一〕漢使貳師將軍六萬騎，步兵七萬，出朔方；〔二〕强弩都尉路博德〔三〕將萬餘人，與貳師會；游擊將軍説步兵三萬人，出五原；〔四〕因杅將軍敖將騎萬，步兵三萬人，出鴈門。匈奴聞，悉遠其累重於余吾水北，〔五〕而單于以十萬待水南，與貳師接戰。貳師解而引歸，與單于連鬭十餘日。游擊亡所得。因杅與左賢王戰，不利，引歸。〔六〕

〔一〕【補注】先謙曰：武紀「天漢三年秋，匈奴入鴈門。四年，遣貳師將軍」等。

〔二〕【補注】先謙曰：史記「七」作「十」。

〔三〕【補注】宋祁曰：「博」，舊本作「萬」，校本改作「博」。

〔四〕師古曰：即上韓説也。

〔五〕師古曰：累重，謂妻子資産也。累音力瑞反。重音直用反。【補注】齊召南曰：案山海經曰「北鮮之山，鮮水出焉，北流注於余吾」。疑即此余吾。

〔六〕【補注】先謙曰：史記止此，以下班氏所增。

明年，且鞮侯單于死，立五年，長子左賢王立爲狐鹿姑單于。是歲，太始元年也。

初，且鞮侯兩子，長爲左賢王，次爲左大將，病且死，言立左賢王。左賢王未至，貴人以爲有病，更立左大將爲單于。左賢王聞之，不敢進。左大將使人召左賢王而讓位焉。左賢王辭以病，左大將不聽，謂曰：「即不幸死，傳之於我。」左賢王許之，遂立爲狐鹿姑單于。狐鹿姑單于立，以左大將爲左賢王，數年病死，其子先賢撣不得代，〔一〕更以爲日逐王，日逐王者，賤於左賢王。單于自以其子爲左賢王。

〔一〕師古曰：撣音纏。

單于既立六年，〔一〕而匈奴入上谷、五原，殺略吏民。其年，匈奴復入五原、酒泉，殺兩部都尉。〔二〕於是漢遣貳師將軍七萬人出五原，御史大夫商丘成將三萬餘人出西河，〔三〕重合侯莽通將四萬騎出酒泉千餘里。單于聞漢兵大出，悉遣其輜重，徙趙信城北邸郅居水。〔四〕左賢王驅其人民度余吾水六七百里，居兜銜山。單于自將精兵左安侯度姑且水。〔五〕

〔一〕【補注】先謙曰：征和二年。

〔二〕【補注】先謙曰：據武紀「其年」當作「其明年」。征和三年事也。紀云「殺兩都尉」，「部」字衍。

〔三〕【補注】先謙曰：武紀作「二萬人」。

〔四〕師古曰：邸，至也，音丁禮反。郅音之日反。

〔五〕師古曰：且音子余反。

御史大夫軍至追斜徑，無所見，還。〔一〕匈奴使大將與李陵將三萬餘騎追漢軍，至浚稽山合，轉戰九日，漢兵陷陳卻敵，殺傷虜甚衆。至蒲奴水，虜不利，還去。

〔一〕師古曰：從疾道而追之，不見虜而還也。邪音似嗟反。【補注】王念孫曰：案下文有速邪烏，是地名，則此追邪徑，亦是地名。言御史大夫軍至此地，不見虜而還也。師古以邪徑爲疾道，追邪徑爲從疾道追之，皆是臆説。且「御史大夫軍至追邪徑」作一句讀，與下「重合侯軍至天山」文同一例，若如師古所云，則「御史大夫軍至」當別爲一句矣。但言至，而不言所至之地，恐無是理也。先謙曰：官本「斜」作「邪」，是。

重合侯軍至天山，匈奴使大將偃渠與左右呼知王將二萬餘騎要漢兵，見漢兵强，引去。重合侯無所得失。是時，漢恐車師兵遮重合侯，乃遣闓陵侯將兵別圍車師，〔一〕盡得其王民衆而還。

〔一〕師古曰：闓讀與開同。【補注】錢大昭曰：闓陵侯，成娩也，本匈奴人。表作「開陵」。

貳師將軍將出塞，匈奴使右大都尉與衛律將五千騎要擊漢軍於夫羊句山狹。〔一〕貳師遣屬國胡騎二千與戰，虜兵壞散，死傷者數百人。漢軍乘勝追北，至范夫人城，〔二〕匈奴奔走，莫敢距敵。會貳師妻子坐巫蠱收，聞之憂懼。其掾胡亞夫亦避罪從軍，説貳師曰：「夫人室家皆在吏，若還不稱意，適與獄會，郅居以北可復得見乎？」〔三〕貳師由是狐疑，欲深入要功，遂北至郅居水上。虜已去，貳師遣護軍將二萬騎度郅居之水。一日，〔四〕逢左賢王左大將，將二萬騎與漢軍合戰一日，漢軍殺左大將，〔五〕虜死傷甚衆。軍長史與決眭都尉煇渠侯謀〔六〕曰：「將軍懷異心，欲危衆求功，恐必敗。」謀共執貳師。貳師聞之，斬長史，引兵還至速邪烏燕然山。〔七〕單于知漢軍勞倦，自將五萬騎遮擊貳師，相殺傷甚衆。夜塹漢軍前，深數尺，從後急擊之，軍大亂敗，貳師降。單于素知其漢大將貴臣，以女妻之，尊寵在衞律上。

〔一〕服虔曰：夫羊，地名也。師古曰：句山，西山也。句音鉤。

〔二〕應劭曰：本漢將築此城。將亡，其妻率餘衆完保之，因以爲名也。張晏曰：范氏能胡詛者。【補注】沈欽韓曰：一統志趙信城、范夫人城並在喀爾喀界內。

〔三〕如淳曰：以就誅後，雖復欲降匈奴，不可得。

〔四〕【補注】先謙曰：「之」字當衍。

〔五〕【補注】先謙曰：官本無「左」字。

〔六〕晉灼曰：本匈奴官也。功臣表，歸義侯僕多子雷後以屬國都尉擊匈奴，封煇渠。煇渠，魯闕縣也。師古曰：眭音息隨反。煇音輝。僕多者，字當爲朋。【補注】錢大昭曰：據表「煇渠侯僕朋子雷電，征和三年，以五原屬國都尉與貳師俱擊匈奴」。即其人也。據晉云歸義侯，表止有「歸義」之語，不云侯也。先謙曰：官本注「雷後」作「雷電」，「闕」作「陽」，「多」下無「者」字，是。

〔七〕師古曰：速邪烏，地名也，燕然山在其中。燕一音千反。【補注】沈欽韓曰：後書「竇憲登燕然山，去塞三千餘里」。魏書蠕蠕傳「世祖緣栗水西行，過漢將竇憲故壘，次於兔園水，去平城三千七百里，分軍搜討，東至瀚海，西接張掖水，北渡燕然山」。案亦在喀爾喀部內。先謙曰：官本注「一音」作「音一」，是。

其明年，〔一〕單于遺使遺漢書云：「南有大漢，北有强胡。胡者，天之驕子也，不爲小禮以自煩。今欲與漢闓大關，取漢女爲妻，〔二〕歲給遺我糵酒萬石，稷米五千斛，〔三〕雜繒萬匹，它如故約，則邊不相盜矣。」漢遣使者報送其使，單于使左右難漢使者曰：「漢，禮義國也。貳師道前太子發兵反，何也？」使者曰：「然。乃丞相私與太子爭鬭，太子發兵欲誅丞相，丞相誣之，故誅丞相。此子弄父兵，罪當笞，小過耳。孰與冒頓單于身殺其父代立，常妻後母，禽獸行也！」單于留使者，三歲乃得還。

〔一〕【補注】先謙曰：四年。
〔二〕師古曰：闓讀與開同。
〔三〕師古曰：以糵爲酒，味尤甜。稷米，稷粟米也。

貳師在匈奴歲餘，衛律害其寵，會母閼氏病，〔一〕律飭胡巫〔二〕言先單于怒，曰：「胡故時祠兵，常言得貳師以社，〔三〕今何故不用？」〔四〕於是收貳師，貳師怒曰：「我死必滅匈奴！」〔五〕遂屠貳師以祠。會連雨雪數月，畜産死，人民疫病，穀稼不孰，〔六〕單于恐，爲貳師立祠室。

〔一〕師古曰：單于之母也。
〔二〕師古曰：飭與敕同。

〔三〕師古曰：以祠社。

〔四〕【補注】宋祁曰：越本無「今」字。

〔五〕【補注】先謙曰：官本「怒」作「罵」。

〔六〕師古曰：北方早寒，雖不宜黍稷，匈奴中亦種黍穄。【補注】先謙曰：官本注「宜」下「黍」作「禾」。

自貳師没後，漢新失大將軍士卒數萬人，不復出兵。三歲，武帝崩。〔一〕前此者，漢兵深入窮追二十餘年，匈奴孕重墯殰，罷極苦之。〔二〕自單于以下常有欲和親計。

〔一〕【補注】先謙曰：武帝崩於後元二年，距征和四年止二歲也。云三歲，自貳師没年數之。昭帝初即位，匈奴入朔方。

〔二〕師古曰：孕重，懷任者也。墯，落也。殰，敗也，音讀。罷讀曰疲。極，困也。苦之，心厭苦也。【補注】周壽昌曰：殰，未及生而胎敗也。

後三年，單于欲求和親，會病死。初，單于有異母弟爲左大都尉，賢，國人鄉之，〔一〕母閼氏恐單于不立子而立左大都尉也，乃私使殺之。左大都尉同母兄怨，遂不肯復會單于庭。又單于病且死，謂諸貴人：「我子少，不能治國，立弟右谷蠡王。」及單于死，衛律等與顓渠閼氏謀，匿單于死，詐撟單于令，〔二〕與貴人飲盟，更立子左谷蠡王爲壺衍鞮單于。是歲，始元二年也。

〔一〕師古曰：鄉讀曰嚮，謂悉皆附之。

〔一〕師古曰：撟與矯同，其字從手。矯，託也。

壺衍鞮單于既立，風謂漢使者，言欲和親。〔一〕左賢王、右谷蠡王以不得立怨望，率其衆欲南歸漢。恐不能自致，即脅盧屠王，欲與西降烏孫，謀擊匈奴。盧屠王告之，單于使人驗問，右谷蠡王不服，反以其罪罪盧屠王，國人皆冤之。於是二王去居其所，未嘗肯會龍城。〔二〕

〔一〕師古曰：風讀曰諷，謂不正言也。

〔二〕師古曰：各自居其本處，不復會龍城祭。【補注】先謙曰：官本注末有「也」字。

後二年秋，匈奴入代，殺都尉。單于年少初立，母閼氏不正，國内乖離，常恐漢兵襲之。於是衛律爲單于謀「穿井築城，治樓以藏穀，與秦人守之。〔一〕漢兵至，無奈我何」。即穿井數百，伐材數千。或曰胡人不能守城，是遺漢糧也，〔二〕衛律於是止，乃更謀歸漢使不降者蘇武、馬宏等。〔三〕馬宏者，前副光禄大夫王忠使西國，爲匈奴所遮，忠戰死，馬宏生得，亦不肯降。故匈奴歸此二人，欲以通善意。〔四〕是時，單于立三歲矣。

〔一〕師古曰：秦時有人亡入匈奴者，今其子孫尚號秦人。【補注】先謙曰：顧炎武云：「顔説非也。彼時匈奴謂中國人爲秦人，猶後世言漢人耳。西域傳『匈奴縛馬前後足，置城下，馳言：秦人，我丐若馬』。師古曰『謂中國人爲秦人，習言故也』。彼注甚是。又大宛傳『聞宛城中新得秦人』，亦謂中國人。」

〔二〕師古曰：遺音弋季反。

〔三〕【補注】先謙曰：據昭紀在始元六年。

〔四〕【補注】周壽昌曰：傳介子傳引詔曰「樓蘭王安歸嘗爲匈奴閒，候遮漢使者，發兵略殺衛司馬安樂、光禄大夫忠、期門郎遂成等三輩」。西域傳云「樓蘭數遮殺漢使」，又云「元鳳四年，大將軍霍光遣平樂監傅介子往刺其王」。是宏副王忠使西域，當在元鳳四年前。宏爲匈奴所得，不肯降，持節之苦，不減蘇武。乃武歸尚有屬國之賞，而宏並不得與常惠等同受爵賞，不可解。

明年，〔一〕匈奴發左右部二萬騎，爲四隊，〔二〕並入邊爲寇。漢兵追之，斬首獲虜九千人，生得甌脱王，漢無所失亡。匈奴見甌脱王在漢，恐以爲道擊之，〔三〕即西北遠去，不敢南逐水草，發人民屯甌脱。明年，〔四〕復遣九千騎屯受降城以備漢，北橋余吾，令可度，〔五〕以備奔走。〔六〕是時，衛律以死。衛律在時，常言和親之利，匈奴不信，及死後，兵數困，國益貧。單于弟左谷蠡王思衛律言，欲和親而恐漢不聽，故不肯先言，常使左右風漢使者。〔七〕然其侵盜益希，遇漢使愈厚，欲以漸致和親，漢亦羈縻之。其後，左谷蠡王死。明年，〔八〕單于使犁汙王窺邊，〔九〕言酒泉、張掖兵益弱，出兵試擊，冀可復得其地。時漢先得降者，聞其計，天子詔邊警備。後無幾，右賢王、犁汙王四千騎〔一〇〕分三隊，入日勒、屋蘭、番和。〔一一〕張掖太守、屬國都尉發兵擊，大破之，得脱者數百人。屬國千長義渠王騎士射殺犁汙王，〔一二〕賜黄金二百斤，馬二百匹，因封爲犁汙王。屬國都尉郭忠封成安侯。〔一三〕自是後，匈奴不敢入張掖。

〔一〕【補注】先謙曰：元鳳元年。

〔二〕師古曰：隊，部也，音徒内反。

〔三〕師古曰：道讀曰導。

〔四〕【補注】先謙曰：二年。

〔五〕師古曰：於余吾水上作橋。

〔六〕師古曰：擬有迫急，北走避漢，從此橋度也。

〔七〕師古曰：風讀曰諷。

〔八〕【補注】先謙曰：以上下文推之，此「明年」二字當衍。

〔九〕【補注】周壽昌曰：犂汙，是匈奴右谷蠡庭所屬地，下有犂汙都尉，又有到左犂汙王咸所居地。

〔一〇〕師古曰：無幾謂不多時也。幾音居豈反。【補注】先謙曰：官本注在上「無幾」下。

〔一一〕師古曰：皆張掖縣也。番音盤。【補注】先謙曰：日勒，在今甘州府山丹縣東南。屋蘭，今山丹縣西北。番和，今涼州府永昌縣西。

〔一二〕師古曰：千長者，千人之長。【補注】沈欽韓曰：續志張掖屬國有千人官。

〔一三〕【補注】先謙曰：據功臣侯表封在元鳳三年二月，斬犂汙王二年事也。

其明年，〔一〕匈奴三千餘騎入五原，略殺數千人，後數萬騎南旁塞獵，〔二〕行攻塞外亭長，〔三〕略取吏民去。是時漢邊郡烽火候望精明，匈奴爲邊寇者少利，希復犯塞。漢復得匈奴降者，言烏桓嘗發先單于冢，匈奴怨之，方發二萬騎擊烏桓。大將軍霍光欲發兵要擊之，〔四〕以問護軍都尉趙充國。充國以爲「烏桓間數犯塞，〔五〕今匈奴擊之，於漢便。又匈奴希寇盜，北邊幸無事。蠻夷自相攻擊，而發兵要之，招寇生事，非計也」。光更問中郎將范明友，明友言可擊。於是拜明友爲度遼將軍，將二萬騎出遼東。〔六〕匈奴聞漢兵至，引去。初，光誡明友：「兵不空出，即後匈奴，遂擊烏桓。」〔七〕烏桓時新中匈奴兵，〔八〕明友既後匈奴，因乘烏桓敝，擊之，斬首六千餘級，獲三王首，還，封爲平陵侯。〔九〕

〔一〕【補注】先謙曰：三年也。元鳳中，匈奴三次入邊，紀皆不載。

〔二〕師古曰：旁音步浪反。

〔三〕【補注】錢大昭曰：「長」當作「障」，南監本、閩本不誤。先謙曰：官本作「障」。

〔四〕師古曰：邀迎而擊之。邀音工堯反。【補注】錢大昭曰：「要」依注當作「邀」。先謙曰：官本作「邀」。

〔五〕師古曰：間即中間也，猶言比日也。

〔六〕【補注】先謙曰：昭紀在元鳳三年。

〔七〕師古曰：後匈奴者，言兵遲後，邀匈奴不及。

〔八〕師古曰：爲匈奴所中傷。

〔九〕【補注】先謙曰：四年。

匈奴繇是恐，〔一〕不能出兵。即使使之烏孫，求欲得漢公主。擊烏孫，取車延、惡師地。烏孫公主上書，下公卿議救，未決。昭帝崩，宣帝即位，烏孫昆彌復上書，言「連爲匈奴所侵削，昆彌願發國半精兵人馬五萬匹，盡力擊匈奴，唯天子出兵，哀救公主！」〔二〕本始二年，漢大發關東輕鋭士，選郡國吏三百石抗健習騎射者，皆從軍。〔三〕遣御史大夫田廣明爲祁連將軍，四萬餘騎，出西河；度遼將軍范明友三萬餘騎，出張掖；前將軍韓增三萬餘騎，出雲中；後將軍趙充國爲蒲類將軍，三萬餘騎，出酒泉；雲中太守田順爲虎牙將軍，三萬餘騎，出五原：凡五將軍，兵十餘萬騎，出塞各二千餘里。及校尉常惠使護發兵烏孫西域，〔四〕昆彌自將翕侯以下五萬餘騎從西方入，與五將軍兵凡二十餘萬衆。匈奴聞漢兵大出，老弱犇走，敺畜産遠遁逃，〔五〕是以五將少所得。〔六〕

〔一〕師古曰：繇讀與由同。

〔二〕【補注】王先慎曰：時公主亦遣使上書，見西域傳。

〔三〕師古曰：伉音古浪反。【補注】先謙曰：官本「抗」作「伉」，是顏所見本亦當爲「伉」。

〔四〕【補注】王念孫曰：案此句顛倒，不成文理，當云「使護烏孫兵發西域」。宣紀云「校尉常惠持節護烏孫兵」。常惠傳云「以惠爲校尉，持節護烏孫兵」。西域傳云「遣校尉常惠使持節護烏孫兵」。皆其證。

〔五〕師古曰：犇古奔字。敺與驅同。

〔六〕【補注】沈欽韓曰：御覽八百三十七，東觀漢記曰「永平十五年，上始欲征匈奴，與竇固等議出兵調度，皆以爲塞外草美，可不須穀馬，案軍出塞，無穀馬故事，馬防言：『當與穀』。上曰：『何以言之？』防對曰：『宣帝時，五將出征，案其奏言，匈奴候騎得漢馬矢，見其中有粟，知漢兵出，以故引去。以是言之，馬當與穀。』上善其用意微緻，即下調穀馬」。案防以此事知馬出塞飼穀，後人因此知五將無功者，由匈奴先覺遠避也。

度遼將軍出塞千二百餘里，至蒲離候水，斬首捕虜七百餘級，鹵獲馬牛羊萬餘。前將軍出塞千二百餘里，至烏員，〔一〕斬首捕虜，至候山百餘級，〔二〕鹵馬牛羊二千餘。蒲類將軍兵當與烏孫合擊匈奴蒲類澤，烏孫先期至而去，漢兵不與相及。蒲類將軍出塞千八百餘里，西去候山，斬首捕虜，得單于使者蒲陰王以下三百餘級，鹵馬牛羊七千餘。聞虜已引去，皆不至期還。天子薄其過，寬而不罪。祁連將軍出塞千六百里，至雞秩山，斬首捕虜十九級，獲牛馬羊百餘。逢漢使匈奴還者冉弘等，言雞秩山西有虜衆，祁連即戒弘，使言無虜，欲還兵。御史屬公孫益壽諫，以爲不可，祁連不聽，遂引兵還。虎牙將軍出塞八百餘里，至丹余吾水上，即止兵不進，斬首捕虜千九百餘級，鹵馬牛羊七萬餘，引兵還。上以虎牙將軍不至期，詐增鹵獲，而祁連知虜在前，逗遛不進，〔三〕皆下吏自殺。擢公孫益壽爲侍御史。校尉常惠與烏孫兵至右谷蠡庭，獲單于父行〔四〕及嫂、居次、名王、犂汙都尉、千長、將以下三萬九千餘級，〔五〕虜馬牛羊驢贏橐駝七十餘萬。漢封惠爲長羅侯。然匈奴民衆死傷而去者，及畜產遠移死于不可勝數。〔六〕於是匈奴遂衰耗，〔七〕怨烏孫。

〔一〕師古曰：烏員，地名也，音云。

〔二〕師古曰：候山，山名也。於此山斬捕得人。

〔三〕孟康曰：律語也，謂軍行頓止，稽留不進也。師古曰：逗讀與住同，又音豆。【補注】王念孫曰：案「遛」本作「留」，此依俗改也。若正文作遛，則師古當有音，今逗字有音，而遛字無音，則本作留明矣。宣紀云祁連將軍廣明有罪自殺。晉灼曰：廣明坐逗留。如淳注韓長孺傳云「軍法，行而逗留畏愞者，要斬」。其字並作留，故知此遛字爲後人所改也。說文有逗字，無遛字。後漢書光武紀「不拘以逗留法」，其字亦作留。又元后傳「吏畏愞逗遛當坐者」，遛字師古無音，亦是後人所改。文選范彥龍效古詩注引匈奴傳、舊本北堂書鈔政術部十四引元后傳竝作逗留。

〔四〕師古曰：行音胡浪反。
〔五〕【補注】王先慎曰：「將」字上奪「騎」字。常惠傳、西域傳並有，是其證。
〔六〕【補注】錢大昭曰：「于」當作「亡」。先謙曰：官本作「亡」。
〔七〕師古曰：耗，減也，音呼到反。

其冬，〔一〕單于自將數萬騎擊烏孫，〔二〕頗得老弱，欲還。會天大雨雪，〔三〕一日深丈餘，人民畜産凍死，還者不能什一。於是丁令乘弱攻其北，〔四〕烏桓入其東，烏孫擊其西。凡三國所殺數萬級，馬數萬匹，牛羊甚衆。又重以餓死，〔五〕人民死者什三，畜産什五，匈奴大虚弱，諸國羈屬者皆瓦解，攻盜不能理。其後漢出三千餘騎，爲三道，並入匈奴，捕虜得數千人還。匈奴終不敢取當，〔六〕茲欲鄉和親，〔七〕而邊境少事矣。

〔一〕【補注】先謙曰：本始三年冬。
〔二〕【補注】先謙曰：官本無「數」字。
〔三〕師古曰：雨音于具反。
〔四〕師古曰：令音零。
〔五〕師古曰：重音直用反。
〔六〕師古曰：當者，報其直。【補注】周壽昌曰：取當猶取償也。
〔七〕師古曰：茲，益也。鄉讀曰嚮。【補注】周壽昌曰：茲與滋同。

壺衍鞮單于立十七年死，弟左賢王立，爲虛閭權渠單于。是歲，地節二年也。

虛閭權渠單于立，以右大將女爲大閼氏，而黜前單于所幸顓渠閼氏。顓渠閼氏父左大且渠怨望。是時匈奴不能爲邊寇，於是漢罷外城，以休百姓。〔一〕單于聞之喜，召貴人謀，欲與漢和親。左大且渠心害其事，曰：「前漢使來，兵隨其後，今亦效漢發兵，先使使者入。」乃自請與呼盧訾王各將萬騎南旁塞獵，相逢俱入。〔二〕行未到，會三騎亡降漢，言匈奴欲爲寇。於是天子詔發邊騎屯要害處，使大將軍軍監治衆等四人〔三〕將五千騎，分三隊，〔四〕出塞各數百里，捕得虜各數十人而還。時匈奴亡其三騎，不敢入，即引去。是歲也，匈奴饑，人民畜産死十六七。又發兩屯各萬騎以備漢。其秋，匈奴前所得西嗕居左地者，〔五〕其君長以下數千人皆驅畜産行，與甌脱戰，所戰殺傷甚衆，〔六〕遂南降漢。

〔一〕師古曰：外城，塞外諸城。

〔二〕師古曰：訾音子移反。旁音步浪反。

〔三〕師古曰：治衆者，軍監之名。

〔四〕師古曰：隊音徒内反。

〔五〕孟康曰：嗕音辱。匈奴種也。師古曰：嗕音奴獨反。

〔六〕【補注】先謙曰：下「戰」字衍文。

其明年，〔一〕西域城郭共擊匈奴，取車師國，〔二〕得其王及人衆而去。單于復以車師王昆弟兜莫爲車師王，收其餘民東徙，不敢居故地。而漢益遣屯士分田車師地以實之。〔三〕其明年，〔四〕匈奴怨諸國共擊車師，遣左右大將各萬餘騎屯田右地，欲以侵迫烏孫西域。後二歲，〔五〕匈奴遣左右奥鞬各六千騎，〔六〕與左大將再擊漢之田車師城者，不能下。其明年，〔七〕丁令比三歲入盜匈奴，〔八〕殺略人民數千，驅馬畜去。匈奴遣萬餘騎往擊之，無所得。其明年，單于將十萬餘騎旁塞獵，〔九〕欲入邊寇。未至，會其民題除渠堂亡降漢言狀，漢以爲言兵鹿奚盧侯，〔一〇〕而遣後將軍趙充國將兵四萬餘騎屯緣邊九郡備虜。月餘，單于病歐血，因不敢入，還去，即罷兵。乃使題王都犁胡次等入漢，請和親，未報，會單于死。是歲，神爵二年也。

〔一〕【補注】先謙曰：地節三年。

〔二〕師古曰：城郭謂諸國爲城居者。

〔三〕【補注】先謙曰：互詳西域傳。

〔四〕【補注】先謙曰：四年。

〔五〕【補注】先謙曰：地節後爲元康，上是地節四年，下明年爲神爵元年。此「後二歲」當爲「後四歲」，方合元康四年之數。

〔六〕師古曰：奥音郁。鞬音居言反。

〔七〕【補注】先謙曰：神爵元年。

〔八〕師古曰：比，頻也。

〔九〕師古曰：旁音步浪反。【補注】先謙曰：官本「餘萬」作「萬餘」。

〔一〇〕【補注】周壽昌曰：趙充國傳「匈奴大發十餘萬騎，南旁塞，至符奚盧山，欲入爲寇。亡者題除渠堂言之」。是符奚盧山爲塞南地，故以封之。彼作符，此作鹿者，傳寫雜出也。言兵者，趙充國傳「漢封羌陽雕爲言兵侯」。大約漢設此侯以待歸義者，此因題除渠堂本匈奴民來降言狀，故封爲言兵而加地名爲侯，例不入表也。

虚閭權渠單于立九年死。自始立而黜顓渠閼氏，顓渠閼氏即與右賢王私通。右賢王會龍城而去，顓渠閼氏語以單于病甚，且勿遠。後數日，單于死。郝宿王刑未央使人召諸王，未至，〔一〕顓渠閼氏與其弟左大且渠都隆奇謀，立右賢王屠耆堂爲握衍朐鞮單于。握衍朐鞮單于者，代父爲右賢王，〔二〕烏維單于耳孫也。

〔一〕師古曰：郝音呼各反。

〔二〕師古曰：朐音劬。

握衍朐鞮單于立，復修和親，遣弟伊酋若王勝之入漢獻見。〔一〕單于初立，凶惡，盡殺虚閭權渠時用事貴人刑未央等，而任用顓渠閼氏弟都隆奇，又盡免虚閭權渠子弟近親，而自以其子弟代之。虚閭權渠單于子稽侯狦既不得立，〔二〕亡歸妻父烏禪幕。〔三〕烏禪幕者，本烏孫、康居間小國，數見侵暴，率其衆數千人降匈奴，狐鹿姑單于以其弟子日逐王姊妻之，使長其衆，居右地。〔四〕日逐王先賢撣，〔五〕其父左賢王當爲單于，讓狐鹿姑單于，狐鹿姑單于許立之。國人以故頗言日逐王當爲單于。日逐王素與握衍朐鞮單于有隙，即率其衆數萬騎歸漢。漢

封日逐王爲歸德侯。〔六〕單于更立其從兄薄胥堂爲日逐王。〔七〕

〔一〕師古曰：酋音材由反。【補注】先謙曰：伊酋若王宣紀作呼留若王，譯音無定字。

〔二〕師古曰：狦音先安反，又音所姦反。

〔三〕師古曰：禪音蟬。

〔四〕師古曰：長，衆爲之長帥。【補注】何焯曰：右地，疑作左地。

〔五〕【補注】先謙曰：官本「撣」作「禪」，引宋祁曰「禪」當作「撣」。

〔六〕【補注】先謙曰：據紀、表歸在神爵二年，封在三年。

〔七〕師古曰：胥音先余反。

明年，〔一〕單于又殺先賢撣兩弟。烏禪幕請之，不聽，心恚。其後左奧鞬王死，單于自立其小子爲奧鞬王，留庭。奧鞬貴人共立故奧鞬王子爲王，與俱東徙。〔二〕單于遣右丞相〔三〕將萬騎往擊之，失亡數千人，不勝。時單于已立二歲，暴虐殺伐，國中不附。及太子、左賢王數讒左地貴人，左地貴人皆怨。其明年，烏桓擊匈奴東邊姑夕王，頗得人民，單于怒。姑夕王恐，即與烏禪幕及左地貴人共立稽侯狦爲呼韓邪單于，發左地兵四五萬人，西擊握衍朐鞮單于，至姑且水北。〔四〕未戰，握衍朐鞮單于兵敗走，使人報其弟右賢王曰：「匈奴共攻我，若肯發兵助我乎？」〔五〕右賢王曰：「若不愛人，殺昆弟諸貴人。各自死若處，無來汙我。」〔六〕握衍朐鞮單于恚，自殺。左大且渠都隆奇亡之右賢王所，其民衆盡降呼韓邪單于。是歲，神爵四年也。握衍朐鞮單于立三年而敗。

〔一〕【補注】先謙曰：三年。

〔二〕【補注】周壽昌曰：留庭者，留居單于庭也。西域傳「康居有小王五，其五即奧鞬王也」云。至奧鞬城在康居東南地，知奧鞬爲西域地名，此云奧鞬貴人，下云右奧鞬王，而其時匈奴未通西域，或别一地同名者。

〔三〕【補注】周壽昌曰：匈奴故有相，此始稱丞相，言右必有左，若左右賢王也。然傳中僅此一見。

〔四〕師古曰：且音子余反。

〔五〕師古曰：若，汝也。其下亦同。

〔六〕師古曰：言於汝所居處自死。

匈奴傳第六十四下

漢書九十四下

呼韓邪單于歸庭數月，罷兵使各歸故地，乃收其兄呼屠吾斯在民間者立爲左谷蠡王，使人告右賢貴人，欲令殺右賢王。其冬，都隆奇與右賢王共立日逐王薄胥堂爲屠耆單于。發兵數萬人東襲呼韓邪單于，呼韓邪單于兵敗走，屠耆單于還，以其長子都塗吾西爲左谷蠡王，少子姑瞀樓頭爲右谷蠡王，〔一〕留居單于庭。

〔一〕師古曰：瞀音莫搆反。

明年秋，屠耆單于使日逐王先賢撣兄右奥鞬王爲烏藉都尉〔一〕各二萬騎，屯東方以備呼韓邪單于。是時，西方呼揭王來與唯犁當户謀〔二〕共讒右賢王，言欲自立爲烏藉單于。屠耆單于殺右賢王父子，後知其冤，復殺唯犁當户。於是呼揭王恐，遂畔去，自立爲呼揭單于。右奥鞬王聞之，即自立爲車犁單于。烏藉都尉亦自立爲烏藉單于。凡五單于。屠耆單于自將兵東擊車犁單于，使都隆奇擊烏藉。烏藉、車犁皆敗，西北走，與呼揭單于兵合爲四萬人。

烏藉、呼揭皆去單于號，共并力尊輔車犂單于。屠耆單于聞之，使左大將、都尉將四萬騎分屯東方，以備呼韓邪單于，自將四萬騎西擊車犂單于。車犂單于敗，西北走，屠耆單于即引西南，留闟敦地。〔三〕

〔一〕師古曰：撣音纏。奥音郁。鞬音居言反。【補注】劉攽曰：衍「爲」字。劉奉世曰：「爲」當作「與」。王念孫曰：管子戒篇「自妾之身之不爲人持接也」，尹知章曰「爲猶與也」。是爲字可訓爲與。孟子公孫丑篇「不得不可以爲悦，無財不可以爲悦，得之爲有財，古之人皆用之」。言得之與有財也。齊策「犀首以梁爲齊戰於承匡而不勝」，言以梁與齊戰也。韓策「嚴仲子避人因爲聶政語」，言與聶政語也。韓詩外傳「寡人獨爲仲父言，而國人知之，何也」？言獨與仲父言也。史記淳于髡傳「豈寡人不足爲言邪」？言不足與言也。李斯傳「斯其猶人哉，安足爲謀」，言安足與謀也。然則右奥鞬王爲烏藉都尉，即右奥鞬王與烏藉都尉也。或以爲「爲」衍字，或以「爲」誤字，皆未曉古人文義。與、爲一聲之轉，故爲有與義，與亦有爲義。互見薛宣傳「何與」下。

〔二〕師古曰：揭音丘例反。唯音弋癸反。

〔三〕師古曰：闟音蹋。敦音頓，又音對。

其明年，呼韓邪單于遣其弟右谷蠡王等西襲屠耆單于屯兵，殺略萬餘人。屠耆單于聞之，即自將六萬騎擊呼韓邪單于，行千里，未至嗕姑地，〔一〕逢呼韓邪單于兵可四萬人，合戰。屠耆單于兵敗，自殺。都隆奇乃與屠耆少子右谷蠡王姑瞀樓頭亡歸漢，車犂單于東降呼韓邪單于。呼韓邪單于左大將烏厲屈與父呼遬累烏厲温敦〔二〕皆見匈奴亂，率其衆數萬人南降漢。封烏厲屈爲新城侯，〔三〕烏厲温敦爲義陽侯。是時李陵子復立烏藉都尉爲單于，呼韓邪單于捕斬之，遂復都單于庭，然衆裁數萬人。屠耆單于從弟休旬王將所主五六百騎，擊殺左大且渠，并其兵，至右地，自立爲閏振單于，在西邊。其後，呼韓邪單于兄左賢王呼屠吾斯亦自立爲郅支骨都侯單于，在東邊。其後二年，閏振單于率其衆東擊郅支單于，郅支單于與戰，殺之，并其兵遂進攻呼韓邪。呼韓邪破，其兵〔四〕走。郅支都單于庭。

〔一〕師古曰：嗕音乃穀反。【補注】先謙曰：官本注「乃」作「力」。

〔二〕師古曰：呼遫累者，其官號也。遫，古速字也。累音力追反。【補注】先謙曰：通鑑考異云「宣紀，呼速累單于帥衆來降」，功臣表「信成侯王定以匈奴、烏桓屠驀單于子左大將率衆降，侯。義陽侯厲温敦以匈奴謼速累單于率衆降，侯」。此即屈與敦也。未嘗爲單于，或降時自稱單于，或紀表二者誤也。

〔三〕【補注】先謙曰：信成即新城，字通用。

〔四〕【補注】劉攽曰：多「呼韓邪」三字。宋祁曰：浙本無「破其兵」三字。王文彬曰：此文誤倒，當作「破其兵，呼韓邪走」，文義乃順。上三字非衍，下三字亦不可無。

呼韓邪之敗也，左伊秩訾王爲呼韓邪計，勸令稱臣入朝事漢，從漢求助，如此匈奴乃定。呼韓邪議問諸大臣，皆曰：「不可。匈奴之俗，本上氣力而下服役，〔一〕以馬上戰鬭爲國，故有威名於百蠻。〔二〕戰死，壯士所有也。〔三〕今兄弟爭國，不在兄則在弟，雖死猶有威名，子孫常長諸國。〔四〕漢雖彊，猶不能兼并匈奴，奈何亂先古之制，臣事於漢，卑辱先單于，〔五〕爲諸國所笑！雖如是而安，何以復長百蠻！」左伊秩訾曰：「不然。彊弱有時，今漢方盛，烏孫城郭諸國皆爲臣妾。〔六〕自且鞮侯單于以來，匈奴日削，不能取復，〔七〕雖屈彊於此，未嘗一日安也。〔八〕今事漢則安存，不事則危亡，計何以過此！」諸大人相難久之。〔九〕呼韓邪從其計，引衆南近塞，遣子右賢王銖婁渠堂入侍。〔一〇〕郅支單于亦遣子右大將駒于利受入侍。是歲，甘露元年也。

〔一〕師古曰：以服役於人爲下。

〔二〕【補注】周壽昌曰：外夷相謂爲蠻，不必南方也，故匈奴亦稱百蠻。

〔三〕師古曰：言人皆有此事耳。

〔四〕師古曰：爲諸國之長帥也。

〔五〕師古曰：言忝辱之更令卑下也。

〔六〕師古曰：謂西域諸國爲城郭而居也。

〔七〕師古曰：且音子餘反。復音扶目反。

〔八〕師古曰：屈音其勿反。

〔九〕【補注】周壽昌曰：匈奴貴人相稱爲「大人」二字始此。

〔一〇〕師古曰：婁音力于反。

明年，呼韓邪單于款五原塞，〔一〕願朝三年正月。〔二〕漢遣車騎都尉韓昌迎，發過所七郡郡二千騎，爲陳道上。〔三〕單于正月朝天子于甘泉宮，漢寵以殊禮，位在諸侯王上，贊謁稱臣而不名。賜以冠帶衣裳，黃金璽盭綬，〔四〕玉具劍，〔五〕佩刀，弓一張，矢四發，〔六〕棨戟十，〔七〕安車一乘，鞌勒一具，〔八〕馬十五匹，黄金二十斤，錢二十萬，衣被七十七襲，〔九〕錦繡綺縠雜帛八千匹，絮六千斤。禮畢，使使者道單于先行，宿長平。〔一〇〕上自甘泉宿池陽宫。上登長平，詔單于毋謁，〔一一〕其左右當户之羣臣皆得列觀，〔一二〕及諸蠻夷君長王侯數萬，咸迎於渭橋下，夾道陳。上登渭橋，咸稱萬歲。單于就邸，留月餘，遣歸國。單于自請願留居光禄塞下，〔一三〕有急保漢受降城。〔一四〕漢遣長樂衛尉高昌侯董忠、車騎都尉韓昌將騎萬六千，又發邊郡士馬以千數，送單于出朔方雞鹿塞。〔一五〕詔忠等留衛單于，助誅不服，又轉邊穀米糒，〔一六〕前後三萬四千斛，給贍其食。是歲，郅支單于亦遣使奉獻，漢遇之甚厚。明年，〔一七〕兩單于俱遣使朝獻，漢待呼韓邪使有加。明年，〔一八〕呼韓邪單于復入朝，禮賜如初，加衣百一十襲，錦帛九千匹，絮八千斤。以有屯兵，故不復發騎爲送。

〔一〕師古曰：款，叩也。

〔二〕師古曰：會正旦之朝賀也。

〔三〕師古曰：所過之郡，每爲發兵陳列於道，以爲寵衛也。【補注】先謙曰：通鑑胡注七郡謂過五原、朔方、西河、上郡、北地、馮翊而後至長安者也。

〔四〕師古曰：盭，古戾字。戾，草名也。以戾染綬，亦諸侯王之制也。

〔五〕孟康曰：摽首鐔衛盡用玉爲之也。師古曰：鐔，劍口旁横出者也。衛，劍鼻也。鐔音淫。衛字本作彘，其音同耳。【補注】先謙曰：「彘」當作「璏」，王莽傳正作「璏」。説文「璏，劍鼻也」。古銅劍常有之，以玉爲劍鼻，故從玉，亦有用銅者。

〔六〕服虔曰：發，十二矢也。韋昭曰：射禮三而止，每射四矢，故以十二爲一發也。師古曰：發猶今言箭一放兩放也。今則以一矢爲一放也。【補注】沈欽韓曰：四發，乘矢也。古今並以一矢爲一發。隋禮儀志「後齊三月三日，馬射，一品二品三十發，三品二十五發」。此不當如服説十二矢也。又騶虞詩「壹發五豝」，箋「以爲五豝而矢一發，中則殺一而已，見仁心之至」。若四矢爲一發，五已中其四，寧得爲仁？

〔七〕師古曰：棨戟，有衣之戟也。棨音啟。

〔八〕師古曰：勒，馬轡也。

〔九〕師古曰：一稱爲一襲，猶今人之言一副衣服也。【補注】宋祁曰：注文「之」字「服」字當删。

〔一〇〕師古曰：道讀曰導。長平，涇水上坂也，解在宣紀。

〔一一〕師古曰：不令拜也。

〔一二〕【補注】王念孫曰：案「臣」字後人所加，左右當户之羣，統當户以下衆官而言，猶言左右當户之屬耳。宣紀云「其左右當户之羣皆列觀」，是其證。後人於「羣」下加「臣」字，則義不可通。通鑑删去「之羣」二字，亦非。

〔一三〕師古曰：徐自爲所築者也。【補注】先謙曰：官本注「徐」上有「即」字。

〔一四〕師古曰：保，守也。於此自守。【補注】齊召南曰：案此即公孫敖所築者，城在五原郡邊界。

〔一五〕師古曰：在朔方窳渾縣西北。【補注】沈欽韓曰：河水注「水北迤西，溢于窳渾縣故城東，有道自縣西北出雞鹿塞」。明志「榆林衞西北有雞鹿塞，東北爲光禄塞」。唐地志「以奚結部置雞鹿州」。

〔一六〕師古曰：糒，乾飯也。音備。【補注】先謙曰：官本注在「給贍其食」下。

〔一七〕【補注】先謙曰：四年。

〔一八〕【補注】先謙曰：黄龍元年。

始郅支單于以爲呼韓邪降漢，兵弱不能復自還，即引其衆西，欲攻定右地。又屠耆單于小弟本侍呼韓邪，亦亡之右地，收兩兄餘兵得數千人，自立爲伊利目單于，道逢郅支，合戰，郅支殺之，并其兵五萬餘人。聞漢出兵穀助呼韓邪，即遂留居右地。自度力不能定匈奴，〔一〕乃益西近烏孫，欲與并力，遣使見小昆彌烏就屠。烏就屠見呼韓邪爲漢所擁，郅支亡虜，欲攻之以稱漢，〔二〕乃殺郅支使，持頭送都護在所，發八千騎迎郅支。郅支見烏孫兵多，其使又不反，勒兵逢擊烏孫，破之。〔三〕因北擊烏揭，〔四〕烏揭降。發其兵西破堅昆，北降丁令，〔五〕并三國。數遣兵擊烏孫，常勝之。堅昆東去單于庭七千里，南去車師五千里，郅支留都之。

〔一〕師古曰：度音徒各反。

〔二〕師古曰：稱漢朝之意也。稱音尺孕反。

〔三〕師古曰：以兵逆之，相逢即擊，故云逢擊。【補注】王念孫曰：案方言逢，迎也。自關而西，或曰迎，或曰逢，逢擊猶迎擊耳。顏説迂。西域傳「單于執二王以付使者，莽使中郎王萌待西域惡都奴界上逢受」。亦謂迎受之也。師古曰逢受謂先至待之，逢見即受取，亦非。

〔四〕師古曰：揭音丘例反。【補注】先謙曰：官本考證云烏揭即前文所謂呼揭。

〔五〕師古曰：令音零。【補注】周壽昌曰：堅昆，今塔爾巴哈台之西。丁令即丁零，今科布多之北。

元帝初即位，呼韓邪單于復上書，言民衆困乏。漢詔雲中、五原郡轉穀二萬斛以給焉。郅支單于自以道遠，又怨漢擁護呼韓邪，遣使上書求侍子。漢遣谷吉送之，郅支殺吉。漢不知吉音問，而匈奴降者言聞甌脱皆殺之。〔一〕呼韓邪單于使來，漢輒簿責之甚急。〔二〕明年，漢遣車騎都尉韓昌、光禄大夫張猛送呼韓邪單于侍子，求問吉等，因赦其罪，勿令自疑。〔三〕昌、猛見單于民衆益盛，塞下禽獸盡，單于足以自衛，不畏郅支。聞其大臣多勸單于北歸者，〔四〕恐北去後難約束，〔五〕昌、猛即與爲盟約曰：「自今以來，漢與匈奴合爲一家，世世毋得相詐相攻。有竊盜者，相報，行其誅，償其物；〔六〕有寇，發兵相助。漢與匈奴敢先背約者，受天不祥。令其世世子孫盡如盟。」昌、猛與單于及大臣俱登匈奴諾水東山，〔七〕刑白馬，單于以徑路刀金留犁撓酒，〔八〕以老上單于所破月氏王頭爲飲器者共飲血盟。〔九〕昌、猛還奏事，公卿議者以爲「單于保塞爲藩，雖欲北去，猶不能爲危害。昌、猛擅以漢國世世子孫與夷狄詛盟，令單于得以惡言上告于天，羞國家，傷威重，〔一〇〕不可得行。宜遣使往告祠天，與解盟。昌、猛奉使無狀，罪至不道。」〔一一〕上薄其過，〔一二〕有詔昌、猛以贖論，勿解盟。其後呼韓邪竟北歸庭，人衆稍稍歸之，國中遂定。

〔一〕師古曰：於甌脱得聲問，云殺之。【補注】劉攽曰：郅支殺谷吉，漢不聞音問，而降者言甌脱殺吉，甌脱屬呼韓邪，故漢責其使也。言皆者，吉有徒衆。王念孫曰：案劉説是矣，而未盡也。上言郅支殺吉，漢不知吉音問，則此「殺之」二字，乃專謂殺吉，非兼徒衆言之，不得云皆殺之也。余謂「皆」字當在「言」字上，謂匈奴降者皆言聞甌脱殺之耳。

〔二〕師古曰：簿責，以文簿一一責之也。簿音步户反。

〔三〕師古曰：疑者，疑漢欲討伐也。

〔四〕師古曰：塞下無禽獸，則射獵無所得，又不畏郅支，故欲北歸舊處。

〔五〕師古曰：不可更共爲言要。

〔六〕師古曰：漢人爲盜於匈奴，匈奴人爲盜於漢，皆相告報而誅償。

〔七〕師古曰：諸水即今突厥地諸真水也。【補注】沈欽韓曰：新唐書薛延陀傳「李勣選敢死（上）〔士〕徑臘河，趣白道，水經注「長城北出有高阪，謂之白道嶺」。追大度設。大度設渡諸真水」。即諸水也。

〔八〕應劭曰：徑路，匈奴寶刀也。金，契金也。留犁，飯匕也。撓，和也。契金著酒中，撓攪飲之。師古曰：契，刻；撓，攪也，音呼高反。【補注】宋祁曰：注文「契刻」下當有「也」字。

〔九〕【補注】沈欽韓曰：淮南齊俗訓「胡人彈骨，越人契臂，所由各異，其於信一也」。注「胡人之盟約，置酒人頭骨中，飲以相詛」。即此是也。

〔一〇〕師古曰：羞，辱也。

〔一一〕師古曰：無狀，蓋無善狀。【補注】先謙曰：官本注「蓋」作「言」。

〔一二〕師古曰：以其罪過爲輕薄。

郅支既殺使者，自知負漢，又聞呼韓邪益彊，恐見襲擊，欲遠去。會康居王數爲烏孫所困，與諸翕侯計，以爲匈奴大國，烏孫素服屬之，今郅支單于困阸在外，可迎置東邊，使合兵取烏孫以立之，〔一〕長無匈奴憂矣。即使使至堅昆通語郅支。郅支素恐，又怨烏孫，聞康居計，大說，〔二〕遂與相結，引兵而西。康居亦遣貴人，橐它驢馬數千匹，迎郅支。郅支人衆中寒道死，〔三〕餘財三千人到康居。〔四〕其後，都護甘延壽與副陳湯發兵即康居誅斬郅支，〔五〕語在延壽、湯傳。

〔一〕師古曰：言與郅支并力共滅烏孫，以其地立郅支，令居之也。

〔二〕師古曰：説讀曰悦。

〔三〕師古曰：中寒，傷於寒也。道死，死於道上也。【補注】宋祁曰：景本無「馬」字，史館本添。

〔四〕師古曰：財與纔同。

〔五〕師古曰：即，就也。

郅支既誅，呼韓邪單于且喜且懼，上書言曰：「常願謁見天子，誠以郅支在西方，恐其與烏孫俱來擊臣，〔一〕以故未得至漢。今郅支已伏誅，願入朝見。」竟寧元年，單于復入朝，禮賜如初，加衣服錦帛絮，皆倍於黄龍時。單于自言願壻漢氏以自親。〔二〕元帝以後宫良家子王牆字昭君賜單于。〔三〕單于驩喜，上書願保塞上谷以西至敦煌，〔四〕傳之無窮，請罷邊備塞吏卒，以休天子人民。天子令下有司議，議者皆以爲便。郎中侯應習邊事，以爲不可許。上問狀，應曰：「周秦以來，匈奴暴桀，寇侵邊境，漢興，尤被其害。臣聞北邊塞至遼東，外有陰山，〔五〕東西千餘里，草木茂盛，多禽獸，本冒頓單于依阻其中，治作弓矢，來出爲寇，是其苑囿也。至孝武世，出師征伐，斥奪此地，攘之於幕北。〔六〕建塞徼，起亭隧，〔七〕築外城，設屯戍，以守之，然後邊境得用少安。幕北地平，少草木，多大沙，〔八〕匈奴來寇，少所蔽隱，從塞以南，徑深山谷，往來差難。邊長老言匈奴失陰山之後，過之未嘗不哭也。如罷備塞戍卒，示夷狄之大利，不可一也。今聖德廣被，天覆匈奴，〔九〕匈奴得蒙全活之恩，稽首來臣。夫夷狄之情，困則卑順，彊則驕逆，天性然也。前以罷外城，省亭隧，今裁足以候望通熢火而已。古者安不忘危，不可復罷，二也。中國有禮義之教，刑罰之誅，愚民猶尚犯禁，又況單于，能必其衆不犯約哉！三也。〔一〇〕自中國尚建關梁以制諸侯，所以絶臣下之覬欲也。〔一一〕設塞徼，置屯戍，非獨爲匈奴而已，亦爲諸屬國降民，本故匈奴之人，恐其思舊逃亡，四也。近西羌保塞，與漢人交通，吏民貪利，侵盗其畜産妻子，以此怨恨，起而背畔，世世不絶，今罷乘塞，則生嫚易分爭之漸，五也。〔一二〕往者從軍多没不還者，子孫貧困，一旦亡出，從其親戚，六也。又邊人奴婢愁苦，欲亡者多，曰：『聞匈奴中樂，無奈候望急何！』然時有亡出塞者，七也。盗賊桀黠，羣輩犯法，如其窘急，亡走北出，則不可制，八也。起塞以來百有餘年，〔一三〕非皆以土垣也，或因山巖石，木柴僵落，谿谷水門，〔一四〕稍稍平之，卒徒築治，功費久遠，不可勝計。〔一五〕臣恐議者不深慮其終始，欲以壹切省繇戍，〔一六〕十年之外，百歲之内，卒有它變，障塞破壞，亭隧滅絶，當更發屯繕治，累世之功，不可卒復，九也。〔一七〕如罷戍卒，省候望，單于自以保塞守御，〔一八〕必深德漢，〔一九〕請求無已。小失其意，則不可測。開夷狄之隙，虧中國之固，十也。非所以永持至安，威制百蠻之長策也。」

〔一〕【補注】沈欽韓曰：案文當云康居，非烏孫。

〔二〕師古曰：言欲取漢女而身爲漢家壻。

〔三〕【補注】沈欽韓曰：西京雜記「元帝後宮既多，乃使畫工圖其形，案圖召幸，諸宫人皆賂畫工，獨王嬙自恃容貌，不肯與，工人乃醜圖之，遂不得見。後匈奴入朝，求美人爲閼氏，於是上按圖以昭君行，及去，召見，貌爲後宮第一，善應對，舉止閑雅，帝悔之，而名籍已定，不復更，乃窮案畫工，皆弃市」。

〔四〕師古曰：保，守也。自請保守之，令無寇盜。

〔五〕【補注】沈欽韓曰：一統志「陰山在吴喇忒旗西北二百四十里」。九邊考「自陰山而北皆大磧，磧東西數千里，南北亦數千里，無水草，不可駐牧。中國得陰山，乘高一望，寇出没蹤跡皆見，必踰大磧而居其北，去中國益遠，故陰山爲禦邊要地。陰山以南即爲漠南，彼若得陰山，則易以飽其力而内犯，此秦、漢、唐都關中，必逾河而北守陰山也」。

〔六〕師古曰：斥，開也。攘，卻也，音人羊反。

〔七〕師古曰：隧謂深開小道而行，避敵鈔寇也。隧音遂。

〔八〕【補注】先謙曰：所謂大磧也。

〔九〕師古曰：如天之覆也。

〔一〇〕師古曰：必，極也，極保之也。

〔一一〕師古曰：覬音冀。

〔一二〕師古曰：乘塞，登之而守也。嫚易猶相欺侮也。易音弋豉反。

〔一三〕【補注】先謙曰：胡注「自武帝起塞時數之」。

〔一四〕師古曰：僵落，謂山上樹木摧折或立死枯僵墯落者。僵音薑。【補注】先謙曰：官本注在「平之」下。

〔一五〕【補注】先謙曰：顧炎武云：昌平山水記「潮河川至牛闌山與白河合，其寬處可一二里。昔人斫大樹倒著川中，狹處僅二三丈，以巨木爲柵，其外縱横布石，以限戎馬」。此漢中郎侯應所謂「木柴僵落，谿谷水門」者。然水性湍急，大雨則諸崖之水奔騰而下，漂木走石，當歲歲修治，又所云「功費久遠，不可勝計」也。

〔一六〕師古曰：一切謂權時也，解在平紀。繇讀曰傜。

〔一七〕師古曰：卒讀皆曰猝。

〔一八〕【補注】先謙曰：御禦同，通鑑作「禦」。

〔一九〕師古曰：於漢自稱恩德也。

對奏，天子有詔：「勿議罷邊塞事。」使車騎將軍口諭單于〔一〕曰：「單于上書願罷北邊吏士屯戍，子孫世世保塞。單于鄉慕禮義，〔二〕所以爲民計者甚厚，此長久之策也，朕甚嘉之。中國四方皆有關梁障塞，非獨以備塞外也，亦以防中國姦邪放縱，出爲寇害，故明法度以專衆心也。〔三〕敬諭單于之意，〔四〕朕無疑焉。爲單于怪其不罷，故使大司馬車騎將軍嘉曉單于。」單于謝曰：「愚不知大計，天子幸使大臣告語，甚厚！」

〔一〕師古曰：將軍許嘉也。諭謂曉告。

〔二〕師古曰：鄉讀曰嚮。

〔三〕【補注】先謙曰：胡注「專，壹也。」

〔四〕師古曰：言已曉知其意也。

初，左伊秩訾爲呼韓邪畫計歸漢，竟以安定。其後或讒伊秩訾自伐其功，常鞅鞅，〔一〕呼韓邪疑之。左伊秩訾懼誅，將其衆千餘人降漢，漢以爲關内侯，食邑三百户，令佩其王印綬。〔二〕及竟寧中，呼韓邪來朝，與伊秩訾相見，謝曰：「王爲我計甚厚，令匈奴至今安寧，王之力也，德豈可忘！我失王意，使王去不復顧留，〔三〕皆我過也。今欲白天子，請王歸庭。」伊秩訾曰：「單于賴天命，自歸於漢，得以安寧，單于神靈，天子之祐也，我安得力！既已降漢，又復歸匈奴，是兩心也。願爲單于侍史於漢，不敢聽命。」〔四〕單于固請不能得而歸。

〔一〕師古曰：伐謂矜其功力。

〔二〕師古曰：雖於漢爲關内侯，而依匈奴王號與印綬。

〔三〕師古曰：言不復顧念而留住匈奴中。

〔四〕師古曰：言爲單于充使留侍於漢，不能還匈奴。【補注】先謙曰：官本「史」作「使」，是。

王昭君號寧胡閼氏，〔一〕生一男伊屠智牙師，爲右日逐王。呼韓邪立二十八年，建始二年死。始呼韓邪嬖左伊秩訾兄呼衍王女二人，長女顓渠閼氏，生二子，長曰且莫車，〔二〕次曰囊知牙斯。少女爲大閼氏，生四子，長曰雕陶莫皋，次曰且麋胥，〔三〕皆長於且莫車，少子咸、樂二人，皆小於囊知牙斯。又它閼氏子十餘人。顓渠閼氏貴，且莫車愛。呼韓邪病且死，欲立且莫車，其母顓渠閼氏曰：「匈奴亂十餘年，不絶如髮，賴蒙漢力，故得復安。今平定未久，人民創艾戰鬭，〔四〕且莫車年少，百姓未附，恐復危國。我與大閼氏一家共子，〔五〕不如立雕陶莫皋。」大閼氏曰：「且莫車雖少，大臣共持國事，今舍貴立賤，後世必亂。」〔六〕單于卒從顓渠閼氏計，立雕陶莫皋，約令傳國與弟。呼韓邪死，雕陶莫皋立，爲復株絫若鞮單于。〔七〕

〔一〕師古曰：言胡得之，國以安寧也。

〔二〕師古曰：且音子餘反。

〔三〕師古曰：且音子餘反。胥音先於反。

〔四〕師古曰：創音初亮反。艾讀曰乂。

〔五〕師古曰：一家，言親姊妹也。共子，兩人所生恩慈無別也。

〔六〕師古曰：舍謂棄置也。

〔七〕師古曰：復音服。絫音力追反。【補注】齊召南曰：案自雕陶莫皐以下，凡單于號，俱冠以「若鞮」二字，匈奴謂孝爲若鞮，見下文。周壽昌曰：後書南單于比以下，直稱鞮也。

復株絫若鞮單于立，遣子右致盧兒王醯諧屠奴侯入侍，以且麋胥爲左賢王，且莫車爲左谷蠡王，囊知牙斯爲右賢王。復株絫單于復妻王昭君，〔一〕生二女，長女云爲須卜居次，〔二〕小女爲當于居次。〔三〕

〔一〕【補注】沈欽韓曰：吴兢樂府解題「王昭君不從胡禮，乃吞藥而死」。此好事者飾之。

〔二〕李奇曰：居次者，女之號，若漢言公主也。文穎曰：須卜氏，匈奴貴族也。【補注】錢大昭曰：案云是伊墨居次，因爲須卜當之妻，故亦稱須卜居次耳。沈欽韓曰：以常惠與烏孫兵獲單于嫂居次驗之，居次是其王侯妻號，猶今王妃稱福晉也，非公主之比。

〔三〕文穎曰：當于亦匈奴大族也。師古曰：須卜、當于，皆其夫家氏族。

河平元年，單于遣右皋林王伊邪莫演等奉獻朝正月。〔一〕既罷，遣使者送至蒲反。〔二〕伊邪莫演言「欲降。即不受我，我自殺，終不敢還歸」。使者以聞，下公卿議。議者或言宜如故事，受其降。〔三〕光禄大夫谷永、議郎杜欽以爲「漢興，匈奴數爲邊害，故設金爵之賞以待降者。今單于詘體稱臣，列爲北藩，遣使朝賀，無有二心，漢家接之，宜異於往時。今既享單于聘貢之質，〔四〕而更受其逋逃之臣，是貪一夫之得而失一國之心，擁有罪之臣而絶慕義之君也。假令單于初立，欲委身中國，未知利害，〔五〕私使伊邪莫演詐降以卜吉凶，受之虧德沮善，〔六〕令單于自疏，不親邊吏；或者設爲反間，欲因而生隙，〔七〕受之適合其策，使得歸曲而直責。〔八〕此誠邊竟安危之原，師旅動静之首，〔九〕不可不詳也。不如勿受，以昭日月之信，抑詐諼之謀，懷附親之心，便」。〔一〇〕對奏，天子從之。遣中郎將王舜往問降狀。伊邪莫演曰：「我病狂妄言耳。」遣去。歸到，官位如故，不肯令見漢使。明年，單于上書願朝。河平四年正月，遂入朝，加賜錦繡繒帛二萬匹，絮二萬斤，它如竟寧時。

〔一〕師古曰：演音衍。【補注】先謙曰：官本考證「莫演」，荀紀作「黄渾」，通鑑作「莫渾」。

〔二〕師古曰：河東之縣也。【補注】先謙曰：官本作「蒲阪」。

〔三〕【補注】王念孫曰：漢紀孝成紀「或」作「咸」。案下文谷永、杜欽以爲不如勿受，是議者皆言宜受其降，惟永欽不可也，作「咸」是。

〔四〕師古曰：享，當也。質，誠也。

〔五〕師古曰：假令猶言或當也。

〔六〕師古曰：沮，壞也，音材汝反。

〔七〕師古曰：閒音居莧反。

〔八〕師古曰：歸曲於漢，而以直義來責也。

〔九〕師古曰：竟讀曰境。

〔一〇〕師古曰：諼，詐辭也，音許遠反。

復株絫單于立十歲，鴻嘉元年死。弟且糜胥立，爲搜諧若鞮單于。

搜諧單于立，遣子左祝都韓王朐留斯侯入侍，〔一〕以且莫車爲左賢王。搜諧單于立八歲，元延元年，爲朝二年發行，〔二〕未入塞，病死。弟且莫車立，爲車牙若鞮單于。

〔一〕師古曰：朐音許于反。【補注】先謙曰：官本「朐」並作「眴」。

〔二〕師古曰：欲會二年歲首之朝會，故豫發其國而行。【補注】先謙曰：官本注「朝會」作「朝禮」。

車牙單于立，遣子右於涂仇撣王烏夷當入侍，〔一〕以囊知牙斯爲左賢王。車牙單于立四歲，綏和元年死。弟囊知牙斯立，爲烏珠留若鞮單于。

〔一〕師古曰：涂音徒。撣音纏。【補注】宋祁曰：「撣」，舊本作「禪」。

烏珠留單于立，以第二閼氏子樂爲左賢王，以第五閼氏子輿爲右賢王，〔一〕遣子右股奴王烏鞮牙斯入侍，漢遣中郎將夏侯藩、副校尉韓容使匈奴。時帝舅大司馬票騎將軍王根領尚書事，或說根曰：「匈奴有斗入漢地，直張掖郡，〔二〕生奇材木，箭竿就羽，〔三〕如得之，於邊甚饒，國家有廣地之實，將軍顯功，垂於無窮。」根爲上言其利，〔四〕上直欲從單于求之，〔五〕爲有不得，傷命損威。〔六〕根即但以上指曉藩，令從藩所説而求之。〔七〕藩至匈奴以語次説單于曰：〔八〕「竊見匈奴斗入漢地，直張掖郡。漢三都尉居塞上，士卒數百人〔九〕寒苦，候望久勞。單于宜上書獻此地，直斷閼之，〔一〇〕省兩都尉士卒數百人，以復天子厚恩，〔一一〕其報必大。」〔一二〕單于曰：「此天子詔語邪，將從使者所求也？」藩曰：「詔指也，然藩亦爲單于畫善計耳。」單于曰：「孝宣、孝元皇帝哀憐父呼韓邪單于，從長城以北匈奴有之。此溫偶駼王所居地也，〔一三〕未曉其形狀所生，請遣使問之。」〔一四〕藩、容歸漢。從復使匈奴，至則求地。單于曰：「父兄傳五世，漢不求此地，至知獨求，何也？〔一五〕已問溫偶駼王，匈奴西邊諸侯作穹廬及車，皆仰此山材木，〔一六〕且先父地，不敢失也。」藩還，遷爲太原太守。單于遣使上書，以藩求地狀聞。詔報單于曰：「藩擅稱詔從單于求地，法當死，更大赦二，〔一七〕今徙藩爲濟南太守，不令當匈奴。」明年，侍子死，歸葬。復遣子左於駼仇撣王稽留昆入侍。〔一八〕

〔一〕師古曰：此二人皆烏珠留之弟也。第二閼氏，即上所謂大閼氏也。第五閼氏，亦呼韓邪單于之閼氏。【補注】先謙曰：官本「第二」並作「第一」。

〔二〕師古曰：斗，絶也。直，當也。

〔三〕師古曰：就，大雕也，黄頭赤目，其羽可爲箭。竿音工旱反。【補注】先謙曰：官本注「雕」作「鶚」，引宋祁曰，注「鶚」當作「雕」。就，即鷲也。

〔四〕【補注】先謙曰：胡注「言得此地，爲中國利」。

〔五〕師古曰：直猶正耳。【補注】先謙曰：胡注「直，徑直也」。

〔六〕師古曰：詔命不行，故云傷命也。【補注】先謙曰：胡注「天子之命不行於夷狄，爲損中國之威」。

〔七〕師古曰：自以藩意説單于而求之。

〔八〕【補注】先謙曰：胡注「交語之次也」。

〔九〕【補注】先謙曰：胡注「張掖兩都尉，一治日勒澤索谷，一治居延，又有農都尉治番和，是三都尉」。

〔一〇〕【補注】宋祁曰：「閼」當作「閉」。先謙曰：通鑑「閼」作「割」，胡注「謂從直割地，以其斗入者與漢也」。

〔一一〕師古曰：復亦報。【補注】先謙曰：官本注末有「也」字。

〔一二〕師古曰：漢得此地，必厚報賞單于。【補注】宋祁曰：「賞」字當作「償」。

〔一三〕師古曰：偶音五口反。駼音塗。次下亦同。【補注】先謙曰：胡注「案後書匈奴有温禺犢王。班固燕然山銘曰『斬温禺以釁鼓，血尸逐以染鍔』。意温偶即温禺也，後人妄於禺旁從人耳，當讀曰禺」。

〔一四〕師古曰：所生，謂山之所出草木、鳥獸爲用者。

〔一五〕【補注】先謙曰：胡注「單于名囊知牙斯。王莽專政，諷其慕中國，不二名，始名知。史從簡便，因以單名書於此」。

〔一六〕師古曰：謂諸小王爲諸侯者，效中國之言耳。仰音牛向反。【補注】周壽昌曰：即所謂裨小王之類，西邊匈奴邊國小蒲類皆是也。見西域傳。

〔一七〕師古曰：更，經也，音功衡反。

〔一八〕師古曰：撣音纏。稽音雞。

至哀帝建平二年，烏孫庶子卑援疐〔一〕翕侯人衆入匈奴西界，寇盜牛畜，頗殺其民。單于聞之，遣左大當户烏夷泠〔二〕將五千騎擊烏孫，殺數百人，略千餘人，敺牛畜去。〔三〕卑援疐恐，遣子趨逯爲質匈奴。〔四〕單于受，以狀聞。漢遣中郎將丁野林、副校尉公乘音使匈奴，責讓單于，告令還歸卑援疐質子。〔五〕單于受詔，遣歸。

〔二〕師古曰：援音爰。疐音竹二反。

〔二〕師古曰：泠音零。

〔三〕師古曰：敺與驅同。

〔四〕師古曰：逯音録。

〔五〕【補注】先謙曰：以兩國並爲漢臣，不當擅受質子。

建平四年，單于上書願朝五年。時哀帝被疾，或言匈奴從上游來厭人，〔一〕自黄龍、竟寧時，單于朝中國輒有大故。〔二〕上由是難之，以問公卿，亦以爲虚費府帑，〔三〕可且勿許。單于使辭去，未發，黄門郎楊雄上書諫曰：

〔一〕服虔曰：游猶流也。河水從西北來，故曰上游也。師古曰：上游，亦總謂地形耳，不必係於河水也。厭音一涉反。

〔二〕師古曰：大故，謂國之大喪。

〔三〕師古曰：府，物所聚也。帑，藏金帛之所也，音它莽反，又音奴。

臣聞六經之治，貴於未亂；兵家之勝，貴於未戰。〔一〕二者皆微，〔二〕然而大事之本，不可不察也。今單于上書求朝，國家不許而辭之，臣愚以爲漢與匈奴從此隙矣。〔三〕本北地之狄，〔四〕五帝所不能臣，三王所不能制，其不可使隙甚明。臣不敢遠稱，請引秦以來明之：

〔一〕師古曰：已亂而後治之，戰鬬而後獲勝，則不足貴。

〔二〕師古曰：微謂精妙也。

〔三〕【補注】先謙曰：言隙從此開。

〔四〕【補注】錢大昭曰：「本」閩本作「夫」。

以秦始皇之彊，蒙恬之威，帶甲四十餘萬，然不敢窺西河，乃築長城以界之。會漢初興，以高祖之威靈，三十萬衆困於平城，士或七日不食。時奇譎之士石畫之臣甚衆，〔一〕卒其所以脱者，世莫得而言也。〔二〕又高皇后嘗忿匈奴，羣臣庭議，樊噲請以十萬衆横行匈奴中，季布曰：「噲可斬也，妄阿順指！」於是大臣權書遺之，〔三〕然後匈奴之結解，中國之憂平。及孝文時，匈奴侵暴北邊，候騎至雍甘泉，京師大駭，發三將軍屯細柳、棘門、霸上以備之，數月乃罷。孝武即位，設馬邑之權，欲誘匈奴，使韓安國將三十萬衆徼於便墜，〔四〕匈奴覺之而去，徒費財勞師，一虜不可得見，況單于之面乎！其後深惟社稷之計，規恢萬載之策，〔五〕乃大興師數十萬，使衛青、霍去病操兵，前後十餘年。〔六〕於是浮西河，絶大幕，破寘顔，襲王庭，窮極其地，追奔逐北，封狼居胥山，禪於姑衍，以臨翰海，〔七〕虜名王貴人以百數。自是之後，匈奴震怖，益求和親，然而未肯稱臣也。

〔一〕鄧展曰：石，大也。師古曰：石，言堅固如石也。畫，計策也，音獲。【補注】朱一新曰：石通作碩，鄧說是也，顔注非。
〔二〕師古曰：卒，終也。莫得而言，謂自免之計，其事醜惡，故不傳。
〔三〕師古曰：以權道爲書，順辭以答之。
〔四〕師古曰：徼，要也，音工堯反。墬，古地字。
〔五〕師古曰：恢，大也。
〔六〕師古曰：操，持也，音千高反。【補注】先謙曰：官本無注末四字。
〔七〕師古曰：積土爲封而又禪祭也。

且夫前世豈樂傾無量之費，役無罪之人，快心於狼望之北哉？〔一〕以爲不壹勞者不久佚，不蹔費者不永寧，〔二〕是以忍百萬之師以摧餓虎之喙，運府庫之財填盧山之壑而不悔也。〔三〕至本始之初，匈奴有桀心，〔四〕欲掠烏孫，侵公主，乃發五將之師十五萬騎獵其南，而長羅侯以烏孫五萬騎震其西，皆至質而還。〔五〕時鮮有所獲，〔六〕徒奮揚威武，明漢兵若雷風耳。雖空行空反，尚誅兩將軍。故北狄不服中國，未得高枕安寢也。逮至元康、神爵之間，大化神明，鴻恩溥洽，而匈奴內亂，五單于爭立，日逐、呼韓邪攜國歸死，〔七〕扶伏稱臣，〔八〕然尚羈縻之，計不顓制。〔九〕自此之後，欲朝者不距，不欲者不彊。〔一〇〕何者？外國天性忿鷙，〔一一〕形容魁健，〔一二〕負力怙氣，〔一三〕難化以善，易隸以惡，〔一四〕其彊難詘，其和難得。故未服之時，勞師遠攻，傾國殫貨，伏尸流血，破堅拔敵，如彼之難也；既服之後，慰薦撫循，交接賂遺，威儀俯仰，如此之備也。往時嘗屠大宛之城，蹈烏桓之壘，探姑繒之壁，〔一五〕籍蕩姐之場，〔一六〕艾朝鮮之旃，拔兩越之旗，〔一七〕近不過旬月之役，遠不離二時之勞，〔一八〕固已犂其庭，埽其閭，〔一九〕郡縣而置之，雲徹席卷，後無餘菑。〔二〇〕唯北狄爲不然，真中國之堅敵也，三垂比之懸矣。〔二一〕前世重之茲甚，〔二二〕未易可輕也。

〔一〕師古曰：匈奴中地名也。【補注】先謙曰：胡注「邊人謂舉熢燧爲狼火。狼望，謂狼煙候望之地」。

〔二〕師古曰：佚與逸同。

〔三〕師古曰：喙，口也，摧百萬之師於獸口也。盧山，匈奴中山也。喙音許穢反。

〔四〕師古曰：桀，堅也。言其起立不順。

〔五〕師古曰：質，信也，謂所期處。

〔六〕師古曰：鮮，少也，音先踐反。

〔七〕【補注】王念孫曰：案，歸死二字，於義不可通，歸死當爲歸化字之誤也。此承上大化神明而言，謂單于擕一國之人來歸王化也。下文曰「今單于歸義，懷款誠之心」。歸義猶歸化耳。通鑑漢紀二十六作「歸死」，則所見漢書本已誤。漢紀孝哀紀、通典邊防十一，竝作「歸化」。

〔八〕師古曰：伏音蒲北反。【補注】周壽昌曰：扶伏即匍匐。

〔九〕師古曰：顓與專同。專制謂以爲臣妾也。

〔一〇〕師古曰：彊音其兩反。【補注】先謙曰：官本無注。

〔一一〕師古曰：鷙，佷也，音竹二反。

〔一二〕師古曰：魁，大也。

〔一三〕師古曰：負，恃也。

〔一四〕師古曰：肄謂附屬之也。惡謂威也。【補注】先謙曰：胡注「隸，習也。言易習於爲惡也」。

〔一五〕師古曰：姑繒謂西南夷種也，在益州，見昭紀也。

〔一六〕劉德曰：羌屬也。師古曰：籍猶蹈也。姐音紫。【補注】先謙曰：胡注「元帝永光三年，隴西羌彡姐反，豈是邪」？

〔一七〕師古曰：艾讀曰刈。刈，絶也。

〔一八〕師古曰：離，歷也。三月爲一時。

〔一九〕師古曰：犁，耕也。

〔二〇〕師古曰：菑，古災字也。【補注】先謙曰：官本無「也」字。

〔二一〕【補注】先謙曰：胡注引師古曰「懸，絶也」。此疑脱。

〔二二〕師古曰：茲，益也。

今單于歸義，懷款誠之心，欲離其庭，陳見於前，此乃上世之遺策，神靈之所想望，國家雖費，不得已者也。〔一〕奈何距以來厭之辭，疏以無日之期，〔二〕消往昔之恩，開將來之隙！夫款而隙之，使有恨心，負前言，緣往辭，〔三〕歸怨於漢，因以自絶，終無北面之心，威之不可，諭之不能，焉得不爲大憂乎！夫明者視於無形，聰者聽於無聲，誠先於未然，即蒙恬、樊噲不復施，棘門、細柳不復備，馬邑之策安所設，衞、霍之功何得用，五將之威安所震？〔四〕不然，壹有隙之後，雖智者勞心於内，辯者轂擊於外，〔五〕猶不若未然之時也。〔六〕且往者圖西域，制車師，〔七〕置城郭都護三十六國，費歲以大萬計者，〔八〕豈爲康居、烏孫能踰白龍堆而寇西邊哉？〔九〕乃以制匈奴也。夫百年勞之，一日失之，費十而愛一，〔一〇〕臣竊爲國不安也。唯陛下少留意於未亂未戰，以遏邊萌之禍。〔一一〕

〔一〕師古曰：已，止也。

〔二〕【補注】先謙曰：胡注「來厭，或言從上游來厭人也。止其來朝，辭以他日，而無一定之期，則匈奴與漢疏」。

〔三〕師古曰：言單于因緣往昔和好之辭以怨漢也。【補注】先謙曰：胡注「負，恃也。負前言者，恃前者有和好之言也」。

〔四〕師古曰：先於未然，謂計策素定，禦難折衝。【補注】先謙曰：思患豫防，則兵威可不用。

〔五〕師古曰：轂擊，言使車交馳，其轂相擊也。

〔六〕【補注】先謙曰：邊隙既開，雖竭盡謀慮，較未然時，更難措置。

〔七〕師古曰：圖，謀也。

〔八〕師古曰：財用之費，一歲數百萬也。

〔九〕孟康曰：龍堆形如土龍身，無頭有尾，高大者二三丈，埤者丈餘，皆東北向，相似也，在西域中。

〔一〇〕【補注】先謙曰：胡注「謂向者不憚十分之費以制匈奴，今來朝之費十分之一耳，乃愛惜之」。

〔一一〕【補注】先謙曰：萌、氓同字。

書奏，天子寤焉，召還匈奴使者，更報單于書而許之。賜雄帛五十匹，黃金十斤。〔一〕單于未發，會病，復遣使願朝明年。故事，單于朝，從名王以下及從者二百餘人。單于又上書言：「蒙天子神靈，人民盛壯，願從五百人入朝，以明天子盛德。」上皆許之。

〔一〕【補注】先謙曰：官本「雄」作「繒」。

元壽二年，單于來朝，上以太歲厭勝所在，〔一〕舍之上林苑蒲陶宮。〔二〕告之以加敬於單于，〔三〕單于知之。加賜衣三百七十襲，錦繡繒帛三萬匹，絮三萬斤，它如河平時。既罷，遣中郎將韓況送單于，單于出塞，到休屯井，北度車田盧水，道里回遠。〔四〕況等乏食，單于乃給其糧，失期不還五十餘日。

〔一〕師古曰：厭音一涉反。

〔二〕師古曰：舍，止宿。【補注】先謙曰：胡注「蒲陶本出大宛，武帝伐大宛，采蒲陶種植之離宮，宮由此得名」。

〔三〕師古曰：云以敬於單于，故令止上林。

〔四〕師古曰：回音胡內反。

初，上遣稽留昆隨單于去，到國，復遣稽留昆同母兄右大且方與婦入侍。〔一〕還歸，復遣且方同母兄左日逐王都與婦入侍。是時，漢平帝幼，太皇太后稱制，新都侯王莽秉政，欲説太后以威德至盛異於前，〔二〕乃風單于〔三〕令遣王昭君女須卜居次云入侍〔四〕太后，所以賞賜之甚厚。

〔一〕師古曰：且音子閭反。

〔二〕師古曰：説讀曰悅。以此事取悅於太后。

〔三〕師古曰：風讀曰諷。

〔四〕師古曰：云者，其女名。

會西域車師後王句姑、〔一〕去胡來王唐兜〔二〕皆怨恨都護校尉，將妻子人民亡降匈奴，語在西域傳。單于受置左谷蠡地，〔三〕遣使上書言狀曰：「臣謹已受。」詔遣中郎將韓隆、王昌、副校尉甄阜、侍中謁者帛敞、長水校尉王歙使匈奴，〔四〕告單于曰：「西域内屬，不當得受，〔五〕今遣之。」〔六〕單于曰：「孝宣、孝元皇帝哀憐，爲作約束，自長城以南天子有之，長城以北單于有之。有犯塞，輒以狀聞；有降者，不得受。臣知父呼韓邪單于蒙無量之恩，〔七〕死遺言曰：『有從中國來降者，勿受，輒送至塞，以報天子厚恩。』此外國也，得受之。」使者曰：「匈奴骨肉相攻，國幾絕，〔八〕蒙中國大恩，危亡復續，妻子完安，累世相繼，宜有以報厚恩。」單于叩頭謝罪，執二虜還付使者。詔使中郎將王萌待西域惡都奴界上逆受。〔九〕單于遣使送到國，因請其罪。〔一〇〕使者以聞，有詔不聽，〔一一〕會西域諸國王斬以示之。〔一二〕乃造設四條：〔一三〕中國人亡入匈奴者，烏孫亡降匈奴者，西域諸國佩中國印綬降匈奴者，烏桓降匈奴者，皆不得受。遣中郎將王駿、王昌、副校尉甄阜、王尋使匈奴，班四條與單于，雜函封，〔一四〕付單于，令奉行，因收故宣帝所爲約束封函還。〔一五〕時莽奏令中國不得有二名，因使使者以風單于，〔一六〕宜上書慕化，爲一名，漢必加厚賞。單于從之，上書言：「幸得備藩臣，竊樂太平聖制，臣故名囊知牙斯，今謹更名曰知。」莽大説，〔一七〕白太后，遣使者答諭，厚賞賜焉。

〔一〕師古曰：句音鉤。

〔二〕師古曰：爲其去胡而來降漢，故以爲王號。【補注】先謙曰：顧炎武云：注非也。西域傳「婼羌國王號去胡來王」。

〔三〕【補注】先謙曰：左谷蠡王所居地也。

〔四〕師古曰：歙音翕。

〔五〕師古曰：既屬漢家，不得復臣匈奴。

〔六〕師古曰：今既遣還。【補注】先謙曰：今有即訓，顏注未晰。

〔七〕【補注】先謙曰：顧炎武云：其時尚未更名，應曰臣囊知牙斯，作史者從其後更名録之耳。

〔八〕師古曰：幾音鉅依反。

〔九〕服虔曰：惡都奴，西域之谷名也。師古曰：逆受，迎而受之。

〔一〇〕【補注】先謙曰：胡注「爲二虜請於漢，求釋其背叛之罪也」。

〔一一〕師古曰：不免其罪。

〔一二〕【補注】先謙曰：欲以懲後，使不敢叛。

〔一三〕師古曰：更新爲此制也。

〔一四〕師古曰：與璽書同一函而封之。

〔一五〕【補注】先謙曰：莽以約束未明，故頒四條，而收舊所爲約束。

〔一六〕師古曰：風讀曰諷。

〔一七〕師古曰：説讀曰悦。

漢既班四條，後護烏桓使者告烏桓民，毋得復與匈奴皮布稅。匈奴以故事遣使者責烏桓稅，〔一〕匈奴人民婦女欲賈販者皆隨往焉。烏桓距曰：「奉天子詔條，之當予匈奴稅。」〔二〕匈奴使怒，收烏桓酋豪，縛到懸之。〔三〕酋豪昆弟怒，共入匈奴使〔四〕及其官屬，收略婦女馬牛。單于聞之，遣使發左賢王兵入烏桓責殺使者，因攻擊之。烏桓分散，或走上山，或東保塞。匈奴頗殺人民，毆婦女弱小且千人去，〔五〕置左地，告烏桓曰：「持馬畜皮布來贖之。」烏桓見略者親屬二千餘人，持財畜往贖，匈奴受，留不遣。〔六〕

〔一〕師古曰：故時常稅，是以求之。

〔二〕【補注】錢大昭曰：「之」當作「不」。先謙曰：官本作「不」。

〔三〕【補注】周壽昌曰：到、倒同。孟子「猶解倒懸也」。

〔四〕【補注】錢大昭曰：「入」當作「殺」。先謙曰：官本作「殺」。

〔五〕師古曰：毆與驅同。

〔六〕師古曰：受其皮布，而留人不遣。

王莽之篡位也，建國元年，遣五威將王駿率甄阜、王颯、陳饒、帛敞、丁業六人，〔一〕多齎金帛，重遺單于，諭曉以受命代漢狀，因易單于故印。故印文曰「匈奴單于璽」，〔二〕莽更曰「新匈奴單于章」。〔三〕將率既至，授單于印紱，〔四〕詔令上故印紱。單于再拜受詔。譯前，欲解取故印紱，單于舉掖授之。左姑夕侯蘇從旁謂單于曰：「未見新印文，〔五〕宜且勿與。」單于止，不肯與。請使者坐穹廬，單于欲前爲壽。五威將曰：「故印紱當以時上。」單于曰：「諾。」復舉掖授譯。蘇復曰：「未見印文，且勿與。」單于曰：「印文何由變更！」遂解故印紱奉上，將率受。著新紱，不解視印，飲食至夜乃罷。右率陳饒謂諸將率曰：「鄉者姑夕侯疑印文，幾令單于不與人。〔六〕如令視印，見其變改，必求故印，此非辭説所能距也。既得而復失之，辱命莫大焉。不如椎破故印，以絶禍根。」將率猶與，莫有應者。〔七〕饒，燕士，果悍，〔八〕即引斧椎壞之。明日，單于果遣右骨都侯當白將率曰：「漢賜單于印，言『璽』不言『章』，又無『漢』字，諸王已下〔九〕乃有『漢』言『章』。今印去『璽』加『新』，與臣下無別。〔一〇〕願得故印。」將率示以故印，謂曰：「新室順天制作，故印隨將率所自爲破壞。單于宜承天命，奉新室之制。」當還白，單于知已無可奈何，又多得賂遺，即遣弟右賢王輿奉馬牛隨將率入謝，因上書求故印。〔一一〕

〔一〕師古曰：颯音立。【補注】錢大昭曰：此率字讀如將帥之帥，莽置五威將，每一將各置前後左右中帥，故下云右率陳饒。先謙曰：官本注在「重遺單于」下。

〔二〕【補注】齊召南曰：案故印即甘露三年宣帝所賜呼韓邪單于黄金璽也。

〔三〕師古曰：新者，莽自係其國號。

〔四〕師古曰：紱者，印之組也，音弗。

〔五〕【補注】宋祁曰：一本作「止不見新印文」。錢大昭曰：閩本曰下有「止」字。

〔六〕師古曰：鄉讀曰嚮。幾音鉅依反。

〔七〕師古曰：與讀曰豫。

〔八〕師古曰：果，決也。悍，勇也，音胡幹反。

〔九〕【補注】宋祁曰：「已」當作「以」。

〔一〇〕【補注】王念孫曰：案景祐本「今印」作「今即」，是也。即者，若也。西南夷傳注「即猶若也」。餘見釋詞，不能備載。言今若去「璽」加「新」，則與臣下無別也。今本「即」作「印」者，後人不曉即字之義，而以意改之耳。御覽儀式部四引此正作「即」。

〔一一〕【補注】先謙曰：顧炎武云：故印已壞而云因上書求故印者，求更鑄如故印之式，去「新」字而言「璽」。

將率還到左犂汗王咸所居地，見烏桓民多，以問咸。咸具言狀，〔一〕將率曰：「前封四條，不得受烏桓降者，亟還之。」〔二〕咸曰：「請密與單于相聞，得語，歸之。」單于使咸報曰：「當從塞内還之邪，從塞外還之邪？」將率不敢顓決，以聞。詔報，從塞外還之。〔三〕

〔一〕師古曰：謂前驅略得婦女弱小，贖之不還者。

〔二〕師古曰：亟，急也，音居力反。

〔三〕【補注】宋祁曰：「決」一作「使」。

單于始用夏侯藩求地有距漢語，後以求稅烏桓不得，因寇略其人民，釁由是生，重以印文改易，〔一〕故怨恨。乃遣右大且渠蒲呼盧訾等十餘人將兵衆萬騎，以護送烏桓爲名，〔二〕勒兵朔方塞下。朔方太守以聞。

〔一〕師古曰：重音直用反。

〔二〕師古曰：陽言云護送烏桓人衆，實來爲寇。【補注】宋祁曰：注文「陽」字，楊本作「揚」。

明年，西域車師後王須置離謀降匈奴，都護但欽誅斬之。置離兄狐蘭支將人衆二千餘人，敺畜産，舉國亡降匈奴〔一〕單于受之。狐蘭支與匈奴共入寇，擊車師，殺後成長，〔二〕傷都護司馬，復還入匈奴。

〔一〕師古曰：敺與驅同。舉其一國之人，皆亡降也。

〔二〕師古曰：後成，車師小國名也。長，其長帥也。【補注】先謙曰：成、城通作。

時戊己校尉史陳良、終帶、司馬丞韓玄、右曲候任商等見西域頗背叛，聞匈奴欲大侵，恐并死，即謀劫略吏卒數百人，共殺戊己校尉刀護〔一〕遣人與匈奴南犁汗王南將軍相聞。〔二〕匈奴南將軍二千騎入西域迎良等，良等盡脅略戊己校尉吏士男女二千餘人入匈奴。玄、商留南將軍所，良、帶徑至單于庭，人衆别置零吾水上田居。單于號良、帶曰烏桓都將軍，留居單于所，數呼與飲食。西域都護但欽上書言匈奴南將軍右伊秩訾將人衆寇擊諸國。莽於是大分匈奴爲十五單于，遣中郎將藺苞、副校尉戴級將兵萬騎，多齎珍寶至雲中塞下，招誘呼韓邪單于諸子，欲以次拜之。使譯出塞誘呼右犁汗王咸、咸子登、助三人，至則脅拜咸爲孝單于，賜安車、鼓車各一，黄金千斤，雜繒千匹，戲戟十；〔三〕拜助爲順單于，賜黄金五百斤；傳送助、登長安。莽封苞爲宣威公，拜爲虎牙將軍；封級爲揚威公，拜爲虎賁將軍。單于聞之，怒曰：「先單于受漢宣帝恩，不可負也。今天子非宣帝子孫，何以得立？」遣左骨都侯、右伊秩訾王呼盧訾及左賢王樂將兵入雲中益壽塞，大殺吏民。是歲，建國三年也。

〔一〕師古曰：刀音貂。【補注】先謙曰：官本「刀」並作「刁」。

〔二〕【補注】周壽昌曰：案匈奴有左王將、右王將、左右大將等官，無稱將軍者。此南犁汗王所屬，稱南將軍，殆仿漢官制也。先謙曰：官本「汗」作「汙」，下同。

〔三〕師古曰：戲戟，有旗之戟也。戲音許宜反，又音麾。

是後，單于歷告左右部都尉、諸邊王，入塞寇盜，大輩萬餘，中輩數千，少者數百，殺鴈門、朔方太守、都尉，略吏民畜産不可勝數，緣邊虛耗。莽新即位，怙府庫之富，欲立威，乃拜十二部將率，發郡國勇士，武庫精兵，各有所屯守，轉委輸於邊。議滿三十萬衆，齎三百日糧，同時十道並出，窮追匈奴，內之于丁令，〔一〕因分其地，立呼韓邪十五子。

〔一〕師古曰：逐之遣入丁令地。令音零。

莽將嚴尤諫曰：「臣聞匈奴爲害，所從來久矣，未聞上世有必征之者也。後世三家周、秦、漢征之，然皆未有得上策者也。周得中策，漢得下策，秦無策焉。當周宣王時，獫允內侵，至于涇陽，命將征之，盡境而還。其視戎狄之侵，譬猶蟁蝱之螫，敺之而已。〔一〕故天下稱明，是爲中策。漢武帝選將練兵，約齎輕糧，深入遠戍，〔二〕雖有克獲之功，胡輒報之，兵連禍結三十餘年，中國罷耗，匈奴亦創艾，〔三〕而天下稱武，是爲下策。秦始皇不忍小耻而輕民力，築長城之固，延袤萬里，〔四〕轉輸之行，起於負海，疆境既完，中國内竭，以喪社稷，是爲無策。今天下遭陽九之阸，〔五〕比年饑饉，西北邊尤甚。發三十萬衆，具三百日糧，東援海代，南取江淮，然後乃備。〔六〕計其道里，一年尚未集合，兵先至者聚居暴露，師老械弊，勢不可用，此一難也。邊既空虚，不能奉軍糧，内調郡國，不相及屬，此二難也。〔七〕計一人三百日食，用糒十八斛，非牛力不能勝；牛又當自齎食，加二十斛，重矣。胡地沙鹵，多乏水草，以往事揆之，軍出未滿百日，牛必物故且盡，〔八〕餘糧尚多，人不能負，此三難也。胡地秋冬甚寒，春夏甚風，多齎鬴鍑薪炭，重不可勝，〔九〕食糒飲水，以歷四時，師有疾疫之憂，是故前世伐胡，不過百日，非不欲久，勢力不能，此四難也。輜重自隨，則輕鋭者少，〔一〇〕不得疾行，虜徐遁逃，勢不能及，幸而逢虜，又累輜重，〔一一〕如遇險阻，銜尾相隨，〔一二〕虜要遮前後，危殆不測，此五難也。大用民力，功不可必立，臣伏憂之。今既發兵，宜縱先至者，令臣尤等深入霆擊，且以創艾胡虜。」〔一三〕莽不聽尤言，轉兵穀如故，天下騷動。

〔一〕師古曰：蟁，古蚊字也。蝱音盲。螫音式亦反。毆與驅同。

〔二〕師古曰：約，少也。少齎衣裝。

〔三〕師古曰：罷讀曰疲。耗，損也。創音初向反。艾讀曰乂。次下亦同。

〔四〕師古曰：袤，長也，音茂。

〔五〕【補注】先謙曰：官本作「㞑」。
〔六〕師古曰：援，引也，音爰。
〔七〕師古曰：調，發也，音徒釣反。屬音之欲反。
〔八〕師古曰：物故謂死也。
〔九〕師古曰：鬴，古釜字也。鍑，釜之大口者也。鍑音富。
〔一〇〕師古曰：重音直用反。其下亦同。
〔一一〕師古曰：累音力瑞反。
〔一二〕師古曰：銜，馬銜也。尾，馬尾也。言前後單行，不得並驅。
〔一三〕師古曰：請率見到之兵，且以擊虜。

咸既受莽孝單于之號，馳出塞歸庭，具以見脅狀白單于，單于更以爲於粟置支侯，匈奴賤官也。後助病死，莽以登代助爲順單于。

厭難將軍陳欽〔一〕震狄將軍王巡屯雲中葛邪塞。是時，匈奴數爲邊寇，殺將率吏士，略人民，毆畜産去甚衆。〔二〕捕得虜生口驗問，皆曰孝單于咸子角數爲寇，兩將以聞。四年，莽會諸蠻夷，斬咸子登於長安市。

〔一〕師古曰：厭音一涉反。【補注】先謙曰：官本注在下「葛邪塞」下。
〔二〕師古曰：毆與驅同。

初，北邊自宣帝以來，數世不見煙火之警，人民熾盛，牛馬布野。及莽撓亂匈奴，與之構難，〔一〕邊民死亡係獲，又十二部兵久屯而不出，吏士罷弊，〔二〕數年之間，北邊虚空，野有暴骨矣。

〔一〕師古曰：撓，攪也，音火高反。【補注】先謙曰：官本「構」作「搆」。注「火」作「丈」。

〔二〕師古曰：罷讀曰疲。

烏珠留單于立二十一歲，建國五年死。匈奴用事大臣右骨都侯須卜當，即王昭君女伊墨居次云之壻也。〔一〕云常欲與中國和親，又素與咸厚善，見咸前後爲莽所拜，故遂越輿而立咸爲烏累若鞮單于。〔二〕

〔一〕【補注】先謙曰：云是須卜居次上文兩見「伊墨」二字疑誤。

〔二〕師古曰：累音力追反。

烏累單于咸立，以弟輿爲左谷蠡王。烏珠留單于子蘇屠胡本爲左賢王，以弟屠耆閼氏子盧渾爲右賢王。〔一〕烏珠留單于在時，左賢王數死，以爲其號不祥，更易命左賢王曰「護于」。護于之尊最貴，次當爲單于，故烏珠留單于授其長子以爲護于，欲傳以國。咸怨烏珠留單于貶賤己號，不欲傳國，及立，貶護于爲左屠耆王。云、當遂勸咸和親。

〔一〕師古曰：渾音胡昆反。

天鳳元年，云、當遣人之西河虎猛制虜塞下，〔一〕告塞吏曰欲見和親侯。〔二〕和親侯王歙者，王昭君兄子也。〔三〕中部都尉以聞。莽遣歙、歙弟騎都尉展德侯颯使匈奴，〔四〕賀單于初立，賜黃金衣被繒帛，紿言侍子登在，因購求陳良、終帶等。〔五〕單于盡收四人及手殺校尉刀護賊芝音妻子以下二十七人，皆械檻付使者，遣廚唯姑夕王富等四十人送歙、颯。〔六〕莽作焚如之刑，燒殺陳良等，〔七〕罷諸將率屯兵，但置游擊都尉。單于貪莽賂遺，故外不失漢故事，然內利寇掠。又使還，知子登前死，怨恨，寇虜從左地入，不絕。〔八〕使者問單于，輒曰：「烏桓與匈奴無狀黠民共爲寇入塞，譬如中國有盜賊耳！咸初立持國，威信尚淺，盡力禁止，不敢有二心。」

〔一〕師古曰：虎猛，縣名。制虜塞在其界。【補注】沈欽韓曰：一統志「虎猛廢縣在鄂爾多斯左翼前旗界內，直榆林北」。

〔二〕【補注】周壽昌曰：和親侯王歙、展德侯王颯，俱王莽時封，故表削而不書。

〔三〕師古曰：歙音翕。

〔四〕師古曰：颯音立。

〔五〕【補注】先謙曰：官本「購」作「搆」。

〔六〕【補注】宋祁曰：「廚」字上當有「右」字。

〔七〕應劭曰：易有焚如、死如、棄如之言，莽依此作刑名也。如淳曰：焚如、死如、棄如者，謂不孝子也。不畜於父母，不容於朋友，故燒殺棄之，莽依此作刑名也。師古曰：易離卦九四爻辭也。

〔八〕師古曰：入爲寇而虜掠。

天鳳二年五月，莽復遣歙與五威將王咸率伏黯、丁業等六人，使送右廚唯姑夕王，因奉歸前所斬侍子登及諸貴人從者喪，皆載以常車。〔一〕至塞下，單于遣云、當子男大且渠奢等至塞迎。咸等至，多遺單于金珍，因諭説改其號，號匈奴曰「恭奴」，單于曰「善于」，賜印綬。封骨都侯當爲後安公，當子男奢爲後安侯。單于貪莽金幣，故曲聽之，然寇盜如故。咸、歙又以陳良等購金付云、當，令自差與之。〔二〕十二月，還入塞，莽大喜，賜歙錢二百萬，悉封黯等。

〔一〕劉德曰：縣易車也。舊司農出錢市車，縣次易牛也。【補注】周壽昌曰：若今之長載短卸。

〔二〕師古曰：差其次第多少。

單于咸立五歲，天鳳五年死，弟左賢王輿立，爲呼都而尸道皋若鞮單于。匈奴謂孝曰「若鞮」。自呼韓邪後，與漢親密，見漢謚帝爲「孝」，慕之，故皆爲「若鞮」。

呼都而尸單于輿既立，貪利賞賜，遣大且渠奢與云女弟當户居次子醯櫝王〔一〕俱奉獻至長安。莽遣和親侯歙與奢等俱至制虜塞下，與云、當會，因以兵迫脅，將至長安。云、當小男從塞下得脱，歸匈奴。〔二〕當至長安，莽拜爲須卜單于，欲出大兵以輔立之。兵調度亦不合，而匈奴愈怒，並入北邊，北邊由是壞敗。會當病死，莽以其庶女陸逯任妻後安公奢，〔三〕所以尊寵之甚厚，終爲欲出兵立之者。〔四〕會漢兵誅莽，云、奢亦死。

〔一〕師古曰：櫝音讀。【補注】先謙曰：上文「昭君二女，長女云爲須卜居次，小女爲當于居次」，此「當户」乃「當于」之譌。「與云」下應更有「云」字，文義乃明。據下文云與當俱來也。

〔二〕【補注】先謙曰：即上文子醯櫝王。

〔三〕李奇曰：陸逯，邑也。莽改公主曰任。孷本爲侯，莽以女妻之，故進爵爲公。師古曰：逯音録。任音壬。【補注】錢大昭曰：「陸」當作「睦」。睦逯任名捷，莽侍者開明所生女。

〔四〕師古曰：言爲此計意不止。

更始二年冬，漢遣中郎將歸德侯颯、〔一〕大司馬護軍陳遵使匈奴，授單于漢舊制璽綬，王侯以下印綬，因送云、當餘親屬貴人從者。單于輿驕，謂遵、颯曰：「匈奴本與漢爲兄弟，匈奴中亂，〔二〕孝宣皇帝輔立呼韓邪單于，故稱臣以尊漢。今漢亦大亂，爲王莽所篡，匈奴亦出兵擊莽，空其邊境，令天下騷動思漢，莽卒以敗而漢復興，亦我力也，當復尊我！」遵與相掌距，〔三〕單于終持此言。〔四〕其明年夏，還。會赤眉入長安，更始敗。

〔一〕【補注】周壽昌曰：功臣表歸德侯先賢撣以匈奴日逐王率衆降，侯，其孫諷嗣侯，此殆即其人。颯、諷字近，又緣上展德侯颯而誤。下稱劉颯者，必賜姓，史失載也。以故侯從光武得紹封復國，建武六年使匈奴，見後書。

〔二〕師古曰：言中間之時也，讀如本字，又音竹仲反。

〔三〕師古曰：掌謂支柱也，音丈庚反，又丑庚反。【補注】錢大昭曰：考工記弓人「維角堂之」，鄭注「堂讀如掌距之掌」。說文「堂，歫也」。

〔四〕【補注】周壽昌曰：遵傳云「單于欲詘脅遵，遵陳利害曲直，單于大奇之。」此云「單于終持此言」，是卒未如遵所說也。

贊曰：書戒「蠻夷猾夏」，〔一〕詩稱「戎狄是膺」，〔二〕春秋「有道守在四夷」，〔三〕久矣夷狄之爲患也。故自漢興，忠言嘉謀之臣，曷嘗不運籌策相與爭於廟堂之上乎？高祖時則劉敬，呂后時樊噲、季布，孝文時賈誼、朝錯，孝武時王恢、韓安國、朱買臣、公孫弘、董仲舒，人持所見，各有同異，然總其要，歸兩科而已。縉紳之儒則守和親，介冑之士則言征伐，皆偏見一時之利害，而未究匈奴之終始也。自漢興以至于今，曠世歷年，多於春秋，其與匈奴，有脩文而和親之矣，有用武而克伐之矣，有卑下而承事之矣，〔四〕有威服而臣畜之矣，詘伸異變，强弱相反，是故其詳可得而言也。

〔一〕師古曰：虞書舜典載舜命皋陶作士之言也。猾，亂也。夏謂中夏諸國也。

〔二〕師古曰：魯頌閟宮之詩，美僖公興師與齊桓討難。膺，當也。

〔三〕師古曰：春秋左氏傳昭（三十二）〔二十三〕年「楚囊瓦爲令尹，城郢」。沈尹戍曰：「古者天子，守在四夷」，言德及遠。【補注】王先慎曰：春秋有道，即春秋有言也。與書戒、詩稱同意。

〔四〕師古曰：下音胡亞反。

昔和親之論，發於劉敬。是時天下初定，新遭平城之難，故從其言，約結和親，賂遺單于，冀以救安邊境。孝惠、高后時遵而不違，匈奴寇盜不爲衰止，而單于反以加驕倨。逮至孝文，與通關市，妻以漢女，增厚其賂，歲以千金，而匈奴數背約束，邊境屢被其害。是以文帝中年，赫然發憤，遂躬戎服，親御鞌馬，從六郡良家材力之士，〔一〕馳射上林，講習戰陳，聚天下精兵，軍於廣武，顧問馮唐與論將帥，喟然歎息，思古名臣，此則和親無益，已然之明效也。

〔一〕師古曰：六郡謂隴西、天水、安定、北地、上郡、西河也。其安定、天水、西河，武帝所置耳，史本其土地而追言也。

仲舒親見四世之事，猶復欲守舊文，頗增其約。以爲「義動君子，利動貪人，〔一〕如匈奴者，非可以仁義説也，〔二〕獨可説以厚利，結之於天耳。〔三〕故與之厚利以没其意，〔四〕與盟於天以堅其約，質其愛子以累其心，〔五〕匈奴雖欲展轉，奈失重利何？奈欺上天何？奈殺愛子何？〔六〕夫賦斂行賂不足以當三軍之費，城郭之固無以異於貞士之約，〔七〕而使邊城守境之民父兄緩帶，〔八〕稚子咽哺，〔九〕胡馬不窺於長城，而羽檄不行於中國，不亦便於天下乎！」察仲舒之論，考諸行事，乃知其未合於當時，而有闕於後世也。當孝武時，雖征伐克獲，而士馬物故亦略相當；雖開河南之野，建朔方之郡，亦棄造陽之北九百餘里。匈奴人民每來降漢，單于亦輒拘留漢使以相報復，〔一〇〕其桀驁尚如斯，〔一一〕安肯以愛子而爲質乎？此不合當時之言也。若不置質，空約和親，是襲孝文既往之悔，而長匈奴無已之詐也。〔一二〕夫邊城不選守境武略之臣，脩障隧備塞之具，厲長戟勁弩之械，恃吾所以待邊寇。而務賦斂於民，遠行貨賂，割剝百姓，以奉寇讎。信甘言，守空約，而幾胡馬之不窺，不已過乎！〔一三〕

〔一〕【補注】沈欽韓曰：列女傳四「義動君子，利動小人，息君夫人，不爲利動矣」。

〔二〕師古曰：此説謂勸諭。

〔三〕師古曰：此説讀曰悦。

〔四〕師古曰：没，溺也。

〔五〕師古曰：累音力瑞反。

〔六〕師古曰：展轉，爲移動其心。

〔七〕晉灼曰：堅城固守不勝，遣貞士爲和親之約也。

〔八〕【補注】沈欽韓曰：穀梁傳「一人有子，三人緩帶」。

〔九〕師古曰：咽，吞也。哺謂所食在口者也。咽音宴。哺音捕。

〔一〇〕師古曰：復音扶目反。

〔一一〕師古曰：驁與傲同。

〔一二〕師古曰：襲，重也，重疊爲其事。

〔一三〕師古曰：幾讀曰冀。

至孝宣之世，承武帝奮擊之威，直匈奴百年之運，〔一〕因其壞亂幾亡之阸，〔二〕權時施宜，覆以威德，然後單于稽首臣服，遣子入侍，二世稱藩，賓於漢庭。〔三〕是時邊城晏閉，牛馬布野，〔四〕三世無犬吠之警，藜庶亡干戈之役。〔五〕

〔一〕師古曰：直，當也。

〔二〕師古曰：幾，近也，音鉅依反。

〔三〕【補注】先謙曰：官本「二」作「三」。案呼韓邪、復株絫、烏珠留三單于來朝，是三世賓漢庭也。

〔四〕師古曰：晏，晚也。

〔五〕師古曰：藜古黎字。【補注】沈欽韓曰：案隸釋華下民租碑「惠滋藜庶」。他碑多然。費鳳碑又作「⿰黍勿」，堯廟碑作

「棃」，此正漢俗黎字，不得以爲古。先謙曰：官本「菞」作「菞」。「三」當爲「五」。五世，宣、元、成、哀、平。

後六十餘載之間，遭王莽篡位，始開邊隙，單于由是歸怨自絶，莽遂斬其侍子，邊境之禍構矣。故呼韓邪始朝於漢，漢議其儀，而蕭望之曰：「戎狄荒服，言其來服荒忽無常，時至時去，宜待以客禮，讓而不臣。如其後嗣遂逃竄伏，〔一〕使於中國不爲叛臣。」及孝元時，議罷守塞之備，侯應以爲不可，可謂盛不忘衰，安必思危，遠見識微之明矣。至單于咸棄其愛子，昧利不顧，〔二〕侵掠所獲，歲鉅萬計，而和親賂遺，不過千金，安在其不棄質而失重利也？仲舒之言，漏於是矣。〔三〕

〔一〕師古曰：遂，古遁字。【補注】沈欽韓曰：此亦遯之俗字，不得爲古。

〔二〕師古曰：昧，貪也，音妹。

〔三〕【補注】蘇輿曰：前所云有闕于後世者也。

夫規事建議，不圖萬世之固，而媮恃一時之事者，未必以經遠也。〔一〕若乃征伐之功，秦漢行事，嚴尤論之當矣。故先王度土，中立封畿，〔二〕分九州，列五服，〔三〕物土貢，制外内，〔四〕或脩刑政，或詔文德，遠近之勢異也。是以春秋内諸夏而外夷狄。〔五〕夷狄之人貪而好利，被髮左衽，人面獸心，其與中國殊章服，異習俗，飲食不同，言語不通，辟居北垂寒露之野，〔六〕逐草隨畜，射獵爲生，隔以山谷，雍以沙幕，〔七〕天地所以絶外内也。是故聖王禽獸畜之，不與約誓，不就攻伐；約之則費賂而見欺，攻之則勞師而招寇。其地不可耕而食也，其民不可臣而畜也，是以外而不內，疏而不戚，〔八〕政教不及其人，正朔不加其國；來則懲而御之，去則備而守之。〔九〕其慕義而貢獻，則接之以禮讓，羈縻不絶，使曲在彼，蓋聖王制御蠻夷之常道也。

〔一〕師古曰：媮與偷同。【補注】先謙曰：官本「必」作「可」，是。

〔二〕師古曰：度音大各反。中音竹仲反。

〔三〕師古曰：九州、五服，解並在前。

〔四〕師古曰：物土貢者，各因其土所生之物而貢之也。制外內，謂五服之差，遠近異制。【補注】王念孫曰：物土貢非謂各因其土所生之物而貢之也。物猶類也，言類九州、五服之土貢，若禹貢某州貢某物，周官某服貢某物也。周官載師「掌任土之灋，以物地事」，草人「掌土化之灋，以物地」，義竝與類同。桓六年左傳及晉語注竝曰「物，類也」。學記「比物醜類」，文十八年左傳「醜類惡物」正義「物亦類也」。周語「象物天地，比類百則」。

〔五〕師古曰：春秋成十五年「諸侯會吳于鍾離」。公羊傳曰「曷爲殊會吳？外也。曷爲外？春秋，內其國而外諸夏，內諸夏而外夷狄也」。

〔六〕師古曰：辟讀曰僻。

〔七〕師古曰：雍讀曰壅。

〔八〕師古曰：戚，近也。

〔九〕師古曰：懲謂使其創乂。

西南夷兩粵朝鮮傳第六十五

西夷君長以十數，[一]夜郎最大。[二]其西，靡莫之屬以十數，滇最大。[三]自滇以北，君長以十數，邛都最大。[四]此皆椎結，[五]耕田，有邑聚。其外，西自桐師以東[六]北至葉榆[七]名爲嶲、昆明，[八]編髪，[九]隨畜移徙，亡常處，亡君長，地方可數千里。自嶲以東北，君長以十數，徙、莋都最大。[一〇]自莋以東北，君長以十數，冉駹最大。[一一]其俗，或土著，或移徙。[一二]在蜀之西。自駹以東北，[一三]君長以十數，白馬最大，[一四]皆氐類也。此皆巴蜀西南外蠻夷也。

〔一〕【補注】錢大昭曰：「西」當作「南」。南監本、閩本不誤。先謙曰：官本作「南」。

〔二〕師古曰：後爲縣，屬牂牁郡。【補注】先謙曰：今遵義府桐梓縣東二十里。

〔三〕師古曰：地有滇池，因爲名也。滇音顛。

〔四〕師古曰：今之邛州本其地。【補注】先謙曰：今邛州治。

〔五〕師古曰：椎音直追反。結讀曰髻。爲髻如椎之形也。陸賈傳及貨殖傳皆作魋字，音義同耳。此下朝鮮傳亦同。
【補注】先謙曰：史記「椎」作「魋」，同。

〔六〕【補注】先謙曰：史記「桐」作「同」，下同。索隱「漢書作『桐（鄉）〔師〕』」，是小司馬所見漢書本異。沈欽韓云：「桐師」，漢志作「同並」，蓋隸體相似。在曲靖府霑益州北。

〔七〕師古曰：葉榆，澤名，因以立號，後爲縣，屬益州郡。【補注】先謙曰：今大理府太和縣東北。史記「葉」作「楪」。

〔八〕師古曰：巂即今之巂州也。昆明又在其西南，即今之南寧州，諸爨所居，是其地也。巂音髓。【補注】先謙曰：官本「巂」並作「嶲」，是。嶲，今寧遠府西昌縣，昆明今寧遠府鹽源縣治。唐之南寧州，則今曲靖府南寧縣地也。

〔九〕師古曰：徧音步典反。

〔一〇〕師古曰：徙及莋都，二國也。徙後爲徙縣，屬蜀郡。莋都後爲沈黎郡。徙音斯。莋音材各反。【補注】先謙曰：徙縣在雅州府天全縣東，沈黎今雅州府清溪縣東南。

〔一一〕師古曰：今夔州、開州首領多姓冉者，本皆冉種也。駹音尨。【補注】先謙曰：冉駹國今茂州地。

〔一二〕師古曰：土著謂有常處，著於土地也。著音直略反。【補注】先謙曰：官本「處」作「居」。

〔一三〕【補注】先謙曰：「自」下脱「冉」字，史記有。

〔一四〕【補注】齊召南曰：案白馬氐居仇池山，其山四面斗絶，上有平田百頃。詳後書南蠻傳。先謙曰：今階州成縣，漢白馬氐地。

始楚威王時，〔一〕使將軍莊蹻將兵循江上，〔二〕略巴、黔中以西。〔三〕莊蹻者，楚莊王苗裔也。蹻至滇池，方三百里，〔四〕旁平地肥饒數千里，〔五〕以兵威定屬楚。欲歸報，會秦擊奪楚巴、黔中郡，道塞不通，因乃以其衆王滇，變服，從其俗，以長之。〔六〕秦時嘗破，略通五尺道，〔七〕諸此國頗置吏焉。十餘歲，秦滅。及漢興，皆棄此國而關蜀故徼。〔八〕巴蜀民或竊出商賈，取其莋馬、僰僮、旄牛，以此巴蜀殷富。

〔一〕【補注】沈欽韓曰：華陽國志作頃襄王，與秦取楚黔中郡事較合。
〔二〕師古曰：循，順也。謂緣江而上也。蹻音居略反。
〔三〕師古曰：黔中，即今黔州是其地，本巴人也。【補注】先謙曰：史記「巴」下有「蜀」字，衍文。
〔四〕師古曰：地理志「益州滇池縣，其澤在西北」。華陽國志云「澤下流淺狹，狀如倒池，故云滇池。」【補注】先謙曰：史記「方」上有「地」字，是，此奪。一統志「滇池在雲南府昆明縣南，呈貢縣西，晉寧州西北，昆陽州北」。
〔五〕師古曰：池旁之地也。
〔六〕師古曰：爲其長帥也。
〔七〕師古曰：其處險阸，故道纔廣五尺。【補注】先謙曰：正義「括地志，五尺道在郎州」。沈欽韓云：「敘州府慶符縣南五里，即古五尺道也。」「嘗破」史記作「常頞」。
〔八〕師古曰：西南之徼，猶北方塞也。徼音工釣反。【補注】先謙曰：官本「關」作「開」，史記同。案作「關」是。

建元六年，大行王恢擊東粵，東粵殺王郢以報。恢因兵威使番陽令唐蒙風曉南粵。〔一〕南粵食蒙蜀枸醬，〔二〕蒙問所從來，曰：「道西北牂柯江，〔三〕江廣數里，出番禺城下。」〔四〕蒙歸至長安，問蜀賈人，獨蜀出枸醬，多持竊出市夜郎。夜郎者，臨牂柯江，〔五〕江廣百餘步，足以行船。南粵以財物役屬夜郎，西至桐師，然亦不能臣使也。蒙乃上書説上曰：「南粵王黄屋左纛，〔六〕地東西萬餘里，名爲外臣，實一州主。今以長沙、豫章往，水道多絶，難行。竊聞夜郎所有精兵可得十萬，〔七〕浮船牂柯，出不意，〔八〕此制粵一奇也。誠以漢之强，巴蜀之饒，通夜郎道，爲置吏，甚易。」上許之。乃拜蒙以郎中將，〔九〕將千人，食重萬餘人，〔一〇〕從巴筰關入，〔一一〕遂見夜郎侯多同。〔一二〕厚賜，諭以威德，約爲置吏，使其子爲令。〔一三〕夜郎旁小邑皆貪漢繒帛，以爲漢道險，終不能有也，乃且聽蒙約。還報，乃以爲犍爲郡。發巴蜀卒治道，自僰道指牂柯江。〔一四〕蜀人司馬相如亦言西夷邛、莋可置郡。使相如以郎中將往諭，皆如南夷，爲置一都尉，十餘縣，屬蜀。

〔一〕師古曰：番音蒲何反。風讀曰諷。

〔二〕晉灼曰：枸音矩。劉德曰：枸樹如桑，其椹長二三寸，味酢。取其實以爲醬，美，蜀人以爲珍味。師古曰：劉說非也。子形如赤椹耳。緣木而生，非樹也。子又不長二三寸，味尤辛，不酢，今宕渠則有之。食讀曰飤。【補注】錢大昭曰：南方艸木狀云「蒟醬，蓽茇也。生於蕃國者，大而紫，謂之蓽茇；生於番禺者，小而青，謂之蒟焉。可以爲食，故謂之醬焉。交趾、九真人家多種，蔓生」。先謙曰：官本「赤」作「桑」。

〔三〕師古曰：道，由也，由此而來也。【補注】先謙曰：官本句末無「也」字。

〔四〕師古曰：番音普安反。禺音隅。【補注】齊召南曰：案，牂牁江即鬱水之上流豚水，在後書謂之遯水者也。地理志「牂牁郡夜郎縣豚水東至廣鬱，入鬱。鬱林郡廣鬱縣鬱水首受夜郎豚水，東至四會入海」是也。今曰盤江，自貴州東南流，逕廣西，又東逕廣東廣州入海。夜郎侯以竹爲姓。詳見後書。

〔五〕【補注】沈欽韓曰：紀要「盤江在貴州境者，爲北盤江，出四川烏撒府西北五十里，今爲貴州大定府之威寧州。東南流，至烏撒南九十里，謂之可渡河。又東南爲七星關，河折而南，經雲南霑益州界，入貴州境。經安南衞東，又南經永寧州西境，普安州東境，盤迴曲折於山箐間，陰翳蒙密，夏秋多障。流經慕役長官司東南，而南盤江流合焉。一統志，慕役長官司在永寧州西一百七十里，州屬安順府。又東南入廣西泗城州境，而謂之左江。陶弼云『左江即盤江，盤江即牂牁江也』」。

〔六〕師古曰：言爲天子之車服。

〔七〕【補注】先謙曰：史記作「十餘萬」。

〔八〕【補注】王念孫曰：「出」下脱「其」字，則語意不暢。通典邊防三無「其」字，即沿誤本漢書也。舊本北堂書鈔政術部十四陳禹謨本刪「其」字。御覽州郡部十七引漢書，皆有「其」字，史記、漢紀同。

〔九〕【補注】劉攽曰：當作「中郎將」，後「使相如以郎中將往諭」同。周壽昌曰：華陽國志作「中郎將」，汀水注同。先謙曰：史記作「郎中將」，百官表：郎中令所屬，中郎有五官、左、右三將，郎中有車、戶、騎三將。

〔一〇〕師古曰：食糧及衣重也。重音直用反。

〔一一〕【補注】王念孫曰：「巴莋關」本作「巴符關」。水經云「江水東過符縣北，邪東南。此三字有誤。鰼部水從符關東北注之」。注云「縣，故巴夷之地也。漢武帝建元六年，以唐蒙爲中郎將，從萬人出巴符關者也」。是符關即在符縣，而縣爲故巴夷之地，故曰巴符關也。漢之符縣在今瀘州合江縣西。今合江縣南有符關，仍漢舊名也。若莋地則在蜀之西，不與巴相接，不得言巴莋關矣。隸書符字作苻，與莋相似，又涉上下文莋字而誤。史記作「巴蜀筰關」，通鑑漢紀十同。多一「蜀」字，於義尤不可通。蓋因上文巴蜀而衍，上文「略巴黔中以西」，「巴」下亦衍「蜀」字，辯見史記。舊本北堂書鈔政術部十四引漢書正作巴符關，陳禹謨依俗本漢書改「符」爲「莋」。

〔一二〕師古曰：多同，其侯名也。

〔一三〕師古曰：比之於漢縣也。

〔一四〕【補注】先謙曰：僰道在今敘州府宜賓縣西南。

當是時，巴蜀四郡〔一〕通西南夷道，載轉相饟。〔二〕數歲，道不通，士罷餓餧，離暑溼，死者甚衆。〔三〕西南夷又數反，發兵興擊，耗費亡功。〔四〕上患之，使公孫弘往視問焉。還報，言其不便。及弘爲御史大夫，時方築朔方，據河逐胡，弘等因言西南夷爲害，〔五〕可且罷，專力事匈奴。上許之，罷西夷，獨置南夷兩縣一都尉，〔六〕稍令犍爲自保就。〔七〕

〔一〕【補注】先謙曰：集解「徐廣云，漢中，巴郡，廣漢，蜀郡」。

〔二〕師古曰：饟古餉字。【補注】先謙曰：史記「載」作「戍」。

〔三〕師古曰：罷讀曰疲。餧，飢也。離，遭也。餧音能賄反。

〔四〕師古曰：耗，損也，音呼到反。

〔五〕師古曰：言通西南夷，大爲損害。

〔六〕【補注】先謙曰：史記「南夷」下有「夜郎」二字，其一縣無考。

〔七〕師古曰：令自保守，且脩成其郡縣。【補注】王念孫曰：保就猶言保聚。僖二十六年左傳「我敝邑，用不敢保聚」是也。聚、就一聲之(傳)〔轉〕。逸周書謚法篇「就，會也」。是就有聚會之義。師古訓就爲成，則與保字義不相屬，乃云「令自保守，且脩成其郡縣」，則增字爲解，而非其本旨矣。

及元狩元年，博望侯張騫言使大夏時，見蜀布、邛竹杖，問所從來，曰：「從東南身毒國，〔一〕可數千里，得蜀賈人市。」或聞邛西可二千里有身毒國。騫因盛言大夏在漢西南，慕中國，患匈奴隔其道，誠通蜀，身毒國道便近，又亡害。於是天子乃令王然于、柏始昌、呂越人等十餘輩間出西南夷，〔二〕指求身毒國。至滇，滇王當羌乃留爲求道。〔三〕四歲餘，〔四〕皆閉昆明，莫能通。〔五〕滇王與漢使言：「漢孰與我大？」〔六〕及夜郎侯亦然。各自以一州王，〔七〕不知漢廣大。使者還，因盛言滇大國，足事親附。〔八〕天子注意焉。

〔一〕師古曰：即天竺也，亦曰捐篤也。【補注】先謙曰：集解「身毒，史記一本作乾毒」。漢書音義曰「一名天竺，則浮屠胡是也」。先謙案：捐篤當作捐毒，西域國，非天竺也。詳見西域傳。顔注誤。

〔二〕師古曰：求間隙而出也。【補注】先謙曰：「南」字衍，史記無。

〔三〕師古曰：當羌，滇王名。【補注】宋祁曰：遷史「當」作「嘗」，注云「嘗」一作「賞」。

〔四〕【補注】宋祁曰：据遷史當云「爲求道西」，此「四」字當屬上句，作「西」。

〔五〕師古曰：爲昆明所閉塞。

〔六〕師古曰：與猶如。

〔七〕【補注】王念孫曰：「王」當爲「主」。上文云「名爲外臣，實一州主」，南粵傳「此亦一州之主」，皆其證。御覽四夷部十一引此正作「主」，史記及通鑑漢紀十一同。

〔八〕師古曰：言可專事招來之，令其親附。

及至南粵反，上使馳義侯〔一〕因犍爲發南夷兵。且蘭君恐遠行，旁國虜其老弱，〔二〕乃與其衆反，殺使者及犍爲太守。漢乃發巴蜀罪人當擊南粵者八校尉擊之。〔三〕會越已破，漢八校尉不下，中郎將郭昌、衞廣引兵還，行誅隔滇道者且蘭，〔四〕斬首數萬，遂平南夷爲牂牁郡。夜郎侯始倚南粵，南粵已滅，還誅反者，〔五〕夜郎遂入朝，上以爲夜郎王。南粵破後，及漢誅且蘭、邛君，并殺莋侯，冉駹皆震恐，請臣置吏。以邛都爲粵巂郡，莋都爲沈黎郡，〔六〕冉駹爲文山郡，〔七〕廣漢西白馬爲武都郡。

〔一〕【補注】先謙曰：武紀作越馳義侯遺，蓋越人，失其姓。

〔一〕師古曰：恐發兵與漢，行後，其國空虛，而旁國來寇，鈔取其老弱也。且音子餘反。

〔三〕【補注】先謙曰：史記「當」作「嘗」，誤。官本同。

〔四〕師古曰：言因軍行而便誅之也。【補注】先謙曰：史記作頭蘭，索隱「即且蘭也」。

〔五〕師古曰：謂軍還而誅且蘭。

〔六〕【補注】先謙曰：史記「黎」作「犂」。

〔七〕【補注】先謙曰：史記「文」作「汶」，字同。

使王然于以粵破及誅南夷兵威風諭滇王入朝。〔一〕滇王者，其衆數萬人，其旁東北勞深、靡莫，〔二〕皆同姓相杖，未肯聽。〔三〕勞、莫數侵犯使者吏卒。〔四〕元封二年，天子發巴蜀兵擊滅勞深、靡莫，以兵臨滇。滇王始首善，以故弗誅。〔五〕滇王離西夷，〔六〕滇舉國降，〔七〕請置吏入朝。於是以爲益州郡，賜滇王王印，復長其民。〔八〕西南夷君長以百數，〔九〕獨夜郎、滇受王印。滇，小邑也，最寵焉。

〔一〕師古曰：風讀曰諷。

〔二〕【補注】先謙曰：史記「深」作「浸」。

〔三〕師古曰：杖猶倚也，相依倚爲援而不聽滇王入朝也。杖音直亮反。【補注】先謙曰：官本「杖」作「仗」。史記作「扶」。

〔四〕【補注】先謙曰：勞莫不詞，當脱「深靡」二字。史記作勞浸靡莫。

〔五〕師古曰：言初始以來，常有善意。

〔六〕師古曰：言東嚮事漢。【補注】先謙曰：史記「離」下衍「難」字。

〔七〕【補注】劉攽曰：多一「滇」字。宋祁曰：郭本無「滇」字。

〔八〕師古曰：爲之長帥。

〔九〕【補注】先謙曰：官本「數」作「入」，引宋祁曰「百入」。越本作「數」，謝本作「入」。

後二十三歲，孝昭始元元年，益州廉頭、姑繒民反，殺長吏。牂柯、談指、同並等二十四邑，凡三萬餘人皆反。〔一〕遣水衡都尉〔二〕發蜀郡、犍爲犇命萬餘人〔三〕擊牂柯，大破之。〔四〕後三歲，姑繒、葉榆復反，遣水衡都尉呂辟胡將郡兵擊之。〔五〕辟胡不進，蠻夷遂殺益州太守，乘勝與辟胡戰，士戰及溺死者四千餘人。〔六〕明年，復遣軍正王平與大鴻臚田廣明等並進，大破益州，斬首捕虜五萬餘級，獲畜産十餘萬。〔七〕上曰：「鉤町侯亡波率其邑君長人民擊反者，〔八〕斬首捕虜有功，其立亡波爲鉤町王。〔九〕大鴻臚廣明賜爵關内侯，食邑三百户。」後間歲，武都氐人反，〔一〇〕遣執金吾馬適建、〔一一〕龍頟侯韓增與大鴻臚廣明將兵擊之。

〔一〕師古曰：並音伴。

〔二〕【補注】先謙曰：昭紀「遣水衡都尉呂破胡募吏民及發犍爲」云云，破胡即下辟胡，此文不應止書其官，當有脱文。

〔三〕師古曰：犇，古奔字。奔命解在昭紀。

〔四〕【補注】先謙曰：昭紀作擊益州。則是益州、牂柯皆破之。

〔五〕師古曰：辟音壁。【補注】先謙曰：「水衡都尉呂」五字衍文。

〔六〕【補注】先謙曰：据昭紀「始元四年冬，遣田廣明擊益州」。蓋因辟胡之敗，可參證得之。

〔七〕【補注】先謙曰：見昭紀始元五年，作「三萬餘人，獲畜産五萬餘頭」。

〔八〕師古曰：鉤音鉅于反。町音大鼎反。

〔九〕【補注】先謙曰：句町，牂牁縣，在今臨安府通海縣東北五里。

〔一〇〕師古曰：間歲，隔一歲。【補注】先謙曰：元鳳元年。

〔一一〕【補注】周壽昌曰：姓馬適，名建。王莽傳「鉅鹿男子馬適求」。漢有此姓。

至成帝河平中，夜郎王興與鉤町王禹、漏臥侯俞〔一〕更舉兵相攻。〔二〕牂柯太守請發兵誅興等，議者以爲道遠不可擊，乃遣太中大夫蜀郡張匡持節和解。興等不從命，刻木象漢吏，立道旁射之。杜欽説大將軍王鳳曰：「太中大夫匡使和解蠻夷王侯，王侯受詔，已復相攻，輕易漢使，不憚國威，其效可見。恐議者選耎，復守和解，〔三〕太守察動靜，有變乃以聞。如此，則復曠一時，〔四〕王侯得收獵其衆，申固其謀，黨助衆多，各不勝忿，必相殄滅。自知罪成，狂犯守尉，〔五〕遠臧温暑毒草之地，雖有孫吴將，賁育士，〔六〕若入水火，往必焦没，知勇亡所施。屯田守之，費不可勝量。宜因其罪惡未成，未疑漢家加誅，陰敕旁郡守尉練士馬，〔七〕大司農豫調穀積要害處，〔八〕選任職太守往，以秋涼時入，誅其王侯尤不軌者。即以爲不毛之地，亡用之民，聖王不以勞中國，〔九〕宜罷郡，放棄其民，絶其王侯勿復通。如以先帝所立累世之功不可墮壞，〔一〇〕亦宜因其萌牙，早斷絶之，及已成形然後戰師，則萬姓被害。」

〔一〕孟康曰：漏臥，夷邑名，後爲縣。師古曰：俞音踰。【補注】先謙曰：官本注併在下「更」上，少「師古曰」三字。

〔二〕師古曰：更，互也，音工衡反。

〔三〕師古曰：選耎，怯不前之意也。選音息兗反。耎音人兗反。【補注】先謙曰：官本「人」作「大」。

〔四〕師古曰：曠，空也。一時，三月也。言空廢一時，不早發兵也。【補注】先謙曰：官本「三」作「三」，是。

〔五〕師古曰：言起狂勃之心而殺守尉也。【補注】先謙曰：官本「勃」作「悖」。

〔六〕師古曰：孫，孫武也。吳，吳起也。賁，孟賁也。育，夏育也。

〔七〕師古曰：綀，簡也。

〔八〕師古曰：調，發也。要害者，在我爲要，於敵爲害也。調音徒釣反。

〔九〕師古曰：即猶若也。不毛，言不生草木。

〔一〇〕師古曰：如亦若也。墮，毀也，音火規反。

大將軍鳳於是薦金城司馬陳立爲牂柯太守。〔一〕立者，臨邛人，前爲連然長，不韋令，〔二〕蠻夷畏之。及至牂柯，諭告夜郎王興，興不從命，立請誅之。未報，乃從吏數十人出行縣，〔三〕至興國且同亭，〔四〕召興。興將數千人往至亭，從邑君數十人入見立。立數責，因斷頭。〔五〕邑君曰：「將軍誅亡狀，爲民除害，願出曉士衆。」以興頭示之，皆釋兵降。〔六〕鉤町王禹、漏臥侯俞震恐，入粟千斛，牛羊勞吏士。立還歸郡，興妻父翁指與興子邪務收餘兵，迫脅旁二十二邑反。至冬，立奏募諸夷與都尉長史分將攻翁指等。翁指據阸爲壘，立使奇兵絶其饟道，縱反間以誘其衆。〔七〕都尉萬年曰：「兵久不決，費不可共。」〔八〕引兵獨進，敗走，趨立營。〔九〕立怒，叱戲下令格之。〔一〇〕都尉復還戰，立引兵救之。時天大旱，立攻絶其水道。蠻夷共斬翁指，持首出降。立已平定西夷，徵詣京師。會巴郡有盜賊，復以立爲巴郡太守，秩中二千石居，賜爵左庶長。〔一一〕徙爲天水太守，勸民農桑爲天下最，賜金四十斤。入爲左曹衛將軍，護軍都尉，卒官。

〔一〕【補注】沈欽韓曰：常璩序志「立字少遷」。

〔二〕蘇林曰：皆益州縣也。【補注】先謙曰：連然，在今雲南府安寧州南。不韋，今永昌府保山縣北三十里。

〔三〕師古曰：行音下更反。

〔四〕師古曰：且音子餘反。【補注】沈欽韓曰：紀要「遵義府桐梓縣東北有且同亭」。

〔五〕師古曰：數音所具反。

〔六〕師古曰：釋，解也。

〔七〕師古曰：間音居莧反。

〔八〕師古曰：共讀曰供。

〔九〕師古曰：趨讀曰趣。趣，向也。

〔一〇〕師古曰：戲音許宜反，又音麾。解在高紀及灌夫傳。

〔一一〕師古曰：第十爵也。【補注】先謙曰：「居」字當衍。

王莽篡位，改漢制，貶鉤町王以爲侯。王邯怨恨，〔一〕牂柯大尹周歆詐殺邯。〔二〕邯弟承攻殺歆，州郡擊之，不能服。三邊蠻夷愁擾盡反，復殺益州大尹程隆。〔三〕莽遣平蠻將軍馮茂發巴、蜀、犍爲吏士，賦斂取足於民，以擊益州。出入三年，疾疫死者什七，巴、蜀騷動。莽徵茂還，誅之。更遣寧始將軍廉丹與庸部牧史熊〔四〕大發天水、隴西騎士，廣漢、巴、蜀、犍爲吏民十萬人，轉輸者合二十萬人，擊之。始至，頗斬首數千，其後軍糧前後不相及，士卒飢疫，三歲餘死者數萬。而粵嶲蠻夷任貴亦殺太守枚根，自立爲邛穀王。〔五〕會莽敗漢興，誅貴，復舊號云。〔六〕

〔一〕師古曰：邯，其王名也，邯音酣。

〔二〕【補注】錢大昕曰：王莽傳作周歆。錢大昭曰：改太守爲大尹，莽制也。牂柯亦當從莽改作同亭。

〔三〕【補注】錢大昭曰：益州亦當從莽改作就新。

〔四〕孟康曰：莽改益州爲庸部。

〔五〕師古曰：枚根，太守之姓名。

〔六〕師古曰：此漢興者，謂光武中興也。

南粵王趙佗，真定人也。〔一〕秦并天下，略定揚粵，〔二〕置桂林、南海、象郡，以適徙民與粵雜處。〔三〕十三歲，至二世時，〔四〕南海尉任囂〔五〕病且死，召龍川令趙佗〔六〕語曰：「聞陳勝等作亂，豪桀叛秦相立，南海辟遠，恐盜兵侵此。〔七〕吾欲興兵絶新道，〔八〕自備待諸侯變，會疾甚。且番禺負山險阻，〔九〕南北東西數千里，〔一〇〕頗有中國人相輔，此亦一州之主，可爲國。郡中長吏亡足與謀者，故召公告之。」即被佗書，行南海尉事。〔一一〕囂死，佗即移檄告横浦、陽山、湟谿關〔一二〕曰：「盜兵且至，急絶道，聚兵自守。」因稍以法誅秦所置吏，以其黨爲守假。〔一三〕

秦已滅，佗即擊并桂林象郡，自立爲南粵武王。

〔一〕師古曰：真定本趙國之縣也。佗音徒何反。

〔二〕師古曰：本揚州之分，故云揚粵。

〔三〕師古曰：適讀曰謫。謫有罪者徙之於越地，與其土人雜居。

〔四〕【補注】先謙曰：集解「徐廣曰，秦并天下，至二世元年，十三年」。蓋始皇并天下，八歲，乃平越地，至二世元年，六年，總十三年耳。

〔五〕師古曰：囂音敖。【補注】先謙曰：官本注在「病且死」下。考證云「案此郡尉也，掌一郡兵事，故得移檄發兵」。

〔六〕師古曰：龍川，南海之縣也，即今之循州。【補注】先謙曰：案，在今惠州府龍川縣西北。唐循州，今府歸善縣東北五里。

〔七〕師古曰：辟讀曰僻。

〔八〕師古曰：秦所開越道也。【補注】沈欽韓曰：廣東新語、湟溪、陽山、洭口皆有秦關，清遠、匯口亦有之。蓋粵東要害，首在西北，故秦所置三關，皆在連州之境，而趙佗分兵絶秦新道亦在焉。佗既絶新道，於仁化北一百三十里，即今城口築城以壯橫浦，於樂昌西南二里上抵瀧口築城，以壯湟溪。蓋仁化接壤桂陽，樂昌接壤郴州。案明志仁化樂昌二縣俱屬廣東韶州府。當時東嶺未開，入粵者多由此二道。此佗設險之意也。案元和志「任囂城在韶州樂昌縣南五里」。輿地紀要「趙佗城在韶州仁化縣北九十里城口村，昔尉佗據粵以五嶺爲界，乃築此城以定粵境」。

〔九〕師古曰：負，偝也。【補注】先謙曰：官本「偝」作「背」。

〔一〇〕【補注】周壽昌曰：史記作「且番禺負山險，阻南海，東西數千里」。明云負山阻海，以險字海字絶句，此以阻字絶句，「海」字譌爲「北」字，遂云「南北東西數千里」，與南越地勢亦不合，從史記是。至下云「東南西北數千萬里」，乃佗上書自夸於漢，難以爲據也。

〔一一〕師古曰：被，加也，音皮義反。

〔一二〕師古曰：湟音皇。【補注】先謙曰：通典「虔州大庾縣橫浦廢關在此」。案在今南雄州西北。陽山，桂陽縣，在今連州陽山縣東。湟溪關在連州西北。

〔一三〕師古曰：令爲郡縣之職，或守或假也。【補注】先謙曰：史記「守假」作「假守」。

高帝已定天下，爲中國勞苦，故釋佗不誅。〔一〕十一年，遣陸賈立佗爲南粵王，〔二〕與剖符通使，使和輯百粵，〔三〕毋爲南邊害，與長沙接境。〔四〕

〔一〕師古曰：釋，置也。

〔二〕【補注】先謙曰：事詳賈傳。

〔三〕師古曰：輯與集同也。【補注】先謙曰：官本無「也」字。

〔四〕【補注】周壽昌曰：時桂陽、零陵兩郡俱屬長沙，未別置郡，而皆與南粵接境。

高后時，有司請禁粵關市鐵器。佗曰：「高皇帝立我，通使物，今高后聽讒臣，別異蠻夷，鬲絶器物，〔一〕此必長沙王計，欲倚中國，〔二〕擊滅南海并王之，自爲功也。」於是佗乃自尊號爲南武帝，〔三〕發兵攻長沙邊，敗數縣焉。高后遣將軍隆慮侯竈擊之，〔四〕會暑溼，士卒大疫，兵不能隃領。〔五〕歲餘，高后崩，即罷兵。佗因此以兵威財物賂遺閩粵、西甌駱，役屬焉。〔六〕東西萬餘里。乃乘黃屋左纛，稱制，與中國侔。〔七〕

〔一〕師古曰：鬲與隔同。

〔一〕師古曰：倚音於綺反。

〔三〕【補注】先謙曰：史記「南」下有「越」字，是。荀紀、通鑑同。或云當作南武帝者，非也。説詳高后紀。

〔四〕師古曰：周竈也。慮音廬。

〔五〕師古曰：喻與踰同。下皆類此。

〔六〕師古曰：西甌即駱越也。言西者，以別東甌也。【補注】宋祁曰：甌，集韻「於口反」。駱，越種也。先謙曰：官本「役」作「役」。

〔七〕師古曰：侔，等也。

文帝元年，初鎮撫天下，使告諸侯四夷從代來即位意，諭盛德焉。〔一〕乃爲佗親冢在真定置守邑，〔二〕歲時奉祀。召其從昆弟，尊官厚賜寵之。詔丞相平舉可使粵者，〔三〕平言陸賈先帝時使粵。上召賈爲太中大夫，謁者一人爲副使，賜佗書曰：「皇帝謹問南粵王，甚苦心勞意。朕，高皇帝側室之子，〔四〕棄外奉北藩于代，道里遼遠，壅蔽樸愚，未嘗致書。〔五〕高皇帝棄羣臣，孝惠皇帝即世，高后自臨事，〔六〕不幸有疾，日進不衰，〔七〕以故誖暴乎治。〔八〕諸呂爲變故亂法，不能獨制，乃取它姓子爲孝惠皇帝嗣。賴宗廟之靈，功臣之力，誅之已畢。朕以王侯吏不釋之故，〔九〕不得不立，今即位。乃者聞王遺將軍隆慮侯書，求親昆弟，請罷長沙兩將軍。〔一〇〕朕以王書罷將軍博陽侯，〔一一〕親昆弟在真定者，已遣人存問，脩治先人冢。前日聞王發兵於邊，爲寇災不止。當其時，長沙苦之，南郡尤甚，雖王之國，庸獨利乎！〔一二〕必多殺士卒，傷良將吏，寡人之妻，孤人之子，獨人父母，得一亡十，朕不忍爲也。朕欲定地犬牙相入者，〔一三〕以問吏，吏曰『高皇帝所以介長沙土也』，〔一四〕朕不得擅變焉。〔一五〕吏曰：『得王之地不足以爲大，得王之財不足以爲富，服領以南，王自治之。』〔一六〕雖然，王之號爲帝。兩帝並立，亡一乘之使以通其道，是爭也；爭而不讓，仁者不爲也。願與王分棄前患，〔一七〕終今以來，通使如故。〔一八〕故使賈馳諭告王朕意，王亦受之，毋爲寇災矣。上褚五十衣，中褚三十衣，下褚二十衣，遺王。〔一九〕願王聽樂娛憂，〔二〇〕存問鄰國。」〔二一〕

〔一〕師古曰：言不以威武加於遠方也。

〔二〕師古曰：親謂父母也。

〔三〕【補注】先謙曰：陳平。

〔四〕師古曰：言非正嫡所生也。【補注】先謙曰：顧炎武云：顔注非也。左傳「卿置側室」，杜注「側室，衆子也」。文公十三年傳「趙有側室曰穿」。沈欽韓云：內則「妻將生子及月辰，居側室」。鄭云「謂夫之室次燕寢」。又云「庶人無側室者，及月辰，夫出居羣室」。鄭云「凡子生，皆就側室」。疏云「世子亦就側室」。案昭二十九年傳「公衍、公爲之生，其母偕出」。注云「出之產舍」。是產舍謂之側室，漢時猶然。外戚傳「班倢伃居增城舍，再就館」，所謂陽祿柘館，其產舍也。文帝以呂后取佗姪子爲帝，故特言側室之子，明親高帝子也。其非嫡生，外國已知，不待自表。師古解非也。顧說所引，與小宗伯職「正室謂之門子」相對，又非此義。先謙案：諸說並通。

〔五〕師古曰：言未得通使於越。

〔六〕【補注】錢大昭曰：「白」，古「自」字。自臨事者，即尉佗書所云「高后自臨用事」也。先謙曰：官本作「自」。王文彬云白爲自古文，是也。然師古無注，元文當爲「自」，「白」乃轉寫誤耳。本書自字多有，不得於此獨舉古文。

〔七〕師古曰：言疾病益甚也。

〔八〕師古曰：誖，乖也，音布内反。

〔九〕孟康曰：辭讓帝位不見置也。

〔一〇〕師古曰：佗之昆弟在故鄉者求訪之，而兩將軍將兵擊越者請罷之，以賓附於漢也。言親昆弟者，謂有服屬者也。

【補注】先謙曰：官本注「訪」作「親」。

〔一一〕【補注】先謙曰：通鑑胡注「高祖功臣表有博陽侯陳濞，蓋於此時爲將軍也」。

〔一二〕師古曰：言越兵寇邊，長沙、南郡皆厭苦之。而漢軍亦當相拒，方有戰鬭，於越亦非利也。

〔一三〕【補注】先謙曰：言欲以予粵，猶匈奴傳「漢亦棄造陽斗辟地以予胡」意也。

〔一四〕師古曰：介，隔也。

〔一五〕【補注】先謙曰：官本「得」作「能」。

〔一六〕蘇林曰：山領名也。如淳曰：長沙南界也。

〔一七〕師古曰：彼此共棄，故云分。

〔一八〕師古曰：從今通使至於終久，故云終今以來也。

〔一九〕師古曰：以綿裝衣曰褚。上中下者，綿之多少薄厚之差也。褚音竹吕反。【補注】沈欽韓曰：顔説非也。遺人衣服，但計精觕，何論綿之厚薄。周禮廛人注「[illegible]藏」，釋文云「本或作『貯』，或作『褚』」。左襄三十年傳「取我衣冠而褚之」，注「褚，畜也」。吕覽樂成篇「作我有衣冠，而子産貯之」。一切經音義四十一引傳亦爲「貯」，是褚乃貯藏之義。莊子至樂篇「褚小者，不可以懷大」，亦所貯之器也。蓋御府所貯衣，有上中下三等。

〔二〇〕【補注】王文彬曰：謂聽樂以消其憂也。

〔二一〕師古曰：謂東越及甌駱等。

陸賈至，南粵王恐，乃頓首謝，願奉明詔，長爲藩臣，奉貢職。於是下令國中曰：「吾聞兩雄不俱立，兩賢不並世。漢皇帝賢天子。自今以來，去帝制黄屋左纛。」因爲書稱：「蠻夷大長老夫臣佗昧死再拜上書皇帝陛下：老夫故粤吏也，高皇帝幸賜臣佗璽，以爲南粤王，使爲外臣，時内貢職。〔一〕孝惠皇帝即位，義不忍絶，所以賜老夫者厚甚。〔二〕高后自臨用事，近細士，信讒臣，〔三〕别異蠻夷，出令曰：『毋予蠻夷外粤金鐵田器；馬牛羊〔四〕即予，予牡，毋與牝。』〔五〕老夫處辟，馬牛羊齒已長，〔六〕自以祭祀不脩，有死罪，使内史藩、中尉高、御史平凡三輩上書謝過，皆不反。又風聞老夫父母墳墓已壞削，兄弟宗族已誅論。〔七〕吏相與議曰：『今内不得振於漢，外亡以自高異。』〔八〕故更號爲帝，自帝其國，非敢有害於天下也。高皇后聞之大怒，削去南粤之籍，使使不通。老夫竊疑長沙王讒臣，故敢發兵以伐其邊。且南方卑溼，蠻夷中西有西甌，〔九〕其衆半羸，〔一〇〕南面稱王；東有閩粤，其衆數千人，亦稱王；西北有長沙，其半蠻夷，亦稱王。〔一一〕老夫故敢妄竊帝號，聊以自娱。老夫身定百邑之地，東西南北數千萬里，帶甲百萬有餘，然北面而臣事漢，何也？不敢背先人之故。老夫處粤四十九年，于今抱孫焉。然夙興夜寐，寢不安席，食不甘味，目不視靡曼之色，耳不聽鍾鼓之音者，〔一二〕以不得事漢也。今陛下幸哀憐，復故號，〔一三〕通使漢如故，老夫死骨不腐，改號不敢爲帝矣！謹北面因使者獻白璧一雙，翠鳥千，犀角十，紫貝五百，〔一四〕桂蠹一器，〔一五〕生翠四十雙，〔一六〕孔雀二雙，昧死再拜，以聞皇帝陛下。」

〔一〕師古曰：言以時輸入貢職。

〔二〕【補注】先謙曰：官本作「甚厚」。

〔三〕師古曰：細士，猶言小人也。

〔四〕師古曰：言非中國，故云外越。

〔五〕師古曰：恐其蓄息。

〔六〕師古曰：辟讀曰僻。齒已長，謂老矣。【補注】先謙曰：官本「矣」作「也」。

〔七〕師古曰：風聞，聞風聲。

〔八〕師古曰：振，起也。

〔九〕【補注】沈欽韓曰：淮南人間訓有西嘔君，閩粤傳「斬西于王」，即西甌也。後漢書馬援傳注「西于縣故城，在今交州龍編縣東」。

〔一〇〕師古曰：羸謂劣弱也。【補注】何焯曰：史記作「其西甌駱裸國」，則羸者，臝之譌也。顔注非。

〔一一〕師古曰：言長沙之國，半雜蠻夷之人。

〔一二〕【補注】先謙曰：官本「鍾」作「鐘」。

〔一三〕師古曰：復音扶目反。

〔一四〕【補注】沈欽韓曰：表異録「紫貝即砑螺也。儋、振夷、黎海畔，採以爲貨」。

〔一五〕應劭曰：桂樹中蝎蟲也。蘇林曰：漢舊常以獻陵廟，載以赤轂小車。師古曰：此蟲食桂，故味辛，而漬之以蜜食之也。蠹音丁故反。【補注】沈欽韓曰：大業拾遺録「隋時始安今桂林府。獻桂蠹四瓶，以蜜漬之，紫色，辛香有味，啖之去痰，飲之疾蘇云」。赤轂小車者，續志云「小使車，蘭輿赤轂，追捕考案，有所勑取者之所乘」。蓋即追鋒車，取其疾速。

〔一六〕【補注】沈欽韓曰：王會解「蒼梧翡翠」。桂海虞衡志「翡翠出海南邕賀二州，亦有腊而賣之」。故此云生翠。

陸賈還報，〔一〕文帝大説。〔二〕遂至孝景時，稱臣遣使入朝請。〔三〕然其居國，竊如故號；其使天子，稱王朝命如諸侯。

〔一〕【補注】沈欽韓曰：御覽百九十四裴淵廣州記曰「尉佗築臺，以朔望升拜，號爲朝臺。又傍江構起華館，以送陸賈，因稱朝亭」。

〔二〕師古曰：説讀曰悦。

〔三〕師古曰：請音才性反。

至武帝建元四年，〔一〕佗孫胡爲南粵王。〔二〕立三年，閩粵王郢興兵南擊邊邑。〔三〕粵使人上書曰：「兩粵俱爲藩臣，毋擅興兵相攻擊。今東粵擅興兵侵臣，臣不敢興兵，唯天子詔之。」於是天子多南粵義，〔四〕守職約，〔五〕爲興師，遣兩將軍往討閩粵。〔六〕兵未踰領，閩粵王弟餘善殺郢以降，於是罷兵。

〔一〕【補注】王鳴盛曰：史記作「至建元四年卒」。徐廣引皇甫謐云「爾時漢興七十年，佗百歲矣」。案佗於文帝元年已自稱老夫，處粵四十九年，歷文帝二十三年，景帝十六年，至武帝建元四年，凡四十三年。即以二十餘歲爲龍川令，亦百十餘歲矣。

〔二〕【補注】齊召南曰：案後文「嬰齊嗣立，即臧其先武帝、文帝璽」，武帝即佗，文帝即胡。蓋佗之太子早卒，而孫胡嗣立也。

〔三〕【補注】王念孫曰：此本作「閩粵王郢興兵擊南粵邊邑」。今本「擊南」二字誤倒，又脱「粵」字，則文義不明。且南粵在閩粵之西，不當言南擊也。文選長楊賦注引此正作「興兵擊南越邊邑」，史記及通典邊防四、通鑑漢紀九並同。

〔四〕師古曰：多猶重也。

〔五〕師古曰：守藩臣之職，而不踰約制。

〔六〕【補注】先謙曰：据武紀，王恢、韓安國。

天子使嚴助往諭意，南粵王胡頓首曰：「天子乃興兵誅閩粵，死亡以報德！」遣太子嬰齊入宿衞。謂助曰：「國新被寇，使者行矣。胡方日夜裝入見天子。」助去後，其大臣諫胡曰：「漢興兵誅郢，亦行以驚動南粵。且先王言事天子期毋失禮，要之不可以怵好語入見。〔一〕入見則不得復歸。亡國之勢也。」於是胡稱病，竟不入見。後十餘歲，胡實病甚，太子嬰齊請歸。胡薨，謚曰文王。

〔一〕師古曰：怵，誘也。不可被誘怵以好語，而入漢朝也。怵音先聿反。【補注】先謙曰：要之猶言總之，謂大要在此。

嬰齊嗣立，即臧其先武帝、文帝璽。〔一〕嬰齊在長安時，取邯鄲摎氏女，〔二〕生子興。及即位，上書請立摎氏女爲后，興爲嗣。漢數使使者風諭，〔三〕嬰齊猶尚樂擅殺生自恣，懼入見，要以用漢法，比內諸侯，〔四〕固稱病，遂不入見。遣子次公入宿衞，嬰齊薨，謚爲明王。

〔一〕李奇曰：去其僭號。

〔二〕師古曰：摎音居虬反。【補注】先謙曰：史記作「樛」。

〔三〕師古曰：風讀曰諷。諷諭令入朝。

〔四〕【補注】先謙曰：要，約也。

太子興嗣立，其母爲太后。太后自未爲嬰齊妻時，嘗與霸陵人安國少季通。〔一〕及嬰齊薨後，元鼎四年，漢使安國少季諭王、王太后入朝，令辯士諫大夫終軍等宣其辭，勇士魏臣等輔其決，〔二〕衛尉路博德將兵屯桂陽，待使者。王年少，太后中國人，安國少季往，復與私通，國人頗知之，多不附太后。太后恐亂起，亦欲倚漢威，〔三〕勸王及幸臣求內屬。即因使者上書，請比內諸侯，三歲壹朝，除邊關。於是天子許之，賜其丞相呂嘉銀印，及內史、中尉、太傅印，餘得自置。〔四〕除其故黥劓刑，用漢法。諸使者皆留填撫之。〔五〕王、王太后飭治行裝重資，爲入朝具。〔六〕

〔一〕師古曰：姓安國，字少季。【補注】先謙曰：官本「嘗」作「曾」。

〔二〕師古曰：助令決策也。【補注】先謙曰：史記「決」作「缺」，徐廣注「一作『決』」。明「缺」是誤文。

〔三〕師古曰：倚音於綺反。

〔四〕師古曰：丞相、內史、中尉、太傅之外，皆任其國自選置，不受漢之印綬。

〔五〕師古曰：填音竹刃反。

〔六〕【補注】先謙曰：史記「資」作「齎」。

相呂嘉年長矣，相三王，宗族官貴爲長吏七十餘人，男盡尚王女，女盡嫁王子弟宗室，及蒼梧秦王有連。〔一〕其居國中甚重，粵人信之，多爲耳目者，得衆心愈於王。〔二〕王之上書，數諫止王，王不聽。有畔心，數稱病不見漢使者。使者注意嘉，勢未能誅。王、王太后亦恐嘉等先事發，欲介使者權，謀誅嘉等。〔三〕置酒請使者，大臣皆侍坐飲。嘉弟爲將，將卒居宫外。酒行，太后謂嘉：「南粤内屬，國之利，而相君苦不便者，何也？」以激怒使者。使者狐疑相杖，遂不敢發。〔四〕嘉見耳目非是，〔五〕即趨出。太后怒，欲鏦嘉以矛，〔六〕王止太后。嘉遂出，介弟兵就舍，〔七〕稱病，不肯見王及使者。乃陰謀作亂。王素亡意誅嘉，嘉知之，以故數月不發。太后獨欲誅嘉等，力又不能。

〔一〕孟康曰：蒼梧，越中王，自名爲秦王。連，親婚也。晉灼曰：秦王即下趙光也。趙本與秦同姓，故曰秦王。【補注】周壽昌曰：孟説是也。光自據蒼梧地稱秦王，安在以秦、趙同姓乎？

〔二〕師古曰：愈，勝也。

〔三〕師古曰：介，恃也。

〔四〕師古曰：杖音直亮反。

〔五〕師古曰：異於常也。

〔六〕師古曰：鏦謂撞刺之也。音竄。【補注】先謙曰：官本無「欲」字，引宋祁曰，正文「鏦」字上，别本有「欲」字。王念孫云：别本是也。若無「欲」字，則與下文不合。景祐本及史記皆有「欲」字。

〔七〕李奇曰：介，被也。師古曰：介，甲也，被甲而自衛也。弟兵即上所云弟將卒居外者。【補注】王念孫曰：被弟兵、甲弟兵，皆文不成義，當依史記作分弟兵，小司馬謂分取其兵是也。

天子聞之，罪使者怯亡決。又以爲王、王太后已附漢，獨吕嘉爲亂，不足以興兵，欲使莊參以二千人往。參曰：「以好往，數人足；以武往，二千人亡足以爲也。」辭不可，天子罷參兵。郲壯士故濟北相韓千秋〔一〕奮曰：「以區區粵，又有王應，獨相嘉爲害，願得勇士三百人，〔二〕必斬嘉以報。」於是天子遣千秋與王太后弟摎樂將二千人往。入粵境，吕嘉乃遂反，下令國中曰：「王年少，太后中國人，又與使者亂，專欲内屬，盡持先王寶〔三〕入獻天子以自媚，多從人，行至長安，虜賣以爲僮。取自脱一時利，〔四〕亡顧趙氏社稷爲萬世慮之意。」乃與其弟將卒攻殺太后、王，盡殺漢使者。遣人告蒼梧秦王及其諸郡縣，立明王長男粵妻子術陽侯建德爲王。〔五〕而韓千秋兵之入也，破數小邑。其後粵直開道給食，〔六〕未至番禺四十里，粵以兵擊千秋等，滅之。使人函封漢使節置塞上，好爲謾辭謝罪，〔七〕發兵守要害處。於是天子曰：「韓千秋雖亡成功，亦軍鋒之冠。〔八〕封其子延年爲成安侯。摎樂，其姊爲王太后，首願屬漢，封其子廣德爲龔侯。」〔九〕乃赦天下，曰：「天子微弱，諸侯力政，譏臣不討賊。〔一〇〕吕嘉、建德等反，自立晏如，〔一一〕令粵人及江淮以南樓船十萬師往討之。」

〔一〕師古曰：潁川郲縣人，郲音夾。【補注】錢大昕曰：李陵傳作濟南相。

〔二〕【補注】先謙曰：史記作二百人。

〔三〕【補注】先謙曰：史記有「器」字。

〔四〕【補注】周壽昌曰：史記作「虜賣以爲僮僕奴，自脱一時之利」。一本「奴」作「取」。案僮即奴也。自脱一時之利，有「取」字意方足。作僮奴者，因「奴」字近「取」而譌耳。先謙曰：官本「取」作「奴」。

〔五〕【補注】錢大昭曰：言粵妻者，以別於摎氏。

〔六〕師古曰：縱之令深入，然後誅滅之。

〔七〕師古曰：謾，詆也，音慢，又音莫連反。

〔八〕師古曰：言最爲首也。

〔九〕晉灼曰：龔，古龍字。【補注】沈欽韓曰：史記作龍亢侯，表作龍侯，蓋脱一字。龔又龍、亢之併。晉以爲古字，謬也。集韻因此文增入，又訛爲龔。

〔一〇〕師古曰：力政謂以兵力相加也。譏臣不討賊者，春秋之義。【補注】王文彬曰：政讀曰征。

〔一一〕師古曰：言自相置立，而心安泰無恐懼。

元鼎五年秋，衞尉路博德爲伏波將軍，出桂陽，〔一〕下湟水；〔二〕主爵都尉楊僕爲樓船將軍，出豫章，下横浦；〔三〕故歸義粤侯二人爲戈船、下瀨將軍，〔四〕出零陵，或下離水，或抵蒼梧；〔五〕使馳義侯因巴蜀罪人，發夜郎兵，下牂柯江，咸會番禺。〔六〕

〔一〕【補注】沈欽韓曰：今郴州。

〔二〕師古曰：湟音皇。

〔三〕【補注】先謙曰：武紀作「下湞水」，然則横浦即湞水也。説詳紀。

〔四〕師古曰：從粤來歸義，而漢封之。【補注】先謙曰：史記「瀨」作「厲」，字同。二人，嚴、甲。

〔五〕【補注】先謙曰：戈船下離水，下瀨抵蒼梧也。離後人加水作灕。

〔六〕【補注】先謙曰：馳義侯，越人，名遺。亦見武紀。

六年冬，樓船將軍將精卒先陷尋陿，破石門，〔一〕得粤船粟，因推而前，挫粤鋒，以粤數萬人〔二〕待伏波將軍。伏波將軍將罪人，道遠後期，與樓船會乃有千餘人，遂俱進。樓船居前，至番禺，建德、嘉皆城守。樓船自擇便處，居東南面，伏波居西北面，會暮，樓船攻敗粵人，縱火燒城。粵素聞伏波，〔三〕莫，不知其兵多少。〔四〕伏波乃爲營，〔五〕遣使招降者，賜印綬，復縱令相招。〔六〕樓船力攻燒敵，〔七〕反敺而入伏波營中。〔八〕遲旦，城中皆降伏波。〔九〕吕嘉、建德以夜與其屬數百人亡入海。伏波又問降者，知嘉所之，遣人追。故其校司馬蘇弘得建德，爲海常侯；〔一〇〕粵郎都稽得嘉，爲臨蔡侯。〔一一〕

〔一〕【補注】先謙曰：此即楊僕傳詔書所云「將軍之功，獨有先破石門尋陿」也。史記「陿」作「陝」，索隱「姚氏云，尋陿在始興縣西三百里，近連口」。廣州記「石門在番禺縣北二十里，昔吕嘉積石於江，名曰石門」。廣州新語「自英德至清遠有三峽，英德漢湞陽縣地。清遠，中宿縣地。一曰中宿，一曰大廟，一曰湞陽。大廟介二峽之間，尤險陿，故尉佗築萬人城於此」。楊僕先陷尋陿即此。先謙案：陳時始興郡始興縣，在今南雄州始興縣西北。

〔二〕【補注】劉攽曰：「挫粵鋒以粵」，多一「粵」字。先謙曰：劉説是，史記無下「粵」字。

〔三〕【補注】先謙曰：史記有「名」字，語較足。

〔四〕師古曰：莫讀曰暮。

〔五〕師古曰：設營壘以待降者。

〔六〕師古曰：來降者即賜以侯印，而放令還，更相招諭之也。【補注】劉奉世曰：何必侯印耶？

〔七〕師古曰：力，盡力也。

〔八〕師古曰：敺與驅同。

〔九〕師古曰：遲音丈二反。解在高紀。

〔一〇〕師古曰：校之司馬，若今行軍總管司馬也。【補注】朱一新曰：史作「其故校尉司馬」，蓋以故校尉，而今爲軍司馬也。故功臣表云「蘇弘以伏波司馬得南越王、建德侯」，未聞有校司馬之稱也。此「故其」二字誤倒，又脱「尉」字，師古因爲之説耳。先謙曰：建德被獲，仍封術陽侯。

〔一二〕孟康曰：越中所自置郎也。師古曰：稽音雞。【補注】先謙曰：「都稽」表作「孫都」。

蒼梧王趙光與粵王同姓，聞漢兵至，降，爲隨桃侯。又粵揭陽令史定降漢，爲安道侯。〔一〕粵將畢取以軍降，爲膫侯。〔二〕粵桂林監居翁〔三〕諭告甌駱四十餘萬口降，爲湘城侯。〔四〕戈船、下瀨將軍兵及馳義侯所發夜郎兵未下，南粵已平。遂以其地爲儋耳、珠崖、南海、蒼梧、鬱林、合浦、交阯、九真、日南九郡。伏波將軍益封。樓船將軍以推鋒陷堅爲將梁侯。

〔一〕蘇林曰：揭音羯。南海縣。【補注】朱一新曰：功臣表「安道侯揭陽定，以粵揭陽令聞漢兵至自定降侯」，而不著其姓。史同。此作「史定」，或其人姓史名定耳，否則衍一「史」字。先謙曰：官本「又」作「及」。

〔二〕師古曰：越將，姓畢名取也。功臣表「膫屬南陽，音來彫反」。

〔三〕服虔曰：桂林部監也。姓居名翁。

〔四〕【補注】先謙曰：索隱引本書作「三十餘萬口」。「湘城」表作「湘成」，通用字。

自尉佗王凡五世，九十三歲而亡。

閩粵王無諸及粵東海王摇，其先皆粵王句踐之後也，姓騶氏。〔一〕秦并天下，廢爲君長，以其地爲閩中郡。〔二〕及諸侯畔秦，無諸、摇率粵歸番陽令吳芮，所謂番君者也，〔三〕從諸侯滅秦。當是時，項羽主命，不王也，〔四〕以故不佐楚。漢擊項籍，無諸、摇帥粵人佐漢。漢五年，復立無諸爲閩粵王，王閩中故地，都冶。〔五〕孝惠三年，舉高帝時粵功，〔六〕曰閩君摇功多，其民便附，乃立摇爲東海王，都東甌，〔七〕世號曰東甌王。

〔一〕【補注】先謙曰：集解徐廣曰「『騶』一作『駱』」。索隱「徐説是」。上云甌駱，此别云閩，不姓騶也。

〔二〕師古曰：即今之泉州建安是也。【補注】王鳴盛曰：地理志載秦三十六郡，無閩中郡，蓋置在始皇晚年。且雖屬秦，而無諸與摇君其地如故。屬秦未久，旋率兵從諸侯滅秦，故不入三十六郡之數。先謙曰：徐廣云今建安侯官是。

〔三〕師古曰：吴芮號也。番音蒲河反。

〔四〕孟康曰：主號命諸侯，不王無諸、摇等也。【補注】先謙曰：官本「羽」作「王」。

〔五〕師古曰：地名，即侯官縣是也。冶音弋者反。【補注】何焯曰：案朱育傳「漢滅東粵以爲冶」。冶之爲縣在國滅之後，又其民盡徙，故領於會稽之東部都尉，史因後日之名書之。先謙曰：史記作都東冶。

〔六〕師古曰：追論其功。

〔七〕【補注】沈欽韓曰：元和志「東甌今温州永嘉縣是也。後以甌地爲回浦縣，永嘉縣即漢回浦縣之東甌鄉」。紀要「東甌城在建寧府東南十里」。

后數世，〔一〕孝景三年，吴王濞反，欲從閩粵，〔二〕閩粵未肯行，獨東甌從。及吴破，東甌受漢購，殺吴王丹徒，以故得不誅。

〔一〕師古曰：后與後同，古通用字。

〔二〕師古曰：招粵令從之。

吴王子駒亡走閩粵，怨東甌殺其父，常勸閩粵擊東甌。建元三年，閩粵發兵圍東甌，東甌使人告急天子。天子問太尉田蚡，蚡對曰：「粵人相攻擊，固其常，不足以煩中國往救也。」中大夫嚴助詰蚡，言當救。天子遣助發會稽郡兵浮海救之，語具在助傳。漢兵未至，閩粵引兵去。東粵請舉國徙中國，〔一〕乃悉與衆處江淮之間。〔二〕

〔一〕【補注】王念孫曰：東粵當依上文作東甌，此涉下文東粵而誤。下文「立餘善爲東粵王」，始有東粵之名，此不當稱東粵也。史記及通典邊防二、通鑑漢紀九並作東甌。

〔二〕【補注】朱一新曰：「與」史記作「舉」，是。

六年，閩粵擊南粵，南粵守天子約，不敢擅發兵，而以聞。上遣大行王恢出豫章，大司農韓安國出會稽，皆爲將軍。兵未踰領，閩粵王郢發兵距險。其弟餘善與宗族謀曰：「王以擅發兵，不請，故天子兵來誅。漢兵衆强，即幸勝之，後來益多，〔一〕滅國乃止。今殺王以謝天子，天子罷兵，固國完。不聽乃力戰，不勝即亡入海。」皆曰：「善。」即鏦殺王，〔二〕使使奉其頭致大行，大行曰：「所爲來者，誅王。王頭至，不戰而殞，利莫大焉。」乃以便宜案兵告大司農軍，而使使奉王頭馳報天子。詔罷兩將軍兵，曰：「郢等首惡，獨無諸孫繇君丑不與謀，〔三〕乃使郎中將立丑爲粵繇王，〔四〕奉閩粵祭祀。

〔一〕師古曰：言漢地廣大，兵衆盛强，今雖勝之，後必更來也。【補注】先謙曰：官本注「盛强」作「强盛」。
〔二〕師古曰：鏦音初江反。
〔三〕張晏曰：繇，邑號也。師古曰：繇音摇。與讀曰豫。
〔四〕【補注】先謙曰：官本作「中郎」，無「將」字。引劉敞曰，當作「中郎將」。案史記亦作「郎中將」，劉説誤。

餘善以殺郢，威行國中，民多屬，竊自立爲王，繇王不能制。上聞之，爲餘善不足復興師，曰：「餘善首誅郢，師得不勞。」因立餘善爲東粤王，與繇王並處。

至元鼎五年，南粤反，餘善上書請以卒八十〔一〕從樓船擊吕嘉等。兵至揭陽，〔二〕以海風波爲解，〔三〕不行，持兩端，陰使南粤。〔四〕及漢破番禺，樓船將軍僕上書願請引兵擊東粤。上以士卒勞倦，不許。罷兵，令諸校留屯豫章梅領待命。〔五〕

〔一〕【補注】先謙曰：官本作「千」，是。
〔二〕【補注】沈欽韓曰：揭陽，潮州也。元和志「潮州西南至廣州，水陸路相兼一千六百里。大海在潮州海陽縣東南一百二十步。」
〔三〕師古曰：解者，自解説，若今言分疏。
〔四〕師古曰：遣使與相知。
〔五〕師古曰：聽詔命也。【補注】先謙曰：杜佑云梅嶺在虔州虔化縣界。先謙案：括地志「梅嶺在虔化縣東北百二十八里」。虔化今甯都州治。

明年秋，餘善聞樓船請誅之，漢兵留境，且往，〔一〕乃遂發兵距漢道，號將軍騶力等爲「吞漢將軍」，入白砂、武林、梅領，〔二〕殺漢三校尉。是時，漢使大司農張成、故山州侯齒將屯，〔三〕不敢擊，卻就便處，〔四〕皆坐畏懦誅。餘善刻「武帝」璽自立，詐其民，爲妄言。〔五〕上遣横海將軍韓説出句章，〔六〕浮海從東方往；樓船將軍僕出武林，〔七〕中尉王温舒出梅領，粵侯爲戈船、下瀨將軍出如邪白沙，〔八〕元封元年冬，咸入東粵。東粵素發兵距嶮，使徇北將軍守武林，敗樓船軍數校尉，殺長史。樓船軍卒錢唐榱終古斬徇北將軍，〔九〕爲語兒侯。〔一〇〕自兵未往。

〔一〕師古曰：言兵在境首，恐將來討之。

〔二〕【補注】先謙曰：官本「砂」作「沙」。史記同。索隱「今豫章北二百里，接鄱陽界，地名白沙。白沙東南八十里有武陽亭，亭東南三十里地名武林。此白沙、武林當閩越之孔道」。

〔三〕師古曰：齒，城陽恭王子也，舊封山州侯。【補注】周壽昌曰：公卿表「元鼎六年，大農令張成」，此稱大司農，誤也。武帝太初元年，始更名大司農，故史記此下俱作「大農」。侯表「山州侯齒，元鼎五年，坐酎金免」。此六年事，齒已失侯，故云故山州侯。

〔四〕師古曰：卻，退也，音丘略反。

〔五〕師古曰：妄自尊大也。

〔六〕師古曰：説讀曰悦。句章，會稽之縣。【補注】先謙曰：句章在今寧波府慈谿縣西三十五里。

〔七〕師古曰：楊僕也。

〔八〕【補注】先謙曰：史記「如」作「若」。沈欽韓云：輿地廣記「新昌縣西有鹽溪，一名若邪溪」。當是此若邪也。正義以爲越州之若邪溪，太遠。王文彬云：据武紀，越侯二人，曰嚴，曰甲，一戈船出灕水，一下瀨出蒼梧。此則一出如邪，一出白沙也。

〔九〕師古曰：錢唐，會稽縣也。榬，姓；終古，名也。榬音袁。【補注】先謙曰：史記「卒」作「率」，「榬」作「轅」。

〔一〇〕孟康曰：越中地也。今吴南亭是。師古曰：語字或作禦，或作籞，其音同。【補注】先謙曰：官本「籞」作「禦」，是。語兒，詳地理志。

故粵衍侯吴陽前在漢，漢使歸諭餘善，不聽。及横海軍至，陽以其邑七百人反，攻粵軍於漢陽。〔一〕及故粵建成侯敖與繇王居股謀，俱殺餘善，以其衆降横海軍。封居股爲東成侯，萬户；〔二〕封敖爲開陵侯；〔三〕封陽爲卯石侯，〔四〕横海將軍説爲案道侯，横海校尉福爲繚嫈侯。〔五〕福者，城陽王子，〔六〕故爲海常侯，坐法失爵，從軍亡功，以宗室故侯。及東粵將多軍，〔七〕漢兵至，棄軍降，封爲無錫侯。故甌駱將左黄同斬西于王，〔八〕封爲下鄜侯。〔九〕

〔一〕【補注】沈欽韓曰：紀要：「漢陽城在建寧府浦城縣北。志云『今縣城亦漢東越王餘善創築，後廢。唐爲浦城縣』。」

〔二〕【補注】先謙曰：史記作東城侯，功臣表同。

〔三〕師古曰：功臣表云「開陵侯建成以故東粵建成侯斬餘善侯，二千户」。而此傳云名敖，疑表誤。

〔四〕師古曰：功臣表作「外石」，與此不同，疑表誤。【補注】先謙曰：官本「卯」作「印」，引宋祁曰，「印」當作「卯」。先謙案：史記作「北石」，表作「外石」，皆非。

〔五〕師古曰：繚音遼。嫈音於耕反。

〔六〕【補注】先謙曰：史記云共王子，此「共」字當有。

〔七〕李奇曰：多軍，名。

〔八〕【補注】王念孫曰：「故甌駱將左黃同」當作「故甌駱左將黃同」。功臣表云「下鄜侯左將黃同，以故甌駱左將斬西于王功侯」。史表作「左將軍黃同」，索隱「漢書西南夷傳『甌駱將左黃同』，則『左』是姓，恐誤。漢表云『左將黃同』，則左將是官不疑」。

〔九〕師古曰：鄜音郛。

於是天子曰「東粵陿多阻，閩粵悍，數反覆」，〔一〕詔軍吏皆將其民徙處江淮之間。東粵地遂虛。〔二〕

〔一〕師古曰：悍，勇也。【補注】先謙曰：官本無此注。

〔二〕【補注】洪頤煊曰：武紀「元封元年詔：『東越險阻反覆，爲後世患，遷其民於江淮間。』遂虛其地」。而不及閩粵。此傳云「無諸爲閩粵王，王閩中故地，都冶」。朱買臣傳「故東越王居保泉山，今聞東粵王更徙處，南行去泉山五百里」。地理志會稽郡有冶縣，而無泉山。此亦當日僅虛東粵而不及閩粵之證。

朝鮮王滿，〔一〕燕人。自始燕時，嘗略屬真番、朝鮮，〔二〕爲置吏築障。〔三〕秦滅燕，屬遼東外徼。漢興，爲遠難守，復修遼東故塞，至浿水爲界，〔四〕屬燕。燕王盧綰反，入匈奴，滿亡命，聚黨千餘人，椎結蠻夷服而東走出塞，度浿水居秦故空地上下障，稍役屬真番、朝鮮蠻夷〔五〕及故燕、齊亡在者王之，〔六〕都王險。〔七〕

〔一〕【補注】齊召南曰：案滿姓衞氏。朝鮮自周封箕子後，傳四十餘世，至朝鮮侯準始稱王。漢初，其國大亂，燕人衞滿擊破準而自王也。後書傳正補此傳之缺。先謙曰：索隱「案漢書滿，燕人，姓衞，擊破朝鮮王而自王之」。今漢書無「姓衛」兩字，是小司馬所見本異。

〔二〕師古曰：戰國時，燕國略得此地。【補注】王念孫曰：案「始燕時」本作「始全燕時」，全燕者，指戰國時燕國言之，所以別於漢之燕國也。鄒陽傳「全趙之時」，枚乘傳「今漢據全秦之地」。今本脱「全」字，則文義不明。後書東夷傳注引此正作「全燕時」，史記、通典、通鑑同。

〔三〕師古曰：障，所以自障蔽也，音之亮反。

〔四〕師古曰：浿水在樂浪縣，音普蓋反。【補注】沈欽韓曰：紀要「大通江在平壤城東，亦曰大同江，舊名浿水」。

〔五〕【補注】先謙曰：官本「役」作「役」。

〔六〕師古曰：燕齊之人亡居此地，及真番、朝鮮蠻夷皆屬滿也。【補注】先謙曰：「亡」，在史記作「亡命」。

〔七〕李奇曰：地名也。【補注】沈欽韓曰：隋書高麗傳「都於平壤城，亦曰長安城，東（北）〔西〕六里，隨山屈曲，南臨浿水」。新唐書「平壤在鴨淥水東南」。朝鮮國志「平安道治平壤府，東南去王京五百餘里」。杜佑云「平壤即王險城也」。

會孝惠、高后天下初定，〔一〕遼東太守即約滿爲外臣，保塞外蠻夷，毋使盜邊；蠻夷君長欲入見天子，勿得禁止。以聞，上許之，以故滿得以兵威財物侵降其旁小邑，真番、臨屯皆來服屬，方數千里。

〔一〕【補注】先謙曰：「后」下史記有「時」字，不可省。

傳子至孫右渠，〔一〕所誘漢亡人滋多，〔二〕又未嘗入見；〔三〕真番、辰國欲上書見天子，又雍閼弗通。〔四〕元封二年，漢使涉何譙諭右渠，終不肯奉詔。〔五〕何去至界，臨浿水，使馭刺殺送何者朝鮮裨王長，〔六〕即渡水，馳入塞，遂歸報天子曰「殺朝鮮將」。上爲其名美，弗詰，拜何爲遼東東部都尉。〔七〕朝鮮怨何，發兵攻襲，殺何。

〔一〕師古曰：滿死傳子，子死傳孫，右渠者，其孫名也。

〔二〕師古曰：滋，益也。

〔三〕師古曰：不朝見天子也。

〔四〕師古曰：辰謂辰韓之國也。雍讀曰壅。【補注】先謙曰：史記作真番旁衆國。

〔五〕師古曰：譙，責讓也，音才笑反。

〔六〕師古曰：長者，裨王名也。送何至浿水，何因刺殺之。

〔七〕【補注】先謙曰：地理志，東部都尉治遼東武次縣。

天子募罪人擊朝鮮。其秋，遣樓船將軍楊僕從齊浮勃海，〔一〕兵五萬，左將軍荀彘出遼東誅右渠。〔二〕右渠發兵距險。左將軍卒多率遼東士〔三〕兵先縱，敗散。多還走，坐法斬。〔四〕樓船將齊兵七千人先至王險。〔五〕右渠城守，窺知樓船軍少，即出擊樓船，樓船軍敗走。將軍僕失其衆，遁山中十餘日，稍求收散卒，復聚。左將軍擊朝鮮浿水西軍，未能破。

〔一〕【補注】先謙曰：胡注「僕從齊浮勃海，蓋自青、萊以北，幽、平以南，皆濱於海。其海通謂之勃海，非指勃海郡而言也」。沈欽韓云：「于欽齊乘『北自平州碣石，南至登州沙門島，是勃海之口，闊五百餘里』。紀要『海在幽、平間者，皆謂之溟渤，東西浩瀚千有餘里』。」薛季宣云：「河入海處，舊在平州石城縣，東望碣石。其後大風逆河，皆漸于海，舊道堙矣。」程大昌云：「逆河，世之所謂渤海者也。」

〔二〕【補注】先謙曰：「誅」，史記作「討」。

〔三〕如淳曰：遼東兵多也。【補注】先謙曰：史記作卒正多。蓋卒正其官，而多其名，下文坐法斬者，即此人，如解非。

〔四〕師古曰：於法合斬。

〔五〕【補注】先謙曰：武帝先敕責之。見僕傳。

天子爲兩將未有利，乃使衞山因兵威往諭右渠。右渠見使者，頓首謝：「願降，恐將詐殺臣；今見信節，請服降。」遣太子入謝，獻馬五千匹，及餽軍糧。〔一〕人衆萬餘持兵，方度浿水，使者及左將軍疑其爲變，謂太子已服降，宜令人毋持兵。太子亦疑使者左將軍詐之，遂不度浿水，復引歸。山報，天子誅山。〔二〕

〔一〕師古曰：餽亦饋字。【補注】先謙曰：官本注末有「也」字。

〔二〕【補注】先謙曰：此又一衞山，非表中義陽侯衞山也。

左將軍破浿水上軍，乃前至城下，圍其西北。樓船亦往會，居城南。右渠遂堅城守，數月未能下。

左將軍素侍中，幸，〔一〕將燕代卒，悍，乘勝，軍多驕。樓船將齊卒，入海已多敗亡，其先與右渠戰，困辱亡卒，卒皆恐，將心慙，其圍右渠，常持和節。左將軍急擊之，朝鮮大臣乃陰間使人私約降樓船，〔二〕往來言，尚未肯決。左將軍數與樓船期戰，樓船欲就其約，不會。左將軍亦使人求間隙降下朝鮮，不肯，心附樓船。〔三〕以故兩將不相得。左將軍心意樓船前有失軍罪，〔四〕今與朝鮮和善而又不降，〔五〕疑其有反計，未敢發。天子曰：「將率不能前，〔六〕乃使衞山諭降右渠，〔七〕不能顓決，與左將軍相誤，卒沮約。〔八〕今兩將圍城又乖異，以故久不決。」使故濟南太守公孫遂往正之，〔九〕有便宜得以從事。遂至，左將軍曰：「朝鮮當下久矣，不下者，樓船數期不會。」具以素所意告遂曰：「今如此不取，恐爲大害，非獨樓船，又且與朝鮮共滅吾軍。」遂亦以爲然，而以節召樓船將軍入左將軍軍計事，即令左將軍戲下執縛樓船將軍，〔一〇〕并其軍。以報天子許遂。〔一一〕

〔一〕師古曰：親幸於天子。

〔二〕師古曰：與樓船爲要約而請降。

〔三〕【補注】先謙曰：言左將軍不肯與樓船共功。

〔四〕師古曰：意，疑也。

〔五〕【補注】先謙曰：史記「和」作「私」，是。此形近誤。

〔六〕【補注】先謙曰：官本「前」作「制」。「率」作「卒」，引宋祁曰「卒」，越本作「率」。

〔七〕【補注】先謙曰：史記「乃」作「及」。

〔八〕師古曰：顓與專同。卒，終也。沮，壞也。【補注】先謙曰：史記「與左將軍」下有「計」字，是。此奪。

〔九〕【補注】先謙曰：「正」，史記作「征」，非。

〔一〇〕師古曰：戲讀與麾同。【補注】宋祁曰：「戲下」字上，當更有「軍」字。

〔一一〕【補注】齊召南曰：「許」字誤。史記作「誅遂」是也。然通鑑考異已謂漢書作「許」字，則舊本已譌矣。先謙曰：史記贊「荀彘爭勞，與遂皆誅」，作「誅」無疑。

左將軍已并兩軍，即急擊朝鮮。朝鮮相路人、相韓陶、〔一〕尼谿相參、將軍王唊〔二〕相與謀曰：「始欲降樓船，樓船今執，獨左將軍并將，戰益急，恐不能與，〔三〕王又不肯降。」陶、唊、路人皆亡降漢。路人道死。元封三年夏，尼谿相參乃使人殺朝鮮王右渠來降。王險城未下，故右渠之大臣成已又反，復攻吏。〔四〕左將軍使右渠子長、〔五〕降相路人子最，〔六〕告諭其民，誅成已。故遂定朝鮮爲真番、臨屯、樂浪、玄菟四郡。封參爲澅清侯，〔七〕陶爲秋苴侯，〔八〕唊爲平州侯，長爲幾侯。〔九〕最以父死頗有功，爲沮陽侯。〔一〇〕左將軍徵至，坐爭功相嫉乖計，棄市。樓船將軍亦坐兵至列口當待左將軍，〔一一〕擅先縱，失亡多，當誅，贖爲庶人。

〔一〕【補注】先謙曰：史記作韓陰，通鑑從之。

〔二〕應劭曰：凡五人也，戎狄不知官紀，故皆稱相。師古曰：相路人一也，相韓陶二也，尼谿相參三也，將軍王唊四也。應氏乃云五人，誤讀爲句，謂尼谿人名，失之矣。不當尋下文乎？唊音頰。

〔三〕如淳曰：不能與左將軍相持也。師古曰：此說非也。不能與猶言不如也。【補注】王念孫曰：史記「恐不能與」下有「戰」字。案如、顏皆未曉與字之義。史記與下有戰字，則後人妄加之也。與猶敵也。言左將軍并將兩軍而戰，益急恐不能敵也。古者謂相敵曰與，匈奴傳「單于自度戰不能與漢兵」，言不能敵漢兵也。史記作「不能如漢兵」，如亦敵也。董仲舒傳：「乘富貴之資力，以與民爭利於下，民安能如之哉！」言安能敵之也。宋策「夫宋之不足如梁也，寡人知之矣」。高注「如，當也」。當亦敵也，言宋不足以敵梁也。廣雅「與，如也」。此言不能與，即史記匈奴傳之不能如。師古曰「不能與猶言不如」，雖訓與爲如，而非相敵之謂，則非特未曉與字之義，並未曉如字之義也。襄二十五年左傳「閭邱嬰與申鮮虞乘而出，行及弇中，將舍，嬰曰『崔慶其追我』，鮮虞曰『一與一，誰能懼我』」。懼，病也。說見經義述聞「一與一誰能懼我」下。言狹道之中，一以敵一，雖崔慶之衆，不能病我也。哀九年傳「宋方吉，不可與也」，言宋不可敵也。越語「彼來從我，固守勿與」，老子「善勝敵者不與」，皆謂兩軍相敵也。管子輕重戊篇「即以戰鬭之道與之矣」。與之，敵之也。秦策「以此與天下，天下不足兼而有也」，言以此敵天下也。淮南人閒篇「大之與小，强之與弱也，猶石之投卵，虎之啗豚」，言以大敵小，以强敵弱也。史記燕世家「龐煖易與耳」，白起傳「廉頗易與」，淮陰侯傳「吾平生知韓信爲人，易與耳」，易與皆謂易敵也。高紀「上自東往擊陳豨，聞豨將皆故賈人也。上曰吾知所以與之」，言吾知所以敵之也。後人不知與之訓爲敵，故或曰不能與左將軍相持，或曰不能與猶言不如，又或如史記「恐不能與之」下妄加「戰」字，蓋古義之失其傳也久矣。杜預注左傳「不可與」曰不可與戰。韋昭注越語「固守勿與」曰勿與戰。王弼注老子「善勝敵者不與」曰不與爭。皆誤釋與爲與共之與，而以戰字爭字增成其義，此不知與訓爲敵，即是戰爭之義也。如淳曰「不能與左將軍相持」亦是增字以成其義，而讀史記者，遂於「與」下加「戰」字矣。

〔四〕【補注】先謙曰：官本「攻」作「政」，引宋祁曰：「政」當作「攻」。一本作「改」字。

〔五〕師古曰：右渠之子名長。

〔六〕師古曰：相路人，前已降漢而死於道，故謂之降相。最者，其子名。

〔七〕師古曰：澅音獲。

〔八〕晉灼曰：功臣表秋苴屬勃海。師古曰：苴音千餘反。【補注】先謙曰：史記「秋」作「萩」，同表作「荻」，誤。官本「干」作「子」。

〔九〕【補注】先謙曰：表作幾侯張路。

〔一〇〕【補注】王念孫曰：案，泹陽，史記作温陽，泹、温皆涅字之誤。隸書泹字或作涅，與涅相似。景武昭宣元成功臣表「涅陽康侯最，以父朝鮮相路人，漢兵至，首先降，道死，子侯」。史表略同。淯水注「涅水東南逕涅陽縣故城西」地理志涅陽屬南陽郡。漢武帝元封四年，封路最爲侯國。皆其證。舊本北堂書鈔封爵部中引此正作涅陽侯。陳禹謨依俗本改「涅」爲「沮」。先謙曰：官本「沮」作「沮」。

〔一二〕蘇林曰：列口，縣名也。度海先得之。【補注】先謙曰：胡注「其地當洌水入海之口」。齊召南云：「案樂浪郡有列口縣，然非洌水入海之口也。志曰『吞列縣，分黎山，列水所出，西至黏蟬入海』。然則列口在黏蟬縣矣」。沈欽韓云：「紀要『列口城在朝鮮國王京西南』。」

贊曰：楚、粵之先，歷世有土。及周之衰，楚地方五千里，而句踐亦以粵伯。〔一〕秦滅諸侯，唯楚尚有滇王。漢誅西南夷，獨滇復寵。及東粵滅國遷衆，繇王居股等猶爲萬户侯。三方之開，皆自好事之臣。故西南夷發於唐蒙、司馬相如，兩粵起嚴助、朱買臣，朝鮮由涉何。遭世富盛，能成功，〔二〕然已勤矣。〔三〕追觀太宗填撫尉佗，〔四〕豈古所謂「招攜以禮，懷遠以德」者哉！〔五〕

〔一〕師古曰：伯讀曰霸。

〔二〕【補注】先謙曰：官本「能」上多「動」字。

〔三〕師古曰：已，甚也。言其事甚勤勞。

〔四〕師古曰：言文帝以恩德安撫之也。填音竹刃反。【補注】先謙曰：官本「恩」作「道」，引宋祁曰，「道德」一作「恩德」。

〔五〕師古曰：春秋左氏傳僖七年，諸侯盟于寧母。管仲言於齊侯曰：「臣聞之，招攜以禮，懷遠以德。」攜謂離貳者也。懷，來也。言有離貳者，則招集之；恃險遠者，則懷來之也。故贊引之。